KU-518-765

COLLECTION
FOLIO CLASSIQUE

Machiavel

Le Prince

suivi d'extraits des

Œuvres politiques

et d'un choix des

Lettres familières

Préface de
Paul Veyne
Professeur
au Collège de France

Gallimard

© *Éditions Gallimard, 1980 pour l'ensemble de l'édition.*

PRÉFACE

A Estelle Blanc.

Est-il bon, est-il méchant? Cynique ou, au contraire, démystificateur? A-t-il découvert et démasqué la réalité politique, de même que Marx est présumé avoir décrypté la société? Il n'a rien fait de cela, mais beaucoup plus et infiniment moins : il a compris quelle était la réalité effective, la verità effettuale, *de la politique des États à son époque; mais il l'a prise et il l'a fait prendre pour la vérité d'une politique éternelle; or cette politique était telle qu'elle pouvait donner lieu à une technique : Machiavel est un technicien borné, ce qui lui donne les apparences d'être lucide. Il ne voit pas plus loin que les limites de son temps et de sa spécialisation de politique « pure »; ce qui le rend sentencieux et dogmatique : sa voix âpre et impérieuse semble parler pour les millénaires.*

Malheureusement, si on lit Le Prince *comme un chef-d'œuvre toujours vrai, si on y cherche quelques « grandes leçons » et qu'on laisse pour compte le reste* *du texte, qui est plus pittoresque, en pensant que ce sont façons de dire du XVIe siècle, alors on s'ennuiera un peu. Si, au contraire, on procède moins académiquement, si l'on veut bien prendre au pied de la lettre tout ce que Machiavel a dit, alors on s'amusera beaucoup : au lieu d'un classique consacré, on aura devant les yeux un bibelot d'époque. Notre auteur passe pour énigmatique à plusieurs égards ; n'a-t-on pas commis l'erreur de l'aborder sans irrespect et avec le goût de la pompe, ce qui a empêché de voir que le roi était nu et de reconnaître chez Machiavel certaines façons de penser et de sentir qui nous sont familières et que nous connaissons bien autour de nous ?*

Car enfin, il serait temps, comme me le disait Michel Foucault, de prendre au mot ce que Machiavel nous dit de son dessein : enseigner à un prince à conserver, à garder le domaine qu'il a conquis ou dont il a hérité, à ne pas s'en trouver dépossédé : rien de plus. Machiavel se propose de « disputer par quelle manière les principautés se peuvent gouverner et conserver » (chap. II) ; le « prince qui veut se conserver » doit apprendre à « suivre la vérité effective », à « user ou n'user pas » de cruauté, à « être assez sage pour qu'il sache éviter l'infamie de ces vices qui lui feraient perdre ses États » (chap. XV). Machiavel est passionné par cette question ; quelles que soient ses convictions de républicain florentin et de patriote italien, son goût pour l'activité politique est encore plus puissant : il est prêt à louer ses services au prince qui voudra apprendre de lui comment rester en possession de sa principauté, tel Léonard de Vinci proposant ses talents d'ingénieur militaire au prince qui voudra bien les utiliser.

Ici, le lecteur moderne doit prendre garde, car il arrive au carrefour. Ou bien il ne verra, dans le

*propos de Machiavel, qu'une évidence banale : il
existera toujours (ou, du moins, il a existé jusqu'à ce
jour) une distinction entre gouvernés et gouvernants et
il est fatal que ces derniers cherchent à se maintenir,
afin de remplir une indispensable fonction, qui est de
faire vivre durablement les hommes ensemble, ou, du
moins, afin de conserver leur pouvoir. Quel pouvoir
politique n'a pour intérêt ou pour devoir celui de
durer ? Si le lecteur applique au Prince cette optique
banalisante, alors les trois quarts du texte ne lui
paraîtront plus que partie morte.*

*Si, au contraire, le lecteur veut bien lire dans le
texte ce qui s'y trouve écrit en toutes lettres tout au
long, il aura devant les yeux un monde de pratiques et
d'idées politiques qui est le suivant : la terre est
couverte d'une faune particulière, l'espèce humaine,
qui est à demi apprivoisée ; généralement, elle obéit à
ses maîtres, appelés « princes », aussi naturellement que
les chiens ou les chevaux obéissent aux leurs : l'habitude la domine, cependant elle est susceptible de
brusques révoltes. Chacun de nous doit donc apprendre
comment il doit traiter cette espèce animale pour
conserver son autorité sur elle et ne pas être désar-
çonné ; il y a des maladresses à éviter, des coups de
cravache à donner au bon moment et des gestes
caressants à faire. En outre, chacun de nous doit faire
en sorte de n'être pas dépouillé de son troupeau par les
autres maîtres, qui sont ses rivaux ; il doit défendre son
ranch. Il arrive que, pendant que le propriétaire d'un
ranch voisin nous attaque, nos bêtes, au lieu de rester
dociles, nous compliquent la tâche et, mal apprivoisées
comme elles le sont, s'agitent et veulent nous mordre
(chap. XIX).*

*Qui cela, « nous » ? qui compose cette confraternité
d'égaux et de rivaux qui, seule, peut parler d'elle-*

même à la première personne, par opposition aux simples objets de la politique, qui sont ce dont on parle et dont on se sert, à la façon de la faune, de la flore et des minerais? Eh bien, « nous », ce sont les princes, seuls sujets et agents de la politique, et c'est aussi Machiavel avec ses lecteurs ; eux, assurément, ne sont pas princes : ils sont des objets, ils sont peuple ; cependant, en tant que pensant et parlant, ils appartiennent à la confraternité à la première personne — à la condition, évidemment, de voir toutes choses et eux-mêmes du point de vue des princes, comme les chiens de garde qui partagent l'optique des bergers, leurs maîtres, et qui s'élèvent par là à quelque humanité.

La terre est donc partagée en ranches dont nous héritons ou que nous nous disputons ; car « c'est chose fort ordinaire et naturelle que le désir de conquérir et, chaque fois que le feront les hommes qui le peuvent, ils en seront loués ou, pour le moins, ils n'en seront pas blâmés » (chap. III). Or les principautés que nous nous partageons ainsi comportent des arbres, des animaux et aussi des hommes. Cette faune humaine est à la fois gênante et indocile : on peut la tondre, mais elle peut mordre ; par là, elle est l'élément le plus difficile à « gouverner » chap. II) de la principauté que chacun de nous entend bien « conserver » (à cette époque, le verbe « gouverner » appartenait au vocabulaire de la gestion agricole : on parlait couramment du « gouvernement » d'un domaine rural par son propriétaire). Comme les autres bêtes, domestiques ou non, qui peuplent le domaine, la faune humaine vit selon ses mœurs, se reproduit et se procure sa nourriture comme elle peut : ainsi le veut la nature. Entre nous, princes ou cerveaux politiques, et cette espèce naturelle, il n'y a pas plus de contrat social, de droits, de devoirs et de morale qu'entre les hommes et leurs animaux. Sauf qu'un prince entendu doit bien connaître le caractère de ses bêtes, comme le connaissent les cavaliers ou les dompteurs. Un bon cavalier n'a pas de devoirs envers sa monture : il ne sera pas clément par sens moral et pas davantage cruel par sadisme ; il fouette sa bête ou la flatte selon ce qu'il lui faut faire pour rester en selle. Machiavel, mieux que tout autre, saura lui enseigner l'art hippique (chap. VII et VIII) : n'y a-t-il pas réfléchi toute sa vie durant ?

Machiavel ne saurait donc être machiavélique ; il ne peut y avoir chez lui de conflit entre la politique éternelle et la morale, puisque le prince ne prétend pas gouverner son cheval pour le bien de ce dernier et n'a pas de relation morale avec sa monture : il n'a de relation que technique. D'autres se demanderont si le roi peut mentir au peuple pour le bien du peuple ; mais on ne saurait mentir aux animaux et on ne cherche pas leur bien. Dans une démocratie moderne, il arrive que le président triche pour faire avaler aux populations une pilule (déclaration de guerre à l'Allemagne et au Japon, ou indépendance de l'Algérie) dont les populations ont au fond envie, mais qu'elles ne peuvent se résoudre à prendre ; c'est que les démocraties prétendent gérer les intérêts des populations elles-mêmes. Le prince, lui, ne gère que ses propres intérêts de propriétaire terrien.

Certes, il est recommandé au prince de caresser le peuple, d'assister aux fêtes folkloriques ou corporatives et d'y faire bon visage, pour se rendre populaire (chap. XXI). Non pas qu'étant le représentant du peuple il doive refléter les joies de celui-ci ; mais l'animal populaire a sa psychologie particulière et toute naïve : il a ses exigences. Le prince n'est nullement tenu d'assurer le bien du peuple, de faire la pluie et le beau temps sur les moissons ; mais il doit se

*livrer à certaines simagrées qui ne constituent ni même
ne symbolisent les intérêts des populations et sont des
exigences enfantines que les sujets ont envers leur
prince. En dehors de ces quelques exigences, les sujets
du prince ont leur vie à eux et leurs intérêts propres ;
on ne voit point qu'ils prennent la grandeur de leur
prince pour leur propre grandeur nationale. Tout ce
qu'ils souhaitent est que, pour ses intérêts, le prince ne
lèse pas les leurs en leur imposant des contributions
extraordinaires (chap. XVI et XVII) ; ils veulent
pouvoir « paisiblement exercer leurs métiers »
(chap. XXI).*

*Il existe bien, comme on verra, une morale politique,
mais elle ne vaut que pour les princes, seules personnes
morales existantes : un prince ne doit pas acquérir sa
principauté par des moyens indélicats ; que le prince
veuille « gouverner et conserver » (chap. II) sa principauté est naturel et instinctif : ce n'est pas plus un
devoir qu'un droit. Les deux verbes sont d'ailleurs
synonymes, car « gouverner, c'est mettre vos sujets hors
d'état de vous nuire et même d'y penser », dit le*
Discours sur la première décade de Tite-Live *(II,
23). Le prince entend conserver la possession de sa
principauté, et non pas gouverner (au sens actuel du
verbe) les sujets qui peuplent celle-ci ; pour garder
cette principauté qui lui donne les moyens de jouer son
rôle de prince parmi les autres princes, il devra, selon
les circonstances, tantôt contenter son peuple, tantôt
ses soldats, oppresseurs du peuple (chap. XIX) ;
tantôt un prince doit avoir plus grand-peur de son
peuple que des étrangers, tantôt il doit craindre plus
les États étrangers que ses sujets (chap. XX). Le
royaume de France est « un des bien ordonnés et
gouvernés », car la « liberté et sûreté du roi » y sont
assurées (chap. XIX).*

*Voilà la pensée de Machiavel ; elle ne communique
pas de frisson sacré, mais elle est historiquement
éclairante : elle caractérise ce que fut la politique, en
Europe, du XVe au XVIIIe siècle, quand les rois
eurent cessé d'être très-chrétiens et n'étaient pas
devenus des rois constitutionnels. Cette politique des
Anciens Régimes n'a que le nom de commun avec celle
du siècle bourgeois ou celle de notre* welfare State. *Si
nous cherchions chez Machiavel de grandes leçons, il
nous enseignerait qu'il faut se faire aimer et craindre,
vérité aussi utile à un adjudant qu'au chef du
personnel d'un supermarché ; il permettrait à quelques
vieillards passéistes de maugréer contre la démago-
gie, qui ne sait plus cravacher l'animal populaire ; il
donnerait l'occasion de répéter après Nietzsche que
l'État est un monstre froid (comme si une principauté
selon Machiavel avait quelque ressemblance avec
l'État de droit du XIXe siècle et avec le* welfare State
*du XXe). Entre l'État, le Prince ou le peuple dont
parle Machiavel et ce qu'ils furent avant et après lui,
il n'y a même pas d'analogie fonctionnelle : la
politique n'est pas une fonction, la même à travers les
siècles, qu'il faudrait bien remplir, serait-ce au moyen
d'organes aussi différents qu'un prince de la Renaissance et un représentant du peuple ; dira-t-on, par
exemple, que la politique découle d'un fait éternel, la
pluralité des consciences, et qu'elle remplit l'éternelle
fonction de tâcher de faire vivre en paix des hommes
entre eux ? Mais le prince de Machiavel ne remplit
nullement pareille fonction ; lui et ses sujets ont une vie
et des intérêts à peu près complètement disjoints,
l'existence quotidienne du peuple dépend à peu près
exclusivement de leur famille, de leur corporation et
des saisons ; et puis, que veut dire « vivre en paix » ?*

Chaque société a sa manière particulière d'être fondée sur la violence ou l'injustice.

Entre la politique selon Machiavel et ce que le même mot désigne chez nous, par exemple, la différence est aussi considérable qu'entre le métier de propriétaire foncier et celui de conservateur des Eaux et Forêts : principes, fonction et organes ne sont pas les mêmes. Le prince selon Machiavel est en possession d'une principauté territoriale, que lui disputeraient volontiers d'autres princes. Grâce à cette espèce de bien-fonds, il peut retirer un revenu de la faune naturelle qui habite sur ses terres (« les sujets du Roi et les bestiaux », comme on disait parfois) ; ce revenu lui permet de remplir son métier de prince ou plutôt de veiller à ses intérêts princiers, pendant que ses sujets s'occupent des leurs. Il n'en va pas ainsi dans l'État moderne, qui gouverne une population elle-même, qui conserve et gère les intérêts de cette population : telle est la tâche à laquelle il s'intéresse ; disons plutôt qu'il reconnaît de l'intérêt aux flux qu'il lui est possible de gérer (démographie, économie, criminalité, pollution, Sécurité sociale...) et qui justifient son pouvoir. L'État moderne gère la faune locale dans l'intérêt de cette faune même, tel qu'il lui est utile de le concevoir, à la façon d'un conservateur de parc national qui fait en sorte que tout se passe bien dans la nature : telle est la noble tâche qu'il s'est assignée. Il ne laisse pas pour autant faire la nature : il s'en mêle, mais pour que la nature ne s'en trouve que mieux. Si l'on préfère une autre comparaison, la politique contemporaine est celle d'un agent de police qui canalise la circulation spontanée des voitures, pour qu'elle se passe bien ; quelle différence avec un prince d'Ancien Régime, qui, voyant de la circulation sur les routes, se serait borné à prélever un droit de passage ! Non que cette politique de la gestion des flux soit édénique, car les flux ne se laissent pas ordonner à souhait ; l'agent de police ne cesse de couper un flot de circulation pour laisser passer le flot transversal, si bien que des conducteurs peut-être plus pressés que d'autres n'en chôment pas moins au feu rouge.

Il en allait tout autrement du prince selon Machiavel ; lui ne cherchait pas à faire le bonheur de la nature : une fois qu'il avait prélevé son revenu, pour pouvoir payer ses mercenaires et ses courtisans, il abandonnait ses sujets à leur encadrement familial et social ; il savait que les sujets n'en demandaient pas davantage, instruits par le malheur ; car le prince ne s'intéressait à eux que pour les tondre. Plus les intérêts du prince et ceux des sujets seraient séparés, et plus les sujets se tiendraient pour heureux : le peuple « ne demande rien, sinon de n'être point opprimé » (chap. IX). Aussi le prince selon Machiavel n'a-t-il plus rien d'un roi très-chrétien, qui se croit le devoir de se mêler, lui aussi, des intérêts de ses sujets ; il s'agit, il est vrai, de leurs intérêts spirituels. Le prince machiavélien, lui, évitera par-dessus tout les excès de zèle ; plutôt que de révoquer l'Édit de Nantes, il préférera abandonner les animaux humains à leur naturelle incurie ; il les laissera se reproduire et prospérer plus ou moins, selon les bonnes et mauvaises saisons ; tout au plus, grâce à quelque Colbert, mettra-t-il en valeur des parties de ses domaines, non pour enrichir les animaux, mais pour accroître son revenu. La principale affaire de ce gentleman-farmer demeure ses relations avec ses pairs, princes comme lui. Menacé par ces rivaux dans la tranquille possession de son ranch, menacé aussi par la demi-sauvagerie de ses bêtes, le prince « ne doit avoir autre objet ni autre penser ni prendre autre matière à cœur que le fait de la

guerre et l'organisation et discipline militaires »
(chap. XIV et XIX).

La *verità effettuale* que croit apercevoir Machia-
*vel, aux termes de laquelle le prince est une sorte de
latifondiaire menacé, n'a rien, malgré Machiavel,
d'une vérité éternelle ; elle ne permet pas de penser
l'État moderne et ne permettrait pas davantage de
penser une réalité aussi étrange, sous ses apparences
faussement classiques, que la cité grecque. Loin de clore
l'âge des fictions, notre auteur établit sa propre
fiction ; certes, cette fiction machiavélienne est froide
ou semble l'être, ce qui lui donne l'air de la lucidité :
Machiavel ne cherche pas à justifier ou rationaliser le
pouvoir princier ; son latifondiaire ne cherche pas le
bonheur de son peuple et n'a souscrit avec lui aucun
contrat. Mais cela ne veut pas dire que notre auteur,
observateur glacé ou cynique, prend l'État ou la
politique comme purs phénomènes : tout au contraire,
Machiavel ne jure que par le prince, ne connaît pas
d'autre acteur politique que lui, voit tout par ses yeux,
ce qui n'est pas grave, et ne voit pas plus loin que le
bout du nez de son prince, ce qui est plus fâcheux. Il
n'est pas cynique et encore moins lucide : c'est un
champion de l'esprit de sérieux, dont la pensée, la
moins questionneuse et philosophique qui soit, est prête
à devenir un nouvel académisme.*

On ne saurait, par exemple, établir de rapport entre
*Machiavel et Hobbes : il n'y a pas de relation entre
l'absence de pensée et la pensée ; certes, Hobbes peut
sembler être un machiavélien à certains égards : il est
« autoritariste », il restaure la philosophie au niveau
du « réalisme » politique, il substitue les vertus politiques aux vertus morales ; il est antimachiavélien à
d'autres égards : il professe que le droit naturel est du
ressort de la philosophie politique. Cette idée, Machia-*

vel l'ignore, plus encore qu'il ne la refuserait ; s'il est
une question que Machiavel ne pense même pas à se
poser, c'est celle de la fonction éventuelle et en tout cas
de l'origine de l'État. C'est précisément celle que se
pose Hobbes, et qu'il pose du point de vue des sujets,
des citoyens — ces animaux humains dont Machiavel
ne parle qu'à la troisième personne. Car, pour
Machiavel, l'État, le pouvoir, le peuple, l'obéissance,
tout « va de soi » ; sa fameuse lucidité consiste à ne
rien penser sur tout cela. Ce qui explique son durable
succès ; car, après un long succès de scandale auprès de
ceux qui voulaient absolument penser du bien de leurs
princes, il procure encore des sentences à ceux qui
souhaitent qu'on obéisse au prince et qu'on ne pense
pas trop.

Allons plus loin : sa lucidité, on l'a vu, correspond,
pour une bonne part, à la pratique politique effective
des souverains d'Ancien Régime ; mais, pour le reste,
elle consiste à « en remettre », à être plus princier que
le prince, à bâtir une fiction rationaliste : le « machiavélisme » est cette fiction et c'est à celle-ci que notre
auteur doit son succès de scandale. Seulement ce
rationalisme n'est pas celui d'un penseur, mais d'un
ingénieur de la politique, qui s'interroge, non sur les
limites et les fins de son action, mais sur la cohérence
interne des moyens ; c'est le rationalisme d'une bonne
partie de notre économie politique néo-classique. Ce
qui ne correspond pas à cette rationalité sera qualifié
d'imaginaire, car l'imaginaire est la réalité des autres,
de même que, selon un mot de Raymond Aron,
l'idéologie, c'est les idées des autres. La verità
effettuale est cette fiction d'ingénieur, plus vraie que
le vrai et dissimulant un dogmatisme qui s'ignore.
Aucun système ne peut expliciter ses propres présuppo-
sés : ceux-ci n'existent que par rapport à un autre

système; Machiavel croit décrire et servir un objet, le prince, qu'en réalité il taille à la mesure de ce qu'il peut faire pour lui.

Aussi crédite-t-il les princes, présents ou passés, de plus de machiavélisme qu'ils n'en eurent. Moïse n'est plus un prophète, il ne mène plus les Juifs vers la Terre promise; ce n'est pas non plus un chef charismatique : ce fut un prince qui sut acquérir une principauté grâce à sa virtú, *chose bien plus malaisée que de conserver un pouvoir héréditaire (chap. VI;* Discours sur la première décade de Tite-Live, *III, 30). La « sainte cruauté » des Rois Catholiques, chassant d'Espagne les Marranes et dépeuplant leur royaume, est un « exemple », assurément « singulier », de la manière dont un prince habile fait de « hautes et magnanimes entreprises », afin d'assurer son trône en frappant ses peuples de respect pour son génie (chap. XXI) : Machiavel expliquerait Auschwitz comme un calcul, assurément cynique, mais réaliste et sans passion; il expliquerait les autodafés géants de Tôkyô et de Hiroshima, où une démocratie outragée s'est abattue de toute sa force, pour la punir, sur une population tenue pour inférieure et perfide, comme un lucide calcul stratégique et politique.*

De la politique de beaucoup de princes au début de l'âge moderne, Machiavel abstrait un « modèle » rationnel qu'il érige en vérité effective de toute politique. Le modèle machiavélien, cette abstraction, réduit la politique à l'effort du Pouvoir pour se conserver dans son être, pour conserver le domaine sur lequel et par lequel il existe — comme si le Pouvoir en général existait, hors de ses déterminations historiques, comme si ce domaine était le même, selon qu'il est peuplé d'animaux à tondre, de citoyens à gouverner ou de populations à gérer, comme si l'obéissance au Pouvoir était la même dans une cité grecque, une principauté et un État à Sécurité sociale.

Face à ce Pouvoir sans qualification, qui veut se conserver pour ne pas se nier, il y a l'obéissance, non moins universelle et indéterminée. D'où vient le Pouvoir? De l'apolitisme et de la crainte. Deux camps existent, le Prince et ses sujets, qui demeurent largement extérieurs l'un à l'autre. Si le Prince est collectif, autrement dit : si l'État est une République comme Athènes ou Rome, en ce cas son pouvoir s'exercera sur des cités étrangères qui sont ses sujettes, sur un Empire (*Discours, II, 2*). Car il y eut jadis des Princes collectifs, des Républiques, dont tous les citoyens étaient farouchement attachés à la liberté, c'est-à-dire à l'exercice du pouvoir par le corps civique et à la conservation de ce pouvoir collectif. Ce régime est le meilleur; il est clair, en effet, que, si tous les citoyens s'occupent eux-mêmes de leur propre pouvoir, s'ils se sentent tous solidaires pour le conserver, si ce pouvoir est leur bien commun, les choses publiques iront bien mieux que si le Prince est réduit à un seul individu, à un tyran; ce maître sera le seul à se mêler du Bien public, qui ne sera plus que son intérêt à lui seul.

Machiavel est un républicain ardent : « sans contredit, on n'a vraiment en vue le bien public que dans les républiques... L'expérience prouve que jamais les peuples n'ont accru leur richesse et leur puissance, sauf sous un gouvernement libre », car Athènes et Rome n'ont édifié leurs empires qu'après la chute des Pisistratides et des Tarquins (*Discours, II, 2*). La liberté, telle que la conçoit Machiavel, est le fait qu'une collectivité se gouverne elle-même, au lieu *d'être soumise à un maître (que celui-ci soit un État étranger ou un tyran indigène) ; c'est la liberté au sens antique du mot : la collectivité est libre, non les individus, et une oligarchie portera le nom de République, si elle n'est pas soumise à un maître. La cité est libre et les citoyens sont ses esclaves : la liberté selon Machiavel est l'enrégimentement des individus dans un régime volontiers impérialiste, le dévouement corps et âme à la puissance de la collectivité. Il est à craindre que ceux qui louent aujourd'hui Machiavel d'avoir été républicain ne fassent quelque confusion ; et, puisque la liberté selon Machiavel est cela, puisqu'elle a pour contenu la puissance et un instinct grégaire, puisqu'elle ressemble passablement à ce que nous appellerions totalitarisme, il se pourrait que le mystère de l'homme Machiavel ne soit pas grand ; faut-il tellement s'étonner que ce « républicain », au sens antique et romain du mot, ait voulu aussi servir et conseiller le Prince ? La contradiction est-elle si grande ? Il n'avait pas du tout ce que nous appelons la tripe républicaine, mais il avait le sens de l'État.*

Il n'est plus de républiques : Athènes et Rome appartiennent à un passé révolu. Machiavel se demande « pour quelle raison les hommes d'à présent sont moins attachés à la liberté que ceux d'autrefois » ; la faute en est à la religion chrétienne, qui a rendu « les peuples plus débiles », en prônant l'humilité et les vertus contemplatives (Discours, II, 2). De nos jours au moins les hommes sont apolitiques : le pouvoir les intéresse moins que leur sécurité privée. Machiavel estime que, dans une ville, la plupart des habitants « ne désirent être libres que pour vivre en sécurité », une cinquantaine d'individus, tout au plus, « le désirent pour commander » (Discours, I, 16). A tout prendre, « quand on n'ôte point aux hommes leurs

biens ni l'honneur, ils vivent contents », et cet apolitisme rend possible le pouvoir du prince, qui n'a rien à
faire pour être le maître : il lui suffit d'éviter de se
faire haïr   Le Prince, chap. XIX).

Machiavel procède alors à une analyse de la
relation d'obéissance ; elle est un rapport d'extériorité,
de passivité et d'habitude, qui induit chez les sujets
l'amour de leur maître. Le prince doit se faire obéir,
c'est-à-dire qu'il doit se faire craindre : on n'exécutera
ses ordres ni par simple persuasion, ni par violence
effective ; la soumission induit une accoutumance, une
habitude, dont les sujets se font un droit et qui devient
« une affection naturelle » (chap. II, III, IV). Il est
nécessaire, en effet, « qu'un prince se fasse aimer de son
peuple ; autrement il n'a remède aucun en ses adversités » (chap. IX). Machiavel ne veut pas dire que le
maître n'a droit de pouvoir que parce qu'on veut bien lui
obéir, ainsi que l'entendaient le Moyen Age, puis La
Boétie (oboedientia facit imperantem); il entend, au
contraire, que le prince se fait obéir, qu'il y parvient
en se faisant craindre et que cette crainte est
finalement très semblable à de l'amour. Car le vrai
contraire de la crainte est la haine; cette haine naît
lorsque le prince laisse ses intérêts mordre sur ceux de
ses sujets, au lieu de s'en tenir à une relation extérieure
d'autorité ; il doit donc s'abstenir « de prendre les biens
et richesses de ses citoyens et sujets, et leurs femmes » ;
sur toutes choses, il lui faut « s'abstenir du bien
d'autrui, car les hommes oublient plus tôt la mort
de leur père que la perte de leur patrimoine »
(chap. XVII et XIX). On a craint les Nazis, mais
on hait les communistes : nuance. Le prince « vivra de
son revenu propre », n'imposera pas de contributions
extraordinaires à ses sujets, se gardera « de n'innover
en rien en leurs lois et impôts » (chap. III et XVI).

Tant que leurs intérêts ne sont pas en jeu, les hommes obéissent : l'ordre politique ne repose pas sur l'intérêt des individus.

Machiavel semble faire une analyse du Pouvoir éternel, qui plaira à ceux qui aiment à entendre prononcer le mot d'obéissance ; en fait, il stylise (en la croyant éternelle une relation datée, celle du prince d'Ancien Régime, étranger à ses sujets, mais admiré et aimé par eux. Seulement ce penseur qu'on dit positif disqualifie, comme pas sérieuse et non conforme à la norme, une bonne moitié de la relation politique. En effet, de l'aveu de Machiavel, pendant que le prince maintient son autorité sur son bétail humain, le bétail, lui, se fait une foule d'idées inattendues sur les princes ; la docilité durable de ces animaux mal apprivoisés dépend partiellement de ces idées, qui ont peu de rapport avec la réalité : ce sont des pensées de bêtes. Le prince n'en doit pas moins connaître ces idées, afin de prévoir les réactions de ses sujets et se comporter en conséquence ; par chance pour lui, ces animaux humains le voient avec leurs yeux : ils l'imaginent à leur image. Par exemple, ils veulent pouvoir respecter leur prince pour les vertus de simples particuliers qui sont les leurs ; il faut que, par son langage, le prince leur fasse croire qu'il honore la morale et la religion (chap. XVIII). Ils veulent aussi pouvoir l'admirer : si leur prince fait à leurs yeux de grandes actions, magnifiques ou terrifiantes, s'il montre qu'il a les talents d'un virtuose de la politique, ce spectacle, qui ne les touche en rien, ne les en rendra pas moins dociles (chap. XXI). De tout cela résulte une situation ironique : si les sujets voient leur prince comme un individu ou une vedette, ils ne lui en obéissent pas moins comme à un prince ; ils le respectent pour ses vertus, au moins apparentes, mais sont sensibles à sa force. Ils veulent donc qu'il gagne et, en même temps, qu'il soit vertueux et bon chrétien; ce qui serait contradictoire si, en dernière instance, la force ne l'emportait à leurs yeux et ne les faisait croire à la vertu : « pour les actions de tous les hommes et spécialement des princes (car, là, on n'en peut appeler à autre juge), on regarde quel a été le succès. Qu'un prince, donc, se propose pour son but de vaincre et de maintenir l'État : les moyens seront toujours estimés honorables et loués de chacun » chap. XVIII).

Cette contradiction dans la superstructure révèle, par-dessous, la puissance de l'infrastructure qui la travaille : une relation de force, la « majesté de l'État » (chap. XVIII et XIX), commande l'attitude des sujets, quoi qu'ils pensent; leurs pensées, dirions-nous, ne sont que de l'idéologie, de l'imaginaire. On est surpris de l'étendue de tout ce que Machiavel abandonne ainsi à l'idéologie : beaucoup de ce que fait le prince et presque tout ce que pensent ses sujets; étrange « idéologie », qui s'était bel et bien traduite par la pratique effective des princes du Moyen Age, chefs de guerre, mécènes, défenseurs de l'orthodoxie. Nous aussi avons la rage de disqualifier comme idéologies des pratiques qui, pain et cirque ou religion d'État, furent la réalité politique de leur époque; à ce prix, nous pouvons retrouver à travers les siècles nos rationa-lismes et nos universaux.

Et pourtant Machiavel lui-même n'a pensé le Pouvoir comme dissymétrie entre le prince et ses sujets que parce que la réalité politique de son temps comportait cette dissymétrie. Les penseurs grecs ne voyaient pas une dissymétrie dans la différence entre gouvernants et gouvernés, et pour cause : l'étrange structure politique que fut la cité grecque, « démocra-

tique » ou pas, se pensait et se comportait comme un
navire au milieu des écueils ou comme une cordée
d'alpinistes (et elle attendait, de ses citoyens, qu'ils se
comportassent effectivement en conséquence) : il n'y a
pas de dissymétrie entre le guide et ses passagers,
puisque eux et lui courent les mêmes risques et ont le
même intérêt à arriver à bon port; il n'y a pas
davantage de dissymétrie entre un roi pastoral et ses
ouailles, puisque le roi veut le salut de ses sujets,
serait-ce malgré eux, et n'hésite pas, pour cela, à les
envoyer au bûcher. Fraternité ou paternalisme, c'était
être libre que d'obéir à ses frères ou au plus paternel
des rois. Mais le prince selon Machiavel n'est plus
frère ni père; c'est, nous l'avons dit, une sorte de
propriétaire; et que veut-il faire de son domaine? S'en
servir pour se tailler une place et un nom parmi les rois
ses cousins, assurer la grandeur de sa maison, rayonner
avec splendeur? A en croire le silence de Machiavel, il
n'y songerait pas plus qu'à faire le bonheur de ses
sujets : il aurait pour seul but de conserver son
domaine, voilà tout.

Étrange pouvoir, qui, en dépit de son nom, semble
n'avoir d'autre puissance que de survivre; la politique
des princes de la Renaissance n'était-elle pas plutôt de
se déployer ou de rayonner? D'où vient que Machiavel
ait une conception aussi chiche du pouvoir, une vision
aussi étroite des objectifs politiques? De son optique de
technicien qui se prend pour un théoricien. Car un
technicien fait fort bien, assurément, mais il ne sait pas
ce qu'il fait : les règles et les buts de son office « vont
de soi » pour lui, et il les ignore; il sait seulement ce
que n'est pas *ce qu'il fait* (il sait, par exemple, que la
politique n'est pas de la morale, comme se l'imaginent
ceux qui n'ont jamais mis la main à la pâte) ; il sait
aussi ce qu'il ne faut pas *faire*, quelles sont les fautes

à éviter « si l'on veut que cela dure ». Mais quel est le « cela » qui doit durer ? Il l'ignore et n'en a cure ; de toute manière, il le fait à son insu et ne pourrait faire autrement. Le lion se comporte en lion et n'a pas besoin, pour cela, de connaître son propre caractère léonin et de s'y conformer ; de même, le roi se comporte en roi et n'a pas besoin d'apprendre de son conseiller ce que les historiens à venir expliciteront comme les pré-supposés implicites du métier de roi au temps jadis. Machiavel n'avait pas besoin d'enseigner la libéra-lité à un prince de la Renaissance ; en revanche, il lui enseigne utilement à n'être pas trop libéral (chap. XVI). Quant à cette tendance des princes à consommer ostentatoirement en faveur de leurs proté-gés, elle « va de soi » pour lui et il ne se demande pas d'où elle vient, ce qu'elle enseigne sur le pouvoir en son époque et si cela n'indique pas qu'un pouvoir consiste davantage à se déployer qu'à se maintenir dans l'être ; à ces questions trop théoriques, Machiavel répondrait sans doute que la libéralité n'est pas de la politique sérieuse, mais de l'imaginaire.

Quand on veut connaître une matière, il peut sembler tout indiqué d'interroger le technicien en la matière, l'homme à qui on n'en conte pas ; en fait, cette méthode n'est pas excellente, car le technicien ignore ce qu'il fait au fond et, de plus, il a la morgue de son ignorance et la superstition de sa spécialité : la politique, en sa « vérité effective », n'est pas ce que les naïfs et les sermonneurs la croient être ; c'est en outre une activité sublime et chacun ne doit vivre que pour son prince ou sa République. La seule originalité de Machiavel est d'avoir transcrit tout au long les idées que, de Polybe à Bismarck et De Gaulle, les praticiens de la politique ont pu se faire sur la nature et la dignité de leur spécialité. Toute l'atti-

*tude de Machiavel devant la morale s'explique par
ce double pédantisme. Notre auteur doit sa célébrité
équivoque à son antimoralisme; en fait, le machiavélisme est moins un éclat de cynisme ou un triomphe
de la lucidité qu'un manifeste d'esprit corporatif;
Machiavel n'a rien d'un Sade de la politique; si
on le suit ligne à ligne, nul n'est plus conformiste
que lui.*

*Il faut ce qu'il faut et les choses sont ce qu'elles
sont : les techniciens de la politique n'ont jamais voulu
en savoir plus; sous le nom de* verità effettuale, *ils ont
toujours opposé leur ignorance qui s'ignore aux erreurs
des naïfs. Que les princes doivent mentir pour gagner,
qu'on ait rarement tenu sa parole en politique, quand
on n'avait plus intérêt à la tenir (chap. XVIII), cela
ne saurait passer pour une révélation; un témoignage,
tout au plus. L'originalité de Machiavel est de faire en
le disant ce qu'on a toujours fait en le sachant, mais
sans le dire; on croirait un homme du « milieu » qui
fanfaronne. La raison psychologique en est sans doute
que Machiavel a rêvé de politique plus qu'il ne l'a
pratiquée; réaction de frustré, qui verbalise ce qu'il
n'a pu faire : « On rompra sans se déshonorer les
conventions par lesquelles on a engagé la nation »
(*Discours, III, 41 et 42*).

*Machiavel serait un penseur lucide, s'il nous disait
pourquoi on ne se déshonore pas; malheureusement, sa
pensée politique est sans fondement : c'est un conformisme. En effet, s'il permet au prince, une fois sur le
trône, de mentir pour le salut de sa principauté, il
interdit au peuple de désobéir (pourquoi? Parce que
c'est comme cela); il préfère aussi (pourquoi?) qu'un
prince n'utilise que des voies honorables pour parvenir
au trône : il ne peut faire passer au-dessus de tout la
conservation d'une possession qu'il ne possède pas*

encore; « *on ne saurait dire que ce soit* virtù *que de tuer ses concitoyens, trahir ses amis, n'avoir point de foi, de pitié, de religion; par ces moyens, on peut conquêter quelque seigneurie, non pas honneur* » *(chap. VII). A ce trait, le prince qui, du haut de son trône, écoutera Machiavel, sait déjà qu'il aura le respect de son conseiller, lequel ne le tiendra pas pour un brigand couronné, tout en demeurant prêt à approuver sans scrupules sa conduite à l'égard des princes ses rivaux.*

En revanche, le conseiller n'approuverait en aucun cas une sédition du populaire ou une trahison; les crimes contre l'État sont les plus graves, en effet, « gravité telle qu'elle n'a d'autre remède que la mort » (Discours, II, 23). Il est toujours plaisant de voir un penseur passer de l'indicatif à l'injonctif et nous donner des ordres. Et pourquoi faudrait-il que nous ne trahissions pas? Par respect éthique? Mais le prince en est dispensé. Parce que le Bien de l'État est aussi notre Bien? Mais c'est là naïveté d'ignorants qui croient au contrat social, aux devoirs des princes, et que la verità effettuale *n'a pas encore illuminés. Pour ce technicien borné, l'existence de l'État et le pouvoir du prince sont de simples faits, dont il fait des droits : plus il possède d'esclaves, plus le maître, apparemment, a de raisons d'être, comme dit Éluard.*

A défaut de raisons d'être, Machiavel, faisant flèche de tout bois, invente une raison de nous résigner et une fausse raison d'approuver. Ce que nous avons de mieux à faire est de « savoir vivre contents sous les maîtres que le sort nous a donnés » (Discours, III, 6); on le sait, « les hommes changent volontiers de maître, pensant rencontrer mieux. Laquelle opinion les fait courir aux armes contre leur seigneur; en quoi ils s'abusent, car ils connaissent après, par expérience, qu'ils ont empiré leur condition » (chap. III). Triste fatalité, qui veut que, pas une seule fois, ils ne l'améliorent! Machiavel pense comme l'homme de la rue; il estime que l'ordre public, c'est-à-dire le pouvoir du prince, coïncide avec l'intérêt du peuple et c'est pourquoi le salut de l'État passe avant le Bien, étant lui-même le Bien : « César Borgia fut estimé cruel; toutefois, sa cruauté avait remis en ordre toute la Romagne, l'avait unie et réduite en paix et fidélité... Le prince, donc, ne se doit point soucier d'avoir le mauvais renom de cruauté pour tenir ses sujets en union et obéissance; car, faisant bien peu d'exemples, il sera plus pitoyable que ceux qui, pour être trop miséricordieux, laissent se poursuivre les désordres, d'où naissent meurtres et rapines » (chap. XVII). Est-ce un retour à l'idée de contrat, sous sa forme médiévale ou, avant la lettre, sous celle de Hobbes? Non, car Machiavel se borne à énoncer, au lieu de le prouver ou plutôt de le sonder, le fait de la coïncidence entre l'intérêt public et la sécurité privée; et puis, si l'on veut bien prêter l'oreille au ton de voix qu'il a en ses chapitres VII et XVII, on percevra que lui-même n'y croit pas et que l'intérêt de chacun est le cadet de ses soucis. Il ne désapprouve la violence, du moins quand elle est privée, que parce que cette violence est désobéissance; l'insécurité est un défi à l'autorité du prince; César Borgia fit donc bien de recourir à des moyens drastiques pour « réduire la Romagne en paix et à l'obéissance au bras séculier et royal » (chap. VII). Le « profit des sujets » et la sécurité du prince veulent également que le prince établisse solidement son pouvoir (chap. VIII).

Conformisme de patriote? Il faut distinguer. Dans le dernier chapitre de son traité, Machiavel appelle de

ses vœux un prince qui, par sa virtù, *délivre l'Italie
des Barbares, français et espagnols. Voilà le bénéfice
secondaire que notre auteur attend d'un prince qui
aura écouté ses conseils : non pas qu'il fasse l'unité
italienne (la Nation ne sera à l'ordre du jour que trois
siècles plus tard), mais qu'il débarrasse l'ethnie
italienne, la* natio *au sens ancien du mot, des étrangers
qui viennent se mêler de ses affaires ; puisse Laurent de
Médicis, grâce à la puissance que lui confère sa
domination sur Florence, rendre ce service aux autres
princes italiens et à leurs sujets, ses frères de race ! Le
sentiment qui inspire ce chapitre n'est pas le patriotisme au sens actuel de ce mot, mais le patriotisme au
sens ancien et souvent péjoratif, c'est-à-dire la xénophobie. Depuis le haut Moyen Age et même le Bas-
Empire romain, le sentiment populaire distinguait des
ethnies (gauloise, italienne, germanique...) qui diffé-
raient par la langue, le vêtement, les coutumes ; ces
distinctions ne coïncidaient que par hasard avec les
frontières des États et elles existaient surtout aux yeux
des classes inférieures (les classes fortunées dédaignaient volontiers ces préjugés ethniques). Notre
patriotisme à nous naîtra lorsque, sous le nom de
nations, les frontières politiques tendront à coïncider
avec celles des ethnies et de leurs préjugés ; car les
différentes ethnies se haïssaient ou se méprisaient entre
elles. Machiavel, en ce chapitre, laisse parler une
passion un peu plébéienne : il veut que son prince se
mette au service de sa haine des étrangers ; il est moins
l'ancêtre du Risorgimento qu'un représentant de la
francophobie ou de l'hispanophobie. Il ne songe pas à
établir un royaume d'Italie ; il lui suffirait que les
Italiens ne se battent qu'entre eux et que l'étranger ne
s'en mêle point. Il a deux passions : l'État, prince ou*

république, et la xénophobie, mais ces deux passions n'ont pas de lien entre elles, sauf qu'elles se partagent son cœur.

Xénophobie, mais aussi orgueil d'être une grande culture; comme me le dit André Fermigier, le patriotisme italien de la Renaissance ne fut pas seulement le sentiment, qu'avait chaque ethnie, de différer des autres; ce fut aussi le sentiment d'une supériorité sur les autres : l'Italie est civilisée et les autres peuples sont des Barbares (et, comme barbares, ils ignorent qu'ils le sont, si bien que la distinction entre la civilisation et la barbarie ne leur est même pas connue). Ce patriotisme est presque de l'universalisme, comme le furent les patriotismes hellénistique ou chinois : l'Italie se confond avec tout ce qu'il y a de plus élevé dans l'ordre humain; elle est un prodige culturel; cette conscience italienne se place bien au-dessus du niveau des petits États et des petits princes. C'est pourtant à un de ces princes, à un latifondiaire du voisinage, que Machiavel fait appel pour défendre la culture contre les Barbares qui sont venus la saccager; ce prince aurait donc un autre but dans la vie que de conserver le gouvernement de son domaine? Voilà Machiavel plongé en plein imaginaire...

A prendre les choses en somme, Machiavel n'est ni lucide, ni cynique : il est absolument partial en faveur du prince. L'État lui semble être un objet si sublime et si saint qu'il ne pense même pas à argumenter en sa faveur; il lui paraît évident qu'on partagera sa passion et qu'on se soumettra au prince. Aussi ne cherche-t-il pas à justifier la société politique, en la fondant sur le contrat ou sur le bien commun; mais ce n'est pas parce qu'il est un démystificateur et qu'il voit dans le prince un pur phénomène, comme un chimiste voit le vitriol ou l'uranium : c'est qu'il a pris fait et cause pour son prince contre les sujets du prince et les autres princes, comme on fait très généralement. Il se situe donc sur le même plan que les auteurs d'utopies politiques et de Miroirs des princes dont il se gausse : eux et lui sont partisans du prince parce que le prince existe et qu'il est très difficile de ne pas trouver bon ce qui existe puissamment et nous plie ; nous voulons absolument croire que ce qui existe est justifié d'exister et ne pourrait pas ne pas être. La seule différence entre les utopistes et Machiavel, qui leur oppose dédaigneusement sa verità effettuale, est que les premiers, pour trouver bon le prince, l'idéalisent et lui présentent un miroir de toutes les vertus, tandis que Machiavel, en partisan inconditionnel de la puissance politique, prince ou république, ne parle que technique et sert son prince sans même sentir le besoin de l'idéaliser.

D'où vient, chez l'individu Machiavel, cette partialité inconditionnelle et, somme toute, assez banale? Intérêt de classe, instinct grégaire, goût de l'ordre? A le lire, on croirait plutôt à une autre explication : à la fascination qu'exercent assez généralement ces grosses machines appelées États sur les enfants et sur les hommes ; seul le millénarisme, à l'autre extrémité de l'éventail politique, fascine un aussi grand nombre d'esprits. Où réside alors son originalité? Elle n'est pas d'avoir déplacé les frontières de la pensée, mais celles des genres littéraires : il a formulé sous forme théorique, en propositions universelles à l'impératif, un certain nombre de tristes vérités bien connues que toute une lignée d'historiens « pragmatiques » (au sens grec du mot : des praticiens de la politique, des profession-

nels) avaient énoncées depuis toujours à l'indicatif passé ; Machiavel a dit dans un traité ce qu'eux disaient dans des livres d'histoire. Cette petite révolution littéraire fit un choc : le public n'était pas le même ou, plus exactement, l'attente du public était différente ; d'un livre d'histoire, les lecteurs attendaient la description de la réalité politique, laquelle, comme nul ne l'ignorait, est rarement belle ; en revanche, quand le lecteur ouvrait un traité, il prenait une attitude plus apprêtée : il se préparait à lire des choses nobles, à voir la réalité, non telle qu'elle est, mais telle qu'elle est censée être, la loi du genre l'exigeait.

Si nous ne nous laissions pas encore impressionner par les frontières des genres, nous verrions facilement que Machiavel n'est pas si neuf ; l'action politique use d'autres règles que la morale : l'historien et politicien Thucydide le savait et l'admettait comme une évidence ; un autre historien politicien, Polybe, a le tour d'esprit de Machiavel, partage son goût de l'État, multiplie dans ses Histoires *les parenthèses didactiques, mais est un esprit d'une envergure probablement bien supérieure ; et, une génération à peine avant Machiavel, Philippe de Commynes est assurément l'égal de Machiavel par la pensée et dans l'action. Comme autrefois la cité grecque, la formation des grandes monarchies à la fin du XVe siècle multiplie le type humain du conseiller du prince qui se veut pur technicien.*

Conseiller, lui aussi, mais aussi littérateur, Machiavel a trouvé que l'impératif avait plus de mordant. D'où le scandale : car Machiavel, en homme de lettres, ne déteste pas le scandale. Il appartient à cette famille de politiciens narcissiques ou d'écrivains qui rêvent

*d'action : pour eux, le plaisir de l'action est d'abord
celui de se voir dans leur miroir en train d'agir.
Machiavel, c'est le Colonel Lawrence ou le Malraux
de la Renaissance.*

Paul Veyne
Bédouin, mai 1979.

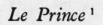

Le Prince [1]

NICOLAS MACHIAVEL
AU MAGNIFIQUE
LAURENT DE MÉDICIS [2]

Ceux qui désirent acquérir la grâce d'un prince ont accoutumé de se présenter à lui avec ceux de leurs biens qu'ils prisent le plus ou auxquels ils voient qu'il prend le plus de plaisir. Aussi les voit-on bien souvent lui faire présent de chevaux, armes, drap d'or, pierres précieuses et de semblables ornements dignes de sa grandeur. Désirant donc m'offrir à Votre Magnificence avec quelque témoignage de ma soumission, je n'ai rien trouvé, parmi toutes mes hardes, que j'aime et estime tant que la connaissance des actions des grands personnages, laquelle j'ai apprise par longue expérience des choses modernes et lecture continuelle des antiques : à quoi j'ai longuement et avec grand soin pensé et réfléchi, pour le réduire maintenant en un petit volume que j'envoie à Votre Magnificence.

Et encore que je juge cette œuvre indigne de lui être présentée, *tamen* [3] Son humanité m'est une assurance qu'Elle la recevra en bonne part, considérant que je ne peux faire plus grand don que de lui donner le moyen de pouvoir entendre rapidement ce que j'ai compris au cours de tant d'années, avec grand travail et danger de ma personne. Et ce livre, je ne l'ai point enrichi ni farci de longues périodes, ni de mots sonnants et ampoulés ou de quelque autre fard ou embellissement extérieur dont plusieurs accoutrent leurs œuvres. Car mon intention est que, ou rien ne porte honneur à mon livre, ou que seules la nouveauté de la matière et sa gravité le fassent bien recevoir. Je ne voudrais non plus qu'on m'imputât à présomption qu'étant de petite et basse condition, j'ose pourtant discourir du gouvernement des princes et en donner les règles ; car comme ceux qui dessinent les paysages se tiennent en bas dans la plaine pour contempler l'aspect des montagnes et lieux élevés, et se juchent sur celles-ci pour mieux considérer les lieux bas, de même pour bien connaître la nature des peuples, il convient d'être prince, et pour celle des princes, d'être du peuple.

Reçoive donc Votre Magnificence ce petit don de tel cœur que je le lui envoie. En le lisant et considérant avec attention, Elle y apercevra l'extrême désir que j'ai qu'Elle parvienne à la grandeur que la fortune et ses autres qualités lui promettent. Et si Votre Magnificence, du comble de sa hauteur, tourne quelquefois les yeux vers ces humbles lieux, Elle connaîtra combien il est indigne que je supporte la grande et continuelle malignité de fortune qui est la mienne.

I

COMBIEN IL Y A D'ESPÈCES DE PRINCIPAUTÉS ET PAR QUELS MOYENS ELLES S'ACQUIÈRENT

*Quot sint genera principatuum
et quibus modis acquirantur.*

Tous les États, toutes les seigneuries qui eurent et ont commandement sur les hommes, furent et sont ou républiques ou principautés. Et les principautés sont ou bien héréditaires lorsque la lignée du seigneur en a été longtemps maîtresse ou bien nouvelles. Et les nouvelles ou le sont entièrement, comme fut Milan pour François Sforza[4], ou bien sont comme membres adjoints à l'État héréditaire du prince qui les a conquis, ainsi le royaume de Naples pour le roi d'Espagne[5]. De ces domaines ainsi conquis, les uns ont coutume de vivre sous un prince, les autres ont gardé l'usage de la liberté et ils s'acquièrent soit par les armes d'autrui, soit par ses propres armes, soit par fortune ou par *virtù*[6].

II

DES PRINCIPAUTÉS HÉRÉDITAIRES

De principatibus hereditariis.

Je laisserai de côté les républiques, dont j'ai en autre lieu discouru bien amplement[7]. Je m'arrêterai seulement aux principautés, en retissant sur la trame ourdie ci-dessus et en disputant par quelle manière elles se peuvent gouverner et conserver.

Je dis donc que dans les États héréditaires et accoutumés à la lignée de leur prince, la difficulté à les conserver est beaucoup moindre que dans les nouveaux, car il y suffit de ne point transgresser ni enfreindre l'ordre des ancêtres et, pour le reste, de temporiser selon les cas qui surviendront; de sorte que si un tel prince est d'habileté ordinaire, il se maintiendra toujours en son État s'il n'en est privé par une force extraordinaire et excessive; et même alors, au moindre revers de l'occupant, il en reprendra possession.

In exemplis, nous avons en Italie le duc de Ferrare [8], lequel ne tint bon contre les assauts des Vénitiens, l'an mil quatre cent quatre-vingt-quatre, et contre ceux du pape Jules, l'an mil cinq cent dix, que par l'ancienneté de sa possession, car le prince naturel n'a pas tant de causes ni de nécessité de maltraiter ses sujets; d'où doit suivre qu'il soit plus aimé. Et si des vices trop exorbitants se le font haïr, la raison veut que le peuple naturellement lui veuille du bien. D'autant que l'antiquité et la longue continuation du pouvoir héréditaire abolissent, avec le souvenir de son origine, les raisons d'un changement; tandis que, toujours, une mutation laisse des pierres d'attente pour une mutation nouvelle.

III

DES PRINCIPAUTÉS MIXTES

De principatibus mixtis.

Mais il y a bien de la difficulté en une principauté nouvelle. Premièrement si elle n'est pas

toute nouvelle, mais intervient comme membre
d'un tout (lequel peut se qualifier de mixte), ses
variations viennent d'abord d'une certaine et naturelle difficulté qui gît en toutes les nouvelles
principautés : c'est que les hommes changent
volontiers de maître, pensant rencontrer mieux.
Laquelle opinion les fait courir aux armes contre
leur seigneur ; en quoi ils s'abusent, car ils
connaissent après, par expérience, qu'ils ont empiré
leur condition. Ce qui dépend d'une autre nécessité
naturelle et ordinaire, c'est qu'il est impossible de
n'offenser point ceux dont on devient le nouveau
prince, soit par garnisons de gens de guerre ou par
une infinité d'autres vexations qui s'ensuivent
d'une conquête nouvelle ; de sorte qu'on a pour
ennemis tous ceux qu'on a troublés en occupant le
pays et qu'on ne peut maintenir en amitié ceux qui
nous y ont fait entrer à la fois pour ne les pouvoir
récompenser dans la mesure qu'ils avaient supposé
et pour ne pouvoir non plus user contre eux de
fortes médecines, puisqu'on est leur obligé ; car
pour très puissante que soit l'armée dont on
dispose, on n'en a pas moins toujours besoin, pour
entrer dans une province, de la faveur des habitants. C'est pour ces raisons que le roi Louis XII
conquit soudain Milan, et soudain le perdit : et
pour le lui ôter la première fois, il ne fallut que la
seule puissance de Ludovic Sforza ; car la population, qui lui avait ouvert les portes, frustrée des
espérances qu'elle avait conçues, ne pouvait supporter les désagréments venus du nouveau prince.
   Bien est vrai que, reconquérant pour la seconde
fois les pays révoltés, on les perd plus malaisément,
car le seigneur, prenant occasion de la rébellion, a
moins de scrupules à pourvoir à sa sûreté, en

punissant les coupables, en démasquant les suspects, et en se fortifiant sur les points faibles. En sorte que si, pour faire perdre Milan à la France, il suffit la première fois d'un duc Ludovic qui faisait quelque bruit aux frontières, pour le lui faire perdre la seconde fois, il fallut que tout le monde fît union contre elle et que ses armées fussent détruites et chassées d'Italie : ce qui vint des raisons susdites. Néanmoins, l'une et l'autre fois Milan lui fut ôté.

Les causes générales de la première perte ont été dites ; reste maintenant à voir celles de la seconde en montrant quels remèdes avait le roi de France ou pourrait avoir un autre prince qui se trouverait dans la même situation, pour se pouvoir mieux maintenir dans sa conquête que ne le fit la France. Je dis, donc, que ces États incorporés par conquête à une seigneurie plus ancienne que la conquise ou sont de la même nation et langue, ou ne le sont pas. S'ils le sont, c'est chose facile de les conserver, surtout s'ils ne sont pas accoutumés de vivre en liberté ; et pour les posséder en toute sécurité, il suffit d'avoir éteint la lignée du prince qui leur commandait, car, pour le reste, si vous gardez leurs anciens privilèges et qu'il n'y ait point différence de coutumes, les sujets vivront paisiblement, comme on a vu de la Bourgogne, Bretagne, Gascogne et Normandie, qui sont de si longtemps sujettes à la couronne de France ; car encore qu'il y ait quelque diversité de langage, toutefois leurs coutumes sont pareilles et se peuvent facilement accommoder l'une de l'autre. Le conquérant de cette sorte d'États, s'il veut rester en leur possession, doit prendre garde à deux choses : l'une, que l'ancienne race de leur prince soit éteinte, l'autre de n'innover en rien en leurs lois et

impôts, de sorte qu'en peu de temps ces États
nouveaux ne fassent avec les anciens qu'un seul et
même corps.

Mais quand on gagne des États sur une nation
différente de langage, de coutumes et de gouvernement, il y a là de l'affaire et c'est alors qu'il faut
avoir la faveur de la fortune et montrer grande
habileté pour les conserver. Et l'un des plus grands
remèdes et des plus prompts serait que le conquérant y allât demeurer en personne. De là viendrait
une plus sûre et plus durable jouissance. Le Turc
en a fait ainsi, lequel, avec toute la conduite qu'il
employât pour se maintenir en la Grèce, ne l'eût
jamais pu conserver s'il n'y eût pris habitation. Car
en y demeurant, on voit naître les désordres, et on
peut incontinent y porter remède; mais n'étant
point sur les lieux, on ne les connaît que lorsqu'ils
sont si grands qu'il n'y a plus de remède. En outre,
le pays n'est point tant pillé des fonctionnaires, car
les sujets peuvent facilement recourir au prince et
obtenir satisfaction[9]; et par même moyen ils ont
plus d'occasion de l'aimer s'ils veulent être bons et
s'ils ne le veulent pas, de le craindre. Les étrangers
qui voudraient envahir le pays hésiteront à le faire;
d'où il résulte que si le prince réside dans sa
possession, il y a très peu de chance qu'il la perde.

Un autre bon remède est d'envoyer des colonies
en une place ou deux qui seront comme les
compedes[10] de la province, car il est nécessaire ou de
faire cela ou d'y tenir force hommes d'armes et
gens de pied. Quant aux colonies, le prince n'y
dépense pas beaucoup, et avec point ou peu de frais
il les envoie et les maintient, et il lèse seulement
ceux à qui il ôte leurs terres et leurs maisons pour
les donner aux nouveaux habitants, et qui forment

une très faible partie de cet État. Et ceux qu'il lèse,
étant dispersés et pauvres, ne lui peuvent jamais
nuire ; tous les autres, d'une part n'étant point
offensés, demeureront cois et paisibles, et de l'autre
sont soucieux de ne point fauter par peur qu'il ne
leur advienne comme à ceux qui ont été pillés. Je
conclus que ces colonies ne coûtent guère, sont plus
fidèles et ne nuisent pas tant aux sujets ; et ceux qui
sont dépouillés, étant pauvres et épars, ne peuvent
nuire, comme j'ai déjà dit. Par où il faut noter que
les hommes se doivent ou caresser ou occire [11] ; car
ils se vengent des légères injures, des grandes ils ne
le peuvent : mais le tort qui se fait à un homme doit
être fait tel qu'on ne craigne point sa vengeance.
Mais si au lieu de colonies, le prince tient des gens
de guerre, il lui en coûtera beaucoup plus, il
dépensera pour ces garnisons tout le revenu du
pays, si bien que le gain lui tournera en perte, et il
blesse aussi bien davantage les habitants parce qu'il
nuit à tout le peuple par les déplacements et les
cantonnements de son armée. De ce trouble chacun
souffre et chacun lui devient ennemi et ce sont là
ennemis qui peuvent lui nuire, car après les avoir
bien battus, il les laisse chez eux. De toutes les
façons donc, cette occupation armée est inutile
autant qu'est utile l'usage des colonies.

Le prince doit encore, comme on a dit, s'il
occupe une province dans une nation différente de
ses anciens États, se faire chef et protecteur des
voisins moins puissants, s'ingénier à affaiblir ceux
qui sont les plus grands et se bien garder que par
aucune aventure y entre un étranger plus puissant
que lui. Et il s'en trouvera toujours un que feront
venir ceux des habitants du pays qui seront
mécontents soit par excessive ambition, soit par

peur comme on a vu autrefois que les Étoliens
firent entrer les Romains en Grèce ; et pareillement
en toute autre province où ceux-ci ont mis le pied,
ils y furent appelés par ceux du pays même. Et
l'ordre des choses veut qu'aussitôt qu'un étranger
puissant entre en une province, tous ceux qui y
sont faibles se joignent à lui, poussés par l'envie
qu'ils ont contre celui qui leur a fait subir sa
puissance, si bien qu'au regard de ces petits
puissants, il n'a point de peine à les gagner, car
aussitôt ils s'unissent tous et font bloc avec la
province qu'il a conquise dans le pays. Il a
seulement à penser qu'ils ne s'acquièrent trop
grande puissance et autorité, et peut facilement,
tant par ses forces que par leur faveur, abaisser
ceux qui sont puissants pour demeurer seul arbitre
dans le pays. Qui ne suivra bien ce point, il perdra
bientôt ce qu'il aura gagné, et pendant le temps
qu'il le tiendra, il y aura mille difficultés et tracas.

Les Romains, dans les provinces sur lesquelles ils
mirent la main, ont bien montré qu'ils entendaient
toutes ces matières ; ils envoyèrent des colonies,
entretinrent les plus faibles sans en accroître la
puissance, abaissèrent les puissants, ne laissant
point prendre pied aux puissants étrangers. Je ne
veux prendre pour exemple que la Grèce. Les
Romains protégèrent les Étoliens et les Achéens, ils
affaiblirent le royaume des Macédoniens, ils chassèrent Antiochus ; et jamais le mérite des Achéens
ni des Étoliens ne put faire qu'ils leur permissent
d'augmenter aucune de leurs possessions, ni les
subtils arguments de Philippe n'eurent pouvoir de
les induire à être ses amis sans l'abaisser, ni la
puissance d'Antiochus ne put les faire consentir
qu'il possédât quoi que ce soit dans ce pays. Ils

firent donc en ce cas ce que les princes sages doivent faire, qui ne doivent pas seulement avoir regard aux désordres présents mais à ceux qui adviendront, et mettre toute leur habileté à les éviter ; d'autant qu'en les prévoyant de loin on y peut facilement remédier. Mais si on attend qu'ils s'approchent, la médecine vient trop tard et la maladie est devenue incurable. Et il advient en ce cas comme de ceux qui ont les fièvres étiques, desquels, au dire des médecins, au commencement le mal est aisé à guérir mais difficile à connaître, mais, n'ayant été ni reconnu ni guéri, devient, avec le progrès du temps, facile à connaître et difficile à soigner. Il en est ainsi dans les affaires d'État, car prévoyant de loin les maux qui naissent, ce qui n'est donné qu'au sage, on y remédie vite. Mais quand, pour ne pas les avoir vus, on les laisse croître assez pour qu'un chacun les voie, il n'est plus de remède.

Ainsi les Romains, prévoyant les inconvénients, y ont toujours remédié. Et jamais ne les laissèrent se poursuivre pour fuir une guerre, sachant qu'une guerre ne se peut éviter, mais seulement se diffère à l'avantage d'autrui. Aussi voulurent-ils faire la guerre à Philippe et Antiochus en Grèce pour ne point avoir à la leur faire en Italie, encore qu'ils eussent pu, alors, éviter et l'une et l'autre, ce qu'ils ne voulurent. Et jamais ne leur plut ce que les sages de notre temps ont en la bouche du matin au soir, *jouir des avantages du temps*[12] ; ils voulurent bien plutôt jouir des avantages de leur *virtù* et de leur sagesse ; car le temps chasse tout devant soi et peut apporter avec soi le bien comme le mal, et le mal comme le bien.

Mais retournons en France et regardons si des

choses susdites elle en fit aucune. Je ne parlerai
point du roi Charles mais seulement de Louis
comme de celui duquel on a le mieux aperçu la
conduite, pour avoir plus longtemps tenu des
possessions en Italie. Et vous verrez comme il a fait
le contraire des choses qui sont à faire pour se
maintenir en des provinces différentes de ses États.

Le roi Louis fut appelé en Italie par l'ambition
des Vénitiens qui voulurent s'emparer de la moitié
de la Lombardie par le moyen de sa venue. Je ne le
veux point blâmer d'avoir pris ce parti car, voulant
commencer à mettre le pied en Italie et n'y ayant
point d'amis, mais au contraire lui étant toutes les
portes fermées à cause des agissements du roi
Charles, il fut contraint de chercher toutes les
amitiés qu'il pouvait; et, sa décision prise, il eût
réussi dans ses desseins s'il n'eût commis de faute
en ses autres menées. Le roi donc, ayant conquis la
Lombardie, regagna bientôt la réputation que lui
avait ôtée le roi Charles. Gênes se rendit; les
Florentins lui devinrent amis; le marquis de
Mantoue, le duc de Ferrare, Bentivoglio, Mme de
Forli, les seigneurs de Faenza, de Pesaro, de
Rimini, de Camerino, de Piombino, les Lucquois,
Pisans, Siennois, chacun vint au-devant de lui pour
être à sa dévotion. Et alors les Vénitiens purent
considérer leur folle entreprise qui, pour avoir deux
villes en Lombardie, firent ce roi seigneur du tiers
de l'Italie.

Que chacun donc considère combien il était facile
au roi de maintenir son prestige en Italie, s'il eût
observé les règles que nous avons données ci-dessus
et s'il eût défendu et protégé tous ses amis,
lesquels, pour être en grand nombre, faibles et
craignant les uns le pape, les autres les Vénitiens,

étaient toujours contraints de demeurer avec lui; et par leur moyen il se pouvait facilement assurer de tout autre, pour puissant qu'il fût encore. Mais il n'eut pas plutôt le pied dedans Milan qu'il fit tout le contraire, donnant secours au pape Alexandre afin qu'il occupât la Romagne, sans s'aviser qu'en prenant ce parti il s'affaiblissait, se privant des amis qui s'étaient jetés entre ses bras, rendant l'Église trop puissante en ajoutant au pouvoir spirituel qui lui donne tant d'autorité, une aussi grande puissance temporelle. Et la première faute faite, il fut contraint d'y persévérer; en sorte que pour mettre fin à l'ambition d'Alexandre et de peur qu'il ne devînt maître de la Toscane, le roi fut contraint de retourner en Italie [13]. Il ne lui suffit pas d'avoir fait l'Église puissante et d'avoir perdu ses propres amis, mais, pour avoir le royaume de Naples, il le partagea avec le roi d'Espagne. Et alors que d'abord il tenait l'Italie à sa discrétion, il y mit un rival, afin que les ambitieux du pays et ceux qui étaient mécontents de lui eussent à qui recourir. Et alors qu'il pouvait laisser en ce royaume un roi qui fût son tributaire, il l'en fit sortir pour en mettre un autre qui l'en pût chasser lui-même.

C'est chose certes fort ordinaire et naturelle que le désir de conquérir, et chaque fois que le feront les hommes qui le peuvent, ils en seront loués, ou pour le moins ils n'en seront pas blâmés. Mais quand ils ne le peuvent pas et le veulent faire à toute force, là est la faute et le blâme. Si donc les Français avec leurs forces pouvaient envahir Naples, ils le devaient faire; s'ils ne le pouvaient, ils ne devaient point partager. Et si le partage que fit le roi de France de la Lombardie avec les Vénitiens mérite excuse, puisqu'il mit ainsi le pied en Italie, celui de Naples doit être blâmé parce qu'il n'a point la même nécessité pour excuse.

Le roi Louis avait donc fait cinq fautes : ruiner les plus petits, accroître en Italie la puissance d'un puissant, y avoir introduit un étranger très puissant[14], n'y être point venu demeurer et n'y avoir point envoyé de colonies. Lesquelles fautes pouvaient, de son vivant du moins, ne pas lui nuire, s'il n'eût fait la sixième : ôter leurs États aux Vénitiens. S'il n'eût point fait le pape si puissant, ni mis l'Espagne en Italie, il aurait été fort raisonnable et nécessaire de les abaisser; mais ayant pris ces premiers partis, il ne devait jamais consentir à la ruine des Vénitiens; car puissants comme ils l'étaient, ils eussent toujours empêché les autres d'en venir à leur entreprise contre la Lombardie et parce que les Vénitiens n'y eussent jamais consenti à moins d'en devenir maîtres, et parce que les autres ne l'eussent pas voulu ôter aux Français pour la donner aux Vénitiens. Quant à s'attaquer à tous deux ensemble, ils ne s'y fussent pas frottés. Mais si on dit que le roi Louis céda la Romagne au pape et Naples aux Espagnols pour éviter une guerre, je réponds avec les raisons précédentes qu'on ne doit jamais permettre un désordre pour fuir une guerre : car on ne l'évite pas, on la retarde à son désavantage. Et si quelques autres voulaient alléguer la promesse que le roi avait faite au pape de faire pour lui cette entreprise en échange de l'annulation de son mariage et du chapeau pour Rouen[15], je leur répondrai ci-après, quand je parlerai de la foi des princes et comment ils la doivent garder.

Le roi Louis a donc perdu la Lombardie pour n'avoir observé aucun des enseignements observés par d'autres princes qui ont conquis des provinces et ont voulu s'y maintenir. Mais en cela il n'y a point de merveille : la chose est raisonnable et ordinaire. Je parlai de cette matière à Nantes avec M. de Rouen, tandis que le Valentinois, comme le peuple appelait alors César Borgia, fils du pape Alexandre, allait occuper la Romagne ; car le cardinal de Rouen me disant que les Italiens n'entendaient rien à la guerre, je répondis que les Français ne connaissaient rien à la politique, car s'ils l'eussent entendue, ils n'eussent pas laissé monter l'Église en une telle grandeur. Et l'on a vu par expérience que ce sont les Français qui ont fait en Italie la grandeur du pape et de l'Espagne et qu'ainsi ils y ont provoqué leur propre ruine. D'où se peut tirer une règle générale qui ne trompe jamais, ou rarement, c'est que celui qui fait la puissance d'un autre fait en même temps sa propre ruine. Car cette puissance, il l'a faite par ruse ou par force et la ruse comme la force est suspecte à qui est devenu puissant.

IV

POURQUOI LE ROYAUME DE DARIUS
OCCUPÉ PAR ALEXANDRE
NE SE RÉVOLTA POINT CONTRE SES SUCCESSEURS
APRÈS SA MORT

Cur Darii regnum quod Alexander occupaverat a successoribus suis post Alexandri mortem non deficit.

Si l'on considère avec quelles difficultés l'on conserve un État nouvellement conquis, on pourrait s'émerveiller de ce que, étant devenu Alexandre le Grand maître de l'Asie en peu d'années et mort ayant à peine achevé de l'occuper, quand il semblait raisonnable que tout le pays dût se révolter, néanmoins les successeurs d'Alexandre s'y maintinrent et n'eurent à le garder aucune difficulté que celle qui naquit entre eux du fait de leur ambition. A quoi je réponds que toutes les principautés dont la mémoire dure se trouvent avoir été gouvernées en deux diverses manières : ou par un prince et tous ses esclaves, lesquels par sa grâce et permission, l'aident, comme ministres, à gouverner le royaume; ou par un prince et par des barons, lesquels, non par la grâce du prince, mais par ancienneté de leur sang, tiennent ce rang. Ces barons possèdent leurs États et sujets propres, lesquels les reconnaissent pour seigneurs et leur portent une affection naturelle. Quant aux pays qui se gouvernent par un prince, les autres étant tous ses serviteurs, le prince y jouit de plus d'autorité, car dans toute la contrée il n'y a que lui qui soit reconnu pour souverain; et si quelqu'autre se fait obéir c'est parce qu'il est ministre ou fonctionnaire du prince, mais on ne lui porte pas amitié particulière.

Les exemples de ces deux sortes de gouvernement sont dans notre temps le roi de France et le Grand Turc. Toute la monarchie du Grand Turc est gouvernée par lui seul. Tous les autres sont ses esclaves : et divisant son royaume par *sandjacs* il y envoie divers gouverneurs, il les change et les démet, comme il lui plaît. Mais le roi de France a autour de sa personne une multitude de grands seigneurs reconnus de toute antiquité dans cet État par leurs sujets et aimés d'eux, ayant privilèges et

dignités que le roi ne leur peut enlever sans se
mettre en grand danger. Qui donc considérera ces
deux façons de gouverner, il trouvera qu'il y a
difficulté à conquérir le pays du Turc, mais étant
une fois conquis, grande facilité à s'y maintenir.
Inversement, il y aura, à certains égards, plus de
facilité à s'emparer du royaume de France, mais
grande difficulté à le garder.

Les raisons de ces difficultés à occuper les pays
du Grand Turc sont que celui qui le voudra
entreprendre ne sera point appelé par les princes du
pays, ni ne doit espérer que, par la rébellion de
ceux que le Turc tient près de soi, il puisse plus
aisément réussir cette entreprise. Ce qui advient
pour les raisons susdites : car, tous étant les
esclaves et les obligés du Turc, ils ne se peuvent
pas si aisément corrompre, et quand bien même ils
seraient corrompus, on ne peut pas en espérer
grand secours puisqu'ils ne peuvent pas entraîner le
peuple derrière eux pour les raisons qu'on a dites.
Ainsi qui veut combattre le Turc doit s'attendre à
trouver devant soi des forces unies et mettre plus
de confiance dans ses propres troupes que dans le
désordre de ses ennemis. Mais s'il est une fois
défait et vaincu en campagne de sorte qu'il ne
puisse refaire ses armées, on ne doit craindre autre
chose que la lignée du prince; et celle-ci extermi-
née, il ne reste personne qui soit à redouter, car les
autres n'ont point d'autorité sur le peuple. Et de
même que le vainqueur ne pouvait avant la victoire
espérer en eux, de même ne les doit-il pas craindre
après elle.

Tout au rebours advient des royaumes gouvernés
comme celui de France, et facilement on y peut
entrer, en gagnant quelque baron du royaume. Car

il se trouve toujours assez de mécontents et de gens qui demandent choses nouvelles. Ceux-là, pour les raisons dites, pourront bien t'ouvrir le passage pour entrer au pays et te faciliter la victoire; mais après, à en vouloir garder la possession, il y a des empêchements infinis, tant avec ceux qui ont suivi ton parti, qu'avec ceux que tu as opprimés. Et en outre il ne te suffit pas d'éteindre le sang royal, car il restera toujours des seigneurs qui prennent la tête de nouveaux changements; et comme tu ne les peux contenter ni éteindre tous, à la première occasion qui s'offrira, tous les États acquis seront perdus.

Maintenant, si nous voulons bien regarder de quelle nature de gouvernement était le royaume du roi Darius, nous le trouverons semblable à celui du Grand Turc; aussi Alexandre dut-il le venir rencontrer et le défaire en campagne; après cette victoire, Darius étant mort, ce pays demeura paisible aux mains d'Alexandre pour les raisons que nous avons ci-dessus développées. Et si ses successeurs eussent voulu s'accorder ensemble, ils s'y pouvaient maintenir sans se donner aucune peine. Car en tout le pays, il n'est point survenu d'autre trouble que celui qu'eux-mêmes ont suscité. Mais des États ordonnés comme la France, il est impossible d'en jouir si paisiblement. Et de là naquirent les fréquentes rébellions d'Espagne, de Gaule et de Grèce contre les Romains à cause du grand nombre des princes qui étaient dans ces États; et tant que dura leur souvenir, les Romains ne furent pas bien assurés de leur possession; mais, le souvenir éteint, par la continuité et puissance de leur Empire, ils en sont devenus sûrs et paisibles possesseurs. Et depuis, en dépit de leurs rivalités [16], ils ne cessèrent

point de posséder ces pays, chacun en tirant à soi
une partie selon l'autorité qu'il y avait prise; et la
lignée de leur ancien prince étant éteinte, ces
provinces ne reconnaissaient point d'autres souverains que les Romains. Qui considérera donc ces
choses ne s'émerveillera point qu'il fut si facile au
grand Alexandre de tenir l'empire d'Asie, tandis
qu'il fut malaisé à d'autres de garder ce qu'ils
avaient acquis, ainsi Pyrrhus et beaucoup d'autres.
Ce qui n'est pas la conséquence de la plus ou moins
grande *virtù* du vainqueur, mais de la différence de
nature des vaincus.

V

COMMENT ON DOIT GOUVERNER LES CITÉS
OU PRINCIPAUTÉS QUI,
AVANT QU'ELLES FUSSENT CONQUISES,
VIVAIENT SOUS LEURS LOIS

Quomodo administrandae sunt civitates
vel principatus qui,
antequam occuparentur, suis legibus vivebant.

Quand les pays qui s'acquièrent, comme j'ai dit,
sont accoutumés de vivre sous leurs lois et en
liberté, il y a trois manières de s'y maintenir : la
première est de les détruire; l'autre d'y aller
demeurer en personne; la troisième est de les laisser
vivre selon leurs lois, en y levant un tribut et en y
établissant un gouvernement oligarchique qui les
conserve en amitié. Parce que, ce gouvernement
étant établi par le prince, il sait bien qu'il ne peut
durer sans sa puissance et sa bonne grâce et qu'il

doit faire tous ses efforts pour le maintenir. Et certainement, si l'on ne veut pas ruiner une cité accoutumée de vivre en liberté, on la tient beaucoup mieux par le moyen des citoyens eux-mêmes que d'aucune autre façon.

Nous avons *in exemplis* les Lacédémoniens et les Romains. Les Lacédémoniens tinrent Athènes et Thèbes en commettant peu de gens à les gouverner [17]; *tamen* ils les ont perdues. Les Romains pour garder Capoue, Carthage et Numance les ont rasées et ne les ont pas perdues. Ils voulurent tenir la Grèce quasi comme firent les Lacédémoniens, la mettant en liberté et lui laissant ses lois; mais l'issue n'en fut pas heureuse, en sorte qu'ils furent contraints de ruiner plusieurs villes de ce pays pour le conserver [18]. Car à la vérité il n'y a point de plus sûre manière pour jouir d'une province que de la mettre en ruine. Et qui devient seigneur d'une cité accoutumée à vivre libre et ne la détruit point, qu'il s'attende d'être détruit par elle, parce qu'elle a toujours pour refuge en ses rébellions le nom de la liberté et ses vieilles coutumes que ni la longueur du temps ni aucun bienfait ne lui font oublier. Et quoiqu'on y fasse et qu'on y pourvoie, à moins d'en chasser ou d'en disperser les habitants, ils n'oublient point ce nom ni ces coutumes, et en toute occasion y ont aussitôt recours; comme il advint à Pise après cent années qu'elle avait été mise en servitude par les Florentins. Mais quand les villes ou les pays sont accoutumés à vivre sous un prince et que sa lignée vienne à s'éteindre, puisqu'ils sont déjà habitués à obéir, que, d'autre part, l'ancien prince disparu, ils ne se mettent pas d'accord pour en choisir un nouveau dans leur sein, et que vivre en liberté ils ne le savent pas, il s'ensuit qu'ils sont

plus lents à prendre les armes : ainsi le prince peut
les vaincre plus aisément et mieux s'en assurer.
Mais dans les républiques, il y a plus de vie, plus
de haine, un plus fort désir de vengeance, le
souvenir de leur ancienne liberté ne les laisse et ne
peut les laisser en repos. La meilleure méthode est
donc de les détruire ou d'y habiter.

VI

DES PRINCIPAUTÉS NOUVELLES QU'ON ACQUIERT PAR SES PROPRES ARMES ET PAR VIRTÙ

*De principatibus novis qui armis propriis et virtute
acquiruntur.*

Que nul ne s'émerveille si, parlant des principautés entièrement nouvelles (celles où le prince et
l'État sont nouveaux), j'allègue de très grands
exemples ; car puisque les hommes marchent quasi
toujours par les chemins frayés par d'autres,
déterminant leurs actes par imitation, mais ils ne
peuvent se tenir tout à fait dans la voie d'autrui ni
atteindre la *virtù* de ceux qu'ils imitent, l'homme
prudent doit suivre toujours les voies tracées par les
grands hommes, imitant ceux qui ont été excellents,
afin que si sa *virtù* ne peut égaler la leur, il en garde
au moins quelque relent ; à l'exemple des bons
archers qui, connaissant la portée de leur arc, si le
but qu'ils veulent frapper leur semble trop loin,
prennent leur visée beaucoup plus haut que le lieu
fixé, non pour que leur flèche atteigne une si
grande hauteur, mais pour pouvoir, avec l'aide
d'une si haute mire, parvenir au point désigné.

Je dis donc que, dans les principautés entièrement nouvelles, où est un nouveau prince, il se trouve plus ou moins de difficulté selon le plus ou moins de *virtù* de celui qui les acquiert. Et comme cette aventure, de passer d'homme privé à prince, présuppose de la *virtù* ou de la fortune, il semble que l'une ou l'autre de ces deux données aplanisse en partie beaucoup de difficultés ; cependant celui qui dépend le moins de la fortune se maintient davantage. Ce qui lui facilite encore le succès, c'est que, n'ayant point d'autres États, il est contraint de venir habiter en personne l'État nouveau. Mais pour venir à ceux qui par leur *virtù*, et non point par fortune, sont devenus princes, je dis que les plus excellents sont Moïse, Cyrus, Romulus, Thésée et quelques autres semblables. Et bien qu'on ne doive point parler de Moïse, celui-ci n'étant qu'un vrai exécuteur des choses ordonnées par Dieu, *tamen* il mérite qu'on l'admire, *solum* pour cette grâce qui le faisait digne de parler avec Dieu. Mais si nous considérons Cyrus et les autres qui ont conquis ou fondé des royaumes, nous les trouverons tous admirables ; et si l'on observe bien leurs faits et manières particulières de procéder, ils ne sembleront guère différents de ceux de Moïse qui eut un si haut précepteur. Et en examinant bien leurs œuvres et leur vie, on ne trouve point qu'ils aient rien obtenu de la fortune, sinon l'occasion qui leur donna la matière où ils pussent introduire la forme qui leur plaisait [19] ; sans cette occasion, leur *virtù* se fût perdue, et sans leur *virtù*, l'occasion se fût présentée en vain.

Il fallait donc que Moïse trouvât le peuple d'Israël en Égypte esclave et opprimé par les Égyptiens, pour qu'il fût disposé à suivre Moïse et à sortir de sa captivité. Il était nécessaire que Romulus fût à l'étroit dans Albe, qu'il eût été abandonné à sa naissance pour qu'il devînt fondateur de Rome et roi du pays. Cyrus devait trouver les Perses mécontents de l'empire des Mèdes et les Mèdes amollis et efféminés par une trop longue paix. Thésée n'eût pu montrer sa *virtù* s'il n'eût trouvé les Athéniens dispersés. Donc ces occasions ont fait l'heureuse réussite de ces personnages et l'excellence de leur *virtù* leur fit reconnaître l'occasion ; grâce à quoi leur pays devint glorieux et très heureux.

Ceux qui, comme les précédents, s'acquièrent une principauté par leur *virtù,* l'acquièrent avec peine, mais ils s'y maintiennent facilement. Les difficultés qu'ils ont à vaincre naissent en partie des nouvelles ordonnances et coutumes qu'ils sont contraints d'introduire pour bien fonder leur État et y assurer leur pouvoir. Et il faut penser qu'il n'y a chose à traiter plus pénible, à réussir plus douteuse, ni à manier plus dangereuse que de s'aventurer à introduire de nouvelles institutions ; car celui qui les introduit a pour ennemis tous ceux qui profitent de l'ordre ancien, et n'a que des défenseurs bien tièdes en ceux qui profiteraient du nouveau. Cette tiédeur vient en partie de la peur des adversaires qui ont les lois pour eux, en partie aussi de l'incrédulité des hommes qui ne croient point véritablement aux choses nouvelles s'ils n'en voient déjà réalisée une expérience sûre. D'où il suit que, chaque fois que ceux qui sont adversaires ont l'occasion d'attaquer, ils le font en ardents partisans, et les autres se défendent avec tiédeur ; en sorte que l'on périclite avec eux.

Si l'on veut donc bien entendre ce point, il faut

considérer si ceux qui cherchent la nouveauté peuvent quelque chose d'eux-mêmes ou s'ils dépendent d'autrui; c'est-à-dire si, pour mener à bien leur entreprise, ils comptent sur les prières ou sur la force. Dans le premier cas, ils finissent toujours mal et ne viennent à bout de rien; mais quand ils ne dépendent que d'eux et peuvent user de la force, il est bien rare qu'ils échouent. De là vient que tous les prophètes armés furent vainqueurs et les désarmés déconfits. Car outre les choses déjà dites, la nature des peuples est changeante, et il est aisé de les persuader d'une chose, mais difficile de les garder en cette persuasion. Aussi faut-il y donner si bon ordre que lorsqu'ils ne croiront plus, on leur puisse faire croire par force. Moïse, Cyrus, Thésée et Romulus n'auraient pu faire si longuement observer leurs institutions, s'ils eussent été sans armes. Comme de notre temps il advint à frère Jérôme Savonarole [20], dont la ruine survint au milieu de l'ordre qu'il avait créé, aussitôt que la multitude commença à ne plus le croire : il ne pouvait tenir fermes ceux qui l'avaient cru, ni faire croire ceux qui ne croyaient pas en lui. Donc ceux-là ont grand-peine à se bien conduire : tous leurs dangers sont au milieu du chemin et il faut qu'ils aient une assez grande *virtù* pour les surmonter; mais les ayant surmontés et commençant d'être en estime, s'ils ont fait périr ceux que leur qualité menait à leur porter envie, ils demeurent puissants, en sûreté, honorés et heureux.

A de si grands exemples, j'en ajouterai un autre plus petit, mais qui sera de même façon, et je veux qu'il me suffise pour tous les autres de même nature. C'est Hiéron de Syracuse. Celui-ci, de simple particulier, se fit prince; lui aussi ne connut

rien de la fortune que l'occasion. Car les Syracusains étant pressés de guerre et d'affaires, ils
l'élurent pour leur capitaine, et c'est là qu'il se
montra digne d'être leur prince. Et sa *virtù* fut si
grande, *etiam* quand il était simple particulier, qu'on
a pu écrire de lui *quod nihil illi deerat ad regnandum
praeter regnum* [21]. Il éteignit la vieille milice, il en
créa une nouvelle; il laissa ses amitiés anciennes, en
forma de nouvelles; et s'étant assuré des amitiés et
des soldats qui fussent siens, il put bien sur un tel
fondement élever l'édifice qui lui convenait : il eut
beaucoup de peine à acquérir, mais point ou peu à
se maintenir.

VII

DES PRINCIPAUTÉS NOUVELLES QUI S'ACQUIÈRENT
PAR LES FORCES D'AUTRUI ET PAR LA FORTUNE

*De principatibus novis qui alienis armis et fortuna
acquiruntur.*

Ceux qui de simples personnes deviennent
princes par la seule fortune n'ont pas grand-peine à
le devenir, mais beaucoup à le demeurer; le chemin
leur est facile, ils volent à leur but, mais toutes les
difficultés naissent après qu'ils sont en place. Et
ceux-là sont ceux auxquels on a donné des États
soit moyennant argent, soit par faveur de celui qui
les accorde; ainsi qu'il advint à plusieurs en Grèce,
dans les villes d'Ionie et d'Hellespont, là où Darius
fit plusieurs petits rois afin qu'ils tinssent le pays
pour sa sûreté et sa gloire, et comme on faisait les
empereurs de Rome, qui en achetant les soldats,

parvenaient à ce rang. Ceux-là ont pour seul fondement de leur pouvoir la fortune et la volonté de ceux qui les ont faits grands, deux choses capricieuses et instables. Ils ne savent ni ne peuvent tenir ce rang-là; ils ne le savent pas car à moins qu'un homme ne soit de singulier esprit et *virtù*, il semble qu'ayant toujours vécu en condition privée il ne sache user du commandement; ils ne le peuvent, car ils n'ont pas les forces qui leur puissent être sûres et fidèles. De plus les seigneuries qui viennent si vite, comme toutes les autres choses naturelles qui naissent et croissent soudain, ne peuvent avoir leurs racines et autres fibres assez fortes pour que le premier orage ne les abatte. Tel est le sort de ceux qui sont devenus en peu de temps princes, à moins qu'ils ne soient (comme j'ai déjà dit) de si grande *virtù* qu'ils sachent s'apprêter à garder ce que la fortune leur a mis dans les mains et qu'ils créent les fondements de leur puissance après y être parvenus, ce que les autres font avant.

Je veux produire deux exemples de notre souvenance sur ces deux manières de se faire prince, par *virtù* ou par fortune : ceux de François Sforza et de César Borgia. Sforza, par l'excellence de sa *virtù* et les moyens qui convenaient, de simple particulier devint duc de Milan, et ce qu'il avait acquis par mille travaux, il le conserva facilement. D'autre part, César Borgia, qu'on appelait communément duc de Valentinois, acquit ses États par le moyen de la fortune de son père; aussi les perdit-il avec elle, bien qu'il fît tout et employât tout son esprit à agir comme tout homme doué et sage doit faire, pour bien prendre racine en ces États que les armes et la fortune d'autrui lui avaient donnés. Car qui n'assied d'abord les fondements de son pouvoir (comme j'ai déjà dit ci-dessus), il le pourrait, à force de *virtù*, faire après ; ce qui signifiera pourtant grand travail de l'architecte et péril de l'édifice. Si donc nous voulons regarder toutes les entreprises et menées de ce duc, nous verrons qu'il bâtit de grands fondements pour sa puissance future. Et si je m'étends là-dessus, je ne penserai point être sorti de mon propos, car je ne sache point meilleurs enseignements pour un nouveau prince que l'exemple des faits de ce duc ; et si les moyens qu'il employa ne lui profitèrent point, ce ne fut par sa faute, mais par une extraordinaire et extrême malignité de fortune.

Alexandre VI, pour assurer la grandeur du duc son fils, avait beaucoup de difficultés présentes et à venir. Premièrement il ne voyait pas le moyen de lui donner aucunes seigneuries qui ne fussent de l'Église. Or, s'il essayait de prendre ce qui appartenait à l'Église, il savait bien que les Vénitiens et le duc de Milan n'y consentiraient jamais ; car Faenza et Rimini étaient depuis longtemps sous la protection des Vénitiens. Il voyait en outre que les forces d'Italie, celles spécialement dont il se pouvait servir, étaient dans les mains de ceux qui devaient craindre la grandeur du pape ; et pour cette raison, il ne s'y pouvait fier : elles étaient toutes entre les mains des Orsini, des Colonna et de leurs compères. Il fallait donc que cet ordre fût troublé, et mettre en désordre tous les États de ceux-là pour se pouvoir sûrement emparer d'une partie d'entre eux ; ce qui fut très aisé, car il trouva les Vénitiens qui, pour d'autres raisons, s'étaient avisés de faire repasser les Français en Italie : à quoi non seulement il ne s'opposa pas, mais, bien mieux, prêta la main en accordant ce que demandait le roi Louis

pour son premier mariage [22]. Le roi donc passa en
Italie avec l'aide des Vénitiens et le consentement
d'Alexandre, et il ne fut pas plutôt à Milan que le
pape obtint de lui des gens pour son entreprise de
Romagne, à laquelle le roi consentit pour son
prestige.

Après avoir battu les Colonna et occupé la
Romagne, pour la garder et aller encore au-delà,
deux choses arrêtaient le duc : l'une était ses
mercenaires, qui ne lui paraissaient pas fort fidèles,
l'autre était la volonté des Français. C'est-à-dire, il
craignait que les gens des Orsini, dont il s'était
servi, ne lui fissent défaut, et non seulement
l'empêchassent d'acquérir quelques États, mais lui
ôtassent ce qu'il avait déjà conquis, et il craignait
aussi que le roi ne lui fît la pareille. Touchant les
Orsini, il en apparut quelque chose quand, après la
prise de Faenza, il attaqua Bologne, car il les vit se
porter à l'assaut avec bien peu d'ardeur. Quant au
roi, il connut bien sa pensée lorsque, après avoir
occupé le duché d'Urbin, il se jeta sur la Toscane,
et que le roi le fit s'en retirer. Aussi Borgia
délibéra-t-il de ne dépendre plus de la fortune ni
des forces d'autrui. Et la première chose qu'il fit, ce
fut d'affaiblir le parti des Colonna et des Orsini à
Rome ; car il gagna tous les gentilshommes qui
tenaient pour eux en les faisant ses gentilshommes
avec des charges très bien payées et il leur donna,
selon leurs qualités, des compagnies et gouvernements, si bien qu'en peu de mois leur affection
pour leur parti s'éteignit, et se tourna toute vers le
duc. Après quoi, ayant déjà châtié les Colonna, il
attendit l'occasion pour éteindre les Orsini ; elle lui
vint bien à propos, et il en usa encore mieux. Car
les Orsini, s'étant avisés bien tard que la gran-

deur de ce duc et de l'Église signifiait leur ruine, firent une assemblée à la Magione, près de Pérouse, d'où vinrent la révolte d'Urbin, les troubles de la Romagne et d'infinis dangers où se trouva le duc et que toutefois il surmonta tous avec l'aide des Français. Or, ayant retrouvé son prestige et ne se voulant plus fier aux Français ni à d'autres étrangers, pour n'avoir point à les affronter, il s'en remit à la ruse. Et il sut si bien feindre et commander à ses sentiments que les Orsini se réconcilièrent avec lui par le moyen du seigneur Paolo ; avec celui-ci, le duc ne négligea rien de ce qui pouvait le rassurer, lui donnant vêtements, argent, chevaux : si bien que leur simplesse les fit venir à Sinigaglia entre ses mains. Les chefs éteints[23] et leurs partisans devenus ses amis, le duc avait fort bien jeté les fondements de sa grandeur, tenant toute la Romagne avec le duché d'Urbin, et lui apparaissant surtout qu'il avait acquis l'amitié de la Romagne et que tous ces peuples lui étaient gagnés, pour avoir commencé à goûter la paix qu'ils lui devaient.

Et parce que cet épisode est digne de renommée et d'être par d'autres imité, je ne le veux pas laisser de côté. Après que le duc eut occupé la Romagne, il trouva qu'elle était commandée par des seigneurs sans grand pouvoir, qui avaient plutôt dépouillé que gouverné leurs sujets, et leur avaient donné l'occasion de se désunir, non de s'unir, si bien que le pays était plein de larcins, de brigandages et d'abus de toute sorte : il pensa qu'il était nécessaire pour le réduire en paix et à l'obéissance au bras séculier et royal, de lui donner un bon gouvernement. A quoi il préposa messire Remy d'Orque, homme cruel et expéditif, auquel il donna pleine puissance. Celui-ci en peu de temps remit le pays

en tranquillité et union, à son très grand honneur.
Mais ensuite Borgia, estimant qu'une si excessive
autorité n'était plus de saison, et redoutant qu'elle
ne devînt odieuse, établit un tribunal civil au milieu
de la province avec un sage président et où chaque
ville avait son avocat. Et, comme il savait bien que
les rigueurs passées lui avaient valu quelque inimitié, pour en purger les esprits de ces peuples et les
tenir tout à fait en son amitié, il voulut montrer
que, s'il y avait eu quelque cruauté, elle n'était pas
venue de sa part, mais de la mauvaise nature du
ministre. Prenant là-dessus l'occasion au poil, il le
fit un beau matin, à Cesena, mettre en deux
morceaux, au milieu de la place, avec un billot de
bois et un couteau sanglant près de lui. La férocité
de ce spectacle fit le peuple demeurer en même
temps content et stupide [24].

Mais retournons d'où nous sommes partis. Se
trouvant donc le duc très puissant et assuré en
partie contre les dangers présents, pour s'être
fortifié à sa mode, et avoir éteint une bonne part
des voisins qui lui pouvaient nuire, il ne lui restait,
pour poursuivre ses conquêtes, qu'à tenir compte
des Français. Car il connaissait bien que le roi,
lequel s'était avisé bien tard de sa faute, ne
l'endurerait jamais. Aussi commença-t-il de chercher amitiés nouvelles tandis qu'il commençait à
broncher avec les Français, quand ils descendirent
au royaume de Naples contre les Espagnols qui
assiégeaient Gaète. Et son intention était de s'assurer contre eux, ce qui fût bientôt advenu, si le pape
eût vécu.

Telle fut sa politique quant aux affaires de ce
temps-là. Mais au regard de ce qui pouvait advenir,
il avait fort à redouter, en premier lieu, que celui

qui succéderait au siège de Rome ne fût point de
ses amis et qu'il s'efforçât de lui ôter ce que le pape
Alexandre lui avait donné. A quoi il avait pensé
remédier de quatre manières : premièrement,
éteindre toute la lignée et parentage de ces Seigneurs qu'il avait dépouillés, pour ôter au pape
l'occasion de les rétablir. Secondement, attirer et
gagner à soi tous les gentilshommes romains, afin
qu'il pût par leur moyen tenir le pape en bride.
Troisièmement, réduire le collège des cardinaux le
plus qu'il pourrait à son parti. Quatrièmement, se
faire si puissant avant que le pape mourût, qu'il pût
lui-même résister au premier assaut d'un chacun.
De ces quatre points, à la mort d'Alexandre, il en
avait parfait trois ; le quatrième était presque
achevé. Car des seigneurs qu'il avait dépouillés, il
tua tous ceux sur qui il put mettre la main, et il ne
s'en sauva que bien peu. Touchant les gentilshommes romains, il se les était gagnés. Il avait le
plus grand nombre des cardinaux à sa dévotion. Et
quant aux nouvelles conquêtes, il avait dessein de
devenir seigneur de Toscane, tenait déjà Pérouse et
Piombino, et s'était fait protecteur de Pise. Et
comme il n'était plus obligé d'avoir aucun égard
aux Français (et il pouvait n'en plus avoir, parce
qu'ils étaient chassés du royaume de Naples par les
Espagnols, en sorte que les uns et les autres étaient
contraints d'acheter son amitié), il ne faisait qu'un
bond sur Pise. Après quoi, Lucques et Sienne
cédaient facilement, et par jalousie des Florentins et
par peur. Quant aux Florentins, ils ne se pouvaient
sauver. S'il y avait réussi (et il allait réussir l'année
même que le pape Alexandre mourut), il rassem-
blait de telles forces et acquérait si grand prestige
qu'il eût pu se maintenir par lui-même, sans plus

dépendre de la fortune et des forces d'autrui, mais
seulement de sa *virtù* et de sa puissance. Mais
Alexandre mourut cinq ans après que le duc avait
commencé à dégainer l'épée. Il le laissa avec la
Romagne seulement bien assise, tous les autres
États quasi en l'air, entre deux très puissantes
armées ennemies, et malade à mourir. Et toutefois
il y avait chez le duc tant de *virtù* et de grandeur
d'âme et il connaissait si bien les moyens qui
permettent de gagner ou perdre les hommes, et les
fondements qu'il avait jetés en si peu de temps
étaient si solides, que si ces deux armées n'eussent
pas été prêtes à lui courir sus, ou s'il eût été guéri,
il eût surmonté toutes ces difficultés. De fait, on
put bien voir que ses fondements étaient fort sûrs,
puisqu'en Romagne il fut attendu plus d'un mois;
et dans Rome, encore qu'il fût demi-mort, il fut en
sécurité, et bien que Baglioni, Vitelli et Orsini y
fussent venus, ils ne firent rien contre lui. S'il ne
put faire pape celui qu'il voulait, pour le moins il fit
que celui qu'il ne voulait pas ne le fût point. Mais
s'il n'eût été malade quand le pape Alexandre
mourut, tout lui eût été facile. Et il me dit lui-
même le jour que le pape Jules II fut élu qu'il
s'était avisé de tout ce qui pouvait survenir à la
mort de son père, trouvant remède à tout, mais que
jamais il ne pensa qu'au jour de cette mort il se
trouverait lui-même à l'agonie [25].

Toutes ces entreprises du duc rassemblées et
considérées, je ne vois point en quoi il devrait
d'être repris; bien mieux, il me semble qu'il le faut
(comme j'ai fait) proposer pour exemple à tous ceux
qui par fortune ou avec les armes d'autrui sont
parvenus à grand pouvoir. Car ayant le cœur grand
et l'intention haute, il ne se pouvait comporter

autrement, et seules s'opposèrent à ses desseins la
courte vie d'Alexandre et sa propre maladie. Qui
donc veut, en sa nouvelle principauté, s'assurer de
ses ennemis, s'attacher des amis, vaincre ou par
force ou par ruse, se veut faire aimer ou craindre du
peuple, être suivi et respecté des soldats, ruiner
ceux qui nous peuvent ou doivent nuire, rajeunir
par nouveaux moyens les anciennes coutumes, être
rigoureux et bienveillant, magnanime et libéral,
éteindre une milice infidèle, en créer une nouvelle,
se maintenir en amitié des rois et des princes, en
sorte qu'ils soient portés à le servir et qu'ils
regardent à lui nuire, celui-là ne peut choisir plus
frais exemple que la conduite du duc de Valentinois. On peut seulement le reprendre à propos de
l'élection du pape Jules II ; il le choisit mal, car ne
pouvant, comme j'ai déjà dit, faire un pape à sa
guise, il pouvait au moins si bien faire que ne fût
point pape celui qu'il ne voulait pas ; et il ne devait
jamais consentir que fussent élus les cardinaux qu'il
avait offensés, ni ceux qui, parvenus au pontificat,
auraient sujet d'avoir peur de lui. Car les hommes
nuisent ou par peur ou par haine. Ceux qu'il avait
offensés étaient entre autres Saint-Pierre-ès-Liens,
Colonna, Saint-Georges et Ascanio Sforza [6] ; tous
les autres, s'ils eussent été élus, ils avaient motif de
les craindre, fors le cardinal d'Amboise et les
Espagnols, ceux-ci par alliance et obligation,
celui-là en raison de sa puissance, ayant avec lui tout
le royaume de France. Aussi le duc, avant toute
chose, devait faire un pape espagnol, et s'il ne le
pouvait, il devait accorder que ce fût Amboise et
non pas Saint-Pierre-ès-Liens. Celui qui pense que
chez les grands personnages, les nouveaux bienfaits
font oublier les vieilles injures, il s'abuse. Le duc

donc fit une faute en cette élection et là fut la cause
de sa ruine finale [27].

VIII

DE CEUX QUE LEURS CRIMES
ONT FAIT PRINCES

De his qui per scelera ad principatum pervenere.

Mais comme il est encore deux autres manières
de passer de l'état de simple particulier à celui de
prince, sans qu'on les puisse attribuer entièrement
à la *virtù* ou à la fortune, il me semble qu'on ne les
doit point laisser de côté, encore que de l'une on
pourrait parler plus au long quand on traiterait des
républiques. Ces deux manières sont quand, par
quelque moyen scélérat ou criminel on s'élève à la
principauté, ou quand un simple citoyen par la
faveur des autres citoyens devient seigneur de son
pays. Pour commencer par la première, nous la
montrerons par deux exemples, l'un ancien, l'autre
de ce temps-ci, sans discuter autrement des mérites
de cette méthode, car j'estime qu'à celui qui y sera
contraint, il suffit de la suivre.

Agathocle de Sicile devint roi de Syracuse, ayant
été auparavant non point de simple condition, mais
de la plus vile et la plus basse. Né d'un potier, il
mena toujours une vie scélérate, à tous les âges de
sa vie ; toutefois il accompagna toutes ses scélératesses d'une si grande *virtù* d'esprit et de corps que,
s'étant adonné à la guerre, de grade en grade, il
devint capitaine des Syracusains. Après s'être établi
en cette dignité, il se mit en tête de se faire roi, et

de tenir par force, sans obligation à autrui, ce qu'on lui avait accordé par consentement, ayant aussi de secrètes intelligences de son dessein avec Amilcar de Carthage, lequel faisait la guerre en Sicile avec ses armées. Il assembla un beau matin tout le peuple et le Sénat de Syracuse, comme s'il voulait le consulter sur les affaires concernant la république ; et, à un signal convenu, il fit mettre à mort tous les sénateurs et les plus riches du peuple. Une fois ceux-ci tués, il occupe et tient par force le royaume sans aucun débat entre les citoyens. Et bien qu'il fût deux fois défait et assiégé *demum* par les Carthaginois, il eut le pouvoir *non solum* de défendre sa ville, mais ayant laissé une partie de ses gens pour la garder, avec l'autre partie il envahit l'Afrique, et en peu de temps il contraignit les Carthaginois à lever le siège, et les réduisit en si extrême nécessité qu'ils durent traiter avec lui, se contentant de l'Afrique et lui laissant la Sicile.

Qui donc considérera bien ses œuvres et ses talents, il ne verra rien ou bien peu qu'on puisse dire être dû à la fortune, vu que, comme nous avons dit ci-dessus, il était parvenu au royaume non par la faveur de quelqu'un, mais bien par tous les grades de la milice, grades qu'il avait mérités par mille travaux et dangers et où ensuite il ne se maintint qu'à force de courage et de risques. D'autre part on ne saurait dire que ce soit *virtù* que de tuer ses concitoyens, trahir ses amis, n'avoir point de foi, de pitié, de religion ; par ces moyens on peut conquérir le pouvoir, non pas l'honneur. Car si on considère la valeur d'Agathocle à entrer et sortir des périls et sa grandeur de courage à soutenir et surmonter les adversités, on ne trouvera point qu'il ait été moindre que nul autre excellent

capitaine. Néanmoins sa bestiale cruauté et inhu-
manité, avec innombrables scélératesses, ne permettent point qu'il soit renommé entre les plus
excellents personnages. On ne peut donc attribuer à
la fortune ni à la *virtù* ce que sans l'une ni l'autre
il obtint.

De notre temps, quand Alexandre VI était pape,
Oliverotto de Fermo, étant demeuré orphelin dès
son enfance, fut élevé par un oncle nommé
Jean Fogliani, et dès les premiers temps de son âge,
il servit sous Paolo Vitelli²⁸ afin que, nourri sous le
harnois, il parvînt à quelque excellent grade dans la
milice. Paolo étant mort, il se mit sous la conduite
de Vitellozzo son frère et en peu de temps il devint
le premier de ses compagnons, pour être d'un esprit
vif, de cœur et de corps pareillement gaillards. Mais
lui semblant chose servile de dépendre d'un autre,
il fit projet, à l'aide de citoyens de Fermo à qui était
plus chère la servitude que la liberté de leur pays,
et avec la faveur de Vitellozzo, d'occuper Fermo. Et
il écrivit à son oncle Fogliani qu'il avait envie de le
venir voir, et la ville aussi, pour avoir été fort
longtemps dehors, et qu'il voulait, en quelque
façon, reconnaître son patrimoine. Et comme il
n'avait jamais pensé qu'à l'honneur, afin que ses
concitoyens connussent qu'il n'avait point mal
employé son temps, il y voulait venir en personnage, accompagné de cent cavaliers de ses amis et
serviteurs, le priant que fût son bon plaisir d'ordonner que les gens de Fermo le reçussent honorablement; par quoi il ne ferait pas seulement
honneur à lui, mais à soi-même puisqu'il l'avait
élevé. L'oncle ne faillit point à remplir ce devoir
envers son neveu et il le fit recevoir honorablement
par ceux de Fermo. Oliverotto logea en sa maison,

où, après quelques jours, ayant préparé ce qu'il
fallait pour la scélératesse projetée, il donna un
festin fort solennel auquel il pria son oncle et les
principaux du pays. Les mets terminés, et toutes les
autres joyeusetés qui se font volontiers en ces
magnifiques banquets étant finies, Oliverotto mit
en avant tout exprès certains propos d'importance,
parlant de la grandeur du pape Alexandre et de
César son fils et de leurs entreprises. Son oncle et
les autres répondant à ces paroles, lui tout aussitôt
se lève, disant que c'étaient matières desquelles il
fallait parler en lieu plus secret, et se retira en une
chambre à part, où son oncle et tous les autres
citoyens le suivirent. Et ils ne furent pas plutôt
assis que des cachettes sortent des soldats qui
mirent à mort l'oncle et tous les autres. Après ce
meurtre, Oliverotto monta à cheval, courut toute la
ville, et assiégea dans le palais le magistrat suprême,
si bien qu'on fut contraint, par peur, de lui obéir et
d'établir un gouvernement dont il se fit le chef.
Ayant aussi fait mourir tous les mécontents éven-
tuels qui pouvaient lui nuire, il se fortifia si bien
par de nouveaux règlements civils et militaires
qu'en moins d'un an qu'il fut seigneur de Fermo,
non seulement il y était en sûreté, mais encore il
s'était rendu redoutable à tous ses voisins. Et pour
l'extirper, de même qu'Agathocle, il y eût de
l'affaire, s'il ne s'était laissé tromper par César
Borgia, quand il prit les Orsini et les Vitelli à
Sinigaglia, comme nous avons déjà dit ci-dessus;
c'est là que, pris lui aussi, un an après son
parricide, il fut, avec Vitellozzo qu'il avait eu pour
maître de ses *virtù* et scélératesses, étranglé.

On pourrait se demander comment Agathocle et
ses pareils, après d'infinies trahisons et cruautés,

purent vivre longtemps en sûreté dans leur pays et se défendre des ennemis extérieurs, sans que leurs concitoyens conspirassent contre eux ; vu que plusieurs autres n'ont jamais pu se maintenir en leurs États *etiam* en temps de paix, sans parler du temps troublé de la guerre. Je crois que cela vient de la cruauté bien ou mal employée. On peut appeler bonne cette cruauté (si l'on peut dire y avoir du bien au mal), qui s'exerce seulement une fois, par nécessité de sa sûreté, et puis ne se continue point, mais se tourne au contraire au profit des sujets le plus qu'il est possible. La mauvaise est celle qui, petite au début, croît avec le temps plutôt qu'elle ne s'abaisse. Ceux qui useront de la première sorte de cruauté peuvent avec l'aide de Dieu et des hommes trouver quelque remède favorable, comme ce fut le cas d'Agathocle. Quant aux autres, il est impossible qu'ils se maintiennent. D'où il faut noter qu'en prenant un pays, celui qui l'occupe doit songer à toutes les cruautés qu'il lui est besoin de faire et toutes les pratiquer d'un coup pour n'y retourner point tous les jours et pouvoir, ne les renouvelant pas, rassurer les hommes, et les gagner à soi par bienfaits. Qui se gouvernera autrement ou par crainte ou par mauvais calcul, il sera contraint de garder toujours le couteau à la main, et il ne se pourra jamais bien fonder sur ses sujets qui ne pourront avoir confiance en lui, pour ses continuelles et fraîches injures. Car il faut faire tout le mal d'un coup afin que moins longtemps le goûtant, il semble moins amer, et le bien petit à petit afin qu'on le savoure mieux. En outre, un prince doit en tout vivre avec ses sujets en sorte que nul accident ou de bien ou de mal ne le contraigne à changer. Car, lorsque la nécessité survient, c'est

du fait de l'adversité, et tu n'es plus alors à même
de faire le mal; et si tu fais du bien, il ne te
profitera point parce qu'on l'estimera être forcé et
l'on ne t'en aura point de gré.

IX

DE LA PRINCIPAUTÉ CIVILE

De principatu civili.

Mais venant à l'autre cas, quand un citoyen, non
par scélératesse ou autre violence exécrable, mais
par la faveur de ses concitoyens devient souverain
de son pays, ce qu'on peut appeler une principauté
civile (et pour y monter il n'est point besoin d'avoir
la plus grande *virtù* ou la plus grande fortune, mais
plutôt une astuce heureuse) je dis qu'on devient
ainsi prince ou par la faveur du peuple ou par celle
des grands. Car en toute cité on trouve ces deux
humeurs opposées; c'est que le peuple n'aime point
à être commandé ni opprimé des plus gros. Et les
gros ont envie de commander et opprimer le
peuple. Et de ces deux appétits opposés naît dans
les villes un de ces trois effets : ou principauté ou
liberté ou licence.

La principauté vient ou du peuple ou des grands
selon que l'une ou l'autre partie en a l'occasion. Car
les plus riches, voyant qu'ils ne peuvent résister au
peuple, commencent à donner réputation à quelqu'un d'entre eux et le constituent leur prince, afin
de pouvoir, à son ombre, soûler leurs appétits. Le
peuple de son côté donne réputation à un seul,
quand il voit qu'il ne peut autrement faire tête aux

grands, et l'élit prince, pour être défendu sous son aile. Celui qui vient par l'aide des riches à être prince se maintient avec plus grande difficulté que celui qui le devient par la faveur du peuple ; car se trouvant prince au milieu des autres qui lui semblent ses égaux, il ne les peut ni commander ni façonner à sa guise. Mais celui qui parvient à la principauté par la faveur du peuple, il se trouve tout seul et n'a personne ou très peu de gens autour de lui qui ne soient prêts à lui obéir. En outre, on ne peut honnêtement et sans faire tort aux autres contenter les grands, mais certes bien le peuple ; car le souhait du peuple est plus honnête que celui des grands, qui cherchent à tourmenter les petits, et les petits ne le veulent point être. *Praeterea* un prince, avec un peuple hostile, ne peut jamais être en sûreté, car cela fait bien du monde ; mais des plus gros il se peut assurer, car ils sont peu nombreux. Le pis que saurait attendre un prince d'un peuple qui lui est ennemi, c'est d'en être abandonné ; mais si les grands lui sont contraires, il ne doit pas seulement craindre d'être abandonné par eux mais *etiam* qu'ils l'attaquent car, ayant meilleure vue et plus d'astuce que le peuple, ils ne perdent jamais de temps pour se mettre en sécurité, et chercher la bonne grâce de quelque autre qui l'emporte sur lui. Et il faut encore que le prince vive toujours avec son même peuple ; mais il peut bien se gouverner sans ces mêmes grands, pouvant en faire et défaire tous les jours, et leur ôter ou donner puissance et autorité quand il lui plaira.

Et pour mieux entendre ce point, je dis que les grands se peuvent considérer en deux manières principales. Ou ils se gouvernent en sorte, par leur manière de faire, qu'en toutes choses ils se joignent à la fortune du prince, ou bien ils ne s'y joignent pas. Ceux qui s'y assujettissent et ne sont pas trop rapaces, il faut les honorer et aimer; sinon, il faut les examiner de deux manières. Ou bien ils le font par faute de cœur et naturelle lâcheté; en ce cas tu te dois servir d'eux, principalement de ceux qui sont de bon conseil, car en la bonne fortune ils te font honneur, et en adversité ils ne te feront point de mal. Mais quand ils ne veulent point s'engager, par calcul et raison d'ambition, c'est signe qu'ils pensent plus à eux qu'à toi et le prince doit s'en garder et les craindre comme s'ils étaient ennemis découverts; car, dans l'adversité, ils aideront toujours à le ruiner.

Aussi quiconque devient prince par l'aide du peuple, il se le doit toujours maintenir en amitié; ce qui lui sera bien facile à faire, le peuple ne demandant rien, sinon de n'être point opprimé. Mais celui qui contre le peuple par la faveur des grands, devient prince, il doit plus que tout chercher à se gagner le peuple, ce qu'il fait bien aisément quand il le prend sous sa protection. Et comme les hommes sont ainsi faits que quand ils reçoivent du bien de ceux dont ils attendaient du mal, ils se sentent plus obligés à leur bienfaiteur, le peuple l'en aimera davantage que si par faveur il l'eût conduit à être prince. Et le prince pourra le gagner de beaucoup de façons dont, comme elles changent selon le sujet, on ne peut donner la règle certaine. Je n'en parlerai donc pas. Je conclurai seulement qu'il est nécessaire qu'un prince se fasse aimer de son peuple : autrement il n'a remède aucun en ses adversités.

Nabis, prince de Sparte, soutint l'assaut de toute la Grèce et d'une armée de Romains enorgueillie de

plusieurs victoires, et il défendit et sa patrie et ses
États, et il lui suffit, le péril survenu, de s'assurer
contre peu de ses gens; s'il eût été haï de son
peuple, cela ne lui eût jamais suffi. Qu'on ne
m'allègue point pour me reprendre ce proverbe
trop souvent cité : qui se fonde sur le peuple, il
bâtit sur la fange. Car il est bien vrai que lorsqu'un
simple citoyen veut fonder là-dessus sa sécurité, et
imagine que le peuple le mettrait en liberté s'il était
opprimé de ses ennemis ou des magistrats, bien
souvent, en ce cas, il se peut trouver abusé, comme
il advint à Rome aux Gracques, et à Florence à
messire Georges Scali. Mais si celui-là qui s'appuie
sur le peuple est un prince qui puisse commander,
et qui soit homme de cœur, et ne s'effraie point
dans les dangers et mauvaises fortunes, et ait souci
des autres préparatifs, et tienne chacun en courage
par la fermeté de son cœur et les ordres qu'il
donne, jamais il ne se trouvera que le peuple lui
manque; au contraire, il verra bien qu'il a posé de
bons fondements.

Ces principautés sont en grand danger quand
elles passent de l'ordre civil à la puissance absolue;
car ces princes commandent ou par eux-mêmes ou
par l'entremise de magistrats. En ce second cas,
leur état est plus faible et périlleux, car ils se
reposent entièrement sur la volonté de ceux qui
sont établis en ces dignités, lesquels les peuvent
facilement ruiner, surtout en temps d'adversité, ou
en se mettant contre eux ou en ne leur obéissant
point. Et dans les périls, il n'est plus temps au
prince de penser pouvoir reprendre l'autorité, car
les citoyens et sujets qui sont accoutumés aux
commandements des magistrats, ne sont pas
d'humeur, en circonstances malaisées, d'obéir aux

siens; il y aura toujours, dans les moments difficiles, pénurie de gens en qui il puisse se confier.
Car un tel prince ne se peut fonder sur ce qu'il voit
en temps paisible, quand les citoyens ont besoin de
l'État, parce qu'alors chacun court, chacun promet
et chacun veut mourir pour lui quand la mort est
loin; mais en l'adversité, quand l'État a besoin des
citoyens, alors on en trouve peu. Et l'expérience est
d'autant plus périlleuse qu'on ne la peut faire
qu'une fois. Ainsi un prince sage doit trouver un
moyen qui fasse que ses sujets, toujours et en toutes
sortes de fortunes, aient besoin de l'État et de lui,
et ils lui seront après toujours fidèles.

X

COMMENT LES FORCES DE TOUTES LES PRINCIPAUTÉS SE DOIVENT MESURER

Quomodo omnium principatuum vires perpendi debeant.

Pour bien juger et examiner la qualité de ces
principautés, il convient de considérer un autre
point : c'est à savoir si un prince a si grand État
qu'il puisse en cas de besoin suffire à sa défense ou
bien s'il lui faut toujours recourir à la protection
d'autrui. Et pour mieux éclairer ce point, je dis que
ceux-là se peuvent, selon moi, régir et maintenir
eux-mêmes qui sont capables, à force d'hommes et
d'argent, de mettre en campagne une armée bien
fournie et de livrer le combat contre celui qui les
viendra assaillir, quel qu'il soit; et de même
j'estime qu'ont toujours besoin d'autrui ceux qui ne

peuvent paraître en campagne contre leurs ennemis, mais sont contraints de se retirer dans leur
ville et d'en faire garder les murailles. Du premier
cas nous avons discouru et ci-après nous y touche-
rons encore, selon que s'en offrira l'occasion. Du
second on n'en peut dire autre chose que conseiller
à de tels princes de bien approvisionner et fortifier
leur ville et de ne tenir pas grand compte de la
campagne qui l'entoure. Quiconque aura bien
fortifié sa ville et, quant aux autres rapports avec
ses sujets, se sera comporté comme nous avons
dessus dit et dirons encore après, on ne l'assaillira
pas sans réflexion ; car on ne fait pas volontiers
d'entreprises auxquelles on voit beaucoup de difficultés ; or, ce n'est pas une mince affaire que
d'assaillir celui qui a sa place bien gaillarde et qui
n'est point haï de son peuple.

Les villes d'Allemagne sont en grande liberté,
elles ont petite banlieue, et obéissent à l'empereur
quand il leur plaît, et ne craignent nul de leurs
voisins, pour puissant qu'il soit ; car elles sont
fortifiées en sorte que chacun pense que ce doit être
une chose bien longue et pénible de les emporter,
d'autant qu'elles ont toutes fossés et murs suffi-
sants, de l'artillerie en grande quantité et toujours
dans leurs magasins publics à manger, à boire et à
brûler pour un an. Et outre pour pouvoir nourrir le
menu peuple sans nulle diminution ou perte du
bien public, la communauté a toujours pour une
année à pouvoir lui donner de la besogne en ces
métiers qui sont les nerfs et la vie de la ville, et par
le moyen desquels le menu peuple vit. Enfin ils
tiennent en grand honneur les exercices de la
guerre et ont beaucoup de services pour les
entretenir.

Un prince donc qui a une ville forte et ne se fait point haïr de ses sujets, ne peut être assailli; et même si quelqu'un voulait entreprendre de l'envahir, il serait à la fin contraint de se retirer avec sa courte honte; car en ce monde, les affaires sont si incertaines et variables qu'aucun homme ne peut tenir ses armées tout un an oisives au siège d'une ville. Et à qui répliquerait que si le peuple a des biens aux champs et voit qu'on les met à sac, il ne le pourra endurer, et que le long siège et l'intérêt particulier lui feront oublier son prince, je réponds qu'un prince puissant et courageux surmontera toujours toutes ces difficultés, un jour donnant espérance à ses sujets que le mal ne durera pas, un jour entretenant leur crainte de la cruauté de l'ennemi, ou bien s'assurant adroitement de ceux qui lui sembleraient être trop hardis. De plus, l'ennemi, logiquement, doit brûler et gâter le pays, dès son arrivée, quand le cœur des hommes est encore chaud et qu'ils sont empressés à la défense. Aussi le prince a d'autant moins à craindre que quelque temps après quand les courages sont refroidis, le dommage est fait, les maux sont reçus, et il n'y a plus de remède; et alors ils se viennent accorder et assembler avec leur prince, pensant qu'il leur est fort obligé parce que c'est pour sa défense que leurs maisons ont été détruites et leurs terres saccagées. Car la nature des hommes les fait s'attacher autant pour les services qu'ils ont rendus que pour ceux qu'on leur a rendus. Donc, tout bien considéré, il ne sera pas difficile à un prince prudent de maintenir ferme, d'abord et ensuite, le courage de ses gens pendant le siège de sa ville, si ne lui manquent ni les vivres ni les munitions.

XI

DES PRINCIPAUTÉS ECCLÉSIASTIQUES

De principatibus ecclesiasticis.

Il ne reste plus à parler maintenant que des
principautés ecclésiastiques pour lesquelles toute la
difficulté se présente avant qu'on les obtienne : car
elles s'acquièrent ou par *virtù* ou par fortune et se
maintiennent sans l'une ni l'autre; car elles sont
soutenues par la grande ancienneté qui est dans les
institutions de la religion, lesquelles sont si puissantes et de telle nature, que leurs princes restent
en place, de quelque sorte qu'ils se comportent et
qu'ils vivent. Ceux-là seulement ont des territoires
et ne les défendent point, ils ont des sujets et ne les
gouvernent point; et leurs États ont beau n'être pas
défendus, on ne les leur ôte point, et leurs sujets
ont beau n'être pas gouvernés, ceux-ci ne s'en
soucient point, ni ne pensent ni ne peuvent se
soustraire à leur gouvernement. Seules donc ces
principautés sont sûres et heureuses. Mais comme
elles sont gouvernées par une raison supérieure à
laquelle l'esprit humain ne peut atteindre, je n'en
parlerai pas; elles sont créées et maintenues par
Dieu, il serait présomptueux et téméraire d'en
discourir. Néanmoins si quelqu'un me demandait
comment il se peut faire que l'Église soit devenue si
grande et si puissante au temporel, vu qu'avant le
pape Alexandre les potentats d'Italie et *non solum*
ceux qui s'appelaient potentats, mais un petit
baron, un simple seigneur en faisait peu de cas
quant au temporel, et maintenant un roi de France

en tremble et un pape a pu le chasser d'Italie et
ruiner les Vénitiens, même si la chose est bien
connue, il ne me semble pas superflu de la remettre
pour bonne partie en mémoire.

Avant que le roi Charles passât en Italie, le pays
était sous la domination du pape, des Vénitiens, du
roi de Naples, du duc de Milan et des Florentins.
Ces potentats avaient à prendre garde à deux choses
principales, l'une qu'un étranger n'entrât en Italie
pour y faire la guerre, l'autre que nul d'entre eux
n'agrandît son territoire. Ceux de qui on avait le
plus de souci étaient le pape et les Vénitiens. Et
pour tenir les Vénitiens en respect, il fallait que
tous les autres fussent d'accord, comme il advint
lors de la défense de Ferrare [29]. Pour tenir en bride
le pape, ils se servaient des barons de Rome,
lesquels étant divisés en deux bandes, Orsini et
Colonna, il y avait toujours maille à partir entre
eux ; et comme ils avaient les armes au poing sous
les yeux même du pape, ils rendaient la papauté
plus faible et infirme. Et bien que quelquefois il
s'élevât un pape courageux, comme le pape Sixte,
tamen ni la fortune ni leur savoir ne les put délivrer
jamais de ces incommodités. La raison en était la
brièveté de leur vie ; car en dix ans qu'en moyenne
vivait un pape, à grand'peine pouvait-il ébranler
une des factions ; et si, par exemple, un pape avait
ruiné les Colonna, il en survenait un autre, ennemi
des Orsini, qui les relevait, mais ne vivait pas assez
pour exterminer les Orsini.

Il en résultait que les forces temporelles du pape
étaient bien peu estimées en Italie. Survint alors
Alexandre VI, lequel entre tous les papes qui
furent jamais, a bien montré combien un pape
pouvait par argent ou par force augmenter sa

puissance, et qui fit, par le moyen du duc de
Valentinois et à l'occasion de la descente des
Français en Italie, toutes les choses que j'ai dites en
parlant des actions du duc. Et bien que son
intention ne fût pas le profit de l'Église, mais celui
de son fils, néanmoins ce qu'il fit tourna à la
grandeur de la papauté, laquelle, après la mort du
pape et la fin de son fils, se trouva héritière de ses
peines et travaux. Lui succéda le pape Jules II, qui
trouva l'Église déjà fort puissante, toute la
Romagne et tous les barons de Rome étant ruinés,
et les factions abolies à force d'avoir été pourchas-
sées par Alexandre ; il trouva aussi le chemin ouvert
au moyen d'amasser de l'argent, ce qui n'avait
jamais été pratiqué avant Alexandre. Pratiques que
le pape Jules *non solum* continua, mais accrut, se
mettant en tête de prendre Bologne, d'éteindre les
Vénitiens et de chasser les Français d'Italie. Il
réussit dans toutes ses entreprises et de façon pour
lui d'autant plus glorieuse que tout ce qu'il fit, il le
fit pour accroître la puissance de l'Église et non
celle d'un particulier. En outre, il maintint les
factions des Orsini et des Colonna comme il les
avait trouvées. Et bien qu'il y eût entre eux quelque
raison de renouveler les troubles, *tamen* deux points
les ont fait demeurer en paix : l'un est la grandeur
de l'Église, qui les effrayait, l'autre qu'ils n'avaient
point leurs cardinaux : car c'est la source des
tumultes entre eux, et jamais ces deux bandes ne
seront bien assoupies tant qu'elles auront des
cardinaux. Ce sont eux qui entretiennent, à Rome
et au dehors, l'esprit de faction, les seigneurs étant
contraints de les défendre ; ainsi par l'ambition de
ces prélats, naissent discordes et troubles entre les
barons. Sa Sainteté le pape Léon a donc trouvé la

papauté fort puissante, et l'on espère que, si les
autres l'ont faite grande par les armes, lui par sa
bonté et autres vertus infinies la fera plus grande
encore et digne de vénération.

XII

DES DIVERSES ESPÈCES DE GENS DE GUERRE,
ET DES SOLDATS MERCENAIRES

*Quot sint genera militiae et de mercenariis
militibus.*

Après avoir énuméré séparément les caractères
de chacune des sortes de principautés desquelles au
commencement j'avais projeté de parler, après avoir
considéré en partie la cause de leur grandeur ou
ruine, et montré les manières par lesquelles plusieurs ont essayé de les acquérir et de les conserver,
il me reste encore à traiter généralement de la
manière dont chacune d'entre elles peut être
attaquée et se défendre. Nous avons dit ci-dessus
qu'il faut qu'un prince soit solidement assis :
autrement il croulera. Les principaux fondements
de tous les États, aussi bien les nouveaux que les
anciens et les mixtes, sont les bonnes lois et les
bonnes armes. Et comme on ne peut avoir de
bonnes lois là où il n'y a pas de bonnes armes, et
comme les bonnes armes supposent les bonnes lois,
je ne parlerai pas des lois et traiterai des armes.

Je dis donc que les armes avec lesquelles un
prince défend son pays ou sont les siennes propres
ou sont mercenaires, ou auxiliaires, ou mêlées des
unes et des autres. Les mercenaires et auxiliaires ne

valent rien et sont fort dangereuses; et si un homme veut fonder l'assurance de son État sur les forces mercenaires, il ne sera jamais en sécurité et puissance, car elles sont désunies, ambitieuses, sans discipline, déloyales, braves chez les amis, lâches devant l'ennemi; elles n'ont point de crainte de Dieu, ni de fidélité à l'égard des hommes, et tu ne diffères ta ruine qu'autant que tu diffères l'assaut; en temps de paix, tu seras dépouillé par eux, en temps de guerre, par les ennemis. La raison est qu'ils n'ont autre amour ni autre occasion qui les retienne au camp qu'un peu de solde, ce qui n'est pas suffisant à faire qu'ils veuillent mourir pour toi. Ils veulent bien être à toi pendant que tu ne fais point la guerre, mais aussitôt que la guerre est venue, ils ne désirent que fuir ou s'en aller. Ce qui ne devrait pas être fort difficile à voir car la ruine présente de l'Italie n'est advenue d'autre chose que de s'être longtemps reposée sur les armes mercenaires. Lesquelles procurèrent à quelques-uns quelque progrès et paraissaient gaillardes entre elles; mais aussitôt que vint un étranger, elles montrèrent ce qu'elles étaient. Aussi le roi Charles put bien prendre l'Italie avec de la craie [30]; et celui qui disait que nos péchés en étaient cause [31] disait bien vrai, mais ce n'étaient pas les péchés qu'il pensait, mais ceux que j'ai racontés; et comme c'étaient péchés et fautes des princes, ce sont eux aussi qui en ont porté la peine.

Je veux montrer plus clairement quels malheurs viennent de cette espèce de soldats. Les capitaines mercenaires sont parfois de très excellents hommes de guerre, parfois non; s'ils le sont, tu ne peux te fier à eux; car ils tâcheront à se faire grands eux-mêmes ou en te ruinant toi qui es leur maître, ou en ruinant d'autres contre ton intention. Mais si le capitaine est sans talent, il sera par là même cause de ta perte. Et si on me répond que tout capitaine qui aura les armes au poing, mercenaire ou non, en pourra faire autant, je répliquerai que c'est ou un prince ou une république qui fait la guerre. Le prince doit y aller lui-même en personne et faire son devoir de bon capitaine; une république enverra de ses citoyens, et quand elle en mande un qui ne s'y révèle pas vaillant, elle le doit changer; et s'il est vaillant, lui tenir la bride avec les lois, si bien qu'il ne puisse les enfreindre. Et on voit par expérience que seuls les princes et les républiques bien aguerries accomplissent de grandes choses, mais les armées mercenaires ne font jamais que mal et dommage. En outre, moins facilement tombera sous la tyrannie d'un de ses citoyens une république armée de ses propres armes qu'une autre défendue par des forces étrangères.

Rome et Sparte furent longtemps en armes et en liberté. Les Suisses sont très armés et très libres. Des armes mercenaires du temps passé, nous avons *in exemplis* les Carthaginois, qui furent près d'être détruits par leurs soldats mercenaires, après qu'ils eurent fini la première guerre contre les Romains, bien qu'ils eussent de leurs propres citoyens pour capitaines; Philippe de Macédoine fut fait par les Thébains, après le décès d'Epaminondas, capitaine de leur armée; et, la victoire gagnée, il leur ravit la liberté. Les Milanais, après que leur duc Philippe fut mort, prirent à leur solde François Sforza pour mener la guerre contre les Vénitiens; et celui-ci, après avoir vaincu les ennemis à Caravage, se joignit à eux pour opprimer les Milanais, ses maîtres. Sforza son père [32], étant à la solde de la

reine Jeanne de Naples, la laissa en un instant
entièrement désarmée ; si bien qu'elle fut contrainte,
pour ne point perdre son royaume, de se jeter
dans le giron du roi d'Aragon. Et, si les Vénitiens
et Florentins ont par le passé augmenté leurs seigneuries par cette sorte d'armes, et que néanmoins
leurs capitaines ne s'en sont point faits princes,
mais les ont très bien défendues, je réponds que
les Florentins, en ce cas, ont été favorisés du
sort ; car, des capitaines de mérite qu'ils élurent,
et c'est ceux-là qu'ils pouvaient craindre, les uns
n'ont pas vaincu, d'autres ont rencontré des empêchements, les autres ont tourné leur convoitise
d'un autre côté. Celui qui ne fut pas victorieux
fut Jean Aucut [33] et, comme il ne fut pas victorieux, on ne peut rien savoir de sa fidélité, mais
un chacun me confessera que, s'il n'eût été vaincu,
les Florentins étaient à sa discrétion. A Sforza le
père les troupes de Braccio [34] furent toujours contraires, si bien qu'ils se sont gardés l'un l'autre.
François (Sforza) a déchargé son ambition sur la
Lombardie, Braccio contre l'Église et le royaume
de Naples.

Mais venons à des événements récents. Les
Florentins firent Paul Vitelli [35] leur capitaine,
homme fort sage et qui, de basse fortune, était
monté en très grande estime. Si celui-là emportait
Pise, personne ne me niera qu'il fallait que les
Florentins se soumissent à lui ; car s'il avait voulu
se mettre au service de leurs ennemis, ils se
trouvaient en situation désespérée ; et s'ils le gar-
daient, ils auraient été contraints de lui obéir.
Quant aux Vénitiens, si on considère bien la
marche de leurs affaires, on verra qu'ils ont et plus
sûrement et avec le plus grand honneur guerroyé

pendant qu'ils faisaient la guerre eux-mêmes :
c'est-à-dire avant qu'ils eussent tourné leurs entreprises vers la terre ferme ; auparavant leurs gentilshommes avec le populaire bien équipé bataillaient
vaillamment. Depuis qu'ils ont commencé de combattre sur terre, ils ont perdu cette *virtù* et suivi les
coutumes d'Italie. Et en leur premier accroissement
sur terre, comme ils n'y avaient pas grand État et
qu'ils étaient en grande réputation, ils n'avaient pas
beaucoup à craindre de leurs capitaines. Mais
aussitôt qu'ils s'agrandirent, ce qui arriva sous
Carmignola [36], ils eurent la preuve de leur erreur,
car le sachant homme fort preux et habile, après
qu'il eut si bien battu le duc de Milan, et voyant
d'autre part faiblir son ardeur guerrière, ils pensèrent qu'ils ne pourraient plus vaincre avec lui
parce qu'il ne le voulait pas et qu'ils ne pouvaient
non plus le licencier, de peur de reperdre ce qu'ils
avaient conquis ; aussi furent-ils contraints, pour
s'assurer de lui, de l'exécuter. Ils ont, depuis, eu
comme capitaines Barthélemy de Bergame, Robert
de San Severino, le comte de Pitigliano et autres
semblables [37], avec lesquels ils devaient plutôt
craindre de perdre que de gagner, comme il advint
depuis à Vailà, où en une seule journée ils perdirent
tout ce qu'en huit cents ans ils avaient acquis à si
grand-peine. Car, de cette sorte d'armée, il sort de
lentes, tardives et faibles conquêtes, mais les pertes
qu'elle provoque sont soudaines et prodigieuses. Et
comme ces exemples m'ont mené en Italie, gouvernée depuis tant d'années par les armes mercenaires,
je veux discourir de celles-ci, et en reprenant de
plus haut, afin que, leurs source et développements
connus, on y puisse mieux remédier.

Vous devez entendre qu'aussitôt qu'en ces der-

niers temps l'empire commença d'être bouté hors
d'Italie et que le pape y prit plus grand prestige
temporel, l'Italie fut partagée en plusieurs États; car
nombre de grosses villes prirent les armes contre
leurs nobles, lesquels précédemment, par la faveur
de l'empereur, les tenaient opprimées; et l'Église
soutenait ces soulèvements pour augmenter son
crédit temporel; dans beaucoup d'autres villes, les
citoyens devinrent les maîtres. Ainsi l'Italie étant
quasi passée dans les mains de l'Église et de
quelques républiques, et ces prêtres et ces citoyens
n'étant accoutumés de porter les armes, ils commencèrent à prendre à leur solde des étrangers. Le
premier qui fit parler de cette espèce de soldats fut
Alberigo da Conio, de Romagne, de l'école duquel
descendirent entre autres Braccio et Sforza, qui en
leur temps tenaient toute l'Italie à leur discrétion.
Après eux vinrent tous les autres qui jusques à
notre temps ont été chefs de ces armées. La fin de
si belles prouesses est que l'Italie a été envahie par
le roi Charles, pillée par le roi Louis, violée par le
roi Ferdinand et déshonorée par les Suisses. La
conduite qu'ils ont tenue a été premièrement, pour
asseoir leur réputation, d'ôter toute réputation à
l'infanterie. Ils agissaient ainsi, car n'ayant point
d'État, et vivant de leur industrie, une petite
infanterie ne leur eût point donné de réputation, et
une grande, ils ne la pouvaient nourrir; aussi se
réduisirent-ils aux gens de cheval, car, avec un
nombre supportable de cavaliers, ils étaient entretenus et honorés. Et les choses étaient venues à ce
point qu'en un camp de vingt mille soldats il
ne se fût pas trouvé deux mille fantassins. Ils
avaient, outre cela, employé toute leur habileté à
ôter, à eux et à leurs gens, la peine et la peur, ne se

tuant pas les uns les autres à la bataille, mais se
faisant prisonniers et sans rançon. Ils ne livraient
point assaut de nuit, ni ceux du camp contre la
ville, ni ceux de la ville contre le camp. Ils ne
faisaient à l'entour du camp ni palissade ni fossés.
Ils ne faisaient pas campagne en hiver. Tout cela
était permis dans le code militaire qu'ils s'étaient
inventé pour s'épargner, je l'ai déjà dit, et fatigue
et danger. C'est ainsi qu'ils ont déshonoré l'Italie et
l'ont conduite à la servitude.

XIII

DES SOLDATS AUXILIAIRES,
MIXTES ET PROPRES AU PRINCE

De militibus auxiliariis, mixtis et propriis.

Les armes auxiliaires, qui sont l'autre sorte
d'armes inutiles, c'est quand on appelle quelque
potentat, pour qu'avec ses forces, il nous vienne
aider et défendre, comme a fait dernièrement le
pape Jules, lorsque voyant la triste figure qu'avaient
faite ses bandes mercenaires dans l'entreprise
contre Ferrare, il se tourna vers les armes auxiliaires et convint avec Ferdinand, roi d'Espagne,
qu'il le viendrait aider avec son armée. Cette sorte
d'arme peut bien être bonne et profitable pour elle-
même, mais à ceux qui lui font appel, elle est
presque toujours dommageable. Car si on perd, on
est bien battu, et si on gagne, on demeure leur
prisonnier. Et bien que les anciennes histoires
soient pleines d'exemples de cette manière, néanmoins je ne veux pas omettre celui, encore frais, du

pape Jules II, dont le dessein ne pouvait être plus inconsidéré que de se mettre entièrement, parce qu'il voulait Ferrare, entre les mains d'un étranger. Mais sa bonne fortune fit naître une tierce circonstance, afin qu'il ne portât pas la peine de son mauvais choix ; car étant ses auxiliaires défaits à Ravenne [38] et survenant les Suisses qui, contre toute espérance et de lui et d'un chacun, chassèrent les vainqueurs, il advint qu'il ne demeura point prisonnier de ses ennemis (car ils avaient été chassés) ni de ses auxiliaires, car il avait gagné avec d'autres forces que les leurs. Les Florentins se trouvant tout à fait désarmés, conduisirent dix mille Français à Pise pour prendre la ville et, par ce parti, se mirent en plus grand danger qu'à aucun autre moment de leurs entreprises. L'empereur de Constantinople, pour résister à ses voisins, mit en Grèce dix mille Turcs qui, la guerre finie, n'en voulurent partir, et c'est ainsi que la Grèce devint esclave des Infidèles [39].

Celui donc qui veut être battu, qu'il s'aide de ces armes, qui sont encore beaucoup plus dangereuses que les mercenaires ; car, avec elles sa ruine est certaine, elles sont tout unies et tout accoutumées d'obéir à un autre. Mais les armes mercenaires, quand même elles auraient remporté la victoire, si elles te veulent nuire, il leur faut plus de temps et de meilleures occasions, elles ne sont point unies et sont appelées et payées par toi ; un tiers que tu en auras fait chef ne pourra pas prendre tout de suite une si grande autorité qu'il les puisse tourner contre toi. Bref, dans les armées mercenaires, la paresse et lâcheté à batailler est le plus grand danger, chez les auxiliaires c'est la *virtù*.

Donc un prince sage évite toujours de telles

armes, se fonde sur les siennes propres et veut
plutôt perdre avec les siennes que gagner avec
celles des autres, estimant que ce n'est pas une
vraie victoire celle qui est acquise par les forces
d'autrui. Je ne ferai jamais difficulté d'alléguer
César Borgia et ses actions. Ce duc entra dans la
Romagne avec des armes auxiliaires, y conduisant
ses soldats, tous français, et avec leur aide, il prit
Imola et Forli. Mais ensuite, voyant que de telles
armes n'étaient pas bien sûres, il se mit à en avoir
de mercenaires qui lui paraissaient moins dangereuses, et il prit à gages les Orsini et Vitelli. Et ces
forces mercenaires, comprenant ensuite qu'elles
étaient douteuses, sans foi et fort périlleuses, il s'en
délivra et prit le parti d'en avoir qui fussent
siennes. On peut facilement voir quelle différence
il y a entre l'une et l'autre de ces sortes d'armées,
en considérant quelle différence il y eut dans la
réputation du duc du temps qu'il avait les seuls
Français, puis aussi les Orsini et les Vitelli, jusqu'à
celui où il n'eut plus que ses soldats et ne dépendit
que de lui seul. On trouvera qu'elle a toujours
été croissant et qu'il ne fut pleinement estimé que
le jour où chacun vit qu'il était entièrement maître
de ses forces.

Je ne me voulais pas éloigner des exemples
italiens et récents ; *tamen* je ne veux point oublier
Hiéron de Syracuse, qui est un de ceux que j'ai ci-
dessus nommés. Il fut donc (comme je l'ai dit)
nommé capitaine de l'armée par les Syracusains. Il
vit aussitôt que cette milice mercenaire ne servait à
rien, parce que les soldats en étaient faits comme
les nôtres en Italie ; et comme il voyait qu'il ne les
pouvait ni retenir ni licencier, il les fit tous tailler
en pièces, et après il fit la guerre avec ses propres

forces et non pas avec celles d'autrui. Je veux
encore remettre en mémoire une histoire [40] de
l'Ancien Testament faite pour mon propos. Quand
David offrit à Saül d'aller combattre Goliath, le
Philistin qui le défiait, Saül, pour lui donner
courage, l'arma de ses armes ; David aussitôt qu'il
les eut endossées, les refusa, disant qu'avec elles il
ne pouvait être bien assuré de lui-même et qu'il
voulait donc aller à la rencontre de son ennemi avec
sa fronde et son couteau.

En conclusion, les armes d'autrui ou te tombent
du dos, ou t'accablent, ou t'étouffent. Charles VII,
père du roi Louis XI, ayant par sa grande fortune
et son mérite délivré la France des Anglais, connut
bien cette nécessité de s'armer de ses propres armes
et institua en son royaume l'arme de la cavalerie et
celle de l'infanterie. Depuis, le roi Louis son fils
supprima l'infanterie et commença de prendre à
gages les Suisses ; faute que les autres rois ont
imitée et qui est cause (comme on le voit aujour-
d'hui) des périls de ce royaume. Ayant donné
grande réputation aux Suisses, il a abâtardi toutes
ses forces ; en abolissant son infanterie, il a fait
dépendre ses cavaliers des armes d'autrui : accoutumés à combattre avec les Suisses, ils ont pensé
qu'ils ne pourraient plus jamais vaincre sans eux.
De là vient que les Français ne suffisent pas contre
les Suisses et sans eux ne se hasardent point contre
les autres. Donc les armées des Français sont
mixtes, partie mercenaires, partie gens du pays ; et
ces armes ainsi mi-parties sont de beaucoup supérieures à celles qui sont seulement auxiliaires ou
mercenaires, mais de beaucoup inférieures à celles
où il n'y a que des sujets. Et suffise l'exemple
donné : le royaume de France serait invincible si

le bon ordre établi par le roi Charles avait été
développé ou préservé. Mais le peu de jugement
et de sagesse des hommes leur fait commencer une
chose, qui leur paraît de bonne odeur, sans qu'ils
voient le venin, qui est caché dessous : comme j'ai
dit plus haut des fièvres étiques.

Aussi celui qui en une principauté ne prend pas
garde au mal à sa naissance n'est pas vraiment sage ;
mais peu de gens ont ce don. Et si on veut bien
considérer la cause première de la destruction de
l'empire de Rome, on trouvera que ce fut d'avoir
commencé à prendre à gages les Goths ; car dès ce
moment-là ils abâtardirent les forces de l'empire ; et
toute cette *virtù* qui se perdait de la part des
Romains s'en allait aux Goths.

Je conclus, donc, que si une principauté n'a point
ses armes à elle, jamais elle ne sera en sécurité ;
au contraire, elle est toute dépendante de la fortune,
puisqu'elle n'a rien qui, avec loyauté, la défende en
l'adversité. Et ce fut toujours une opinion et dicton
des sages *quod nihil sit tam infirmum aut instabile,
quam fama potentiae non sua vi nixa*[41]. Les forces
propres sont celles qui sont composées de sujets ou
de citoyens ou de gens que tu auras faits toi-même ;
toutes les autres sont mercenaires ou auxiliaires. Et
la manière qui est la bonne pour avoir des forces
propres sera facile à trouver, si on commente les
mesures prises par les quatre que j'ai ci-dessus
nommés, et si on examine comment Philippe, père
d'Alexandre le Grand, et comment beaucoup de
républiques et de princes se sont fortifiés et armés :
à ces institutions je me remets entièrement.

XIV

CE QUE DOIT FAIRE LE PRINCE
A PROPOS DE LA GUERRE

Quod principes deceat circa militiam.

Un prince donc ne doit avoir autre objet ni autre pensée, ni prendre autre matière à cœur que le fait de la guerre et l'organisation et discipline militaires; car c'est le seul art qui appartienne à ceux qui commandent, et il a si grande puissance que non seulement il maintient ceux qui sont princes de naissance, mais bien souvent il fait monter à ce degré des hommes de simple condition; en revanche on voit que quand les princes se sont plus adonnés aux voluptés qu'aux armes, ils ont perdu leurs États. La première chose qui te les peut faire perdre, c'est ne tenir compte de cet art, et la cause qui te fera acquérir d'autres États, c'est d'en faire ton métier.

François Sforza, pour avoir pris les armes, d'homme privé devint duc de Milan; et ses enfants, pour avoir fui la peine et le travail des armes, de grands seigneurs et ducs sont redevenus simples particuliers. C'est que, entre autres maux qui t'adviennent pour n'être pas aguerri, tu deviens un objet de mépris, ce qui est un des mauvais renoms desquels un prince se doit garder, comme je dirai ci-après. Car, de l'homme armé à un qui ne l'est point, il n'y a nulle comparaison; et la raison ne veut pas qu'un homme bien armé obéisse volontiers à celui qui est désarmé, ni qu'un homme désarmé puisse être en sûreté entre ses serviteurs armés;

parce que, entre le mépris de l'un et la peur de l'autre, l'accord ne peut se faire. Aussi le prince qui ne s'entend pas à la guerre, sans parler des autres inconvénients que j'ai déjà dits, ne peut être estimé de ses soldats ni se fier à eux.

Donc il ne doit jamais détourner sa pensée de l'exercice de la guerre; ce qu'il peut faire de deux manières, l'une par les œuvres, l'autre par l'esprit. Pour les œuvres, outre qu'il doit tenir ses gens en bonne discipline, il convient qu'il pratique la chasse, et par ce moyen aguerrisse son corps et l'endurcisse à la peine, et en même temps qu'il apprenne la nature des lieux, qu'il sache comment s'élèvent les montagnes, où débouchent les vallées, comment les plaines s'étalent, quelle est la nature des rivières et des marécages et tout cela avec le plus grand soin. Ce qui lui sera profitable à double titre : d'abord il apprend à connaître son pays et il sait mieux comment il le faut défendre; ensuite, ayant une bonne connaissance et pratique de ce paysage, il comprendra facilement la situation de tout autre lieu qu'il lui puisse être besoin de considérer; car les collines, vallées, campagnes, rivières et marais qui sont, par exemple, en Toscane, ont quelque ressemblance et certaine affinité avec celles des autres provinces, en sorte que de la connaissance du site d'une province, on peut facilement passer à la connaissance des autres. Le prince qui n'est point expert en cette partie ne possède pas la première et principale vertu d'un bon capitaine; car c'est elle qui permet de trouver l'ennemi, d'établir des cantonnements, de conduire une armée, de la mettre en ordre de bataille, de prendre l'avantage au siège d'une ville.

Une des louanges que les historiens accordent à

Philipoemen, prince des Achéens, est que durant la paix il ne s'étudiait à autre chose qu'aux moyens de bien mener la guerre. Et quand il était aux champs avec ses amis, il s'arrêtait souvent et raisonnait avec eux : si les ennemis étaient sur cette colline et que nous nous trouvions ici avec notre armée, qui de nous deux aurait l'avantage ? Comment, tout en conservant l'ordre de bataille, pourrait-on aller les trouver ? Si nous voulions nous retirer, comment devrions-nous faire ? S'ils se retiraient, comment devrions-nous les poursuivre ? Et il leur proposait en chemin tous les cas qui peuvent advenir dans une armée ; il écoutait leurs opinions, il disait la sienne, la confirmant par le raisonnement ; si bien que par ces continuelles réflexions, il ne lui pouvait jamais, dans la conduite d'une armée, advenir empêchement aucun auquel il ne trouvât remède.

Quant à l'exercice de l'esprit, le prince doit lire les histoires, et en celles-ci considérer les actions des excellents personnages, voir comment ils se sont comportés dans la guerre, examiner les causes de leur victoire ou défaite, pour éviter celle-ci, imiter celle-là ; et surtout il doit faire comme quelques hommes excellents du temps passé, qui se proposaient d'imiter un personnage de grand renom, ayant toujours sa vie et chronique auprès de soi, comme on dit qu'Alexandre le Grand imitait Achille ; César, Alexandre ; Scipion, Cyrus. Et qui lira la vie de Cyrus écrite par Xénophon, reconnaîtra, en lisant ensuite celle de Scipion, combien cet exemple lui apporta d'honneur, et combien Scipion, en chasteté, affabilité, humanité, générosité, a voulu ressembler à ce que Xénophon a écrit de Cyrus.

Cette même manière, le prince sage la doit

observer, et n'être jamais en temps de paix oisif, mais mettre son industrie à amasser un capital qui le puisse secourir en l'adversité, afin que quand la fortune lui tournera le dos, elle le trouve prêt à résister à sa furie.

XV

DES CHOSES POUR LESQUELLES LES HOMMES, SURTOUT LES PRINCES, SONT LOUÉS OU BLÂMÉS

De his rebus quibus homines, et praesertim principes, laudantur aut vituperantur.

Reste maintenant à voir quelles doivent être les manières et façons du prince envers ses sujets et ses amis. Et comme je sais bien que plusieurs autres ont écrit de la même matière, je crains, en en écrivant moi-même, d'être considéré comme présomptueux si je m'éloigne, surtout en traitant cet article de l'opinion des autres [42]. Mais mon intention étant d'écrire choses profitables à ceux qui les entendront, il m'a semblé plus convenable de m'en tenir à la vérité effective de mon sujet qu'à ce qu'on imagine à son propos. Plusieurs se sont imaginé des républiques et des principautés qui ne furent jamais vues ni connues pour vraies. Mais il y a si loin de la manière dont on vit à celle selon laquelle on devrait vivre, que celui qui laissera ce qui se fait pour ce qui se devrait faire, apprend plutôt à se perdre qu'à se conserver ; car qui veut faire entièrement profession d'homme de bien, il ne peut éviter sa perte parmi tant de gens qui ne sont pas gens de bien. Aussi est-il nécessaire au prince qui se veut conserver d'apprendre à pouvoir n'être pas bon et d'en user ou n'user pas selon la nécessité.

Laissant donc à part les choses qu'on a imaginées pour un prince, et discourant de celles qui sont vraies, je dis qu'à tous les hommes, quand on en parle, et surtout aux princes, parce que leur position est plus élevée, on attribue une de ces qualités qui provoquent ou le blâme ou l'éloge. C'est-à-dire que quelqu'un sera tenu pour libéral, un autre pour ladre *(misero)* (usant ici d'un terme toscan, parce que *avaro* en notre langue est aussi celui qui par rapine désire posséder, et c'est *misero* que nous nommons celui qui s'abstient trop d'user de son bien); quelqu'un sera estimé généreux, quelqu'un rapace; quelqu'un cruel, quelque autre pitoyable; l'un trompeur, l'autre homme de parole; l'un efféminé et lâche, l'autre hardi et courageux; l'un affable, l'autre orgueilleux; l'un paillard, l'autre chaste; l'un franc, l'autre rusé; l'un opiniâtre, l'autre accommodant; l'un grave, l'autre léger; l'un religieux, l'autre incrédule; et ainsi de suite. Je sais bien que chacun admettra que ce serait chose très louable qu'il se trouvât un prince possédant parmi les susdites qualités celles qui sont tenues pour bonnes; mais, comme elles ne se peuvent toutes avoir, ni entièrement observer, la condition humaine ne le permettant pas, il lui est nécessaire d'être assez sage pour qu'il sache éviter l'infamie de ces vices qui lui feraient perdre ses États; et de ceux qui ne les lui feraient point perdre, qu'il s'en garde, s'il lui est possible; mais s'il ne lui est pas possible, il peut avec moindre souci s'y laisser aller. *Et etiam* qu'il ne se soucie pas d'être blâmé pour ces vices sans lesquels il ne peut aisément conserver ses États; car, tout bien considéré, il trouvera quelque chose qui semble être *virtù*, et s'y conformer signifierait sa ruine, et quelque autre qui semble être vice, et il obtient aise et sécurité en s'y conformant.

XVI

DE LA LIBÉRALITÉ ET DE LA PARCIMONIE

De liberalitate et parcimonia.

Pour commencer, donc, par les qualités que j'ai ci-dessus nommées, je dis, en premier lieu, qu'il serait bien d'être tenu pour libéral; toutefois, être libéral autant qu'il le faut pour en avoir la réputation, c'est te nuire à toi-même; car, l'étant avec mesure et comme il se doit, tu ne seras pas connu pour tel, et le mauvais renom du contraire ne te sera pas épargné. Ainsi, pour se vouloir attacher parmi les hommes le nom de libéral, il faut n'oublier aucune sorte de magnificence; si bien que toujours un prince ainsi fait consumera en semblables choses tout son bien, et à la fin sera contraint, s'il se veut conserver le nom de libéral, de grever son peuple extraordinairement, de l'accabler d'impôts, de faire tout ce qui se peut faire pour trouver de l'argent. Ce qui commencera à le faire haïr de ses sujets et être peu estimé de chacun, puisqu'il devient pauvre; en sorte qu'ayant avec sa libéralité nui à beaucoup et donné à peu, il est sensible au premier désordre qui advient, et choppe au premier péril; et s'il voit tout ce mal et qu'il s'en veuille retirer, il encourra tout aussitôt le vilain renom d'être ladre.

Tout prince donc, ne pouvant pratiquer cette *virtù* de libéralité, au point qu'elle soit reconnue sans dommage pour lui, doit, s'il est prudent, ne se soucier guère d'être considéré comme ladre; car avec le temps il paraîtra toujours plus estimé libéral, quand on verra que, par son épargne, son revenu lui suffit, qu'il se peut défendre de qui lui fait la guerre et qu'il peut faire entreprise sans grever son peuple; en sorte qu'il en vient à user de libéralité envers tous ceux auxquels il ne prend rien, qui sont un nombre infini; et de ladrerie envers tous ceux auxquels il ne donne point, qui sont peu. De notre temps, nous n'avons vu faire de grandes choses qu'à ceux qu'on estimait ladres : les autres ont été défaits. Le pape Jules II, après s'être fait une réputation de libéral pour parvenir à la papauté, ne se soucia guère ensuite de la conserver, car il voulait faire la guerre; le roi de France d'à présent a mené plusieurs guerres sans lever de nouvelles impositions, sa longue parcimonie a pourvu *solum* aux dépenses extraordinaires. Le roi d'Espagne qui est à présent, s'il avait voulu paraître libéral, n'aurait pas mis sur pied tant d'entreprises et n'en serait pas venu à bout.

Un prince, donc, pour n'avoir pas à piller ses sujets, pour être à même de se défendre, pour ne pas devenir pauvre et méprisé, pour n'être point contraint de devenir rapace, ne doit pas se soucier d'être appelé ladre, car c'est un des vices qui le font régner. Et si quelqu'un me dit que Jules César par sa libéralité est parvenu à l'empire et que plusieurs autres, pour avoir été, de fait et dans l'opinion des autres, libéraux, sont montés très haut, je réponds : ou tu es un prince déjà tout fait, ou tu es en chemin de le devenir. Dans le premier cas, cette libéralité ne vaut rien; dans le second, tu dois être considéré comme libéral. Et César était un de ceux qui voulaient parvenir à la principauté de Rome; mais si, après y être parvenu, il eût survécu et ne se fût point retiré de ces grandes dépenses, il eût détruit son pouvoir. Si l'on me réplique que beaucoup de princes ont fait de grandes choses avec leurs armées, et furent estimés très libéraux, je répondrai que le prince dépense ou son bien et celui de ses sujets, ou celui d'autrui. Dans le premier cas, il doit être ladre; dans le second, il doit être magnifique en tout. Ainsi le prince qui conduit une armée, qui vit de pillages, de sacs de villes, de rançons et jouit du bien d'autrui, ce prince-là doit être très libéral; autrement, il ne serait pas suivi de ses soldats. De ce qui n'est pas à toi ou à tes sujets, tu peux faire largement don, comme le firent Cyrus, César et Alexandre; car dépenser le bien d'autrui ne t'ôte pas ta bonne réputation, mais l'augmente. Il n'y a que dépenser le tien qui te nuise, car il n'y a chose au monde qui se consume d'elle-même comme la libéralité : pendant que tu en uses, tu perds le moyen d'en user et deviens ou pauvre et méprisé, ou, pour fuir la pauvreté, rapace et haï. Or, s'il est une chose dont un prince se doit garder, c'est d'être haï et piteux, et c'est à cela que te conduit la libéralité. Donc, il est plus sage d'endurer le nom de ladre, qui te donne mauvaise réputation sans te faire haïr, que, pour vouloir le nom de libéral, d'encourir nécessairement celui de rapace, qui te fait haïr tout en te donnant mauvaise réputation.

XVII

DE LA CRUAUTÉ ET DE LA CLÉMENCE
ET S'IL VAUT MIEUX ÊTRE AIMÉ
OU CRAINT

*De crudelitate et pietate ; et an sit melius amari
quam timeri, an contra.*

Arrivant aux autres qualités ci-dessus nommées,
je dis que tout prince doit souhaiter d'être tenu
pour pitoyable, et non pas pour cruel ; néanmoins,
il doit bien prendre garde à ne pas faire mauvais
usage de sa clémence. César Borgia fut estimé
cruel : toutefois sa cruauté avait remis en ordre
toute la Romagne, l'avait unie et réduite en paix et
fidélité. A tout bien considérer, on verra qu'il fut
beaucoup plus pitoyable que le peuple florentin
qui, pour éviter de passer pour cruel, laissa détruire
Pistoia [43]. Le prince, donc, ne se doit point soucier
d'avoir le mauvais renom de cruauté pour tenir tous
ses sujets en union et obéissance ; car, en ne faisant
que quelques exemples, il sera plus pitoyable que
ceux qui, pour être trop miséricordieux, laissent se
poursuivre les désordres d'où naissent meurtres et
rapines, qui nuisent à tous, alors que les exécutions
ordonnées par le prince ne nuisent qu'à un particulier. Entre tous les princes, c'est au prince nouveau
qu'il est impossible d'éviter le nom de cruel, parce
que les nouveaux États sont pleins de périls. C'est
ce que dit Virgile, par la bouche de Didon :

*Res dura, et regni novitas me talia cogunt
Moliri, et late fines, custode tueri* [44].

Toutefois il ne doit pas croire ou agir à la légère, ni se faire peur à lui-même, mais procéder d'une manière modérée, avec sagesse et humanité, de peur que trop de confiance ne le rende imprudent et trop de défiance insupportable.

Là-dessus naît une dispute : vaut-il mieux être aimé que craint, ou l'inverse? Je réponds qu'il faudrait être et l'un et l'autre; mais comme il est bien difficile de les marier ensemble, il est beaucoup plus sûr de se faire craindre qu'aimer, quand on doit renoncer à l'un des deux. Car il est une chose qu'on peut dire de tous les hommes : qu'ils sont ingrats, changeants, dissimulés, ennemis du danger, avides de gain; tant que tu leur fais du bien, ils sont tout à toi, ils t'offrent leur sang, leurs biens, leurs vies et leurs enfants, comme j'ai dit plus haut, pourvu que le besoin soit éloigné; mais quand il approche, ils se dérobent. Et le prince qui s'est fondé seulement sur leurs paroles, se trouve tout nu d'autres préparatifs, il est perdu; car les amitiés qui s'acquièrent par argent et non par grand et noble cœur, on les mérite, mais on ne les a pas, et dans le besoin, on ne les peut employer; les hommes hésitent moins à nuire à un homme qui se fait aimer qu'à un autre qui se fait craindre; car l'amour se maintient par un lien d'obligations et parce que les hommes sont méchants, là où l'occasion s'offrira d'un profit particulier, ce lien est rompu; mais la crainte se maintient par une peur de châtiment qui ne te quitte jamais.

Néanmoins, le prince doit se faire craindre en sorte que, s'il n'acquiert point l'amitié, pour le moins il évite l'inimitié; car il peut très bien obtenir tous les deux ensemble : être craint et n'être point haï; ce qui adviendra toujours s'il s'abstient de

prendre les biens et richesses de ses concitoyens et
sujets, et leurs femmes. Et quand bien même il
devrait procéder contre le sang de quelqu'un, il ne
doit pas le faire sans justification convenable ni
cause manifeste ; mais surtout il ne doit pas toucher
au bien d'autrui, car les hommes oublient plus vite
la mort de leur père que la perte de leur patrimoine. Et puis, les occasions ne manquent jamais
pour prendre à autrui son bien, et celui qui
commence à vivre de pillage trouve toujours des
motifs pour mettre la main sur le bien des voisins ;
mais on en a moins pour le faire mourir, et ils
passent plus vite.

Mais quand un prince conduit une armée et
commande à une multitude de soldats, c'est alors
qu'il ne se faut nullement soucier de passer pour
cruel, car sans ce nom une armée n'est jamais unie
ni prête à toute opération. Entre les admirables
choses qu'a faites Annibal, on raconte celle-ci, que
dans son armée qui était fort grosse, mêlée d'infinies nations, et qu'il avait menée combattre en pays
étranger, il ne s'éleva jamais une seule dissension,
ni entre les soldats, ni entre les soldats et leur chef.
Ce qui ne put procéder d'autre chose que de son
inhumaine cruauté ; c'est elle qui, en même temps
que son immense *virtù*, l'a toujours fait paraître aux
soldats vénérable et terrible, et sans elle, ses autres
vertus n'eussent pas été suffisantes à produire ces
effets. Et ceux qui écrivent sans y bien regarder de
près, s'émerveillent de ce qu'il a fait, d'un côté, et
de l'autre, condamnent ce qui en a été la principale
cause.

Et qu'il soit vrai que les autres vertus n'étaient
pas suffisantes, on le peut facilement considérer par
l'exemple de Scipion, personnage des plus rares,

non seulement de son temps, mais aussi de tous les
temps que nous connaissons, et dont les armées se
rebellèrent en Espagne : ce qui n'advint de rien
d'autre que de ce qu'il était trop clément et avait
donné à ses soldats plus de liberté et licence qu'il
n'en fallait pour la discipline militaire. Ce qui lui
fut reproché en plein Sénat par Fabius Maximus,
qui l'appela corrupteur de l'armée romaine. Les
Locriens, ayant été pillés et détruits par un
lieutenant de Scipion, n'en furent point vengés, ni
l'insolence de ce lieutenant ne fut châtiée par lui,
tout cela procédant de sa nature trop facile ; en
sorte que quelqu'un, voulant l'excuser au Sénat, dit
qu'il y avait comme lui beaucoup de gens qui
savaient beaucoup mieux ne pas faire le mal que
punir les fautes d'autrui. Et ce naturel eût avec le
temps gâté la renommée et la gloire de Scipion, s'il
eût assez longtemps avec elle occupé le pouvoir ;
mais comme il vivait sous le gouvernement du
Sénat, cette fâcheuse qualité *non solum* ne se vit
point, mais tourna à sa gloire.

Retournant donc à ce que je disais à propos
d'être craint et aimé, je conclus que puisque les
hommes aiment selon leur fantaisie et craignent au
gré du prince, le prince prudent et bien avisé doit
se fonder sur ce qui dépend de lui, et non sur ce
qui dépend des autres ; il doit seulement s'appliquer
à n'être point haï, comme j'ai dit.

XVIII

COMMENT LES PRINCES DOIVENT TENIR
LEUR PAROLE

Quomodo fides a principibus sit servanda.

Chacun entend assez qu'il est fort louable à un prince de tenir sa parole et de vivre en intégrité, sans ruses ni tromperies. Néanmoins on voit par expérience que les princes qui, de notre temps, ont fait de grandes choses, n'ont pas tenu grand compte de leur parole, qu'ils ont su par ruse circonvenir l'esprit des hommes, et qu'à la fin ils ont surpassé ceux qui se sont fondés sur la loyauté.

Il faut donc savoir qu'il y a deux manières de combattre, l'une par les lois, l'autre par la force : la première est propre aux hommes, la seconde aux bêtes ; mais comme la première bien souvent ne suffit pas, il faut recourir à la seconde. Ce pourquoi il est nécessaire au prince de savoir bien pratiquer et la bête et l'homme. Cette règle fut enseignée aux princes en paroles voilées par les anciens auteurs qui disent que l'on confia Achille et plusieurs autres de ces grands seigneurs du temps passé au centaure Chiron pour qu'il les élève sous sa discipline. Ce qui ne signifie autre chose, d'avoir ainsi pour gouverneur une demi-bête et un demi-homme, sinon qu'il faut qu'un prince sache user de l'une ou de l'autre nature, et que l'une sans l'autre n'est pas durable.

Si donc un prince doit savoir bien user de la bête, il doit choisir le renard et le lion [45] ; car le lion ne peut se défendre des filets, le renard des loups ;

il faut donc être renard pour connaître les filets, et lion pour faire peur aux loups. Ceux qui veulent seulement faire les lions n'y entendent rien. Partant, un seigneur avisé ne peut tenir sa parole quand cela se retournerait contre lui et quand les causes qui l'ont conduit à promettre ont disparu. D'autant que si les hommes étaient tous gens de bien, mon précepte serait nul, mais comme ils sont méchants et qu'ils ne te tiendraient pas parole, *etiam* tu n'as pas à la tenir toi-même. Et jamais un prince n'a manqué d'excuses légitimes pour colorer son manque de parole; on pourrait en alléguer d'infinis exemples du temps présent, montrant combien de paix, combien de promesses ont été faites en vain et réduites à néant par l'infidélité des princes, et que celui qui a mieux su faire le renard s'en est toujours le mieux trouvé. Mais il faut savoir bien colorer cette nature, être grand simulateur et dissimulateur; et les hommes sont si simples et obéissent si bien aux nécessités présentes, que celui qui trompe trouvera toujours quelqu'un qui se laissera tromper.

Des exemples récents, il en est un que je ne veux laisser passer. Alexandre VI ne fit jamais rien que piper le monde, jamais il ne pensa à rien d'autre, trouvant toujours sujet propre à tromper. Jamais homme ne fut plus ardent à donner des assurances, à promettre sa foi avec plus grands serments, mais à moins l'observer; néanmoins ses tromperies lui vinrent toujours *ad votum,* car il connaissait fort bien ce point des affaires du monde.

Il n'est donc pas nécessaire à un prince d'avoir toutes les qualités ci-dessus nommées, mais de paraître les avoir. Et même, j'oserai bien dire que, s'il les a et qu'il les observe toujours, elles lui

porteront dommage ; mais faisant beau semblant de
les avoir, alors elles sont profitables ; comme de
sembler être pitoyable, fidèle, humain, intègre,
religieux ; et de l'être, mais s'étant bien préparé
l'esprit, s'il faut ne l'être point, à pouvoir et savoir
faire le contraire. Et il faut aussi noter qu'un
prince, surtout quand il est nouveau, ne peut
bonnement observer toutes ces conditions par
lesquelles on est estimé homme de bien ; car il est
souvent contraint, pour maintenir ses États, d'agir
contre sa parole, contre la charité, contre l'humanité, contre la religion. Ce pourquoi il faut qu'il ait
l'entendement prêt à tourner selon que les vents de
fortune et variations des choses lui commandent, et,
comme j'ai déjà dit, ne pas s'éloigner du bien, s'il
peut, mais savoir entrer au mal, s'il le faut.

Le prince doit donc soigneusement prendre
garde que jamais ne lui sorte de la bouche propos
qui ne soit plein des cinq qualités que j'ai dessus
nommées. Il doit sembler, à qui l'entend et voit,
toute miséricorde, toute fidélité, toute intégrité,
toute religion. Et rien n'est plus nécessaire que
de sembler posséder cette dernière qualité. Les
hommes, *in universali*, jugent plutôt aux yeux
qu'aux mains, car chacun peut voir facilement,
mais comprendre bien peu. Tout le monde voit
bien ce que tu sembles, mais bien peu ont le
sentiment de ce que tu es ; et ce peu de gens-là
n'osent contredire l'opinion du grand nombre, qui
ont de leur côté la majesté de l'État qui les
soutient ; et pour les actions de tous les hommes et
spécialement des princes (car là on n'en peut
appeler à autre juge), on regarde quel a été le
succès. Qu'un prince donc se propose pour son but
de vaincre et de maintenir l'État : les moyens seront

toujours estimés honorables et loués de chacun; car
le vulgaire ne juge que de ce qu'il voit et de ce qui
advient; or, en ce monde, il n'y a que le vulgaire; et
le petit nombre ne compte point, quand le grand
nombre a sur quoi s'appuyer. Un prince de notre
temps qu'il n'est bon de nommer [46], ne parle que de
paix et de fidélité; et de l'une et de l'autre, il n'y a
pas plus grand ennemi; et l'une et l'autre, s'il les
eût bien observées, cela lui aurait plus d'une fois
coûté ou son prestige ou ses États.

XIX

QU'ON SE DOIT GARDER D'ÊTRE HAÏ ET MÉPRISÉ

De contemptu et odio fugiendo.

Mais puisque des qualités dont j'ai ci-dessus fait
mention, j'ai parlé des plus importantes, je veux
discourir des autres brièvement de façon générale,
savoir que le prince doit penser (comme j'ai
auparavant dit en partie) à éviter les choses qui lui
vaudraient haine ou mépris. A chaque fois qu'il ne
faillira point en cet endroit, il aura bien travaillé et
ne se trouvera point en danger quant aux autres
mauvais renoms. Sur toutes choses, ce qui fait le
plus haïr, comme j'ai dit, c'est de piller les biens
et prendre par force les femmes de ses sujets:
de quoi le prince doit s'abstenir. Car quand on
n'ôte point aux hommes ni les biens ni l'honneur,
ils vivent contents et on n'a plus qu'à combattre
l'ambition de peu de gens, laquelle facilement et de
plusieurs manières, peut être refrénée. Mais être
considéré comme changeant, léger, efféminé, de

peu de courage et sans résolution, cela provoque le
mépris : c'est ce qu'un prince doit fuir comme un
écueil en mer, agissant de telle sorte qu'en ses
actions on reconnaisse une certaine grandeur,
magnanimité, gravité, force et, à l'égard des
intrigues privées de ses sujets, il doit vouloir que sa
sentence soit irrévocable. Et il doit maintenir de lui
opinion telle que personne ne songe à le tromper ni
circonvenir

Le prince qui donne cette image de sa personne
s'acquiert grande réputation ; et contre celui qui est
en telle réputation on ne se conjure pas facilement,
on ne l'attaque pas facilement pourvu qu'on sache
qu'il est excellent, et redouté, et respecté des siens.
Car un prince doit avoir peur de deux côtés : au
dedans, à cause de ses sujets, au dehors à cause des
potentats étrangers. De ceux-ci, il se défend avec de
bonnes armes et de bons amis ; et toujours, s'il est
puissant en armes, il aura bons amis ; et toujours les
affaires du dedans seront assurées quand celles du
dehors le seront, à moins d'être par aventure
troublées par une conjuration ; et, quand même les
étrangers s'agiteraient, s'il a bien ordonné ses
affaires et vécu comme j'ai dit, il soutiendra
toujours tout assaut, s'il ne s'abandonne pas ;
comme j'ai relaté que fit Nabis de Sparte. Mais
quant à ses sujets, lorsque les affaires du dehors
sont calmes, il doit craindre qu'ils ne se conjurent
secrètement : danger dont le prince se garde, s'il ne
se fait point haïr ni mépriser, et si le peuple
demeure content de lui, ce qui s'ensuit nécessairement, comme amplement j'ai dit ci-dessus. Et un
des remèdes les plus sûrs qu'ait le prince contre les
conjurations, c'est de n'être point haï et méprisé du
populaire ; parce que toujours celui qui conjure

estime qu'il contentera le peuple par la mort du
prince ; mais quand il pense lui déplaire, il n'a pas
le courage de l'entreprendre, car ceux qui conjurent
connaissent d'infinies difficultés. Et nous voyons
par expérience que parmi tant de conjurations qui
se sont menées, bien peu ont eu bon succès : un
homme en effet ne conspirera pas tout seul et il ne
peut s'associer que ceux qu'il croit être mécontents.
Or, sitôt que tu as dévoilé tes intentions à un
mécontent, tu lui donnes occasion de se contenter,
car s'il te trahit, il en peut espérer tout ce qui lui
plaira ; de sorte que voyant le gain assuré de ce côté,
et le voyant, de l'autre, incertain et périlleux, il faut
bien qu'il te soit ami singulier ou ennemi obstiné
du prince, pour te garder sa foi. Pour réduire donc
la chose à peu de paroles, je dis que de la part de
celui qui conjure, ce ne sont que peur, soupçon et
crainte de la peine qui l'épouvantent ; mais du côté
du prince se trouvent la majesté de la principauté,
les lois, les secours de ses amis et de l'État qui le
gardent ; si bien que, quand se joint à tout cela la
bienveillance du populaire, il est impossible qu'un
homme soit assez téméraire pour conspirer, car si
celui qui conspire doit ordinairement craindre
quelque infortune avant qu'il ait fait le coup, il le
doit en ce cas craindre encore après, ayant le peuple
pour ennemi à la suite de son attentat, et ne
pouvant, par là, espérer aucun refuge.

Sur cette matière je pourrais alléguer infinis
exemples, mais je veux me contenter d'un seulement, qui advint du temps de nos pères. Messire
Annibal Bentivoglio, aïeul du messire Annibal
d'aujourd'hui, était seigneur de Bologne et les
Canneschi qui avaient conspiré contre lui le tuèrent
sans laisser d'autre héritier de son nom que messire

Jean qui était au berceau; incontinent après ce meurtre, le peuple s'émut et tua tous les Canne-schi[47]. Ce qui procédait de la bienveillance populaire que la maison des Bentivoglio avait en ce temps, laquelle fut si grande que, personne ne demeurant de cette maison qui pût après la mort d'Annibal gouverner l'État, comme on apprit qu'il y avait à Florence un Bentivoglio qui se croyait jusqu'alors fils d'un forgeron, les Bolonais l'envoyèrent quérir et lui donnèrent le gouvernement de Bologne, gouvernement qu'il garda jusques au jour où messire Jean fut en âge d'être prince lui-même.

Je conclus donc que le prince ne doit pas avoir grand-peur des conjurations, pourvu que le peuple lui soit ami; mais s'il ne l'aime point et qu'il l'ait en haine, il doit craindre de chacun et de toutes occasions. Aussi les États bien gouvernés et les princes sages ont toujours mis tous leurs soins à ne point faire tomber les grands dans le désespoir et à satisfaire le peuple et le rendre content, car c'est une des plus importantes affaires qu'ait le prince.

Le royaume de France est un des royaumes bien ordonnés et gouvernés que l'on connaisse de notre temps. Et on y trouve d'infinies bonnes institutions, dont dépend la liberté et sûreté du roi; la première est le parlement et son autorité; car celui qui établit la forme du gouvernement de ce royaume, connaissant l'ambition des plus gros et leur outrecuidance et estimant qu'il fallait leur mettre quelque frein en bouche qui les bridât, connaissant d'autre part la haine fondée sur la peur, que le grand nombre porte aux grands, et le voulant rassurer, il fit en sorte que le roi n'intervienne pas sur ce point, afin de le garder de la rancune qu'il pourrait provoquer chez les grands seigneurs, en soulageant le menu peuple, ou avec celui-ci en favorisant les gentilshommes; ce pourquoi il constitua un tiers juge qui, sans que le roi en eût les ennuis, frappât les grands et favorisât les plus petits. Cet ordre ne pouvait être meilleur ni plus sage, ni donner plus grande sûreté au roi et au royaume. D'où l'on peut déduire un très bon avertissement : que les princes doivent faire tenir par d'autres les rôles qui attirent rancune, mais ceux qui apportent reconnaissance, les prendre pour eux-mêmes. Je conclus derechef qu'un prince doit faire cas des plus gros, mais ne se point faire haïr du peuple.

Il semblera peut-être à bien des gens que si l'on considère la vie et la mort de plusieurs empereurs de Rome, ils soient des exemples contraires à mon opinion; on m'alléguera que tel a toujours vécu parfaitement, montrant qu'il était de grand mérite, et néanmoins il perdit l'empire ou bien fut tué par les siens conspirant contre lui. Donc, pour bien répondre à ces objections, j'examinerai les qualités de quelques empereurs, montrant que les causes de leur ruine ne sont pas différentes de ce que j'ai dit ; en même temps, je mettrai en considération les affaires dignes de retenir celui qui lit les histoires de ce temps. Il me suffira de prendre tous les empereurs qui régnèrent depuis Marc le philosophe jusqu'à Maximin, à savoir Marc-Aurèle, Commode son fils, Pertinax, Julien, Sévère, Antonin Caracalla son fils, Macrin, Héliogabale, Alexandre et Maximin. Et d'abord, il convient de noter que, si dans les autres principautés il faut seulement combattre l'ambition des plus grands et l'émeute du peuple, les empereurs romains se heurtaient à une troisième difficulté, celle de supporter la cupidité et cruauté des soldats. Et la chose était si difficile qu'elle fut cause de la chute de beaucoup d'entre eux, car il est malaisé de contenter à la fois les soldats et les peuples. Les peuples aimaient le repos et la paix (aussi aimaient-ils les princes modestes) et les soldats aimaient le prince qui fût d'esprit militaire, qui fût insolent, cruel et ravisseur, et ces qualités ils voulaient qu'il les exerçât contre les peuples pour avoir doubles gages et assouvir leur cupidité et cruauté. De là vint que les empereurs qui par nature ou par art n'avaient pas le prestige qui leur permît de tenir l'un et l'autre en bride, toujours ont succombé; et pour la plus grande partie d'entre eux, principalement pour ceux qui comme hommes nouveaux parvenaient à l'empire, après avoir connu les difficultés de ces deux humeurs opposées, ils prenaient le parti de contenter les soldats, ne voyant pas grande importance à maltraiter le peuple. Et il leur fallait prendre ce parti, car les princes étant nécessairement haïs de quelqu'un, ils doivent d'abord prendre garde de n'être point haïs de tous, et si c'est impossible, ils doivent, par tous moyens, s'ingénier à éviter la haine des plus puissants. Ce pourquoi les empereurs qui, de par leur nouveauté, avaient besoin de faveurs extraordinaires, étaient plus volontiers du parti des soldats que de celui du peuple. Ce qui néanmoins leur tournait à bien ou à mal, selon que le prince savait se maintenir entre eux en bonne réputation.

Cela fit que Marc, Pertinax et Alexandre, tous de vie modeste, amis de la justice, ennemis de cruauté, humains et bénins, firent tous piteuse fin, excepté Marc, qui vécut et mourut fort honoré. Car il vint à l'empire *jure hereditario* [4N], sans avoir à être reconnu

des soldats ni du peuple. En outre, étant pourvu de
plusieurs vertus qui le rendaient vénérable, il
maintint tout du long de sa vie chacun des deux
partis dans ses bornes, et ne fut jamais haï ni
méprisé. Mais Pertinax, devenu empereur contre la
volonté des soldats qui, accoutumés à vivre en
licence sous Commode, ne pouvaient endurer cette
vie honnête où Pertinax les voulait réduire, le
haïssant donc et à cette haine ajoutant le mépris
(car il était vieux), Pertinax tomba aux premiers
commencements de son empire.

A ce propos, il faut noter que la haine s'acquiert
autant par les bonnes œuvres que par les mauvaises ; aussi (comme j'ai dit ci-dessus), si le prince
veut conserver ses États, il est souvent contraint de
n'être pas bon ; car quand cette communauté quelle
qu'elle soit, ou du peuple ou des soldats ou des
grands, dont on estime avoir besoin pour se
maintenir, est corrompue, il faut suivre son train et
la satisfaire : alors les bonnes œuvres ne sont pas les
meilleures. Mais venons-en à Alexandre, qui fut
d'une si grande bonté qu'entre autres louanges
qu'on fait de lui, on dit qu'en quatorze ans qu'il a
tenu l'empire, il ne fit jamais mourir personne sans
bonne justice ; néanmoins, comme il avait la réputation d'être efféminé et de se laisser gouverner par sa
mère, il devint un objet de mépris, l'armée conspira
contre lui et le tua.

Au contraire, parlant maintenant des qualités de
Commode, Sévère, Antonin, Caracalla et de Maximin [49], vous les trouverez avoir été fort cruels et
pillards, car, pour contenter les soldats, ils n'ou-
blièrent pas une seule forme d'injustice et d'outrage
qui se pût exercer contre le peuple ; aussi tous,
hormis Sévère, eurent malheureuse fin. C'est que

Sévère était de si grande *virtù* que, se gardant
l'amitié des soldats, encore que le peuple fût
tourmenté par lui, il put toujours régner heureusement, car ses extraordinaires mérites provoquaient
à ce point l'admiration des soldats et des peuples
que ceux-ci demeuraient *quodam modo* émerveillés
et stupides, ceux-là respectueux et satisfaits.

Et parce que ses actions furent grandes et
remarquables pour un prince nouveau, je veux
montrer brièvement comme il a bien su pratiquer le
personnage du lion et du renard, ces deux natures,
je l'ai dit plus haut, qu'il faut qu'un prince sache
bien imiter. Connaissant la nonchalance de Julien
qui était empereur, il persuada l'armée dont il était
capitaine en Esclavonie, qu'il était bon d'aller à
Rome venger la mort de Pertinax, qui avait été tué
par la garde prétorienne; et sous ce prétexte, sans
faire semblant de prétendre à l'empire, il fit marcher son armée vers Rome, arrivant en Italie
avant qu'on sût qu'il était parti. Une fois à Rome, il
fut élu empereur par le Sénat, par crainte, et Julien
fut mis à mort. Il lui restait, après un tel début,
deux difficultés, se voulant emparer de tout l'État :
l'une en Asie, où Niger, lieutenant en chef des
légions asiatiques, s'était fait proclamer empereur,
l'autre en Occident, où était Albin, qui prétendait
au même titre. Et parce qu'il voyait bien que c'était
une chose fort dangereuse de se déclarer ennemi à
tous les deux, il décida d'assaillir Niger et de
tromper Albin. A celui-ci il écrivit qu'ayant été élu
empereur par le Sénat, il voulait partager cette
dignité avec lui, et de fait lui envoya le titre de
César et par arrêt du Sénat le fit son collègue à
l'empire : ce qui fut accepté comme véritable par
Albin. Mais après que Sévère eut défait et tué

Niger, les affaires d'Orient apaisées, il se plaignit en plein Sénat qu'Albin, peu reconnaissant des bienfaits reçus de lui, avait traîtreusement cherché à le faire assassiner, ce qui l'obligeait à aller punir son ingratitude. Ensuite, il le fut trouver jusques en Gaule et lui ôta le gouvernement et la vie.

Qui donc par le menu examinera ses œuvres trouvera qu'il fut un lion très féroce et un très astucieux renard, et connaîtra qu'il s'est fait craindre et révérer de chacun, sans avoir été haï des gens de guerre et il ne s'étonnera point si étant de basse condition, il a pu tenir un si puissant empire ; car sa réputation le défendit toujours de la haine que le peuple eût pu concevoir contre lui pour ses rapines. Mais Antonin son fils était lui aussi un homme qui avait des qualités tout à fait singulières, qui le rendaient admirable à son peuple et agréable à ses soldats ; car il était homme de guerre, endurant toute fatigue, ne tenant compte des délicatesses de bouche ni d'autres voluptés ni mignardises : ce qui le faisait aimer de toute l'armée. Néanmoins sa férocité et cruauté fut si grande et extraordinaire qu'ayant après beaucoup d'exécutions particulières fait mourir grande partie du peuple de Rome et tout celui d'Alexandrie, il vint en grande haine à chacun et commença d'être craint *etiam* de ceux-là qui étaient à l'entour de lui ; en sorte qu'il fut occis par un centurion au milieu de son armée. Sur ce point il faut noter que les meurtres semblables à celui-ci, qui sont l'effet d'une résolution obstinée, ne peuvent être évités par le prince, car tout homme indifférent à la mort les peut accomplir ; mais le prince doit bien peu craindre un tel crime, car on n'en voit guère advenir. Seulement il doit prendre garde de ne faire

grandes injures à nul de ceux dont il se sert et qui
sont autour de sa personne ou au maniement de ses
affaires : c'est ce qu'avait fait Antonin qui avait
ignominieusement fait mourir un frère du centurion, et le menaçait tous les jours; *tamen* il le
conservait comme garde du corps : ce qui était une
faute assez grande pour le perdre, comme il advint.

Mais venons à Commode qui pouvait très facilement tenir l'empire, puisqu'il l'avait *jure hereditario*, étant fils de Marc; il lui suffisait de suivre le
chemin de son père; il eût ainsi contenté les
peuples et les soldats; toutefois étant d'un esprit
cruel et bestial, afin qu'il pût soûler son goût de
rapine sur le peuple, il commença à s'attacher
l'armée et y laissa régner la licence. D'autre part, ne
tenant pas bien son rang et sa gravité (car il
descendait souvent dans l'arène combattre avec les
gladiateurs et faisait autres choses fort viles et
indignes de la majesté impériale), il devint mépri-
sable aux yeux des soldats. De sorte qu'étant haï
d'une part et méprisé de l'autre, on conspira contre
lui et il fut tué.

Reste maintenant à dire les qualités de Maximin.
Celui-là fut un fort belliqueux personnage, et parce
que les soldats étaient las et ennuyés de la mollesse
d'Alexandre (dont j'ai plus haut discouru), après sa
mort, ils élurent Maximin empereur; mais il ne le
fut pas longtemps, car deux choses le firent haïr et
mépriser : l'une, qu'il était de très basse condition,
il avait autrefois gardé les brebis en Thrace, ce que
tout le monde savait et qui le faisait dédaigner de
tous; l'autre était qu'ayant au commencement de
son règne différé d'aller à Rome et d'entrer en
possession du siège impérial, il avait donné l'impression qu'il était extrêmement cruel et fait

exercer par ses préfets de Rome et en tous autres
lieux de grandes cruautés. En sorte que tout le
monde étant en grande colère contre lui pour la
bassesse de sa lignée, et en grande haine par crainte
de sa cruauté, d'abord l'Afrique se rebella, ensuite
le Sénat, avec tout le peuple de Rome et toute
l'Italie conspira contre lui. A quoi s'ajouta son
armée qui, elle-même, assiégeant Aquilée et trouvant qu'il y avait difficulté à la prendre, irritée
contre sa cruauté, et le craignant moins parce
qu'elle lui voyait tant d'ennemis, le mit à mort.

Je ne veux point parler ni d'Héliogabale ni de
Macrin ni de Julien, lesquels pour être entièrement
méprisables, furent tout d'un coup anéantis, mais je
viendrai à la conclusion de ce discours. Et je dis
que les princes de notre temps n'éprouvent pas
autant cette grande difficulté de contenter extraordinairement les gens de guerre en leur gouvernement, car bien qu'il faille avoir pour eux quelque
égard, *tamen* il est facile d'en venir à bout, parce
que le prince de maintenant n'a point d'armées qui
soient aussi anciennement établies dans les provinces que les gouvernements et administrations
qui y sont avec elles, comme il advenait aux armées
de l'empire de Rome. S'il était alors nécessaire de
contenter les soldats plus que les peuples, c'est que
les soldats avaient plus grande puissance que les
peuples ; aujourd'hui il est beaucoup plus nécessaire
à tous les princes, hormis le Grand Turc et le
Soudan [50], de contenter le peuple que les soldats,
car il a plus de puissance. De quoi j'excepte le
Grand Turc, qui tient toujours à l'entour de sa
personne douze mille hommes de pied et quinze
mille cavaliers, dont dépendent la sûreté et la force
de son royaume ; et il faut que, sans avoir aucun

égard à rien autre, il se les maintienne en amitié.
De même le royaume du Soudan, qui est totalement dans la main des soldats, il faut que lui aussi,
sans autrement avoir égard au peuple, se les
conserve amis. Il faut noter que cet État du Soudan
est différent de toutes les autres principautés, parce
qu'il est semblable à la papauté chez les chrétiens,
dont on ne peut dire qu'elle est principauté
héréditaire ni principauté nouvelle; car les fils du
vieux prince ne sont pas héritiers ni ne demeurent
seigneurs et le royaume revient à celui qui est élu à
ce rang par ceux qui en ont l'autorité. Cet ordre
étant établi de toute antiquité, on ne la peut appeler
principauté nouvelle et l'on n'y trouve pas les
difficultés qui surviennent en une nouvelle : le
prince est nouveau, mais le gouvernement est
ancien et ordonné pour le recevoir comme s'il était
seigneur héréditaire.

Mais retournons à notre matière. Je dis que celui
qui voudra bien considérer le discours précédent
verra que la haine ou le mépris ont été la cause de
la chute des empereurs susnommés et il verra
encore d'où provint que, une partie d'eux se
gouvernant en une sorte, l'autre partie de façon
contraire, en chacune de ces parties l'un d'eux eut
heureuse fin, les autres une fin malheureuse. Car à
Pertinax et Alexandre qui étaient des princes
nouveaux, il fut inutile et dommageable de vouloir
imiter Marc, qui était prince *jure hereditario;* et de
même Caracalla, Commode et Maximin prirent un
dangereux parti en imitant Sévère, car ils n'avaient
pas la *virtù* qui leur permît de suivre ses traces.
Partant un prince nouveau, dans une principauté
nouvelle, ne peut imiter les faits de Marc, ni ne
doit nécessairement suivre ceux de Sévère; mais il

doit prendre à Sévère ce qui est nécessaire à bien
fonder ses États, et à Marc les choses qui lui
permettront de conserver avec gloire un État déjà
bien stable et assuré.

XX

SI LES FORTERESSES ET BIEN D'AUTRES CHOSES QUE CHAQUE JOUR FONT LES PRINCES LEUR PORTENT PROFIT OU DOMMAGE

*An arces et multa alia quae cotidie a principibus
fiant utilia an inutilia sint.*

Quelques princes, pour tenir sûrement leurs
États, ont désarmé leurs sujets; quelques autres ont
fomenté des factions dans les villes sujettes, certains
ont nourri des inimitiés contre eux-mêmes;
d'autres ont voulu gagner le cœur de ceux qui leur
étaient suspects au commencement de leur règne;
les uns ont bâti des forts et les autres les ont abattus
et mis par terre. Et bien que sur tout ceci on ne
puisse parler de façon précise sans considérer les
cas particuliers, néanmoins j'adopterai pour le
traiter le point de vue général que le sujet lui-même
comporte.

Il n'arriva jamais, donc, qu'un prince nouveau
désarmât ses sujets, mais au contraire, s'il les
trouvait sans armes, toujours il leur en a donné; car
si tu leur donnes des armes, ces armes deviennent
tiennes et ceux qui te sont suspects deviennent
fidèles, ceux qui étaient fidèles le demeurent, et de
sujets deviennent tes partisans. Et comme tous les

sujets ne se peuvent armer, par le plaisir qu'on fait
à ceux qu'on arme, on peut gouverner les autres
avec plus de sûreté : et cette différence de procédé
qu'ils lui voient manifester à leur égard les fait ses
obligés ; les autres l'excusent, jugeant qu'il faut que
ceux-là aient plus d'honneur qui ont plus de périls
et d'obligations. Mais quand tu les désarmes, tu
commences déjà à les offenser, en montrant que tu
te défies d'eux ou parce qu'ils sont couards ou
parce qu'ils sont traîtres : or l'une et l'autre de ces
deux opinions fait naître la haine contre le prince. Et
comme tu ne peux rester sans armes, il t'est
nécessaire alors d'avoir des mercenaires, dont nous
avons dit ci-dessus ce qu'ils valent ; et quand ils
seraient bons, tu ne peux en avoir assez pour qu'ils
puissent te défendre contre les ennemis puissants et
les sujets douteux. Aussi, comme j'ai dit, le prince
nouveau en nouvelle principauté a toujours armé ses
sujets. De ces exemples, les histoires sont toutes
pleines.

Mais quand un prince acquiert nouvellement
quelques provinces qu'il annexe comme un nouveau membre à une autre principauté plus
ancienne, alors il est nécessaire de désarmer ce
pays, à l'exception de ceux qui, pendant la conquête, se sont montrés ses partisans. Et ceux-là
même, avec le temps et les occasions, il faut les
rendre mous et efféminés ; bref conduire si bien
l'affaire que toutes les forces de tes États soient en
ces soldats qui te sont propres et vivent auprès de
toi dans ton ancien État.

Nos ancêtres, ceux qu'on estimait être sages,
disaient volontiers qu'il fallait tenir Pistoia par la
lutte des factions, et Pise par les forteresses ; ce
pourquoi ils nourrissaient, en telle ou telle ville à

eux sujettes, les dissensions, pour la posséder plus
aisément. Au temps où l'Italie était à peu près
équilibrée [51], c'était bien fait ; mais aujourd'hui il ne
me semble pas que cette méthode soit la bonne, car
je ne pense pas que les divisions puissent jamais
porter profit ; au contraire, quand l'ennemi
approche d'une ville divisée, elle est aussitôt
perdue, parce que ceux qui seront les plus faibles
dans la ville se joindront toujours aux assaillants, et
l'autre parti ne pourra la défendre seul.

Les Vénitiens poussés, à mon avis, par ces
raisons, entretenaient dans les villes sujettes les
sectes des Guelfes et des Gibelins et bien qu'ils ne
les laissassent jamais en venir jusqu'à l'effusion de
sang, *tamen* ils attisaient leurs dissentiments, afin
que les citoyens, occupés par leurs dissensions, ne
s'unissent point contre eux. Néanmoins, cela ne
leur réussit pas, comme l'on vit par expérience ; car
dès qu'ils furent défaits à Vaila, une partie d'entre
ces villes s'enhardit et leur prit tout le pays.
Semblables procédés, donc, sont signes de faiblesse,
car en une principauté puissante, jamais on ne
permettra de telles querelles, qui ne sont bonnes
qu'en temps de paix, quand on peut par ce moyen
plus facilement manier ses sujets ; mais la guerre
survenant, on voit bien que cette méthode n'est pas
sûre.

A coup sûr, les princes, quand ils viennent à bout
de leurs entreprises et des traverses qu'on leur
prépare, c'est alors qu'ils deviennent grands ; ce
pourquoi la fortune, principalement quand elle veut
faire grand un prince nouveau (qui a plus grand
besoin d'acquérir réputation qu'un prince héréditaire), lui suscite des ennemis, fait naître des
menées contre lui, afin qu'il ait l'occasion de les

surmonter et, par l'échelle que ses ennemis lui auront offerte, de monter plus haut; plusieurs estiment même qu'un prince sage, quand il en aura l'occasion, doit subtilement nourrir quelques inimitiés afin que, les ayant vaincues, il en tire plus grande louange.

Les princes, *praesertim* ceux qui sont nouveaux, ont trouvé plus de loyauté et de profit en ceux qui, à leur arrivée aux États, ont été tenus pour suspects qu'en ceux en qui ils avaient le plus de confiance. Pandolphe Petrucci, prince de Sienne, gouvernait plus ses États avec ceux qui lui avaient été suspects qu'avec les autres. Mais on ne peut pas parler fort généralement de cette matière, car elle change selon le sujet. Je dirai seulement une chose : que ces gens qui au commencement étaient ennemis du prince, s'ils sont de telle condition que pour se maintenir ils aient besoin d'appui, très facilement le prince se les peut gagner, et ils sont d'autant plus contraints à le servir fidèlement qu'ils voient la nécessité d'effacer par leurs actes la mauvaise opinion qu'on avait d'eux conçue. Ainsi le prince en tire toujours plus de profit que de ceux qui, le servant en trop grande assurance, négligent ses affaires.

Et puisque le sujet le demande, je ne veux pas oublier de rappeler au prince qui vient de conquérir quelque seigneurie par l'aide et faveur de ceux du pays de bien considérer quelle occasion les a conduits à le favoriser; et si ce n'est point affection naturelle envers lui, mais que ce soit seulement parce qu'ils étaient mécontents de la façon de gouverner précédente, à grand-peine les pourra-t-il retenir en amitié, car il lui sera impossible de les pouvoir contenter. En examinant bien, par les exemples qu'on peut tirer des choses anciennes et

modernes, la raison de cette impossibilité, il verra
qu'il lui est beaucoup plus facile d'acquérir l'amitié
de ceux qui étaient satisfaits du régime précédent,
et, donc, lui étaient ennemis, que de ceux qui, pour
ne s'en contenter point, lui étaient devenus amis et
l'avaient aidé à occuper le pays.

Les princes ont eu coutume, pour pouvoir tenir
plus sûrement leurs États, de bâtir des forteresses
et des citadelles qui serviraient de bride et de mors
à ceux qui penseraient leur résister, et leur offri-
raient un refuge sûr contre un soudain soulèvement. J'approuve cette méthode, car elle est
d'usage ancien; néanmoins de notre temps, messire
Nicolas Vitelli a détruit deux forts à Città di
Castello pour tenir le pays [52]. Guido Ubaldo, duc
d'Urbin, revenu dans ses États dont il avait été
chassé par César Borgia, rasa *fonditus* toutes les
forteresses du pays, estimant que, s'il n'y en avait
point, il ne perdrait pas ses États derechef si
aisément. Les Bentivoglio, retournés à Bologne,
firent de même. Donc, les forteresses sont profitables ou nuisibles, selon le temps, et si elles
servent à une chose, elles font du mal à une autre.
On pourrait donc dire : le prince qui a plus grande
peur de son peuple que des étrangers doit bâtir des
forteresses, mais celui qui craint plus les étrangers
que ses sujets ne s'en doit point soucier. Le château
de Milan, que François Sforza a bâti, a fait et
fera plus de dommage à la maison des Sforza que
nul autre désordre et trouble qui soit advenu au
pays. En sorte que la meilleure citadelle qui soit,
c'est de n'être point haï du peuple : car même si tu
tiens les forts, quand le peuple te hait, ils ne te
sauveront pas, car, après que les sujets ont pris les
armes, ils n'auront jamais faute d'étrangers pour

leur venir en aide. De notre temps, on n'a point vu qu'elles aient porté grand profit à un prince quelconque, sinon à la comtesse de Forli, après la mort du comte son mari ; car par ce moyen, elle put se sauver de la fureur du peuple et attendre le secours de Milan, et puis recouvrer ses États. Mais lors la chose était de telle sorte que les étrangers ne pouvaient aider le peuple ; et depuis les forteresses ne lui ont guère été utiles quand César Borgia l'assaillit, et qu'il s'allia avec son peuple qui la haïssait. Ainsi, aussi bien cette fois que la première, il lui eût mieux valu, pour sa sûreté, entretenir l'amitié et bonne grâce de son peuple que les forteresses de son pays. Donc, toutes ces choses considérées, je louerai celui qui fait des forteresses et celui qui n'en fait pas et je blâmerai celui qui, se fiant en elles, ne tient pas compte de la haine de son peuple.

XXI

COMME SE DOIT COMPORTER LE PRINCE S'IL VEUT ÊTRE ESTIMÉ

Quod principem deceat ut egregius habeatur.

Il n'y a rien qui fasse tant estimer un prince que d'accomplir de hautes et magnanimes entreprises et donner de soi des exemples dignes de mémoire. De notre temps nous avons Ferdinand d'Aragon [53] à présent roi d'Espagne, qui se peut bien appeler prince nouveau, car de petit roi il est devenu par gloire et renommée le premier roi de la Chrétienté ; si on considère ses actions, on les trouvera toutes

très grandes, parfois même extraordinaires. Au
commencement de son règne il assaillit le pays de
Grenade[54], et cette entreprise fut le fondement de
ses États. D'abord il la fit tout à l'aise, sans crainte
d'être gêné ; elle occupait les esprits des barons de
Castille qui, vaquant à cette guerre, ne pensaient à
aucune nouveauté. Cependant il acquérait autorité
et puissance sur eux, qui ne s'en doutaient nullement. Il put entretenir des troupes aux dépens de
l'Église et du peuple, jetant les fondements par une
guerre si longue d'une armée qui depuis lui a valu
grand honneur. En outre, pendant qu'il s'apprêtait
à de plus grandes entreprises, pour se servir
toujours de la religion, il se mit à pratiquer une
sainte cruauté, chassant les Marranes[55] de son pays
et les dépouillant ; et l'on ne saurait donner exemple
plus digne de pitié ni plus singulier. Et sous ce
même manteau et prétexte il envahit l'Afrique, fit
l'entreprise d'Italie, finalement guerroya contre la
France : et ainsi il a toujours ourdi et brassé de
grandes choses qui ont toujours tenu les esprits de
ses sujets en attente, admiration et anxiété de leur
succès. Et il savait si bien faire naître une affaire
d'une autre que jamais il n'a donné loisir à ses
sujets, entre l'une et l'autre, de lui créer tranquillement des ennuis.

Il profite également beaucoup au prince de faire
des choses dignes de mémoire dans les affaires du
gouvernement de son pays, comme celles qui se
content de messire Barnabé Visconti : et lorsque
quelqu'un fait chose extraordinaire en bien ou en
mal dans le maniement des affaires civiles, c'est une
occasion de trouver un nouveau moyen de punition
ou récompense duquel on doive parler beaucoup.
Et surtout le prince doit appliquer son esprit à

obtenir par toutes ses actions une renommée d'homme grand et excellent.

On estime encore le prince quand il est ami ou ennemi sincère, c'est-à-dire lorsque sans balancer il se déclare en faveur de quelqu'un contre un autre, parti qui est toujours beaucoup plus profitable que demeurer neutre ; car si deux de tes voisins, puissants seigneurs, en viennent aux mains, ou ils sont de telle qualité qu'après la victoire de l'un des deux tu doives redouter celui qui aura gagné, ou non. En chacun de ces cas, il te sera toujours plus utile de te découvrir et de faire bonne guerre ; car, au premier cas, il ne faut point douter que tu ne doives être la proie du victorieux si tu ne te déclares, et celui qui aura été vaincu en sera très aise et content, et tu ne trouveras nul bon droit qui te protège ni voisin qui te secoure. C'est que celui qui a gagné ne veut point d'amis suspects et qui ne l'aident pas en ses adversités ; le vaincu ne te veut pas secourir parce que tu n'as pas voulu, les armes à la main, partager sa fortune.

Après qu'Antiochus fut passé en Grèce, par le moyen des Étoliens, pour en chasser les Romains, il envoya des orateurs aux Achéens, qui étaient amis des Romains, les priant de demeurer neutres ; par ailleurs, les Romains leur mettaient en tête de prendre les armes pour eux. Cette matière vint en délibération au Conseil des Achéens, où l'ambassadeur d'Antiochus leur remontrait qu'ils devaient être neutres ; à quoi l'ambassadeur des Romains répondit : *Quod autem isti dicunt non interponendi vos bello, nihil magis alienum rebus vestris est ; sine gratia, sine dignitate, praemium victoris eritis* [56].

Et tu verras toujours que celui qui n'est pas ton ami te priera de demeurer neutre, et celui qui t'est

ami te demandera de te découvrir par les armes.
Les princes mal résolus, pour éviter les présents
dangers, suivent le plus souvent la voie de la
neutralité, et le plus souvent aussi s'en trouvent
ruinés. Mais quand un prince se découvre gail-
lardement, en faveur d'une partie, si celui qu'il
favorise gagne, même s'il est puissant et que tu
demeures à sa discrétion, toutefois l'obligation et
l'amitié jurée est si grande et les hommes ne sont
jamais si déshonnêtes qu'ils puissent donner un tel
exemple d'ingratitude que d'en profiter pour t'écraser ; et puis les victoires ne sont jamais si franches
que le vainqueur ne doive avoir égard à plusieurs
choses, principalement à la justice. Mais si celui
auquel tu te seras allié perd, tu trouves secours chez
lui et tant qu'il le pourra il te soutiendra, en sorte
que tu deviens compagnon d'une fortune qui se
peut relever.

Au second cas, quand ceux qui se combattent
l'un l'autre sont de telle qualité que tu n'aies point
à craindre celui qui emportera la victoire, il sera
d'autant plus sage de prendre le parti de l'un
d'entre eux que tu contribues à défaire l'un avec
l'aide de l'autre, qui le devrait sauver, s'il était sage,
et la victoire commune met ton allié à ta merci ; or
il est impossible, avec ton aide, qu'il ne gagne pas.

Sur quoi il faut noter qu'un prince se doit bien
garder de s'allier, dans la guerre, avec un plus
puissant que soi, pour attaquer un autre (sinon
quand la nécessité le contraint), comme nous avons
dit ci-dessus ; car en gagnant tu demeures son
prisonnier ; et les princes doivent se garder, pour
autant qu'ils le peuvent, d'être à la discrétion
d'autrui. Les Vénitiens s'allièrent avec les Français
pour faire la guerre au duc de Milan, alors qu'ils

pouvaient bien éviter cette compagnie, dont vint leur perte. Mais quand on ne la peut éviter, comme il advint aux Florentins lorsque le pape et les Espagnols vinrent avec leurs armées assaillir la Lombardie, alors le prince doit s'engager pour les raisons susdites. Que nul État ne pense pouvoir jamais choisir un parti qui soit sûr, qu'il estime plutôt qu'ils sont nécessairement tous incertains : car l'ordre des choses humaines est tel que jamais on ne peut fuir un inconvénient sinon pour en encourir un autre. Toutefois la prudence est de savoir apprécier la qualité de ces inconvénients et de choisir le moindre.

En plus un prince doit montrer qu'il aime la *virtù*, accueillant et honorant ceux qui sont excellents en chaque art. Il doit encourager ses concitoyens à paisiblement exercer leurs métiers, tant dans le commerce qu'au labourage, et dans toute autre occupation humaine, afin que le laboureur ne laisse ses terres en friche de peur qu'on ne les lui ôte et que le marchand hésite à entreprendre de nouvelles affaires par crainte des impositions. Le prince, donc, récompensera ceux qui veulent faire ces choses et quiconque pense en quelque autre manière que ce soit à enrichir sa ville ou son pays. En outre il doit en certaines périodes de l'année ébattre et détenir son peuple en fêtes et en jeux. Et comme chaque ville est divisée en métiers ou en tribus, le prince doit faire cas de ces groupes, être quelquefois dans leurs assemblées, donner de soi exemples d'humanité et magnificence : néanmoins qu'il ne déroge point à la majesté de son rang, c'est là un point sur lequel il ne doit jamais faillir.

XXII

DES MINISTRES D'UN PRINCE

De his quos a secretis principes habent.

Ce n'est pas une petite affaire pour un prince de savoir bien choisir ses ministres, qui sont bons ou mauvais selon la sagesse du prince. La première conjecture qu'on fait d'un souverain et de sa cervelle, c'est de voir les hommes qu'il tient à l'entour de lui; et quand ils sont capables et fidèles, on le peut toujours estimer sage, parce qu'il a su les juger capables et les maintenir fidèles. Mais quand ils sont autres, on peut toujours porter un mauvais jugement sur lui, car la première faute qu'il fait consiste dans ce choix même.

Il n'y a personne qui ait connu Antoine de Vénafre, ministre de Pandolphe Petrucci, prince de Sienne, sans estimer que Pandolphe était homme de grand mérite de l'avoir pris à son service. Et comme il y a des cerveaux de trois espèces, les uns qui entendent les choses d'eux-mêmes, les autres quand elles leur sont enseignées, les troisièmes qui ni par eux-mêmes ni par enseignement d'autrui ne comprennent rien à rien, et comme la première espèce est excellente, la seconde excellente, la troisième inutile, il fallait donc nécessairement que si le seigneur Pandolphe n'était du premier degré, il fût du second : car chaque fois qu'un homme a assez de jugement pour connaître le bien ou le mal qu'un autre fait et dit, même s'il est dépourvu d'imagination, il distingue bien le mauvais du bon dans les œuvres de son ministre, corrigeant les unes et récompensant les autres, et le ministre ne peut espérer de l'abuser, et marche droit.

Mais comment le prince pourra-t-il connaître son ministre? Voici un moyen qui jamais n'est en défaut. Quand tu vois un ministre penser plus à soi qu'à toi et qu'en tous ses maniements et affaires il regarde à son profit, ce ministre ne vaudra jamais rien et tu ne dois point t'y fier; car celui qui gouverne et tient en sa main tout l'État d'un prince ne doit jamais penser à soi, mais toujours à son maître, et jamais entretenir le prince de chose qui ne touche pas à ses affaires. Et d'autre part le prince, pour maintenir son ministre en ce bon chemin, doit penser à lui, l'honorer et l'enrichir, le faire son obligé, et lui donner honneurs et charges, afin qu'il voie qu'il ne peut subsister sans lui, et que les grands honneurs et richesses qu'il lui donnera ne lui en fassent point désirer de plus considérables, tandis que les hautes charges qu'il exercera lui feront craindre les changements de régime. Quand donc les ministres, et les princes à l'égard des ministres, sont ainsi faits, ils se peuvent fier l'un à l'autre; autrement cela finira toujours mal ou pour l'un ou pour l'autre.

XXIII

COMMENT ON DOIT FUIR LES FLATTEURS

Quomodo adulatores sint fugiendi.

Je ne veux pas omettre une grande faute sur une matière d'importance, faute dont les princes se défendent rarement, s'ils ne sont très sages, ou bien avisés à savoir faire un choix. Ce sont les flatteurs, dont les cours sont pleines; car les hommes se complaisent tant en soi-même et s'abusent de telle manière qu'à grand-peine se sauvent-ils de cette peste; et lorsqu'on veut s'en défendre, on risque un autre danger, le mépris. Car il n'y a pas d'autre moyen de te garder des flatteries, sinon de donner à entendre qu'on ne te déplaira pas en disant la vérité; mais dès que chacun peut te dire la vérité, c'est le respect qui s'en va. Ce pourquoi le prince prudent doit user d'un troisième moyen, choisissant en son État des gens sages, auxquels seuls il donnera liberté de lui dire la vérité, et de ce qu'il leur demandera seulement, non d'autres choses; mais il doit les interroger de tout et ouïr leurs opinions; et puis conclure là-dessus, à part soi, à sa mode; et dans ces conseils et envers un chacun particulièrement, se comporter de manière que chacun sache que, plus librement on parlera, plus cela lui sera agréable; en dehors de ces gens-là, il doit n'entendre personne, poursuivre toujours ce qu'il aura résolu et être entier en ses résolutions. Qui fait autrement ou est perdu par les flatteurs, ou change souvent d'avis selon la diversité de ceux qu'il entend : d'où vient qu'il est peu estimé.

A ce propos, je veux proposer un exemple de notre temps. Dom Luca, familier de Maximilien, empereur à présent régnant, parlant de Sa Majesté, disait qu'elle ne prenait le conseil de personne, et toutefois ne faisait jamais rien à sa fantaisie, ce qui signifiait qu'il se gouvernait au contraire de ce qui est dit ci-dessus. Car l'empereur est homme fort secret, ne communiquant ses desseins à personne et ne prenant avis de quiconque; mais lorsqu'il veut les mettre à exécution, ils commencent d'être

connus et découverts, ils commencent aussi d'être
contredits par ceux qu'il a à l'entour de lui ; et lui,
comme trop doux, les abandonne. De là vient que
ce qu'il fait un jour, il le défait l'autre, et qu'on ne
comprend jamais ce qu'il veut ou délibère de faire,
et que l'on ne se peut fonder sur ses décisions.

Partant, un prince doit toujours prendre conseil,
mais quand il veut et non au gré des autres ; au
contraire, il doit ôter l'envie à chacun de lui donner
conseil s'il ne le lui demande. Aussi doit-il être de
son côté grand demandeur et puis patient écouteur
de toutes vérités, et s'il sait que quelqu'un, par
certain respect, ne les lui dit pas, s'en fâcher. Et si
certains estiment que tel prince doit sa réputation
de sagesse non à sa nature, mais aux bonnes têtes
qu'il a autour de lui, assurément ils se trompent
bien fort. Car cette règle générale n'est jamais en
défaut, qu'un prince, s'il n'est sage de soi-même, ne
saurait être bien conseillé, à moins que d'aventure il
ne se repose et remette entièrement sur un seul qui
le gouverne en tout, et que celui-là soit homme fort
sage. Et ce cas pourrait bien advenir, mais il serait
de petite durée, parce qu'un tel gouvernement en
peu de temps le dépouillerait de ses États. D'autre
part, s'il prend avis de plusieurs conseillers, jamais
il ne les trouvera d'accord, et lui, s'il n'est de très
bon jugement, ne pourra les accorder ; parmi ses
conseillers, chacun pensera à son profit particulier
et lui ne les saura corriger ni connaître. Or, il ne
s'en trouve point d'autres ; car les hommes toujours
se découvrent à la fin méchants, s'ils ne sont par
nécessité contraints d'être bons. Ce pourquoi je
conclus que les bons conseils, qu'ils soient de qui
on voudra, procèdent de la sagesse du prince et non
pas la sagesse du prince des bons conseils.

XXIV

POURQUOI LES PRINCES D'ITALIE
ONT PERDU LEURS ÉTATS

Cur Italiae principes regnum amiserunt.

Si les avertissements que nous avons donnés plus
haut sont bien observés par le prince, ils le feront
paraître ancien où il sera nouveau, et ils le rendront
en moins de rien plus assuré et certain de sa
seigneurie que s'il y était enraciné *ab antiquo.* Car
un prince nouveau est beaucoup plus observé en ses
actes que celui qui est prince par héritage ; et quand
ses façons sont connues pour valeureuses, elles
gagnent plus vite le cœur des gens et se l'attachent
davantage que l'antiquité du sang. C'est que les
hommes sont beaucoup plus épris des choses
présentes que de celles du passé, et quand dans les
choses présentes ils se trouvent bien, ils s'y
prélassent et ne cherchent rien d'autre, mais au
contraire ils les défendent par tous les moyens,
pourvu que le prince dans les autres affaires ne
manque pas à ce qu'il se doit. Et par ce moyen il
aura double gloire, tant pour avoir donné naissance
à une nouvelle seigneurie que pour l'avoir établie et
fortifiée de bonnes lois, bonnes armes, bons amis et
bons exemples, comme l'autre recevra double honte
et mauvais renom si, étant né prince, par son
manque de sagesse, il a laissé perdre son État.
　Maintenant si l'on considère bien les princes
d'Italie qui ont, de notre temps, perdu leur État,
comme le roi de Naples, le duc de Milan et
quelques autres, on trouvera en eux d'abord une
faute commune quant aux armes, pour les raisons

qui ont été ci-dessus évoquées ; ensuite on verra
quelqu'un d'eux ou qui aura eu son peuple ennemi
ou, s'il l'a eu ami, n'a pas su se garder de l'inimitié des grands : car s'il n'y a eu de ces erreurs, les
États ne se perdent point, lorsqu'ils ont assez de
nerf pour pouvoir entretenir une armée en campagne. Philippe de Macédoine, non pas le père
d'Alexandre le Grand, mais celui qui fut vaincu par
Titus Quintus, n'avait pas grand pays eu égard à la
puissance des Romains et des Grecs qui le vinrent
assaillir ; néanmoins, comme il était homme qui
entendait la guerre et qui savait garder l'amitié du
peuple et se fortifier contre les plus grands de son
royaume, il soutint pendant de longues années la
guerre contre ses ennemis ; et si à la fin il perdit
quelques villes, toutefois il conserva son royaume.

Partant, nos princes d'Italie, qui régnaient depuis
tant d'années, s'ils ont perdu, depuis, leur principauté, qu'ils n'en accusent point la fortune mais
leur lâcheté [57] ; car n'ayant en temps de paix jamais
pensé que ce temps puisse changer (c'est un défaut
commun à tous les hommes de ne prévoir la
tempête durant la bonace), les orages venus, ils ont
plutôt pensé à se sauver qu'à se défendre, espérant
que le peuple excédé de l'insolence des vainqueurs
les rappellerait. Ce parti, à défaut d'autres, est bon ;
mais c'était très mal avisé d'avoir laissé échapper les
autres moyens et remèdes pour celui-là, car il ne
faut point se laisser choir en pensant trouver
quelqu'un qui te ramasse. Cela n'arrive pas souvent, ou, si cela arrive, tu n'y trouves pas de sûreté,
cette manière de se défendre étant vile et dépendante d'autrui, non pas de toi. Seules sont bonnes,
sont certaines, sont durables, ces défenses qui
dépendent proprement de toi et de ta *virtù*.

XXV

CE QUE PEUT LA FORTUNE
DANS LES CHOSES HUMAINES
ET COMMENT LUI TENIR TÊTE

*Quantum fortuna in rebus humanis possit, et quomodo
illi sit occurendum.*

Je sais bien que certains ont pensé et pensent que
les affaires de ce monde sont de telle sorte
gouvernées par Dieu et par la fortune, que les
hommes avec toute leur sagesse ne les peuvent
redresser, et n'y trouvent même aucun remède;
ainsi ils pourraient estimer qu'il est vain de suer
sang et eau à les maîtriser, au lieu de se laisser
gouverner par le sort. Cette opinion a repris crédit
en notre temps à cause des grandes révolutions
qu'on a vues et voit tous les jours, et qui dépassent
toute conjecture des hommes. Si bien qu'en y
pensant quelquefois moi-même, je me suis laissé
aller, en partie, à cette opinion. Néanmoins, notre
libre arbitre ne pouvant disparaître, j'estime qu'il
peut être vrai que la fortune est maîtresse de la
moitié de nos œuvres, mais que *etiam* elle nous en
laisse gouverner à peu près l'autre moitié. Je
compare la fortune à l'une de ces rivières torren-
tueuses qui, dans leur colère, noient à l'entour les
plaines, détruisent les arbres et maisons, dérobent
d'un côté de la terre pour la porter ailleurs; chacun
fuit devant elles, tout le monde cède à leur fureur,
sans y pouvoir mettre rempart aucun. Malgré cela,
les hommes, quand le temps est paisible, ne laissent
pas d'avoir la liberté d'y pourvoir par digues et par

levées, de sorte que, si elles croissent une autre fois, ou elles se dégorgeront dans un canal, ou leur fureur n'aura point si grande licence et ne sera pas si ruineuse. Ainsi en est-il de la fortune, qui montre sa puissance aux endroits où il n'y a point de force dressée pour lui résister, et qui porte ses assauts au lieu où elle sait bien qu'il n'y a point de digues ni de levées pour lui tenir tête. Et si vous considérez bien l'Italie, qui est le siège de ces révolutions et le pays qui leur a donné le branle, vous la verrez être une vraie campagne sans levées ni digues ; or si elle était protégée de convenable *virtù*, comme est l'Allemagne, la France et l'Espagne, ou cette crue n'aurait pas fait si grandes révolutions, ou bien ne serait pas du tout advenue. Voilà qui suffit pour ce qui est de tenir tête à la fortune *in universali*.

Mais, pour entrer plus particulièrement en la matière, je dis qu'on voit aujourd'hui un prince prospérer et demain s'écrouler, sans qu'on l'ait aperçu changer ou de nature ou de quelque qualité que ce soit : ce qui, je crois, procède premièrement des raisons que nous avons ci-dessus amplement déduites, c'est à savoir qu'un prince qui s'appuie totalement sur la fortune s'écroule quand celle-ci change. Je pense aussi que celui-là est heureux qui sait bien s'accommoder de son temps, et malheureux celui qui est en désaccord avec lui. Car on voit les hommes, dans les choses qui les conduisent au but que chacun vise (c'est-à-dire les honneurs et la richesse), s'y porter par divers moyens : l'un avec prudence, l'autre avec fureur ; l'un par violence, l'autre par habileté ; celui-ci par patience, celui-là par son contraire ; et par toutes ces manières on peut parvenir au but. On voit aussi de deux hommes prudents, l'un parvenir, l'autre ne parvenir point à son dessein; on voit encore deux hommes dont l'un usera de prudence, l'autre d'audace, prospérer également, encore que leurs manières de faire soient différentes : ce qui ne provient d'autre chose que de la nature des temps, qui se prête ou non à leur façon de faire. De là vient ce que j'ai dit plus haut, que deux qui procèdent diversement obtiennent un même effet, et que dans le cas de deux autres, procédant pareillement, l'un atteindra son but, l'autre non. De la même cause dépend le caractère changeant du succès; si quelqu'un se gouverne par circonspection et patience et si le temps et les affaires tournent, de telle sorte que sa manière soit bonne, il réussira; mais si la saison change, il sera détruit parce que lui, il ne change pas sa façon de faire. Et il ne se trouve personne qui soit assez sage pour s'accommoder à cela, soit parce qu'il ne peut se détourner de là où le naturel le pousse, soit *etiam* parce qu'ayant toujours prospéré à cheminer par un moyen, il ne se peut mettre en tête qu'il faille en changer. Ainsi, l'homme circonspect, quand il est temps d'user d'audace, en est incapable, et c'est la cause de sa ruine; et si son naturel changeait avec le vent et les affaires, sa fortune ne changerait point.

Le pape Jules II en tous ses actes procéda avec impétuosité, et il trouva le temps et les affaires si bien conformes à sa manière, qu'il vint toujours à bout de ses entreprises. Considérez sa première entreprise contre Bologne, du vivant de messire Giovanni Bentivoglio. Les Vénitiens en étaient mécontents, le roi d'Espagne aussi, et cela lui faisait des affaires avec la France; lui, néanmoins, avec sa fureur et hardiesse coutumières, marcha en personne à la tête de cette expédition. Ce qui fit demeurer indécis et immobiles tant les Vénitiens que les Espagnols, ceux-là par crainte, ceux-ci par désir de recouvrer tout leur royaume de Naples ; d'autre part, il entraîna à sa suite le roi de France, car ayant vu le pape en mouvement et désirant obtenir son amitié pour abaisser les Vénitiens, il estima qu'il ne pouvait lui refuser secours de ses gens sans l'offenser manifestement. Le pape Jules, donc, marchant lui-même impétueusement, fit ce que jamais autre pape, avec toute la prudence humaine, n'eût fait ; car s'il eût attendu, pour partir de Rome, que tous les accords eussent été assurés et les choses bien ordonnées (comme eût fait tout autre pape), jamais il n'eût réussi. Le roi de France eût trouvé dix mille excuses, les autres lui eussent opposé dix mille craintes. Je tairai ses autres actions, car elles ont toutes été semblables et toutes réussirent ; et la brièveté de sa vie ne lui a pas laissé éprouver le contraire. Si le temps fût arrivé, où il eût fallu se gouverner par sage prudence, sa ruine était certaine : il n'eût jamais changé les façons où la nature l'inclinait.

Je conclus donc que, la fortune étant changeante, et les hommes demeurant entiers en leurs façons, ils sont heureux tant que les deux s'accordent et sitôt qu'ils se contrarient malheureux. Je crois aussi qu'il vaut mieux être hardi que prudent, car la fortune est femme, et il est nécessaire, pour la tenir soumise, de la battre et de la maltraiter. Et l'on voit communément qu'elle se laisse plutôt vaincre de ceux-là, que des autres qui procèdent froidement. Ce pourquoi elle est toujours amie des jeunes gens comme une femme qu'elle est, parce qu'ils sont moins respectueux, plus violents et plus audacieux à la commander.

XXVI

EXHORTATION A PRENDRE L'ITALIE
ET LA DÉLIVRER DES BARBARES

*Exhortatio ad capessendam Italiam in libertatemque
a barbaris vindicandam.*

Ayant donc considéré toutes les choses ci-dessus
exposées, et me demandant en moi-même si, à
présent, en Italie, le temps qui court était tel qu'un
prince nouveau y pût gagner de l'honneur, et s'il
s'y trouvait une matière qui donnât occasion à un
homme de sagesse et *virtù* d'y introduire une forme
qui lui apportât honneur, et profit à la communauté
des hommes de ce pays, il me semble que tant de
choses sont en faveur d'un prince nouveau, que je
ne sais quel temps lui fut jamais plus propice. Et si,
comme j'ai dit, il était nécessaire, pour montrer la
virtù de Moïse, que le peuple d'Israël fût esclave en
Égypte ; pour connaître la grandeur d'âme de
Cyrus, que les Perses fussent opprimés par les
Mèdes ; l'excellence de Thésée, que les Athéniens
fussent dispersés ; ainsi à présent, pour faire
connaître la *virtù* d'un esprit italien, il était
nécessaire que l'Italie fût réduite aux termes dans
lesquels on la voit : qu'elle fût plus esclave que les
Juifs, plus serve que les Perses, plus dispersée que
les Athéniens, sans chef, sans ordre, battue, pillée,
dépecée, envahie par les étrangers, bref, qu'elle eût
enduré tous les malheurs.

Et encore que jusqu'ici, il se soit montré, en
certain homme, quelque lueur qui pût faire juger
qu'il avait reçu ordre de Dieu pour la délivrer,

tamen on a vu ensuite comment, au plus haut de sa
course, il a été repoussé par la fortune. En sorte
que, demeurée sans vie, elle attend celui qui pourra
guérir ses blessures et mettre fin aux pillages de
Lombardie, au rançonnement de Naples et de la
Toscane[58], et panser ses plaies, qui depuis longtemps déjà coulent en fistules. On voit comme elle
prie Dieu qu'il lui envoie quelqu'un qui la rachète
de ces cruautés et insolences barbares. On voit aussi
qu'elle est prête et disposée à suivre un drapeau,
pourvu qu'il s'offre quelqu'un qui le veuille lever.
Et on ne voit point à présent en qui elle puisse
davantage espérer qu'en votre illustre maison qui,
avec sa fortune et sa *virtù* et favorisée de Dieu et de
l'Église (dont elle tient le gouvernail) pourrait
prendre la tête de cette délivrance. Cela ne vous
sera pas malaisé si vous mettez devant vos yeux les
faits et vies de ceux que je viens d'alléguer. Et bien
que de tels personnages aient été rares et merveil-
leux, néanmoins ils furent hommes, et chacun
d'eux eut moindre occasion que celle que vous
avez, leur entreprise n'étant point plus juste ni plus
facile que celle-ci, et Dieu ne leur étant pas plus
favorable ou ami qu'il vous l'est. Ici, il y a grande
justice : *justum enim est bellum quibus est necessarium,
et pia arma ubi nulla nisi in armis spes est*[59]. Ici il y a
total consentement ; or, là où il y a grand consentement, il ne peut plus y avoir grande difficulté,
pourvu que votre maison retienne quelque chose de
la conduite de ceux que je vous ai proposés pour
modèles. Outre cela on peut ici voir des choses
extraordinaires, sans exemple, dirigées par Dieu : la
mer s'est ouverte, une nuée vous a découvert le
chemin ; la pierre a versé des eaux ; ici il a plu de la
manne ; toute chose a concouru à votre grandeur.

Le demeurant gît en vous. Dieu ne veut pas entreprendre de faire tout lui-même, pour ne pas nous ôter le libre arbitre et une partie de la louange qui peut nous en revenir.

Et ce n'est pas merveille si ni l'un ni l'autre des Italiens [60] dont nous avons fait mention n'a pu faire cela qu'on peut espérer que fasse votre illustre maison, et si, en tant de révolutions et mouvements guerriers qui surviennent en Italie, il semble toujours qu'en elle la *virtù* militaire soit éteinte. Cela vient de ce que les institutions du temps passé n'étaient pas bonnes, et qu'il n'est encore venu personne qui en ait trouvé de meilleures. Et il n'y a rien qui fasse tant d'honneur à l'homme qui nouvellement croît, que les nouvelles lois et ordonnances par lui inventées. Ces choses, quand elles sont bien fondées et ont en elles de la grandeur, lui acquièrent une majesté merveilleuse : et en Italie la matière ne manque point pour y introduire toute forme qu'on veuille. C'est là qu'il y a grande *virtù* dans les membres, pourvu qu'elle ne manque pas à la tête. Regardez les combats et faits d'armes d'un seul contre un autre, ou de peu contre peu, comme les Italiens y ont le dessus par la force, par l'adresse et par l'esprit. Mais en vient-on aux batailles rangées, ils y font piètre figure. Et cela provient de l'insuffisance des capitaines ; ceux qui savent ne sont pas obéis, et il semble à chacun qu'il sache commander, vu que personne jusqu'à cette heure ne s'est vu encore tant élever, ni par sa *virtù,* ni par la fortune, que les autres cèdent devant lui. D'où vient qu'en tant de temps, durant tant de guerres menées depuis vingt ans, quand il y a eu une armée composée seulement d'Italiens, elle s'est toujours mal comportée : ce dont témoignent d'abord Fornoue, puis Alexandrie, Capoue, Gênes, Agnadel, Bologne, Mestre.

Si donc votre illustre maison veut suivre l'exemple de ces excellents personnages qui furent les sauveurs de leur pays, d'abord il est nécessaire de s'assurer de ses propres armes, comme vrai fondement de toute entreprise ; car on ne peut avoir ni plus fidèles, ni plus vrais, ni meilleurs soldats. Et bien que chacun d'eux soit bon en particulier, tous ensemble deviendront meilleurs, quand ils se verront commandés, honorés, entretenus par leur prince. Il est donc nécessaire d'avoir ces sortes de troupes pour que, par la *virtù* italienne, on puisse se défendre des étrangers. Et bien que l'infanterie suisse et espagnole soit tenue pour terrible, néanmoins en l'une et l'autre il y a un défaut, à cause duquel une tierce institution de gens de guerre pourrait être assurée, non seulement de leur tenir tête, mais de les vaincre, car les Espagnols ne peuvent soutenir le heurt des chevaux, et les Suisses doivent avoir peur de rencontrer des gens de pied aussi acharnés à combattre qu'ils sont. D'où s'est vu et se verra par expérience, que les Espagnols ne peuvent soutenir la cavalerie française, et que les Suisses sont rompus par l'infanterie espagnole. Et, bien que de ce dernier point on n'ait pas encore fait pleine expérience, *tamen* on en vit quelque apparence en la journée de Ravenne, quand les gens de pied espagnols s'attaquèrent aux bataillons allemands qui gardent un même ordre que les Suisses ; les Espagnols, par l'agilité de leur corps et avec l'aide de leurs rondaches, se faufilaient par-dessous entre les piques, à l'abri desquelles ils les pourfendaient tout à l'aise, sans que ceux-ci y puissent parer ; et sans la cavalerie qui se

rua sur les Espagnols, ils eussent tué tous les
Allemands. Ayant donc ainsi connu le faible de ces
deux infanteries, on en peut créer une nouvelle, qui
ne craigne les fantassins et tienne bon contre les
chevaux : ce qui se fera par la qualité des armes et
un nouvel ordre de bataille. Ce sont là des
nouveautés qui donnent réputation et grandeur au
prince nouveau.

On ne doit pas, donc, laisser perdre cette
occasion, afin qu'après une si longue attente, l'Italie
puisse voir apparaître son rédempteur. Je ne saurais
dire avec quel amour il serait reçu dans toutes les
provinces qui ont supporté le déluge de l'invasion
étrangère en Italie, avec quelle soif de vengeance,
avec quelle foi opiniâtre, avec quelle piété, avec
quelles larmes. Quelles portes lui fermerait-on?
Quel peuple lui refuserait obéissance? Quelle envie
s'opposerait à lui? Quel Italien lui refuserait
hommage? Cette tyrannie barbare donne la nausée
à tout le monde ici. Que votre illustre maison donc
assume ce parti, avec le cœur et l'espoir que font
naître les entreprises justes, que sous son étendard
notre patrie retrouve sa noblesse et que sous ses
auspices soit vérifié ce dit de Pétrarque[61] :

> *Virtù contro a furore*
> *Prenderà l'arme; e fia el combatter corto :*
> *Ché l'antico valore*
> *Nelli italici cor non è ancor morto.*

(Vertu contre furie Armes prendra, et tôt la défera
Car ès cœurs d'Italie vaillance antique est encore et
sera.)

Discours sur la première décade de Tite-Live

(EXTRAITS)

NICOLAS MACHIAVEL

à

ZANOBI BUONDELMONTI [1]
ET COSIMO RUCELLAI [2]

Salut.

Je vous envoie un présent qui, s'il ne contrebalance pas ma dette envers vous, est sans nul doute tout ce que Nicolas Machiavel a pu vous envoyer de mieux. En effet, j'ai exprimé en cet ouvrage tout ce que je sais et tout ce que j'ai pu apprendre des choses du monde par une longue pratique et par une lecture assidue.

Comme ni vous ni personne d'autre vous ne pouvez attendre mieux de moi, vous ne pouvez pas vous plaindre que je ne vous aie pas donné mieux. Ce que vous pouvez bien regretter, c'est l'indigence de mon talent, chaque fois que mes récits pourraient sembler indigents, et c'est la faillibilité de mon jugement chaque fois que je me serai trompé dans mes commentaires. Les choses étant ainsi, je me demande qui de nous sera plus en droit de se plaindre, moi de vous qui m'avez forcé à écrire chose que sans vous je n'aurais jamais écrite de moi-même, ou vous de moi, si mon écrit ne vous satisfait pas.

Acceptez-le donc comme on accepte tout ce qui

vient d'un ami, en tenant compte de l'intention
plutôt que de la valeur du présent. Et croyez bien
qu'en cela je ne garde pour ma part que cette seule
satisfaction : j'ai pu me tromper sur bien des
points, mais il en est un du moins où je n'ai pas
fait erreur, c'est en vous choisissant entre tous pour
vous adresser ces considérations de moi; d'abord
parce que, ce faisant, je crois vous témoigner
certaine reconnaissance du bien que j'ai reçu de
vous, et aussi parce que je crois rompre de la sorte
avec l'usage courant de tous les écrivains : ils ne
manquent jamais d'adresser leurs ouvrages à
quelque prince et de lui décerner, aveuglé comme
ils le sont par l'ambition et la cupidité, le mérite de
toutes les vertus quand ils devraient le blâmer de
toutes les plus honteuses faiblesses. C'est pourquoi,
ne voulant pas commettre cette erreur, j'ai choisi
non pas ceux qui sont princes, mais ceux qui, de
par tant de qualités, mériteraient de l'être; non pas
ceux qui pourraient me combler de charges, d'honneurs et de richesses, mais ceux qui ne le pouvant
pas, voudraient le faire. Si nous jugeons droite-
ment, nous devons notre estime aux êtres qui sont
généreux et non à ceux qui ont les moyens de
l'être; à ceux d'entre les hommes qui savent et non
à ceux qui, sans rien savoir, ont la chance de
gouverner un État.

Et les écrivains font plus de cas de Hiéron de
Syracuse simple particulier que de Persée de
Macédoine roi : il ne manquait à l'un pour être
prince que la principauté, l'autre n'avait rien d'un
roi que le royaume.

Régalez-vous donc de ce présent, qu'il soit bon
ou mauvais : c'est vous-mêmes qui l'avez voulu, et
si vous vous entêtez en cette erreur de vous

complaire à des considérations de moi, je ne me refuserai pas à poursuivre l'examen de ces *Histoires* comme je vous en ai tout d'abord fait la promesse.

LIVRE PREMIER

AVANT-PROPOS

Je n'ignore pas que le naturel envieux des hommes rend toute découverte [aussi] périlleuse pour son auteur [que l'est pour le navigateur la recherche des eaux et des terres inconnues] [3]. Cependant, animé de ce désir qui me porte sans cesse à faire ce qui peut tourner à l'avantage commun à tous, je me suis déterminé à ouvrir une route nouvelle, où j'aurai bien de la peine à marcher sans doute. J'espère du moins que les difficultés que j'ai eu à surmonter m'attireront quelque estime de la part de ceux qui seront à même de les apprécier. Si de trop faibles moyens, trop peu d'expérience du présent et d'étude du passé, rendaient mes efforts infructueux, j'aurai du moins montré le chemin à d'autres qui, avec plus de *virtù*, d'éloquence et de jugement, pourront mieux que moi remplir mes vues; et si je n'en remporte pas d'éloge, du moins ne devrais-je pas en encourir de blâme.

Si on considère le respect qu'on a pour l'Anti-quité, et, pour me borner à un seul exemple, le prix qu'on met souvent à de simples fragments de statue antique, qu'on est jaloux d'avoir auprès de soi, pour

orner sa maison, les donner en modèles à des
artistes qui s'efforcent de les imiter dans leurs
ouvrages [1]; si, d'un autre côté, l'on voit les merveil-
leux exemples que nous présente l'histoire des
royaumes et des républiques anciennes; les pro-
diges de sagesse et de vertu opérés par des rois, des
capitaines, des citoyens, des législateurs qui se sont
sacrifiés pour leur patrie; si on les voit, dis-je, plus
admirés qu'imités, ou même tellement délaissés
qu'il ne reste pas la moindre trace de cette antique
vertu, on ne peut qu'être à la fois aussi étrangement
surpris que profondément affecté. Et cependant dans
les différends qui s'élèvent entre les citoyens, ou
dans les maladies auxquelles ils sont sujets, on voit
ces mêmes hommes avoir recours ou aux jugements
rendus, ou aux remèdes ordonnés par les anciens.
Les lois civiles ne sont, en effet, que des sentences
données par leurs jurisconsultes, qui, réduites en
principes, dirigent dans leurs jugements nos jurisconsultes modernes. La médecine non plus n'est
autre chose que l'expérience de médecins anciens
prise pour guide par leurs successeurs. Et cependant, pour fonder une république, maintenir des
États; pour gouverner un royaume, organiser une
armée, conduire une guerre, dispenser la justice,
accroître son empire, on ne trouve ni prince, ni
république, ni capitaine, ni citoyen, qui ait recours
aux exemples de l'Antiquité. Cette négligence est
moins due encore à l'état de faiblesse où nous ont
réduits les vices de notre éducation actuelle, qu'aux
maux causés par cette paresse orgueilleuse qui
règne dans la plupart des États chrétiens, qu'au
défaut d'une véritable connaissance de l'histoire, de
la lecture de laquelle on ne sait plus retirer le fruit
ni goûter la saveur qu'elle contient. Aussi la plupart

de ceux qui la lisent s'arrêtent-ils au seul plaisir que
leur cause la variété d'événements qu'elle présente ;
il ne leur vient pas seulement en pensée d'en imiter
les belles actions : cette imitation leur paraît non
seulement difficile, mais même impossible ; comme
si le ciel, le soleil, les éléments et les hommes
eussent changé d'ordre, de mouvement et de
puissance, et fussent différents de ce qu'ils étaient
autrefois.

C'est pour détromper, autant qu'il est en moi, les
hommes de cette erreur, que j'ai cru devoir écrire
sur tous les livres de Tite-Live que la méchanceté
des temps ne nous a pas dérobés[5], tout ce qui,
d'après la comparaison des événements anciens et
modernes, me paraîtra nécessaire pour en faciliter
l'intelligence. Par là ceux qui me liront pourront
tirer l'utilité qu'on doit se proposer de la connaissance de l'histoire. L'entreprise est difficile ; mais,
aidé par ceux qui m'ont encouragé à me charger de
ce fardeau, j'espère le porter assez loin pour qu'il
reste peu de chemin à faire de là au but.

I

QUELS ONT ÉTÉ LES COMMENCEMENTS DES VILLES EN GÉNÉRAL, ET EN PARTICULIER CEUX DE ROME

Ceux qui connaissent les commencements de
Rome, ses législateurs, l'ordre qu'ils y établirent, ne
seront pas étonnés que tant de vertu s'y soit
soutenue pendant plusieurs siècles, et que cette
république soit parvenue ensuite à ce degré de
puissance auquel elle arriva. Pour parler d'abord de
son origine : toutes les villes sont fondées ou par

des naturels du pays ou par des étrangers. Le peu de sûreté que les naturels trouvent à vivre dispersés, l'impossibilité pour chacun d'eux de résister isolément, soit à cause de la situation, soit à cause du petit nombre, aux attaques de l'ennemi qui se présente, la difficulté de se réunir à temps à son approche, la nécessité alors d'abandonner la plupart de leurs retraites, qui deviennent le prix des assaillants : tels sont les motifs qui portent les premiers habitants d'un pays à bâtir des villes pour échapper à ces dangers. Ils se déterminent d'eux-mêmes, ou par le conseil de celui qui, parmi eux, a le plus d'autorité, à habiter ensemble dans un lieu de leur choix, qui offre plus de commodité et de facilité pour s'y défendre. Ainsi parmi d'autres exemples qu'on pourrait citer, furent bâties Athènes et Venise : la première, qui, sous l'autorité de Thésée, ramassa les habitants dispersés ; la seconde, qui se composa de plusieurs peuples réfugiés dans les îlettes situées à la pointe de la mer Adriatique, pour y fuir et la guerre et les barbares qui, lors de la décadence de l'Empire romain, se répandaient en Italie.

Ces réfugiés, d'eux-mêmes et sans aucun prince pour les gouverner, commencèrent à vivre sous les lois qui leur parurent les plus propres à maintenir leur nouvel État. Ils y réussirent complètement, à la faveur de la longue paix qu'ils durent à leur situation : leur mer est sans issue, et les peuplades qui affligeaient la terre d'Italie, ne pouvaient, faute de nefs idoines, les molester. Aussi, quoique avec un bien faible commencement, parvinrent-ils à l'état de puissance où nous les voyons aujourd'hui.

Venons à la seconde origine des villes, lorsqu'elles sont bâties par des étrangers.

Ces étrangers peuvent être ou indépendants, ou bien sujets d'une république ou d'un prince, qui, pour soulager leurs États d'une trop grande population, ou pour défendre un pays nouvellement acquis et qu'ils veulent conserver sans dépenses, y envoient des colonies. Le peuple romain fonda beaucoup de villes de cette manière dans l'Empire. Quelquefois elles sont bâties par un prince, non pour y habiter, mais seulement comme monument de sa gloire. Telle Alexandrie fut bâtie par Alexandre. Mais comme toutes ces villes sont, à leur origine, privées de leur liberté, rarement parviennent-elles à faire de grands progrès et à compter au nombre des grandes puissances. Telle fut l'origine de Florence, soit qu'elle ait été bâtie par des soldats de Sylla, ou par les habitants du mont Fésule, attirés sur la plaine que baigne l'Arno par les douceurs de la paix dont on jouit si longtemps sous Auguste. Bâtie sous la protection de l'Empire romain, Florence ne put recevoir en commençant d'autre agrandissement que celui qu'elle tenait de la volonté de son maître.

Les fondateurs de cités sont indépendants, quand ce sont des peuples qui, sous la conduite d'un chef, ou bien d'eux-mêmes, contraints de fuir la peste, la guerre ou la famine qui désolent leur pays natal, en cherchent un nouveau. Ceux-ci, ou habitent les villes du pays dont ils s'emparent, comme fit Moïse; ou bien ils en bâtissent de nouvelles, comme fit Énée. C'est dans ce cas qu'on est à même d'apprécier les talents du fondateur et la réussite de son ouvrage, qui a des succès plus ou moins brillants, suivant que celui-ci, en la fondant, montre plus de sagesse et d'habileté. L'une et l'autre se reconnaissent au choix du lieu où il assoit

sa ville, et à la nature des lois qu'il lui donne. Or,
les hommes travaillant ou par nécessité ou par
choix, on observe que la vertu est la plus forte là
où le choix a le moins joué; il y a donc lieu de
considérer s'il ne vaut pas mieux préférer, pour la
fondation d'une ville, des lieux stériles où les
hommes, forcés à être laborieux, moins adonnés au
repos, fussent plus unis et moins exposés, par la
pauvreté du pays, à des occasions de discorde?
Telle a été Raguse, et plusieurs autres villes bâties
sur un sol ingrat. La préférence donnée à un pareil
site serait sans doute et plus utile et plus sage, si
tous les autres hommes, contents de ce qu'ils
possèdent entre eux, ne désiraient pas commander à
d'autres. Or, comme on ne se peut défendre de leur
ambition que par la puissance, il est nécessaire dans
la fondation d'une ville d'éviter cette stérilité de
pays; il faut, au contraire, se placer dans les lieux
où la fertilité donne des moyens de s'agrandir, et de
prendre des forces pour repousser quiconque voudrait attaquer, et pour anéantir qui voudrait s'opposer à notre accroissement de puissance.

Quant à l'oisiveté que la richesse d'un pays tend
à développer, c'est aux lois à plier ses habitants aux
travaux auxquels l'âpreté du site ne les contrain-
drait pas. Il faut imiter ces législateurs habiles et
prudents qui ont habité des pays très agréables, très
fertiles, et plus capables d'amollir les âmes que de
les rendre propres à la véritable *virtù*. Aux douceurs et à la mollesse du climat, ils ont opposé,
pour leurs guerriers, par exemple, la rigueur d'une
discipline sévère et des exercices pénibles; de
manière que ceux-ci sont devenus meilleurs soldats
que la nature n'en fait naître même dans les lieux
les plus âpres et les plus stériles. Parmi ces

législateurs, on peut citer les fondateurs du royaume d'Égypte. Malgré les délices du pays, la sévérité des institutions y forma des hommes excellents ; et si la haute antiquité n'en avait pas enseveli les noms, on verrait combien ils étaient supérieurs à cet Alexandre et à tant d'autres dont la mémoire est plus fraîche. Peut-on examiner le gouvernement du Soudan et la discipline de cette milice des Mamelucks avant qu'elle eût été détruite par le sultan Selim, sans se convaincre combien ils redoutaient cette oisiveté, sans admirer par quels nombreux exercices, par quelles lois sévères, ils prévenaient dans leurs soldats cette mollesse, fruit naturel de la douceur de leur climat ? Je dis donc que pour bâtir une ville, le lieu le plus fertile est celui qu'il est plus sage de choisir, surtout quand on peut, par des lois, prévenir les désordres qui peuvent naître de leur site même.

Alexandre le Grand voulant bâtir une ville pour servir de monument à sa gloire, l'architecte Dinocrate lui fit voir comment il pourrait la placer sur le mont Athos. « Ce lieu, dit-il, présente une situation très forte ; la montagne pourrait se tailler de manière à donner à cette ville une forme humaine, ce qui la rendrait une merveille digne de la puissance du fondateur. » Alexandre lui ayant demandé : « De quoi vivront les habitants ? — Je n'y ai pas pensé », répond naïvement l'architecte. Alexandre se mit à rire ; et laissant là cette montagne, il bâtit Alexandrie, où les habitants devaient se plaire, par la beauté du pays et les avantages que lui procure le voisinage de la mer et du Nil.

Si on est de l'opinion qu'Énée est le premier fondateur de Rome, cette ville peut être comptée au

nombre de celles qui ont été bâties par des
étrangers; et si c'est Romulus, elle doit être mise au
rang de celles bâties par des naturels du pays. Dans
tous les cas, on la reconnaîtra, dès le commencement, libre et indépendante. On verra aussi
(comme nous le dirons plus loin) à combien d'institutions sévères les lois de Romulus, de Numa et
autres ont contraint les habitants; en sorte que,
ni la fertilité du pays, ni la proximité de la mer, ni
les nombreuses victoires, ni l'étendue de leur
empire, ne purent la corrompre pendant plusieurs
siècles, et y maintinrent plus de vertus qu'on n'en a
jamais vu dans aucune autre république.

Les grandes choses qu'elle a opérées, et dont
Tite-Live nous a conservé la mémoire, ont été
l'ouvrage du gouvernement ou celui des particuliers; elles ont trait aux affaires du dedans ou à
celles du dehors.

Je commencerai à parler des affaires intérieures
conduites par le gouvernement public qui me
sembleront les plus dignes de remarque et j'en
indiquerai les résultats. Ce sera le sujet des discours
qui composeront ce premier livre, ou cette première
partie [6].

II

DES DIFFÉRENTES FORMES DES RÉPUBLIQUES. QUELLES FURENT CELLES DE LA RÉPUBLIQUE ROMAINE

. . . .

Je dis donc que toutes ces espèces de gouvernements sont défectueuses [7]. Ceux que nous avons

qualifiés de *bons* durent trop peu. La nature des autres est d'être *mauvais*. Ainsi les législateurs prudents, ayant connu les vices de chacun de ces modes pris séparément, en ont choisi un qui participât de tous les autres, et l'ont jugé plus solide et plus stable. En effet, quand, dans la même Constitution, vous réunissez un prince, des grands et la puissance du peuple, chacun de ces trois pouvoirs surveille les autres.

Parmi les hommes justement célèbres pour avoir établi une pareille Constitution, celui qui mérite le plus d'éloges, sans doute, est Lycurgue. Il organisa si bien celle de Sparte qu'en donnant à chacun, — roi, grands et peuple, — sa part d'autorité et de fonctions, il fit un gouvernement qui se soutint plus de huit cents ans dans la plus parfaite tranquillité, et qui valut à ce législateur une gloire infinie.

Le sort des lois données à Athènes par Solon fut bien différent. Celui-ci n'établit que le gouvernement populaire, et il fut de si courte durée qu'avant sa mort le législateur vit naître la tyrannie de Pisistrate. Vainement, quarante ans après, les héritiers du tyran furent chassés; vainement Athènes recouvra sa liberté et rétablit le gouvernement populaire d'après les lois de Solon; celui-ci ne dura pas plus de cent ans, quoique, pour le maintenir, on fît, contre l'insolence des grands et la licence de la multitude, une infinité de lois échappées à la prudence du premier législateur. La faute qu'il avait commise de ne point combiner le pouvoir du peuple avec celui du prince et des grands rendit la durée d'Athènes, comparée à celle de Sparte, infiniment plus courte.

Mais, venons à Rome. Celle-ci n'eut pas un législateur, comme Lycurgue, qui la constituât à

son origine de manière à conserver sa liberté.
Cependant la désunion qui régnait entre le Sénat et
le peuple entraîna tant de vicissitudes, et telles, que
le hasard opéra en sa faveur ce que la loi n'avait
point prévu. Si elle n'eut pas la première chance,
elle eut au moins la seconde. Ses premières
institutions furent défectueuses sans doute, mais
elles n'étaient pas contraires au droit chemin qui
pouvait les conduire à la perfection. Romulus et
tous les autres rois lui en donnèrent quelques-unes
qui pouvaient convenir même à un peuple libre;
mais comme le but de ces princes était de fonder
une royauté et non une république, quand Rome
devint libre, elle se trouva manquer des institutions
les plus nécessaires à la liberté, et que ses rois
n'avaient pu ni dû établir. Lorsque ceux-ci furent
chassés, par les motifs et de la manière que l'on
sait, comme on substitua sur-le-champ à leur place
deux consuls, il se trouva qu'on avait bien moins
banni de Rome l'autorité royale que le nom de roi.
Le gouvernement, composé des consuls et du
Sénat, n'avait que deux des trois éléments dont
nous avons parlé, le Prince, les Optimates; il n'y
manquait plus que le pouvoir populaire. Mais, dans
la suite, l'insolence de la noblesse, provoquée par
les causes que nous verrons plus bas, souleva le
peuple contre elle; celle-ci, pour ne pas perdre
toute sa puissance, fut forcée de lui en céder une
partie; mais le Sénat et les consuls en retinrent une
assez grande part pour conserver leur rang dans
l'État.

C'est ainsi que s'établirent les tribuns; avec eux
s'affermit la république, désormais composée des
trois éléments dont nous avons parlé plus haut. La
fortune lui fut si favorable, que quoique l'autorité

passât successivement des rois et des grands au
peuple, par les mêmes degrés et les mêmes motifs
qui ont produit ailleurs, comme nous l'avons vu, les
mêmes changements, néanmoins on n'abolit jamais
entièrement la puissance royale pour en investir les
grands ; on ne priva jamais ceux-ci en totalité de
leur autorité, pour la donner au peuple ; mais on fit
une combinaison de trois pouvoirs qui rendit la
Constitution parfaite. Elle n'arriva à cette perfection que par les dissentiments du Sénat et du
peuple, comme nous le ferons voir amplement dans
les deux chapitres suivants.

III

QUELLES AVENTURES AMENÈRENT LA CRÉATION DES
TRIBUNS A ROME, ET COMMENT
LA RÉPUBLIQUE EN SORTIT PLUS PARFAITE

Tous les écrivains qui se sont occupés de
politique (et l'histoire est remplie d'exemples qui
les appuient) s'accordent à dire que quiconque veut
fonder un État et lui donner des lois doit supposer
d'avance les hommes méchants, et toujours prêts à
montrer leur méchanceté toutes les fois qu'ils en
trouveront l'occasion. Si ce penchant demeure
caché pour un temps, il faut l'attribuer à quelque
raison qu'on ne connaît point, et croire qu'il n'a pas
eu l'occasion de se montrer ; mais le temps qui,
comme on dit, est le père de toute vérité, le met
ensuite au grand jour.

Après l'expulsion des Tarquins, la plus grande
union paraissait régner entre le Sénat et le peuple.
Les nobles semblaient avoir déposé tout leur

orgueil et pris des manières populaires, qui les
rendaient supportables même aux derniers des
citoyens. Ils jouèrent ce rôle et on n'en devina pas
le motif tant que vécurent les Tarquins. La
noblesse, qui redoutait ceux-ci, et qui craignait
également que le peuple maltraité ne se rangeât de
leur parti, se comportait envers lui avec humanité.
Mais quand la mort des Tarquins les eut délivrés
de cette crainte, ils gardèrent d'autant moins de
mesure avec le peuple qu'ils s'étaient plus longtemps contenus, et ils ne laissèrent échapper
aucune occasion de le frapper. C'est une preuve de
ce que nous avons avancé : que les hommes ne font
le bien que forcément ; mais que dès qu'ils ont le
choix et la liberté de commettre le mal avec
impunité, ils ne manquent de porter partout la
turbulence et le désordre.

C'est ce qui a fait dire que la pauvreté et le
besoin rendent les hommes industrieux et que les
lois font les gens de bien. Là où le bien vient à
régner naturellement et sans la loi, on peut se
passer de loi ; mais dès que viennent à expirer les
mœurs de l'âge d'or, la loi devient nécessaire. Ainsi
les grands, après la mort des Tarquins, n'éprouvant
plus cette crainte qui les retenait, il fallut chercher
une nouvelle institution qui produisît sur eux le
même effet que produisaient les Tarquins quand ils
existaient. C'est pour cela qu'après bien des
troubles, des tumultes et des périls occasionnés par
les excès auxquels se portèrent les deux ordres, on
en vint, pour la sûreté du dernier, à la création des
tribuns, et on leur accorda tant de prérogatives, on
les entoura de tant de respects, qu'ils formèrent
entre le Sénat et le peuple une barrière qui s'opposa
à l'insolence des premiers.

IV

Je me garderai bien de passer sous silence les troubles qui eurent lieu à Rome depuis la mort des Tarquins jusqu'à la création des tribuns. Je ne réfuterai pas moins ensuite l'opinion de ceux qui veulent que la république romaine ait toujours été une république turbulente et livrée à de tels désordres que, sans son extrême bonheur et la discipline militaire qui suppléait à ses défauts, elle eût été la dernière des républiques.

Je ne peux nier que l'Empire romain ne fût, si l'on veut, l'ouvrage de la fortune et de la discipline. Mais il me semble qu'on devrait s'apercevoir que là où règne une bonne discipline, là règne aussi l'ordre; et rarement la fortune tarde à marcher à sa suite. Entrons cependant à cet égard dans les détails. Je soutiens à ceux qui condamnent les querelles du Sénat et du peuple qu'ils condamnent ce qui fut le principe de la liberté, et qu'ils sont beaucoup plus frappés des cris et du bruit qu'elles occasionnaient sur la place publique que des bons effets qu'elles produisaient.

Dans toute république, il y a deux partis : celui des grands et celui du peuple; et toutes les lois favorables à la liberté ne naissent que de leur opposition. Depuis les Tarquins jusqu'aux Gracques, c'est-à-dire durant trois cents ans, les troubles

n'y occasionnèrent que fort peu d'exils, et coû-
tèrent encore moins de sang; mais on ne peut
les croire bien nuisibles, ni les regarder comme bien
funestes à une république qui, durant le cours de
tant d'années, vit à peine, à leur occasion, huit ou
dix citoyens envoyés en exil, n'en fit mettre à mort
qu'un très petit nombre, et en condamna même très
peu à des amendes pécuniaires. On ne peut pas
davantage qualifier de désordonnée une république
où l'on voit briller tant de vertus : c'est la bonne
éducation qui les fait éclore, et celle-ci n'est due
qu'à de bonnes lois; les bonnes lois, à leur tour,
sont le fruit de ces agitations que la plupart
condamnent si inconsidérément. Quiconque examinera avec soin l'issue de ces mouvements, ne
trouvera pas qu'ils aient été cause d'aucune violence qui ait tourné au préjudice du bien public; il
se convaincra même qu'ils ont fait naître des
règlements à l'avantage de la liberté.

    « Mais, dira-t-on, quels étranges moyens! Quoi,
entendre sans cesse les cris d'un peuple effréné
contre le Sénat, et du Sénat déclamant contre le
peuple; voir courir la populace en tumulte par les
rues, fermer ses boutiques, et même sortir de Rome
en masse! toutes choses qui épouvantent encore,
rien qu'à les lire. » Je dis que chaque État libre doit
fournir au peuple un débouché normal à son
ambition, et surtout les républiques, qui, dans les
occasions importantes, n'ont de force que par ce
même peuple. Or tel était le débouché à Rome :
quand celui-ci voulait obtenir une loi, il se portait à
quelques-unes de ces extrémités dont nous venons
de parler, ou il refusait de s'enrôler pour aller à la
guerre; en sorte que le Sénat était obligé de le
satisfaire.

Les soulèvements d'un peuple libre sont rarement pernicieux à sa liberté. Ils lui sont inspirés communément par l'oppression qu'il subit ou par celle qu'il redoute. Si ses craintes sont peu fondées, on a le recours des assemblées, où la seule éloquence d'un homme de bien lui fait sentir son erreur. « Les peuples, dit Cicéron, quoique ignorants, sont capables d'apprécier la vérité, et ils s'y rendent aisément quand elle leur est présentée par un homme qu'ils estiment digne de foi. »

On doit donc se montrer plus ménager de ses critiques envers le gouvernement romain, et considérer que tant de bons effets forçant l'admiration ne pouvaient provenir que de très bonnes causes. Si les troubles de Rome ont occasionné la création des tribuns, on ne saurait trop les louer. Outre qu'ils mirent le peuple à même d'avoir sa part dans l'administration publique, ils furent établis comme les gardiens les plus assurés de la liberté romaine, ainsi que nous le verrons dans le chapitre suivant.

V

A QUI PLUS SUREMENT CONFIER
LA GARDE DE LA LIBERTÉ,
AUX GRANDS OU AU PEUPLE,
ET LEQUEL DES DEUX
CAUSE PLUS SOUVENT DES TROUBLES,
CELUI QUI VEUT ACQUÉRIR,
OU CELUI QUI VEUT CONSERVER

Tous les législateurs qui ont donné des Constitutions sages à des républiques ont regardé comme une précaution essentielle d'établir une garde à la

liberté; et suivant que cette garde a été plus ou
moins bien placée, la liberté a duré plus ou moins
longtemps. Comme toute république est composée
de grands et de peuple, on s'est demandé aux mains
de qui il serait plus convenable de la confier. A
Lacédémone, et, de notre temps, à Venise, elle a été
confiée à la noblesse; mais chez les Romains, ce fut
au peuple. Examinons donc laquelle de ces républiques avait fait le meilleur choix. Il y a de fortes
raisons à donner de part et d'autre; mais, à en
juger par l'événement, on pencherait en faveur des
nobles, Sparte et Venise ayant duré plus que Rome.

Et pour en venir aux raisons, et parler d'abord en
faveur de Rome, je dirai qu'il faut toujours confier
un dépôt à ceux qui ont le moins le désir de le
violer. Sans doute, à ne considérer que le caractère
de ces deux ordres de citoyens, on est obligé de
convenir qu'il y a, dans le premier, un grand désir
de dominer; et dans le second le désir seulement de
ne pas être dominé, par conséquent, plus de volonté
de vivre libre. Le peuple préposé à la garde de la
liberté, moins en état de l'usurper que les grands,
doit en avoir nécessairement plus de soin, et, ne
pouvant s'en emparer, doit se borner à empêcher
que d'autres ne s'en emparent.

On dit, au contraire, en faveur de Sparte et de
Venise, que le fait de confier à la noblesse la garde
de ce dépôt précieux a deux avantages : le premier,
d'accorder quelque chose de plus à son ambition et
de contenter sa vanité, en lui donnant une part plus
grande au commandement de l'État, et en remet-
tant entre ses mains le fameux bâton; l'autre, d'ôter
aux esprits turbulents de la plèbe une autorité qui
de sa nature produit des troubles, des esclandres
capables de porter la noblesse à quelque acte de

désespoir et d'entraîner les plus grands malheurs. On donne Rome même pour exemple : pour avoir confié, dit-on, cette autorité aux tribuns du peuple, on vit celui-ci ne pas se contenter d'un seul consul, il voulut qu'ils fussent tous les deux plébéiens. Il prétendit ensuite à la censure, à la préture et à toutes les dignités de la république. Non content de ces avantages, conduit par la même fureur, il en vint à idolâtrer tous ceux qu'il vit en mesure d'attaquer, de fouler aux pieds la noblesse, et fut la cause de l'élévation de Marius et de la ruine de Rome.

On ne saurait peser exactement toutes ces raisons sans tomber dans une indécision embarrassante. Quelle est l'espèce d'hommes, de ceux à qui on confie la garde de la liberté, qui est la moins dangereuse, ou celle qui doit acquérir l'autorité qu'elle n'a pas, ou celle qui veut conserver celle qu'elle a déjà. Après le plus sûr examen, voici, je pense, ce qu'on peut en conclure : ou bien il s'agit d'une république qui veut étendre son empire, comme Rome ; ou bien il est question d'un État qui se borne uniquement à se conserver. Dans le premier cas, il faut imiter Rome, dans le second, suivre l'exemple de Venise, de Sparte, et nous verrons, dans le chapitre suivant, comment et par quels moyens on peut y parvenir.

Mais, pour revenir sur cette question, quels hommes sont plus nuisibles dans une république, de ceux qui veulent acquérir, ou de ceux qui craignent de perdre ce qu'ils ont acquis, je remarquerai que Ménénius et Fulvius, tous deux plébéiens, furent nommés, le premier dictateur, le second maître de la cavalerie, pour faire une enquête à l'occasion d'une conjuration formée à

Capoue contre Rome. Ils reçurent encore la commission d'informer contre tous ceux qui, par ambition et par brigue, cherchaient à parvenir au consulat et aux autres charges importantes de la république. La noblesse, qui crut qu'une pareille autorité n'avait été donnée au dictateur que contre elle, répandit dans la ville que ce n'étaient pas les nobles qui cherchaient ainsi à parvenir aux honneurs par ambition ou par des voies illicites, mais bien plutôt les plébéiens qui, ne se confiant ni en leur naissance ni en leur mérite personnel, employaient ainsi des moyens extraordinaires. Ils accusaient particulièrement le dictateur lui-même. Cette accusation fut si vivement poursuivie que Ménénius se crut obligé de convoquer une assemblée du peuple. Là, après s'être plaint des calomnies semées contre lui par la noblesse, il se démit de la dictature et se soumit au jugement du peuple. La cause plaidée, Ménénius fut absous. On y disputa beaucoup pour déterminer quel est le plus ambitieux, de celui qui veut conserver ou de celui qui veut acquérir.

L'une ou l'autre de ces deux passions peut être cause des plus grands troubles. Cependant il paraît qu'ils sont plus souvent causés par celui qui possède, parce que la crainte de perdre provoque des mouvements aussi vifs que le désir d'acquérir. L'homme ne croit s'assurer ce qu'il tient déjà qu'en acquérant de nouveau; et d'ailleurs ces nouvelles acquisitions sont autant de moyens de force et de puissance pour abuser; mais ce qui est encore plus terrible, les manières hautaines et l'insolence des riches et des grands excitent dans l'âme de ceux qui ne possèdent pas, non seulement le désir de posséder, mais le plaisir secret de dépouiller de leur richesse et de leurs honneurs ceux qu'ils voient en faire un si mauvais usage.

VI

S'IL ÉTAIT POSSIBLE
D'ÉTABLIR A ROME UN GOUVERNEMENT
QUI ÉCARTAT TOUTE INIMITIÉ
ENTRE LE SÉNAT ET LE PEUPLE

. . . .

En examinant toutes ces circonstances, on voit que les législateurs de Rome avaient deux moyens pour assurer la paix à la république, comme elle fut assurée aux républiques dont nous venons de parler : ou de ne point employer le peuple dans les armées, comme le firent les Vénitiens, ou de fermer les portes aux étrangers, comme le firent les Spartiates. Ils suivirent en tout le contraire; ce qui donna au peuple un accroissement de forces et causa une infinité de troubles. Mais si la république eût été plus tranquille, il en serait résulté nécessairement qu'elle eût été plus faible et qu'elle se serait refusé les moyens de parvenir à ce haut point de grandeur où elle est parvenue; en sorte que trancher dans Rome les racines de ses querelles, c'était aussi trancher celles de sa puissance; car tel est le sort des choses humaines, qu'on ne peut éviter un inconvénient sans tomber dans un autre.

. . . .

VII

COMBIEN LES ACCUSATIONS SONT NÉCESSAIRES
DANS UNE RÉPUBLIQUE
POUR Y MAINTENIR LA LIBERTÉ

Ceux qui sont préposés à la garde de la liberté
d'un pays ne peuvent être revêtus d'une autorité
plus utile, plus nécessaire même que celle qui leur
donne le pouvoir d'accuser les citoyens devant le
peuple, devant un conseil, un magistrat, et cela, à
l'occasion de toute atteinte portée à l'État. Cette
institution a deux avantages extrêmement précieux : le premier est d'empêcher, par la crainte de
l'accusation, les citoyens de rien tenter contre
l'État, ou bien de les faire punir sur-le-champ de
l'attentat commis ; le second, d'offrir une issue
normale aux haines qui, pour une raison ou pour
une autre, fermentent dans les cités contre tel ou
tel. Si ces haines ne trouvent point d'issue normale,
elles recourent à la violence, ruine des républiques.
Rien au contraire ne rendra une république ferme
et assurée comme de canaliser, pour ainsi dire, par
la loi les humeurs qui l'agitent. C'est ce que
plusieurs exemples peuvent prouver, et surtout
celui de Coriolan, rapporté par Tite-Live.

La noblesse romaine, selon cet historien, était
très irritée contre le peuple ; elle l'accusait d'avoir
usurpé trop de pouvoir, par la création des tribuns,
uniquement employés à le défendre : or Rome dans
la disette avait envoyé en Sicile pour se procurer du
blé. Coriolan, ennemi de la faction populaire,
conseilla au Sénat de saisir cette occasion qui se
présentait de châtier le peuple, et de lui enlever

l'autorité qu'il avait usurpée au préjudice de la noblesse en ne lui distribuant pas ce blé et en l'affamant. Cette proposition, parvenue à la connaissance du peuple, excita une indignation si générale, qu'au sortir du Sénat Coriolan eût été mis en pièces si les tribuns ne l'avaient cité devant eux pour présenter sa défense.

C'est à l'occasion de cet événement que nous observons combien il est utile, important, dans une république, d'avoir des institutions qui fournissent à la masse des citoyens des moyens d'exhaler leur aversion contre un autre citoyen. A défaut de ces moyens autorisés par la loi, on en emploie d'illégaux, qui, sans contredit, produisent des effets bien plus funestes.

Que dans ces occasions un individu soit lésé, qu'on commette même à son égard une injustice, l'État n'éprouve que peu ou point de désordre. En effet, cette injustice n'est le fait ni d'une violence privée, ni d'une intervention étrangère, deux causes puissantes de la ruine de la liberté, mais uniquement de la force publique et des lois, contenues dans des bornes qu'elles ne dépassent pas au point de renverser la république.

Et pour fortifier cette vérité par un exemple, je me contenterai de celui de Coriolan : que l'on réfléchisse aux maux qui pouvaient résulter pour la république romaine s'il eût été massacré dans une émeute populaire ; l'attentat commis contre lui eût été une violence de particuliers à particuliers ; cette espèce de violence produit la peur ; la peur cherche des moyens de défense, appelle les partisans ; des partisans naissent les factions dans une ville, et des factions la ruine de l'État.

Nous avons vu de nos jours la révolution causée

à Florence par l'impuissance où se trouvait la multitude de recevoir une satisfaction légale contre
un citoyen, Francesco Valori ˣ. Son audace, ses
emportements, le firent soupçonner de vues ambitieuses qui le portaient à s'élever au-dessus du rang
de simple citoyen dans une ville où il avait déjà le
crédit et l'autorité d'un prince. La république
n'avait le moyen de résister à son parti qu'en lui
opposant un parti contraire. La connaissance qu'il
avait de cette impuissance faisait qu'il ne redoutait
plus rien, excepté quelque sédition, en prévision de
laquelle il se mit à recruter des partisans. Ses
adversaires, faute de moyens légaux pour s'y
opposer, firent de même, et l'on en vint aux mains.
Si on eût pu lui opposer des armes fournies par la
loi, on eût détruit son autorité sans rendre sa ruine
funeste à d'autres qu'à lui; tandis que les moyens
extraordinaires qu'il fallut employer pour en venir à
bout entraînèrent avec lui dans sa chute une infinité
d'autres nobles.

Ce qui s'est passé à Florence à l'occasion de
Pierre Soderini ˣ servira à prouver cette vérité. Ces
malheureux événements dérivent tous du même
vice : le défaut, dans cette république, d'un moyen
légal d'accusation contre les citoyens ambitieux et
puissants. Contre des coupables de cette importance, un tribunal de huit juges ne saurait suffire :
il faut que les juges soient infiniment nombreux,
parce que, dans ces circonstances, le petit nombre
se plie facilement à la volonté du petit nombre.

Si Florence eût été un tribunal redoutable où ses
citoyens eussent pu citer Soderini, en cas de
malversations de sa part, le peuple eût assouvi sa
vengeance contre lui sans faire venir l'armée
espagnole. Si au contraire il eût été irréprochable,

aucun d'eux n'eût osé l'accuser de peur d'être accusé à son tour, et bientôt eût été réprimée chez tous la rage jalouse qui causa tant de mal.

D'où l'on peut conclure que toutes les fois qu'on voit des forces étrangères appelées dans un État par un parti, on peut attribuer ce désordre au vice de sa Constitution; on peut assurer qu'il lui manque, dans le cercle fermé de ses lois, l'échappatoire qui donnerait libre cours aux accès de méchanceté si naturels aux hommes. On remédie à ce défaut en ouvrant aux accusations un tribunal assez nombreux, et en lui donnant des formes assez solennelles pour le faire respecter. A Rome, tout était si bien réglé que, dans les plus grands différends qu'il y eut entre le Sénat et le peuple, jamais ni le peuple, ni le Sénat, ni aucun citoyen, ne fut tenté d'appeler des forces étrangères : le remède était dans l'État même, ils n'avaient nul besoin de l'aller chercher au dehors.

Si probants que soient les exemples que j'ai cités, je veux cependant en rapporter un autre tiré de la même histoire de Tite-Live. A Clusium, l'une des plus célèbres villes d'Étrurie de ces temps-là, un certain Lucumon avait violé la sœur d'Aruns. Celui-ci, ne pouvant s'en venger en raison de la puissance du coupable, passa chez les Gaulois qui occupaient alors cette partie de l'Italie que nous appelons Lombardie. Il les engagea à venir avec une force armée à Clusium, leur fit voir combien leurs intérêts se liaient avec celui de sa vengeance. Certes Aruns n'eût pas eu recours aux barbares s'il eût pu, dans sa ville, recourir aux lois.

Mais autant les accusations sont utiles dans une république, autant les calomnies sont inutiles et pernicieuses, comme nous le verrons dans le chapitre suivant.

. . . .

XI

DE LA RELIGION DES ROMAINS

En dépit que Rome eût eu Romulus pour premier législateur et que ce fût à lui qu'à titre de fille elle fût redevable et de sa naissance et de ses premiers pas, les cieux jugèrent que les lois du fondateur n'étaient pas à la mesure d'un si vaste empire, et surent inspirer aux sénateurs romains la pensée de lui donner Numa Pompilius pour successeur, afin qu'il mît bon ordre à tout ce qui demeurait d'inachevé.

C'était un peuple féroce que Numa avait à accoutumer à l'obéissance en le façonnant aux arts de la paix. Il eut recours à la religion, comme au soutien le plus nécessaire de la société civile, et il l'établit sur de tels fondements que jamais en aucun lieu, on ne vit respecter la divinité comme on le vit à Rome, et cela pendant plusieurs siècles. Ce fut sans doute cette crainte salutaire qui facilita toutes les entreprises du Sénat et de tous ces grands hommes. Quiconque examinera les actions de ce peuple en général et d'une infinité de Romains en particulier verra que ces citoyens craignaient encore plus de manquer à leurs serments qu'aux lois, en hommes qui estiment bien plus la puissance des dieux que celle des mortels, comme on le voit par l'exemple de Scipion et par celui de Manlius Torquatus. Après la défaite de Cannes par Annibal, une infinité de Romains s'étaient rassemblés. Effrayés et tremblants, ils étaient convenus de quitter l'Italie et de fuir en Sicile. Scipion en est instruit, et, le fer en main, les fait jurer sur son épée de ne pas abandonner la patrie. Lucius Manlius, père de Titus Manlius, qui fut depuis nommé Torquatus, avait été accusé par Marcus Pomponius, tribun du peuple. Avant le jour du jugement, Titus va trouver Marcus, et menace de le tuer s'il ne promet de rétracter l'accusation qu'il avait portée contre son père. Marcus est contraint de jurer; et quoique ce serment lui soit arraché par la crainte, il n'y est pas moins fidèle. Ainsi ces citoyens que ni l'amour de la patrie, ni la force des lois ne pouvaient retenir en Italie, furent arrêtés par un serment qu'on leur avait arraché; et ce tribun sacrifie et la haine qu'il avait pour le père, et le ressentiment de l'insulte faite par le fils, et son honneur, pour obéir à la foi jurée : tout cela en vertu de la religion que Numa avait introduite dans Rome.

L'histoire romaine, pour qui la lit sensément [10], prouve combien la religion était utile pour commander les armées, pour réconforter le peuple, pour maintenir les gens de bien et faire rougir les méchants. S'il était question de décider auquel des deux princes, Romulus et Numa, cette république doit le plus, Numa, je pense, l'emporterait. Où règne déjà la religion, on introduit facilement les vertus militaires; mais là où il n'y aura que des vertus militaires sans religion, on aura bien de la peine à y introduire cette dernière. Certes Romulus pour établir le Sénat et former d'autres institutions civiles et militaires, n'eut pas besoin de l'autorité divine. Mais Numa, persuadé que celle-ci était nécessaire, feignit d'avoir commerce avec une nymphe qui lui inspirait toutes les décisions qu'il avait à faire adopter au peuple; et il n'employa ce moyen que parce qu'ayant à introduire des usages nouveaux et inconnus dans cette ville, il ne se croyait pas assez d'autorité pour les faire admettre.

Et en vérité il n'a jamais en effet existé de législateur qui n'ait eu recours à l'entremise d'un dieu pour faire accepter des lois exceptionnelles, inadmissibles autrement : en effet, nombreux sont les principes utiles dont un sage législateur connaît toute l'importance et qui ne portent pas avec eux des preuves évidentes qui puissent frapper les autres esprits. L'homme habile qui veut faire disparaître la difficulté a recours aux dieux; ainsi firent Lycurgue, Solon, et beaucoup d'autres qui tous tendaient au même but.

Or donc, le peuple romain, plein d'admiration pour la bonté et la prudence de Numa, se rendait à tous ses conseils. Il est bien vrai que la simplicité de ces esprits, si portés à la superstition dans ces temps religieux, la rusticité des hommes auxquels il avait à faire, lui donnaient beaucoup de facilité pour venir à bout de ses desseins. C'était une matière neuve à laquelle il pouvait imprimer aisément une nouvelle forme. Aussi suis-je bien convaincu que quiconque voudrait fonder une république réussirait infiniment mieux avec des montagnards encore peu civilisés qu'avec les habitants des villes corrompues. Un sculpteur tire plus facilement une statue d'un bloc informe que de l'ébauche vicieuse d'un mauvais artiste [11].

D'après toutes ces considérations, je conclus que la religion introduite par Numa fut une des principales causes de la prospérité de Rome. Elle donna naissance à de sages règlements; ceux-ci déterminent communément la fortune, et la fortune assure les heureux succès. Mais, si l'attachement au culte de la Divinité est le garant le plus assuré de la grandeur des républiques, le mépris de la religion est la cause la plus certaine de leur ruine. Tout État où la crainte de l'Être suprême n'existe pas, doit périr s'il n'est maintenu par la crainte du prince même qui supplée au défaut de religion; et comme les princes ne règnent que le temps de leur vie, il faut également que l'État dont l'existence ne tient qu'à la *virtù* du prince s'écroule avec elle; il s'ensuit de là que les États dont la vie dépend de la *virtù* de leurs princes durent peu, celle-ci mourant avec eux et se perpétuant rarement chez leurs successeurs. Dante dit sagement :

> Rarement descend de branche en branche
> la probité chez les hommes : ainsi le veut
> Celui qui la leur donne, car il veut qu'on l'en prie[12].

Il ne suffit donc pas, pour le bonheur d'une république ou d'une monarchie, d'avoir un prince qui gouverne sagement pendant sa vie; il en faut un qui lui donne des lois capables de la maintenir après sa mort.

Quoiqu'il soit plus facile de donner des opinions ou des lois nouvelles à des hommes neufs et grossiers, il n'est pas impossible d'y réussir auprès des hommes civilisés et qui prétendent n'être point des rustres. Le peuple de Florence est très éloigné de se croire ignorant et rustre; et cependant le frère Girolamo Savonarola parvint à lui persuader qu'il s'entretenait avec Dieu. Je ne prétends pas décider si oui ou non la chose était exacte; on ne doit parler d'un si grand homme qu'avec respect [13]; il en avait du moins persuadé beaucoup de gens, sans qu'ils eussent rien vu d'extraordinaire qui les eût portés à croire; mais sa vie, sa doctrine, et surtout le sujet dont il les entretenait, suffisaient pour leur faire ajouter foi à sa mission. Que personne ne désespère donc de pouvoir faire ce que tant d'autres ont fait, car tous les hommes, ainsi que nous l'avons dit en commençant, naissent, vivent et meurent suivant les mêmes lois.

XII

QU'IL EST IMPORTANT DE FAIRE GRAND CAS DE LA RELIGION ET, COMME POUR EN AVOIR MANQUÉ DE PAR LA FAUTE DE L'ÉGLISE ROMAINE, L'ITALIE EST PERDUE

. . . .

Et certes, si dans les commencements de la république chrétienne la religion se fût maintenue d'après les principes de son fondateur, les États et les républiques de la chrétienté seraient bien plus unis et bien plus heureux qu'ils ne le sont. On ne peut donner de plus forte preuve de son déclin que de voir les peuples les plus proches de la cour de Rome, — qui en est la tête, — d'autant moins religieux qu'ils en sont plus près. Quiconque examinera les principes sur lesquels elle est fondée, et combien la pratique qu'on en fait en est éloignée, jugera que l'heure est sans aucun doute proche, ou de sa chute, ou du fléau.

Mais comme de nombreuses personnes pensent

que la prospérité de l'Italie tient à l'existence de
l'Église de Rome, qu'il me soit permis d'apporter
contre cette opinion quelques raisons, dont deux
entre autres me paraissent sans réplique. Je soutiens d'abord que le mauvais exemple de cette cour
a détruit en Italie tout sentiment de piété et de
religion. De là, des dérèglements, des désordres à
l'infini; car si là où il y a de la religion on suppose
toutes les vertus, là où elle manque on doit
supposer tous les vices. Ainsi donc, la première des
obligations que, nous autres Italiens, nous avons
envers l'Église et les prêtres, c'est qu'ils nous ont
privés de religion et dotés de tous les vices. Mais
nous leur en avons une autre plus grande encore, et
qui est la seconde des deux causes de notre ruine.
C'est que c'est elle, l'Église romaine, qui nous a
maintenus et nous maintient divisés.

Un pays ne peut être véritablement uni et
prospérer que lorsqu'il n'obéit en entier qu'à un
seul gouvernement, soit monarchie, soit république.
Telle est la France ou l'Espagne. Si le gouvernement de l'Italie entière n'est pas ainsi organisé, soit
en république, soit en monarchie, c'est à l'Église
seule que nous le devons. Elle y a bien acquis un
empire et un domaine temporel, mais elle n'a pas
été assez puissante ni assez habile pour s'en assurer
tout le territoire et la souveraineté; elle n'a pas
non plus été assez faible pour que la crainte de
perdre son domaine temporel ne la fît à maintes
reprises appeler l'étranger à son secours contre une
puissance du pays qu'elle redoutait. Ainsi, elle
appela Charlemagne pour chasser les Lombards qui
étaient déjà rois de toute l'Italie; ainsi, de notre
temps, elle abattit la puissance des Vénitiens avec

l'aide de la France; et ensuite elle chassa les Français avec l'aide des Suisses.

L'Église n'ayant jamais été assez puissante pour s'emparer de toute l'Italie, mais assez pour empêcher un autre de l'occuper, a été cause que ce pays n'a jamais pu se réunir sous un chef; il a été divisé entre plusieurs petits princes ou seigneurs. Telle est la cause et de sa désunion et de sa faiblesse, qui l'a conduit à être la proie, non seulement des étrangers puissants, mais de quiconque a voulu l'attaquer.

Or, tout cela, c'est à la cour de Rome que nous le devons. Pour s'en convaincre promptement par expérience, il faudrait être assez puissant pour envoyer la cour de Rome, je suppose, au milieu de la Suisse, habiter avec le peuple de l'Europe qui, pour la religion et la discipline militaire, a le plus conservé les anciennes mœurs. On verrait bientôt les mœurs coupables de cette cour y faire naître plus de désordres que dans aucun temps aucune autre cause n'a jamais pu en produire.

. . . .

XXVI

QU'UN PRINCE NOUVELLEMENT ÉTABLI
DANS UNE VILLE OU DANS UNE PROVINCE CONQUISE
DOIT TOUT RENOUVELER

Quiconque s'empare d'une ville ou d'un État, n'a qu'un moyen pour s'y maintenir, surtout si son pouvoir n'y est que faiblement assis, et s'il n'entend pas se conformer aux coutumes d'une royauté ni d'une république. Il consiste, puisqu'il est prince nouveau, à établir toutes choses nouvelles comme lui; ainsi nouvelles magistratures, nouveaux noms;

autorités nouvelles, hommes nouveaux. Il faut qu'il
imite le roi David qui, dès le commencement de sa
royauté *esurientes implevit bonis et divites dimisit
inanes :* enrichir les pauvres, appauvrir les riches. Il
faut qu'il bâtisse de nouvelles villes, qu'il détruise
les anciennes, qu'il transplante les habitants d'un
lieu dans un autre, enfin, qu'il ne laisse rien dans
cet État qui ne subisse quelque changement, et
qu'il n'y ait ni rang, ni grade, ni honneurs, ni
richesse, que l'on ne reconnaisse tenir du conquérant seul. Il faut qu'il prenne pour modèle Philippe
de Macédoine, père d'Alexandre, qui, avec ces
moyens, de petit roi qu'il était, devint le maître de
la Grèce. Les historiens nous apprennent qu'il
transportait les habitants d'une province dans une
autre, comme les bergers mènent leurs troupeaux.
Ces moyens sont cruels, sans doute, et contraires, je
ne dis pas seulement à tout christianisme, mais à
toute humanité; tout homme doit les abhorrer, et
préférer la condition de simple citoyen à celle de
roi, au prix de perdre tant d'hommes. Néanmoins
quiconque a écarté les deux premières manières du
bien, doit se résoudre au mal de la troisième. Mais
la plupart des hommes se rabattent sur les solutions
bâtardes [14], qui sont les pires de toutes, parce qu'ils
ne savent être, ni tout bons, ni tout mauvais, ainsi
qu'on le montrera dans le chapitre suivant.

XXVII

QUE LES HOMMES SONT RAREMENT TOUT BONS
OU TOUT MAUVAIS

En l'année 1505 [15], le pape Jules II marcha vers
Bologne pour en chasser les Bentivoglio, qui

gouvernaient cet État depuis cent ans. Il voulut aussi enlever Pérouse à Giovampagolo Baglioni, qui s'en était rendu maître; car le projet de ce pape était de détruire tous les seigneurs qui occupaient les terres de l'Église. Parvenu sous les murs de Pérouse, bien déterminé à exécuter son projet qui était connu de tout le monde, il ne prend pas le temps d'attendre son armée pour pénétrer dans la place, sous la garde de ses soldats, mais il y pénètre désarmé. C'est ainsi qu'emporté par la fureur qui commandait toutes ses actions, il se livre, lui et quelques gardes, entre les mains de son ennemi. Et celui-ci se laisse emmener prisonnier, et remplacer dans Pérouse par un gouverneur qui tient la ville au nom de l'Église!

Les gens sages de la suite du pape remarquèrent deux choses dans cet événement : la témérité de Jules, et la lâcheté de Giovampagolo. Ils ne pouvaient comprendre comment celui-ci avait laissé échapper la plus belle occasion de s'acquérir une gloire impérissable, d'écraser son ennemi en un instant, et de faire ainsi le plus riche butin, car le pape était escorté de tous ses cardinaux, lesquels voyageaient le plus délicieusement du monde. On ne pouvait pas croire qu'il se fût abstenu ou par bonté ou par scrupule; aucun sentiment de religion ou de pitié ne pouvait entrer dans le cœur d'un homme chargé de forfaits, qui abusait de sa sœur, et qui, pour régner, avait massacré et ses cousins et ses neveux. On en conclut que les hommes ne savent être ni honorablement mauvais, ni parfaitement bons, et que lorsqu'une mauvaise action présente quelque grandeur ou magnanimité, ils ne savent pas la commettre.

Ainsi Giovampagolo, qui ne rougissait pas d'être

publiquement incestueux et parricide, ne sut, ou, pour mieux dire, n'osa pas saisir l'occasion qui se présentait à point, d'exécuter une entreprise où chacun aurait admiré son courage et qui l'eût immortalisé; car il eût été le premier qui eût montré aux prélats de l'Église le peu de cas qu'on doit faire d'êtres qui vivent et règnent comme eux; il eût enfin fait un geste dont la grandeur eût de loin surpassé l'infamie et les risques.

. . . .

XXXIII

QUAND UN MAL EST PARVENU AU PLUS HAUT DEGRÉ DANS UN ÉTAT, IL EST PLUS SAGE DE TEMPORISER QUE DE LE HEURTER DE FRONT

La république romaine croissait en force, en réputation, en territoire. Ses voisins, qui n'avaient pas d'abord prévu jusqu'à quel point cet État naissant pouvait leur être funeste, s'aperçurent, mais trop tard, de leur erreur; et, pour remédier au mal, ils se liguèrent, au nombre de quarante peuples au moins, contre lui. Les Romains, outre leurs mesures ordinaires en cas de péril urgent, imaginèrent de créer un dictateur [16], c'est-à-dire de donner à un magistrat de ce nom le droit de décider sans consulter personne et de faire exécuter ses ordres sans appel. Cette ressource, qui leur fut utile alors et les fit triompher de tous les périls imminents, leur fut également du plus grand secours dans tous les autres dangers qui menacèrent la république à n'importe quel moment de sa croissance.

On doit remarquer à ce sujet que lorsque dans
une république, on voit poindre une menace,
intérieure ou extérieure, et qu'elle grandit au point
d'inspirer une crainte générale, le parti le plus sûr
est de gagner du temps au lieu de tenter de
l'affronter ; car tout ce qu'on tente pour l'étouffer
redouble souvent ses forces et accélère la violence
qu'on en redoutait.

Ces menaces dans une république viennent plus
souvent du dedans que du dehors. On laisse
quelquefois prendre à un citoyen plus d'autorité
qu'il n'est convenable, ou bien on laisse altérer une
loi qui était le nerf pour ainsi dire, et l'âme de la
liberté ; on laisse le mal gagner jusqu'au point où il
est plus dangereux de vouloir l'arrêter que de lui
laisser un libre cours. Il est d'autant plus difficile à
le connaître à sa naissance, qu'il est plus naturel
aux hommes de favoriser tout ce qui commence.
Ces faveurs s'attachent surtout à tout ce qui paraît
être l'œuvre de la *virtù* et de la jeunesse. Qu'on
voie dans une république un jeune noble se distinguer par une *virtù* hors du commun, tous ses
concitoyens ont les yeux tournés vers lui, et ils
concourent souvent à lui accorder sans mesure des
honneurs et des préférences. Pour peu que ce jeune
homme ait de l'ambition, réunissant ainsi les
faveurs de la nature et celles de ses concitoyens, il
parvient à un tel degré d'élévation, que lorsque
ceux-ci s'aperçoivent de leur aveuglement, ils ont
peu de moyens pour réparer le mal ; et, lorsqu'ils
veulent employer ceux qui sont en leur pouvoir, ils
ne font qu'accélérer ses progrès. On pourrait citer
mille exemples à l'appui de cette vérité. Je n'en
prendrai qu'un, et cela dans notre propre ville.

Cosme de Médicis, qui jeta les fondements de la

grandeur de cette maison à Florence, parvint à un
tel degré de réputation grâce à la faveur que lui
valurent sa rare sagesse et l'inconscience de ses
concitoyens, qu'il devint redoutable à l'État lui-
même ; en sorte que les autres citoyens croyaient
dangereux de l'offenser, et plus dangereux encore
de le laisser faire. A cette époque vivait Nicolas
d'Uzzano, qui passait pour un homme d'État
consommé. Il avait fait une première faute en ne
prévoyant pas les dangers qui pouvaient naître de la
puissance de Cosme, mais il ne souffrit pas, tant
qu'il vécut, qu'on en commît une seconde, en
essayant de le tuer. Il jugea qu'une pareille
tentative amènerait la ruine de la liberté, comme
l'événement le prouva bientôt après sa mort. Ceux
qui lui survécurent, ne suivant pas ses conseils, se
fortifièrent contre Cosme, et le chassèrent de
Florence ; d'où il arriva que ses partisans, irrités de
cette injure, le rappelèrent bientôt après, et le
rendirent maître de la république [17]. Il ne fût jamais
parvenu à ce degré de puissance sans la guerre
ouverte qu'on lui déclara.

Même faute fut commise à Rome vis-à-vis de
César ; ses rares qualités lui avaient valu la faveur
de Pompée et des autres citoyens ; mais cette faveur
se changea ensuite en crainte. C'est ce que
témoigne Cicéron lorsqu'il dit que Pompée commença trop tard à craindre César [18] : cette crainte fit
qu'on chercha les moyens de s'en défendre, et ceux
qu'on adopta ne servirent qu'à accélérer la ruine de
la république.

Je dis donc, puisqu'il est difficile de reconnaître
ce mal à son origine, en raison même de l'attrait
qu'exerce sur nous toute chose naissante, qu'il vaut
mieux temporiser, lorsqu'on le reconnaît, que de

l'attaquer de front. En prenant le parti de temporiser, ou le mal se consume de lui-même, ou du moins il n'éclate que beaucoup plus tard. Les magistrats qui veulent le détruire ou s'opposer à sa violence doivent surtout veiller et prendre garde à ne pas le fortifier en voulant l'affaiblir, à ne pas créer la tyrannie à vouloir l'écarter, et à ne pas étouffer une plante à force de l'arroser. Ils doivent examiner la force du mal, et, s'ils se croient en état de le guérir, l'attaquer sans considération aucune, autrement, le laisser tranquille et se garder de l'effleurer.

Il arriverait toujours, en pareil cas, ce que nous avons dit être arrivé aux voisins des Romains. Au degré de puissance où Rome était parvenue, il eût été plus utile de chercher à l'amadouer, à la retenir dans de certaines limites par des mesures pacifiques que de la forcer à trouver en elle-même des moyens de défense et d'attaque pour faire la guerre et s'agrandir. La ligue de tous ces peuples ne servit qu'à la forcer à plus d'union, à lui faire imaginer de nouveaux moyens avec lesquels sa puissance pût s'accroître plus promptement. Telle fut la création du dictateur, arme utile, qui lui servit, non seulement à surmonter tant de périls imminents, mais encore à écarter tant de maux dans lesquels elle se serait précipitée.

. . . .

XXXVII

DES DÉSORDRES CAUSÉS À ROME
PAR LA LOI AGRAIRE;
QU'IL EST TRÈS DANGEREUX DANS UNE RÉPUBLIQUE
DE FAIRE UNE LOI QUI AIT UN EFFET RÉTROACTIF
ET QUI DÉTRUISE UNE ANCIENNE COUTUME
DE L'ÉTAT

Les Anciens ont dit que les hommes s'affligeaient du mal et se lassaient du bien, et que ces deux contraires amenaient les mêmes résultats. En effet, toutes les fois que les hommes sont privés de combattre par nécessité, ils combattent par ambition. Cette passion est si puissante qu'elle ne les abandonne jamais, à quelque rang qu'ils soient élevés. La raison, la voici : la nature a créé l'homme tel qu'il peut désirer tout sans pouvoir tout obtenir; ainsi le désir étant toujours supérieur à la faculté d'acquérir, il obtient le mécontentement de celui qu'il dépossède pour n'avoir lui-même que petit contentement de sa conquête. De là naît la diversité de la Fortune humaine. Partagés entre la cupidité de conquérir davantage et la peur de perdre leur conquête, les citoyens passent des inimitiés aux guerres, et des guerres il s'ensuit la ruine de leur pays et le triomphe d'un autre.

Voici pourquoi j'ai fait ces réflexions : le peuple romain ne se contenta pas de se garantir contre les nobles par la création du tribunal qui lui fut dictée par la nécessité, mais, aussitôt après, il se mit à les combattre par cupidité; il voulut partager avec eux les honneurs et les richesses, suprême ambition des hommes. De là ce délire qui fît naître les disputes sur la loi agraire, et qui enfin amena la ruine de la république.

Or, comme dans les républiques bien constituées, l'État doit être riche et les citoyens pauvres, il fallait qu'à Rome la loi agraire fût vicieuse en quelque point : ou elle n'avait pas été dans le principe telle qu'on n'eût pas besoin de la retoucher tous les jours, ou l'on avait tant différé à l'amender qu'il était dangereux de revenir sur le passé. Peut-être avait-elle été bien faite d'abord, mais les abus que le temps amène en avaient détruit les bons effets. De quelque manière qu'existât le vice, on ne parla jamais de cette loi à Rome sans exciter les plus grands troubles.

Cette loi[19] avait deux points principaux : le premier défendait aux citoyens de posséder plus d'un certain nombre d'arpents ; le second voulait que les terres conquises fussent partagées au peuple. Elle fournissait ainsi deux moyens d'attaquer les nobles. Ceux qui possédaient plus de bien que la loi n'en permettait, et la plupart des nobles étaient dans ce cas, devaient en être dépouillés ; et l'attribution à la plèbe des territoires conquis leur ôtait l'espoir de s'enrichir. Ces attaques dirigées contre des hommes puissants et qui croyaient en les repoussant combattre pour le bien public, toutes les fois qu'elles se renouvelaient excitaient, comme nous l'avons dit, des troubles capables de renverser l'État. La noblesse employait tour à tour la patience et l'adresse, pour gagner du temps ; tantôt elle envoyait une armée hors de Rome, tantôt au tribun qui la proposait elle opposait un autre tribun : quelquefois elle cédait sur un point ou bien elle envoyait une colonie sur le territoire qui était à partager. C'est ainsi que le pays d'Antium, dont le

partage avait renouvelé la dispute, fut donné à une
colonie qui alla s'y établir. Ce que dit Tite-Live à
ce sujet est même à remarquer : « qu'à peine
trouva-t-on des hommes qui se fissent inscrire pour
s'y rendre, tant cette populace aimait mieux soupirer après des biens à Rome, qu'en posséder à
Antium ».

L'agitation soulevée par cette loi fermenta ainsi
jusqu'à ce que les Romains eussent commencé à
porter leurs armes aux extrémités de l'Italie, ou
même loin de l'Italie. Alors elle parut se calmer.
Les terres conquises n'étaient pas sous les yeux du
peuple ; elles étaient situées dans des pays où il ne
lui était pas facile de les cultiver, elles étaient par
conséquent moins désirées ; d'ailleurs, cette manière
de punir les vaincus ne plaisait plus tant aux
Romains, ce fut seulement quand ils dépouillaient
quelque cité conquise de son territoire qu'ils y
envoyaient des colons. Ces différents motifs mirent
en sommeil et les querelles et la loi qui les faisait
naître jusqu'au temps des Gracques [20], où elles se
réveillèrent et firent la ruine de la république. La
puissance des grands opposés à la loi avait doublé
dans cet intervalle, et il s'alluma entre le Sénat et le
peuple une haine si terrible qu'on en vint aux
armes ; on répandit le sang ; on ne connut plus de
frein ; on franchit toutes les bornes. Les magistrats
furent impuissants à guérir le mal ; aucun des partis
ne pouvant plus rien espérer de l'autorité, chacun
d'eux ne se confia qu'en ses propres alliés, et ne
chercha qu'à se donner un chef en état de le
défendre. Dans l'excès de ce désordre, le peuple
dans sa fureur jeta les yeux sur Marius [21], en raison
de la réputation qu'il s'était acquise. Il le fit consul
quatre fois, et il y eut si peu d'intervalles entre ses

divers consulats qu'il eut le pouvoir de se nommer
lui-même consul encore trois autres fois. La
noblesse, qui n'avait rien à opposer à ce torrent, se
tourna du côté de Sylla, et le fit chef de son parti :
la guerre civile éclata, et après bien des révolutions
et des flots de sang répandus, la victoire se déclara
pour les nobles. Ces fureurs se renouvelèrent sous
César et sous Pompée ; l'un, chef du parti de
Marius, et l'autre, du parti de Sylla, provoquèrent
de nouveaux combats où César demeura vainqueur.
Il fut le premier tyran de Rome, et la liberté
disparut pour toujours.

Tels furent les commencements et la fin de cette
fameuse loi agraire. Et quoique nous ayons
avancé ailleurs que les débats du Sénat et du peuple
avaient conservé la liberté dans Rome en provoquant plusieurs fois des lois qui lui étaient favorables, il ne faut pas nous accuser d'être en
contradiction avec nous-mêmes. Je l'ai dit et je
persiste toujours dans mon opinion, l'ambition des
grands est telle, que si par mille voies et mille
moyens divers elle n'est pas réprimée dans un État,
elle doit bientôt en entraîner la perte. Mais les
querelles à l'occasion de la loi agraire mirent trois
cents ans pour conduire Rome à l'esclavage ; elle y
eût bien plus promptement été réduite si le peuple
n'avait pas trouvé dans cette loi et dans d'autres
compétitions de quoi mettre un frein à l'ambition
des nobles.

On voit encore par là que les hommes font bien
plus de cas des richesses que des honneurs. La
noblesse romaine ne fit que des efforts modérés
pour retenir ceux-ci, mais dès que ses richesses
furent attaquées, elle mit tant d'opiniâtreté à les
défendre, que le peuple, pour assouvir la soif qu'il

en avait à son tour, fut obligé de recourir aux
moyens violents dont nous venons de parler. Les
Gracques en furent les promoteurs ; en quoi leur
intention fut plus louable que leur prudence.
Essayer dans une république de corriger un abus
fortifié par le temps, et pour cela proposer une loi
qui ait un effet rétroactif, c'est montrer peu de
sagesse ; c'est, comme nous l'avons vu, accélérer les
maux où l'abus déjà vous conduisait. En tempori-
sant, ou les progrès du mal sont plus lents, ou bien
il se consume de lui-même avant d'arriver à son
terme.

XXXIX

LES MÊMES ACCIDENTS ARRIVENT QUELQUEFOIS CHEZ DES PEUPLES BIEN DIFFÉRENTS

Quiconque compare le présent et le passé, voit
que toutes les cités, tous les peuples ont toujours
été et sont encore animés des mêmes désirs, des
mêmes passions. Ainsi, il est facile, par une étude
exacte et bien réfléchie du passé, de prévoir dans
une république ce qui doit arriver, et alors il faut
ou se servir des moyens mis en usage par les
anciens, ou, n'en trouvant pas d'usités, en imaginer
de nouveaux, d'après la ressemblance des événements. Mais cette étude est négligée de la plupart
des lecteurs, ou bien est au-dessus de leur intelligence ; si quelqu'un d'eux est capable de tirer de
pareilles conclusions, elles sont toujours ignorées de
ceux qui gouvernent, et par là on voit revenir en

tous temps les mêmes maux et les mêmes révolutions.

. . . .

XLI

IL EST AUSSI IMPRUDENT QU'INUTILE DE PASSER SANS GRADATION ET DE SAUTER DE LA MODESTIE A L'ORGUEIL, DE LA DOUCEUR A LA CRUAUTÉ

Une des plus grandes maladresses d'Appius fut
de changer trop promptement de formes et de
caractère. Sa ruse de tromper le peuple en prenant
des manières populaires fut sans doute bien jouée;
bien jouées aussi sa conduite pour faire renouveler
les décemvirs, son audace à se nommer lui-même
contre l'opinion de la noblesse, son attention à se
donner des collègues qui lui fussent dévoués. Mais
rien de plus mal joué que de changer tout à coup de
caractère, de se montrer successivement l'ami du
peuple, puis son ennemi, affable puis arrogant,
abordable puis inaccessible, et cela si brutalement
que les moins attentifs pouvaient apercevoir sa
fourberie sans pouvoir en donner la moindre
excuse. Quiconque, de bon qu'il était, veut devenir
méchant, doit y arriver par des degrés obligés. Il
faut si bien s'accommoder aux circonstances, que
les vieux amis qu'elles vous font perdre se trouvent
si avantageusement remplacés par les nouveaux que
votre autorité n'en soit nullement affaiblie; autrement, privé d'amis, à découvert, vous êtes perdu.

. . . .

XLIX

SI LES VILLES LIBRES DÈS LEUR ORIGINE, COMME ROME, ONT DE LA DIFFICULTÉ A TROUVER DES LOIS QUI LES MAINTIENNENT EN LIBERTÉ, CELLES QUI SONT NÉES DANS LA SERVITUDE ÉPROUVENT L'IMPOSSIBILITÉ D'Y RÉUSSIR

Mais revenons à notre propos : je disais que la création de cette nouvelle magistrature fait naître cette réflexion : que s'il est difficile aux États nés libres, mais dont les principes de liberté se sont relâchés d'eux-mêmes, comme à Rome, de trouver des lois capables de maintenir leur liberté, il n'est pas étonnant que des États qui ont commencé dans la servitude éprouvent, je ne dis pas de la difficulté, mais même une véritable impossibilité à se constituer de manière à pouvoir vivre à la fois libres et tranquilles. La république de Florence en est un exemple. Soumise dès son origine à l'Empire romain, et ayant toujours vécu sous un gouvernement étranger, elle demeura quelque temps dans cette abjection sans songer un seul instant à s'en tirer. L'occasion de secouer le joug étant enfin venue, on la vit se donner un commencement de Constitution; mais comme celle-ci fut un mélange des lois nouvelles avec les vieilles qui étaient mauvaises, elle ne put être bonne : telle elle a vivoté pendant deux cents ans sans jamais rencontrer une forme de gouvernement qui lui méritât vraiment le titre de république.

Les difficultés qui se sont opposées dans Florence à l'établissement de la liberté sont les mêmes qu'éprouvent les villes qui ont commencé comme elle ; et, quoique bien des fois le suffrage public et libre des citoyens y ait donné à quelques citoyens le pouvoir le plus étendu pour réformer les lois, jamais ils n'ont eu pour but l'utilité commune, mais seulement celle de leur parti, et ces prétendues réformes n'ont amené que de nouveaux désordres.

Je vais prouver ce que j'avance par un exemple particulier. Un des objets les plus dignes de fixer l'attention d'un homme qui donne une Constitution à une république, c'est d'examiner en quelles mains il remet le droit de vie et de mort sur les citoyens. La Constitution de Rome était merveilleuse sur ce point. On pouvait ordinairement en appeler au peuple ; et, s'il se rencontrait une occasion où il eût été dangereux de différer l'exécution par l'appel au peuple, on avait recours à un dictateur dont l'ordre absolu était exécuté sur-le-champ ; mais ils n'avaient recours à ce moyen que dans les cas de nécessité.

Or à Florence et dans les autres villes nées comme elle dans la servitude, c'était un étranger envoyé par le prince qui exerçait ce droit. Quand elle fut devenue libre, cette autorité resta entre les mains d'un étranger que l'on appelait *capitaine* [22] ; mais la facilité qu'avaient les citoyens puissants à le corrompre fut la source des plus grands maux. Cette institution changea avec les changements de l'État, et on nomma huit citoyens pour exercer les fonctions de capitaine ; c'était aller de mal en pis, pour les raisons que nous avons dites bien des fois : qu'un tribunal peu nombreux est toujours aux ordres d'un petit nombre de citoyens puissants.

Venise a su se garantir de cet abus. Le conseil des Dix peut sans appel condamner à mort tout citoyen ; mais, comme les Dix pourraient ne pas avoir assez de force pour punir les grands trop puissants, quoiqu'ils en aient l'autorité, on a établi les *quarantie*[23]. Ils ont voulu de plus que le conseil des *pregadi*[24], qui est le Sénat, ait le droit de les juger ; en sorte que, lorsqu'il y a un accusateur, il y a aussi des juges pour retenir les grands dans le devoir.

Si l'on a vu Rome, qui s'était elle-même donné des lois et qui y avait employé tant d'hommes sages et éclairés, forcée tous les jours par des événements imprévus à créer de nouvelles institutions pour maintenir sa liberté, il n'y a rien d'étonnant à ce que d'autres villes dont les commencements ont été si vicieux trouvent des difficultés telles qu'elles ne se peuvent jamais policer.

. . . .

LV

COMBIEN IL EST AISÉ DE FAIRE MARCHER TOUTES CHOSES DANS UNE RÉPUBLIQUE OÙ LE PEUPLE N'EST PAS ENCORE CORROMPU ; OÙ L'ÉGALITÉ RÈGNE, IL NE PEUT Y AVOIR DE PRINCIPAT ; OÙ L'ÉGALITÉ NE SE TROUVE PAS, IL NE PEUT Y AVOIR DE RÉPUBLIQUE

Nous avons assez longtemps discouru sur ce qu'on doit craindre ou espérer d'une ville corrompue. Cependant il ne me paraît pas inutile d'examiner une délibération du Sénat au sujet du vœu fait par Camille de consacrer à Apollon la dixième partie du butin fait à Véies. Ce butin étant tombé dans les mains du peuple, il était impossible de

savoir au juste à quoi il se montait. Le Sénat
ordonna à tous les citoyens d'apporter au trésor
public la dixième partie de ce qu'ils avaient pris.
Cette ordonnance d'ailleurs ne fut point exécutée
car l'on prit d'autres moyens pour satisfaire Apollon et le peuple tout ensemble [25]. On voit cependant
combien le Sénat comptait sur l'intégrité des
Romains, et combien il était persuadé que personne
ne serait capable de retenir la moindre partie de ce
qu'on lui ordonnait de rapporter. D'autre part,
admirez ces hommes qui ne songent pas à frauder
la loi en donnant moins qu'ils ne devaient donner,
mais qui, pour s'en affranchir, aiment mieux
témoigner hautement leur indignation. Cet
exemple, et plusieurs autres que nous avons cités
ci-dessus, prouvent l'intégrité et la religion de ce
peuple, et tout le bien que l'on pouvait en attendre.

En effet, là où cette intégrité ne règne pas, on ne
peut attendre aucun bien. Aussi ne peut-on véritablement en attendre aucun des États corrompus
comme le sont ceux d'Italie surtout ; ni de ceux qui,
comme la France et l'Espagne, le sont aussi,
quoique à un moindre degré. Si dans ces deux
royaumes, on voit arriver moins de désordres et de
troubles qu'en Italie, ce n'est pas seulement à la
virtù de ces peuples, bien déchue de sa pureté
première, qu'il faut l'attribuer ; c'est aussi au fait
qu'ils ont un roi qui les tient unis et par sa *virtù*
propre, et par les institutions du pays qui ne sont
pas encore altérées.

L'Allemagne seule nous présente encore des
peuples remplis d'intégrité et de religion, ce qui fait
que plusieurs républiques y subsistent libres, et
observent leurs lois avec tant de respect que
personne, soit citoyen, soit étranger, n'ose tenter de

s'en rendre maître; et pour preuve que parmi ces
peuples on trouve cette ancienne intégrité, je vais
citer un fait en tout semblable à celui de Rome.
Lorsque ces villes ont quelque dépense publique à
faire, les magistrats, ou les conseils qui sont chargés
de la répartir, imposent chaque citoyen d'un pour-
centage de un ou deux pour cent de ce qu'il
possède, plus ou moins. L'ordonnance publiée selon
les formes usitées, chacun se présente au receveur,
fait serment de payer exactement sa quotité, et
jette dans une caisse ce qu'il croit devoir, sans
avoir d'autre témoin que lui-même de l'exactitude de son payement. Cet exemple permet de
conjecturer quel peut être encore le degré de
religion et d'intégrité de ces gens-là. Et il n'est pas
douteux que chacun ne paye exactement ce qu'il
doit; s'il en était autrement, l'impôt ne rendrait pas
la somme qu'on en attend, et qu'on évalue d'après
les anciennes impositions; or, s'il ne la rendait pas,
on découvrirait la fraude, et celle-ci découverte, on
prendrait d'autres mesures pour faire payer. Cette
intégrité est d'autant plus admirable qu'elle est
devenue plus rare, et qu'on ne la voit déjà plus que
dans cette nation-là.

On peut l'attribuer à deux causes : la première
est le peu de relations de ces peuples avec leurs
voisins; ceux-ci ne vont point chez les Allemands;
les Allemands ne vont point chez les étrangers,
contents qu'ils sont des biens dont ils jouissent
dans leur pays, des aliments qu'il produit et des
laines de leurs troupeaux. Ce défaut de relations
les a préservés de toute corruption. Ils n'ont pu
prendre les mœurs ni des Français, ni des Espagnols, ni des Italiens, toutes nations infiniment
corrompues.

La seconde cause en est que ces républiques qui ont gardé intact leur régime politique ne souffrent pas qu'aucun citoyen vive chez elles en gentilhomme, ou le soit; elles ont soin de maintenir au contraire la plus parfaite égalité, et sont les ennemies irréconciliables des seigneurs qui habitent leur pays; et si par hasard quelqu'un d'eux tombe entre leurs mains, elle le font périr sans pitié. Pour expliquer ce que j'entends par gentilhomme, je dirai qu'on appelle ainsi tous ceux qui vivent sans rien faire, du produit de leurs possessions, et qui ne s'adonnent ni à l'agriculture, ni à aucun autre métier ou profession. De tels hommes sont dangereux dans toute république et dans tout État. Plus dangereux encore sont ceux qui, outre leurs possessions en terres, ont encore des châteaux où ils commandent et des sujets qui leur obéissent. Le royaume de Naples, le territoire de Rome, la Romagne et la Lombardie fourmillent de ces deux espèces d'hommes; aussi jamais république, jamais État libre ne s'est formé dans ces provinces, peuplées de ces ennemis naturels de toute police raisonnable. Il serait impossible même d'y établir une république. Le seul moyen d'y faire régner quelque ordre serait d'y introduire la royauté. En effet, dans les pays où la corruption est si forte que les lois ne peuvent l'arrêter, il faut y établir en même temps une force majeure, c'est-à-dire une main royale qui puisse brider l'ambition d'une noblesse corrompue.

La vérité de ces observations est prouvée par l'exemple de la Toscane. Dans un petit espace, on a vu subsister longtemps trois républiques : Florence, Sienne et Lucques. Les autres villes de la Toscane, quoique dans la dépendance de celles-ci, existent

cependant avec des formes, une Constitution et des
lois qui maintiennent leur liberté, ou du moins qui
y entretiennent le désir de la maintenir ; et tout cela
ne vient que de ce que dans cette province il y a
très peu de gentilshommes et qu'aucun n'y possède
de châteaux. Il y règne au contraire tant d'égalité
qu'il serait fort aisé à un homme sage et qui
connaîtrait la Constitution des anciennes républiques d'y établir un gouvernement libre. Mais tel
a été le malheur de ce pays qu'il ne s'est rencontré
jusqu'à présent aucun homme qui ait eu le pouvoir
ou l'habileté de le faire.

On peut donc conclure de ce que nous avons
avancé que quiconque veut établir une république
dans un pays où il y a beaucoup de gentilshommes
ne peut y réussir sans les éteindre tous. Celui qui,
au contraire, veut faire un royaume ou un principat
dans un pays où l'égalité règne, ne pourra jamais y
réussir s'il ne retire pas de cet état d'égalité des
hommes ambitieux et turbulents, s'il ne les crée pas
gentilshommes, non seulement de nom, mais de
fait, en leur donnant des châteaux, des possessions,
des richesses et des sujets. Placé au milieu d'eux,
celui-ci, par eux, maintiendra sa puissance ; eux se
serviront du prince pour satisfaire leur ambition, et
tous les autres seront contraints de supporter un
joug que la force seule peut les obliger à endurer.
Car l'oppresseur étant ainsi à la mesure de l'opprimé, chacun restera tranquillement à sa place.
Mais établir une république dans un pays plus
propre à un principat, un principat dans un pays
plus propre à une république, ne peut être que
l'ouvrage d'un homme d'un cerveau et d'un prestige peu communs. Beaucoup l'ont tenté, peu en
sont venus à bout. La grandeur de l'entreprise

étonne les uns et arrête les autres, de sorte qu'ils échouent presque en commençant.

A ce principe : qu'un pays rempli de gentils-hommes ne peut pas se gouverner en république, on m'objectera peut-être l'exemple contraire de la république de Venise, dans laquelle les gentils-hommes seuls peuvent parvenir aux emplois. Je répondrai à cela : que les gentilshommes vénitiens le sont plus de nom que de fait. Comme leurs richesses sont fondées sur le commerce et consistent en biens meubles, ils n'ont ni grandes propriétés en terres, ni châteaux, ni juridiction sur des sujets. Le nom de gentilhomme n'est chez eux qu'un titre fait pour attirer la considération, le respect, et n'est nullement établi sur aucun des avantages dont les nobles jouissent ailleurs. Venise n'est divisée en noblesse et en peuple que comme les autres républiques sont divisées en différentes classes sous des noms différents ; il est convenu que les nobles y ont tous les honneurs, toutes les places, que le peuple en est exclu ; ce partage ne provoque aucun désordre, et nous en avons dit les motifs.

Établissez donc une république là où existait l'égalité, ou bien là où elle a été introduite ; et au contraire, établissez un principat là où il existe une grande inégalité, autrement votre ouvrage sera vicieux et peu durable.

· ·

LVIII

QU'UN PEUPLE EST PLUS SAGE
ET PLUS CONSTANT QU'UN PRINCE

« Rien n'est plus mobile, plus léger que la multitude » ; c'est du moins ce que Tite-Live, notre

auteur, et les autres historiens, ne cessent d'affir-
mer. En effet, à diverses reprises, au cours des
récits qu'il nous fait, on voit cette multitude
condamner un homme à mort, ensuite le pleurer et
soupirer après lui. Ainsi se conduisit le peuple
romain par rapport à Manlius Capitolinus qu'il fit
périr. L'historien écrit : *Populum brevi, posteaquam
ab eo periculum nullum erat, desiderium eius tenuit* [26].
Et quand ce même historien raconte dans un autre
endroit les événements qui suivirent, à Syracuse, la
mort d'Hiéronyme, neveu d'Hiéron, il dit : *Haec
natura multitudinis est : aut humiliter servit, aut
superbe dominatur* [27].

En entreprenant de défendre une cause contre
laquelle tous les historiens se sont déclarés, je me
charge peut-être d'une tâche si difficile ou d'un
fardeau si lourd, que je serai obligé de l'abandonner
par impuissance, ou de courir le risque d'en être
accablé. Mais, quoi qu'il en soit, je pense et je
penserai toujours que ce ne peut être un tort de
défendre une opinion quelle qu'elle soit, du moment
que c'est par la raison, et non par l'autorité et par
la force.

Je dis d'abord que cette légèreté dont les
écrivains accusent la multitude est aussi le défaut
des hommes pris individuellement, et plus particulièrement celui des princes ; car quiconque n'est pas
retenu par le frein des lois commettra les mêmes
fautes qu'une multitude déchaînée ; et cela peut se
vérifier aisément. Il y a eu des milliers de princes ;
on compte le nombre des bons et des sages. Je ne
parle du reste que de ceux qui étaient affranchis de
toute espèce de frein, et parmi ceux-là on ne peut
mettre ni les rois qui vécurent en Égypte à l'époque
antique où ce pays se gouvernait par ses lois, ni

ceux qui vécurent à Sparte, ni ceux qui, de notre temps, naissent en France; car cette monarchie est plus réglée par les lois qu'aucun autre État moderne. Les princes qui naissent sous de pareilles Constitutions ne peuvent pas se comparer à ceux sur lesquels on peut étudier le caractère propre à tout prince pour l'opposer à celui du peuple. On doit mettre en parallèle avec ces princes un peuple gouverné comme eux par des lois; c'est alors qu'on observera dans ce peuple la même vertu que dans ces princes, et on ne le verra ni servir avec bassesse, ni régenter avec insolence : tel fut le peuple romain tant que les mœurs se conservèrent pures. Soumis sans bassesse, il sut dominer sans orgueil, et dans les rapports avec les différents ordres et avec ses magistrats, il sut garder honorablement le rang qu'il tenait dans l'État. Fallait-il se lever contre un ambitieux : il le faisait, comme le virent bien Manlius et les décemvirs, et d'autres qui cherchèrent à l'opprimer; fallait-il pour le salut public obéir à un dictateur, à des consuls : il le faisait sans peine. S'il regretta Manlius après sa mort, c'est qu'il se rappelait de lui des vertus telles que leur souvenir le touchait encore. Elles auraient même touché un prince; car, c'est l'opinion de tous les écrivains, nous louons, nous admirons les vertus jusque chez nos ennemis. Si ce Manlius si regretté eût été rendu à la vie, le peuple romain l'eût encore jugé comme il l'avait fait une première fois; il l'eût tiré de prison et l'eût encore condamné à mort. Enfin on a vu des princes tenus pour sages regretter extrêmement des victimes de leur cruauté. Alexandre donna des regrets et des larmes à Clitus [28] et à quelques autres de ses amis; Hérode à Marianne [29].

Mais ce que Tite-Live dit du caractère de la multitude ne peut s'appliquer à celle qui est, comme la romaine, réglée par des lois, mais bien à cette populace effrénée comme était celle de Syracuse, qui commettait tous les excès auxquels s'abandonnent aussi les princes furieux et sans frein, tels qu'Alexandre et Hérode, dans les occasions que nous avons citées.

On ne peut donc pas plus blâmer le caractère d'un peuple que celui d'un prince, parce que tous sont également sujets à s'égarer quand ils ne sont retenus par rien. Outre les exemples rapportés, je pourrais en citer une infinité d'autres, tant chez les empereurs romains que chez les autres princes et tyrans qui ont montré plus de légèreté et d'inconstance que n'importe quel peuple.

Je conclus donc contre l'opinion commune qui veut que le peuple, lorsqu'il domine, soit léger, inconstant, ingrat; et je soutiens que ces défauts ne sont pas plus le fait des peuples que celui des princes. Les en incriminer tous deux, c'est peut-être juste; en excepter les princes, non; car un peuple qui commande et qui est réglé par des lois est prudent, constant, reconnaissant, autant, et même à mon avis plus, que le prince le plus estimé pour sa sagesse. D'un autre côté, un prince qui s'est affranchi des lois sera ingrat, changeant, imprudent, plus qu'un peuple placé dans les mêmes circonstances que lui. La différence qu'il y a dans leur conduite ne vient pas de la diversité de leur naturel qui est absolument le même, et qui ne pourrait offrir des différences qu'à l'avantage du peuple, mais bien du plus ou moins de respect que le peuple et le prince ont des lois sous lesquelles ils vivent. Or, si vous examinez le peuple romain, vous le verrez pendant quatre cents ans ennemi de la royauté et passionné pour le bien public et pour la gloire de la patrie : mille exemples appuient cette vérité.

Et si l'on m'objecte son ingratitude envers Scipion, je répondrai en renvoyant au chapitre où j'ai prouvé qu'un peuple est moins ingrat qu'un prince. Quant à la prudence et à la constance, je soutiens qu'un peuple est plus prudent, plus constant et meilleur juge qu'un prince. Ce n'est pas sans raison qu'on dit que la voix du peuple est la voix de Dieu. On voit l'opinion publique pronostiquer les événements d'une manière si merveilleuse, qu'on dirait que le peuple est doué de la faculté occulte de prévoir et les biens et les maux. Quant à la manière de juger, on le voit bien rarement se tromper ; quand il entend deux orateurs d'égale éloquence lui proposer deux solutions contraires, il est bien rare qu'il ne discerne pas et n'adopte pas la meilleure ; si parfois, comme je l'ai déjà dit, l'une d'elles le séduit par sa hardiesse ou par le profit possible, un prince cède tout aussi souvent à ses passions, qui sont bien plus nombreuses. S'agit-il de choisir des magistrats, il les choisit infiniment meilleurs qu'un prince, et jamais on ne parviendra à le persuader d'élever à de telles dignités un homme infâme et de mœurs corrompues, chose dont on voit souvent et de mille façons les princes se laisser persuader ; enfin, s'il a pris quelque chose en aversion, on le voit persévérer dans la haine et rester fidèle à son opinion pendant des siècles, alors qu'on ne voit guère un prince en faire autant. Et sur ces deux points, je veux que le peuple romain m'en fournisse la preuve.

Pendant plusieurs centaines d'années, parmi tant

d'élections de tribuns, de consuls, il n'y eut pas quatre choix dont il eût à se repentir. Il eut tant d'horreur pour le nom de roi que nul service rendu ne put soustraire au juste châtiment le citoyen qui voulut l'usurper.

Ajoutons d'ailleurs que les villes où les peuples gouvernent font d'étonnants progrès en peu de temps, et bien plus grands que celles qui vivent sous des princes. Qu'on se rappelle Rome, après l'expulsion de ses rois ; Athènes, après s'être délivrée des Pisistratides : cette différence ne peut naître que de la supériorité du gouvernement d'un peuple sur celui d'un prince. En vain m'objecterait-on ce que notre historien a dit dans l'endroit cité et ailleurs ; car si on passe en revue les hontes et les gloires respectives des princes et des peuples on verra les peuples l'emporter de loin sur les princes. Si les princes se montrent supérieurs pour créer des lois, donner une Constitution à un pays, établir une nouvelle forme de gouvernement, les peuples leur sont si supérieurs pour maintenir l'ordre établi, qu'ils ajoutent même à la gloire de leurs législateurs.

En somme et pour conclure, les principats et les gouvernements populaires, pour avoir une longue durée, ont eu besoin les uns et les autres d'être liés et retenus par des lois. Un prince qui peut tout ce qu'il veut ne fait que folies ; un peuple qui peut tout ce qu'il veut ne fait pas que des folies. Comparez un roi lié par des lois, un peuple enchaîné aux siennes, vous verrez moins de folies chez le peuple que chez le prince, elles seront moins graves, il sera plus facile d'y remédier. Un homme de bien peut souvent par son éloquence ramener un peuple mutiné ; mais nul ne peut même parler à un prince, et l'on n'a d'autre remède que le fer. Que l'on juge de la gravité des maux par la différence des remèdes. Pour guérir ceux du peuple, il suffit souvent de quelques paroles ; pour guérir ceux du prince, il faut toujours le fer : lequel de ces deux maux est le plus dangereux, chacun peut en juger.

Dans le moment où un peuple est le plus emporté, on ne craint pas tant les excès passagers qu'il peut commettre que leurs suites durables : ces troubles peuvent faire naître un tyran. Mais chez les méchants princes au contraire, c'est le mal présent qu'on redoute, et on espère en l'avenir, car l'excès de sa tyrannie peut amener quelque liberté ; vous voyez la différence de l'un à l'autre : elle est celle du présent à l'avenir.

Les cruautés du peuple ne s'exercent que contre ceux qu'il soupçonne d'en vouloir au bien public ; celles d'un prince, contre ceux qu'il redoute comme ennemis de son intérêt particulier. Mais si l'on veut savoir d'où naît le préjugé défavorable au peuple, généralement répandu, c'est que tout le monde a la liberté d'en dire ouvertement le plus grand mal, même au moment où il domine ; au lieu que ce n'est qu'avec la plus grande circonspection et en tremblant qu'on parle mal d'un prince.

Il ne me paraît pas hors de propos, puisque le sujet m'y conduit, d'examiner dans le chapitre suivant à qui, d'un peuple ou d'un prince, on peut se fier davantage comme allié.

. . . .

LIVRE SECOND

AVANT-PROPOS

Tous les hommes louent le passé et blâment le présent, et souvent sans raison. Ils sont tellement férus de ce qui a existé autrefois, que non seulement ils vantent les temps qu'ils ne connaissent que par les écrivains du passé, mais que, devenus vieux, on les entend prôner encore ce qu'ils se souviennent d'avoir vu dans leur jeunesse. Leur opinion est le plus souvent erronée, et pour diverses raisons.

La première, c'est qu'on ne connaît jamais la vérité tout entière sur le passé. On cache le plus souvent les événements qui déshonoreraient un siècle ; et quant à ceux qui sont faits pour l'honorer, on les amplifie, on les raconte en termes pompeux et emphatiques. La plupart des écrivains se laissent si bien subjuguer par le succès des vainqueurs, que, pour rendre leurs triomphes plus éclatants, non seulement ils exagèrent leurs succès, mais la résistance même des ennemis vaincus ; en sorte que les descendants des uns et des autres ne peuvent s'empêcher de s'émerveiller devant de tels hommes, de les louer et de les aimer.

La seconde raison, c'est que les hommes ne haïssent que par crainte ou par envie, deux mobiles qui meurent avec les événements passés, lesquels ne peuvent inspirer ni l'une ni l'autre. Mais il n'en est pas ainsi des événements où nous sommes nous-

mêmes acteurs, ou qui se passent sous nos yeux : la
connaissance que nous en avons est entière ; rien ne
nous en est dérobé. Ce que nous y apercevons
de bien est tellement mêlé de choses qui nous
déplaisent, que nous sommes portés à les juger plus
sévèrement que le passé, quoique souvent le présent mérite réellement plus de louanges et d'admiration. Je ne parle point des œuvres de l'art dont
l'éclat est tel que le temps ne peut guère rien ôter ni
ajouter à leur gloire, mais seulement de la vie et des
mœurs des hommes qui ne laissent point des
témoignages aussi illustres.

Je répéterai donc que rien n'est plus général que
l'habitude de louer le passé et de dénigrer le
présent. Mais il n'est pas vrai que cette habitude
trompe toujours. En effet, il faut bien quelquefois
que nos jugements s'accordent avec la vérité,
puisque, selon la loi des choses humaines, tantôt
elles progressent et tantôt elles déclinent. On voit,
par exemple, une ville, un État recevoir une
Constitution des mains d'un législateur, dont la
virtù leur fait faire pendant quelque temps des
progrès vers la perfection : quiconque vit alors dans
cet État et donne plus d'éloges au temps passé
qu'au présent, se trompe certainement ; et la raison
de son erreur se trouve dans les causes que nous
avons indiquées. Mais s'il vit dans cette même
république ou dans ce même État à l'époque où
celui-ci décline, alors il ne se trompe plus.

En réfléchissant sur la marche des choses
humaines, j'estime que le monde demeure dans le
même état où il a été de tout temps ; qu'il y a
toujours la même somme de bien, la même somme
de mal ; mais que ce mal et ce bien ne font que
parcourir les divers lieux, les diverses contrées.

D'après ce que nous connaissons des anciens empires, on les a tous vus déchoir les uns après les autres à mesure que s'altéraient leurs mœurs. Mais le monde était toujours le même. Il ne différait qu'en ceci : à savoir que la *virtù* qui avait commencé à fleurir en Assyrie émigra ensuite en Médie, et de là en Perse puis s'en vint loger en Italie, dans Rome; et si nul empire n'a succédé à celui de Rome pour conserver la somme de tant de biens, du moins l'a-t-on vue se partager entre celles des nations qui vivaient selon la bonne *virtù*. Tel fut l'empire des Francs, celui des Turcs, celui du soudan d'Égypte, aujourd'hui les peuples d'Allemagne; et avant eux, ces fameux Arabes qui firent de si grandes choses, et conquirent le monde entier après avoir détruit l'Empire romain en Orient. Les peuples de ces différents pays, qui ont remplacé les Romains après les avoir détruits, ont possédé ou possèdent encore les qualités que l'on regrette et qu'on peut louer de juste louange. Ceux qui, nés dans ce pays, louent le passé plus que le présent, peuvent bien être dans l'erreur. Mais quiconque est né en Italie et en Grèce, et qui n'est pas devenu ou *ultramontain* en Italie, ou Turc en Grèce, celui-là a raison de blâmer le temps présent et de louer le temps passé. Les siècles passés leur offrent des sujets d'admiration, et celui où ils vivent ne leur présente rien qui les dédommage de leur extrême misère, et de l'infamie d'un siècle où ils ne voient ni religion, ni lois, ni discipline militaire, et où règnent des vices de toute espèce; et ces vices sont d'autant plus exécrables qu'ils se montrent chez ceux qui siègent *pro tribunali,* qui commandent à tous, et qui veulent être adorés.

Mais pour revenir à notre sujet, les hommes se

trompent quand ils décident lequel vaut le mieux
du présent ou du passé, attendu qu'ils n'ont pas
une connaissance aussi parfaite de l'un que de
l'autre ; le jugement que portent des vieillards sur
ce qu'ils ont vu dans leur jeunesse, et qu'ils ont
bien observé, bien connu, semblerait n'être pas
également sujet à erreur. Cette remarque serait
juste si les hommes, à toutes les époques de leur vie,
conservaient la même force de jugement et les
mêmes appétits ; mais ils changent ; et quoique les
temps ne changent pas réellement, ils ne peuvent
paraître les mêmes à des hommes qui ont d'autres
appétits, d'autres plaisirs et une autre manière
de voir. Nous perdons beaucoup de nos forces
physiques en vieillissant ; et nous gagnons en
jugement et en prudence ; ce qui nous paraissait
supportable ou bon dans notre jeunesse, nous paraît
mauvais et insupportable : nous devrions n'accuser
de ce changement que notre jugement ; nous en
accusons les temps. D'ailleurs les désirs de l'homme
sont insatiables : il est dans sa nature de vouloir
et de pouvoir tout désirer, il n'est pas à sa portée
de tout acquérir. Il en résulte pour lui un mécontentement habituel et le dégoût de ce qu'il possède ;
c'est ce qui lui fait blâmer le présent, louer le
passé, désirer l'avenir, et tout cela sans aucun motif
raisonnable.

J'ignore si je ne mériterai pas d'être mis au
nombre de ceux qui se trompent, en élevant si haut
dans ces discours les temps des anciens Romains, et
en censurant ceux où nous vivons. Et véritablement, si la vertu qui régnait alors, et le vice qui
domine aujourd'hui, n'étaient pas plus éclatants
que le soleil, je serais plus retenu dans mes
expressions, craignant de tomber dans l'erreur que

je reproche aux autres. Mais la chose est si évidente
pour tous les yeux, que je n'hésiterai pas à dire
hardiment ce que je pense de ces temps-là et de ces
temps-ci, afin d'exciter, dans l'âme des jeunes gens
qui liront mes écrits, le désir d'imiter les uns et
de fuir l'exemple des autres, toutes les fois que le
hasard leur en fournira l'occasion. C'est ton devoir
d'honnête homme si, par le malheur des temps et
de la fortune, tu n'as pas pu faire toi-même le
bien, d'en donner aux autres des leçons, à cette fin
que, bien des hommes en étant capables, quelqu'un
d'entre eux, plus aimé du ciel, puisse le réaliser.

Nous avons parlé dans le livre précédent de la
conduite des Romains dans les affaires intérieures :
dans celui-ci nous traiterons de ce qu'ils ont fait
pour l'accroissement de leur empire au-dehors.

I

LAQUELLE A LE PLUS CONTRIBUÉ
A LA GRANDEUR DE L'EMPIRE ROMAIN,
DE LA « VIRTÙ » OU DE LA FORTUNE

Plusieurs écrivains, entre autres Plutarque, écri-
vain fort grave, ont pensé que la fortune avait, plus
que la *virtù*, contribué à l'accroissement de l'empire
de Rome. Une des plus fortes raisons qu'il en
donne, c'est l'aveu même de ce peuple qui, en
élevant plus de temples à la fortune qu'à aucun
autre dieu, reconnaît par là avoir tenu d'elle toutes
ses victoires. Il paraît que Tite-Live se range à
cette opinion : rarement il fait parler un Romain de
la *virtù* sans y joindre la fortune.

Non seulement je ne suis point de cet avis, mais

je le trouve même insoutenable. En effet, s'il ne s'est jamais trouvé de république qui ait fait autant de conquêtes que Rome, il est reconnu que jamais État n'a été constitué pour en faire autant qu'elle. C'est à la valeur de ses armées qu'elle a dû ses conquêtes ; mais c'est à la sagesse de sa conduite, à ce caractère particulier que lui imprima son premier législateur, qu'elle dut de les conserver, comme nous le prouverons tout au long dans plusieurs des chapitres suivants.

Mais, disent-ils, n'avoir jamais eu à la fois sur les bras deux puissances ennemies, c'est plutôt l'effet du hasard que celui de la *virtù :* en effet, ils n'eurent la guerre avec les Latins que quand ils eurent non seulement battu les Samnites, mais encore qu'ils se furent rangés à leurs côtés pour entreprendre eux-mêmes la guerre en leur faveur ; ils ne combattirent les Toscans qu'après avoir soumis les Latins, et affaibli, par de fréquentes défaites, la puissance des Samnites : si ces deux peuples, avec des forces encore intactes, se fussent unis contre Rome, il est probable qu'ils l'eussent détruite.

De quelque manière que cela soit arrivé, il est certain que Rome n'eut jamais deux puissantes guerres à soutenir en même temps. Ou l'une s'éteignait au moment où l'autre s'allumait, ou l'autre ne naissait qu'à l'instant où celle-ci s'éteignait. C'est ce dont on peut se convaincre en examinant le déroulement de ces guerres. En effet sans parler de celles qui précédèrent la prise de la ville par les Gaulois, on voit que pendant qu'ils combattaient contre les Èques et les Volsques, et surtout tant que ces deux peuples furent puissants, aucun autre peuple ne se joignit à eux pour écraser

Rome. Ce fut après les avoir domptés qu'elle vit se lever contre elle les Samnites, mais quand à leur tour les Latins entrèrent dans la guerre, les Samnites étaient devenus les alliés des Romains, et ce fut avec leur aide qu'ils abaissèrent l'orgueil des Latins. Ceux-là soumis, on vit se renouveler la guerre des Samnites; mais de fréquentes défaites avaient affaibli leurs forces lorsque se déclara la guerre d'Étrurie; aussi fut-elle bientôt terminée. Lors de l'invasion de Pyrrhus en Italie, les peuples du Samnium se soulevèrent de nouveau. Pyrrhus battu et renvoyé en Grèce, la première guerre contre les Carthaginois s'alluma : elle était à peine terminée que les Romains virent fondre sur eux, en deçà des Alpes et d'au-delà, tous les Gaulois : ils en triomphèrent, au cours d'un très grand massacre entre Populonie et Pise, à l'endroit où se trouve La Tour-Saint-Vincent. Cette guerre finie, ils n'en eurent plus pendant vingt-cinq ans que de peu d'importance; car ils n'eurent à combattre que contre les Liguriens et le reste des Gaulois qui se trouvaient en Lombardie. Ce répit dura jusqu'à la seconde guerre punique qui les occupa pendant seize ans : Rome la termina avec gloire, mais pour la voir remplacée par la guerre de Macédoine, par celle d'Antiochus et par celle d'Asie. Sortie victorieuse de toutes ces guerres, il n'exista dans le monde entier ni prince, ni république qui, seul ou ligué, pût tenir tête à ses armées.

Mais, avant cette dernière victoire, considérez et l'ordre de ces guerres et la conduite des Romains : dans toutes, vous trouverez leur fortune accompagnée d'autant de sagesse que de *virtù;* vous découvrirez ainsi la raison secrète de leur fortune. En effet, il est certain que si un prince ou un

peuple parvient à un degré de réputation tel que ses
voisins le craignent, jamais aucun d'eux ne l'atta-
quera, à moins d'y être forcé. En sorte qu'il
dépendra de ce peuple ou de ce prince redouté de
faire la guerre à ceux de ses voisins qui lui
conviendront, et d'apaiser adroitement les autres.
Ceux-ci s'apaisent facilement, contenus en partie
par la haute idée qu'ils ont de sa force, en partie
trompés par les moyens mêmes qu'il emploie pour
les endormir. Les autres puissances plus éloignées
qui n'ont aucune relation avec eux, regarderont les
soumissions ou les défaites des voisins de Rome
comme chose lointaine, hors d'intérêt pour eux.
Elles resteront dans cette erreur tant que l'incendie
ne se propagera pas jusqu'à elles. La flamme venant
à les gagner, elles n'ont d'autre moyen pour
l'éteindre que leurs propres forces, et elles leur
suffisent d'autant moins, que la puissance qui
attaque a accru les siennes par ses succès.

Je ne veux pas parler de la maladresse insigne des
Samnites, qui restèrent spectateurs immobiles des
victoires remportées par le peuple romain sur les
Volsques et les Éques; et, pour éviter d'être
prolixe, je partirai des Carthaginois. Ils avaient déjà
acquis à la fois réputation et puissance, quand les
Romains combattaient encore les Samnites et les
Toscans : ils avaient soumis l'Afrique, la Sardaigne,
la Sicile et une partie de l'Espagne. Leur puissance,
leur éloignement de Rome, firent qu'ils ne pensèrent ni à attaquer les Romains, ni à secourir les
Samnites et les Étruriens. Ils se conduisirent même
avec Rome comme on se conduit assez naturellement avec tout ce qui s'élève; ils se lièrent avec elle
et recherchèrent son amitié. Ils ne s'aperçurent de
leur erreur qu'après que les Romains, ayant soumis

tous les peuples qui séparaient les deux empires,
commencèrent à leur disputer et la Sicile et
l'Espagne. Même aveuglement de la part des Gaulois, et de la part de Philippe, roi de Macédoine,
et de la part d'Antiochus. Chacun d'eux se persuada ou que les Romains seraient vaincus par
celui d'entre eux qui occupait leurs forces dans le
moment, ou qu'il serait à temps de les arrêter par la
guerre ou par des traités. Je crois donc que la
fortune qui seconde ici les Romains aurait également secondé tout prince qui se serait conduit
comme eux et aurait su déployer autant de *virtù*.

Il serait à propos de montrer la manière dont se
conduisait le peuple romain quand il entrait sur le
territoire ennemi, si nous ne l'avions déjà très
longuement expliqué dans le traité des Principats.
Je dirai seulement quel art ils montrèrent à se
ménager des amis pour leur frayer le chemin par
lequel ils pussent arriver dans les pays dont ils
méditaient la conquête, ou pour les aider à s'y
maintenir. Ainsi Capoue leur ouvrit le Samnium ;
les Camertins, l'Étrurie ; les Mamertins, la Sicile ;
les Saguntins, l'Espagne ; Massinissa, l'Afrique ; les
Étoliens, la Grèce ; Eumène et d'autres princes,
l'Asie ; les Marseillais et les Éduens, la Gaule. Ainsi
ils ne manquèrent jamais d'appuis pour faciliter
leurs entreprises, pour conquérir des provinces et
pour les conserver. Les peuples qui observeront
strictement cette politique s'en trouveront mieux
que ceux qui la négligent pour s'en remettre à la
fortune.

Et pour faire mieux sentir combien c'est à leur
virtù plus qu'à la fortune que les Romains ont dû
leurs conquêtes, nous examinerons dans le chapitre
suivant quels furent les peuples contre lesquels

Rome eut à combattre, et combien ceux-ci mirent
d'opiniâtreté à défendre leur liberté.

II

QUELS FURENT LES PEUPLES
QUE LES ROMAINS EURENT A COMBATTRE,
ET COMBIEN ILS FURENT OPINIÂTRES
A DÉFENDRE LEUR LIBERTÉ

Les Romains n'éprouvèrent jamais autant d'obstacles à leurs conquêtes que de la part des petits
peuples dont ils étaient entourés, et de quelques
autres plus éloignés ; et cela par suite de la passion
que, dans les temps anciens, ces peuples avaient
pour la liberté. Ils la défendirent avec tant
d'acharnement que la *virtù* la plus extraordinaire
était seule capable de les subjuguer. On sait par une
infinité d'exemples à quels périls ils s'exposaient
pour la maintenir ou pour la recouvrer, quelles
vengeances ils tiraient de ceux qui la leur avaient
ravie. La lecture de l'histoire nous fait connaître les
dommages et les préjudices que subit une ville ou
un peuple de la perte d'un bien aussi précieux.

Aussi, au lieu d'un seul pays qui peut aujour-
d'hui se vanter de posséder des villes libres, les
temps anciens nous font voir une infinité de
peuples jouissant de la liberté dans tous les pays. A
l'époque dont nous parlons, l'Italie, à partir de ces
Alpes qui séparent la Toscane de la Lombardie,
jusqu'à sa pointe qui regarde la Sicile, était peuplée
d'États libres : Étrusques, Romains, Samnites et
une infinité d'autres ; on ne voit pas qu'il y eût un
seul roi, excepté ceux de Rome et Porsenna, roi

d'Étrurie, dont la postérité s'éteignit, nous ignorons comment : l'histoire n'en fait pas mention. Mais nous voyons bien que l'Étrurie était libre quand les Romains mirent le siège devant Véies ; et elle était si jalouse de sa liberté, elle haïssait tellement le nom de prince, que les Véiens s'étant donné un roi pour la défense de leur ville, et ayant demandé du secours aux Étrusques contre l'ennemi commun, ceux-ci, après s'être longtemps consultés, se décidèrent à refuser le secours qu'ils leur demandaient tant qu'ils obéiraient à un roi : ils crurent indigne d'eux de défendre la patrie de ceux qui l'avaient déjà livrée à un maître.

On découvre aisément d'où naît cette passion d'un peuple pour la liberté. L'expérience prouve que jamais les peuples n'ont accru et leur richesse et leur puissance sauf sous un gouvernement libre. Et vraiment on ne peut voir sans admiration Athènes, délivrée de la tyrannie des Pisistratides, s'élever en moins de cent ans à une telle grandeur. Mais plus merveilleuse encore est celle à laquelle s'éleva Rome après l'expulsion de ses rois. Ces progrès sont faciles à expliquer : c'est le bien général et non l'intérêt particulier qui fait la puissance d'un État ; et sans contredit on n'a vraiment en vue le bien public que dans les républiques : quoi que ce soit qui contribue à ce bien commun, on l'y réalise ; et si parfois on lèse ainsi quelques particuliers, tant de citoyens y trouvent de l'avantage qu'ils peuvent toujours passer outre à l'opposition du petit nombre des citoyens lésés.

C'est le contraire qui se passe sous le gouvernement d'un prince : le plus souvent son intérêt particulier est en opposition avec celui de l'État. A

peine un peuple libre est-il asservi, le moindre mal
qui puisse lui arriver sera d'être arrêté dans ses
progrès, et de ne plus accroître ses richesses ni sa
puissance ; mais le plus souvent il ne va plus qu'en
déclinant. Si le hasard lui donne pour tyran un
homme plein de *virtù*, qui recule les bornes de son
empire, ses conquêtes seront sans utilité pour la
république, et ne seront profitables et utiles qu'à
lui. Il ne nommera pas aux places des hommes de
talent, lui qui les tyrannise et qui ne veut pas avoir
à les craindre. Il ne soumettra pas les pays voisins
pour les rendre tributaires d'un État qu'il opprime :
rendre cet État puissant n'est pas ce qui lui
convient ; son intérêt est de tenir chacun de ses
membres isolé, et que chaque province, chaque
cité, ne reconnaisse qu'un maître, lui : ainsi la
patrie ne tire aucun avantage de ses conquêtes ; elles
ne profitent qu'à lui seul.

Ceux qui voudront appuyer cette vérité d'une
infinité d'autres preuves n'ont qu'à lire le traité de
Xénophon sur la tyrannie.

Il n'est donc pas étonnant que les anciens
peuples aient poursuivi les tyrans avec tant de
fureur, qu'ils aient été si épris de la liberté, et que
son nom ait été si fort en vénération parmi eux. On
en vit la preuve à la mort d'Hiéronyme, petit-fils
d'Hiéron, à Syracuse. La nouvelle de cet événement arrivée à son armée, campée alors non loin de
cette ville, y excita d'abord quelques mouvements.
On prit les armes pour venger sa mort sur les
meurtriers ; mais à peine eut-on appris qu'à Syracuse le cri public était : « Liberté », à ce seul mot,
l'armée, séduite, déposa toute sa colère contre les
tyrannicides, s'apaisa et ne songea plus qu'à établir
un gouvernement libre à Syracuse.

Il n'est pas plus étonnant que ces mêmes peuples aient exercé les vengeances les plus terribles contre ceux qui les avaient privés de leur liberté : il y en a des exemples à l'infini. Je n'en rapporterai qu'un seul, qu'on vit à Corcyre, ville de Grèce, pendant la guerre du Péloponnèse. On sait qu'il régnait alors deux partis : l'un favorisait les Athéniens, l'autre les Lacédémoniens. Les cités de la Grèce entière étaient ainsi divisées. Or il arriva qu'à Corcyre les nobles, ayant eu l'avantage, dépouillèrent le peuple de sa liberté. Mais le peuple et ses partisans ayant repris le dessus par le secours des Athéniens, on se saisit de tous les nobles, on les renferma dans une prison qui pouvait les contenir tous, et sous prétexte de les envoyer en exil en divers endroits, on les en faisait sortir par groupes de huit ou dix, pour les faire mettre à mort avec force tortures. Ceux qui restaient encore, s'en étant aperçus, se déterminèrent à tout braver pour fuir une mort aussi ignominieuse. Armés de tout ce qu'ils purent se procurer, ils disputèrent l'entrée de la prison à ceux qui voulurent y pénétrer. Le peuple accourut à ce bruit, démolit la terrasse supérieure de l'édifice et les ensevelit sous ses débris. La Grèce fut encore le théâtre d'une infinité d'événements aussi tragiques et aussi remarquables. Ils fournissent la preuve qu'un peuple venge avec plus d'emportement sa liberté perdue que sa liberté menacée.

Pour quelle raison les hommes d'à présent sont-ils moins attachés à la liberté que ceux d'autrefois : pour la même raison, je pense, qui fait que ceux d'aujourd'hui sont moins forts ; et c'est, si je ne me trompe, la différence d'éducation fondée sur la différence de religion. Notre religion, en effet, nous ayant montré la vérité et le droit chemin, fait que nous estimons moins la gloire de ce monde. Les païens, au contraire, qui l'estimaient beaucoup, qui plaçaient en elle le souverain bien, mettaient dans leurs actions infiniment plus de férocité : c'est ce qu'on peut inférer de la plupart de leurs institutions, à commencer par la magnificence de leurs sacrifices, comparée à l'humilité de nos cérémonies religieuses, dont la pompe, plus flatteuse que grandiose, n'a rien de féroce ni de gaillard. Leurs cérémonies étaient non seulement pompeuses, mais on y joignait des sacrifices ensanglantés par le massacre d'une infinité d'animaux ; ce qui rendait les hommes aussi féroces, aussi terribles que le spectacle qu'on leur présentait. En outre, la religion païenne ne déifiait que des hommes d'une gloire terrestre, des capitaines d'armées, des chefs de républiques. Notre religion glorifie plutôt les humbles voués à la vie contemplative que les hommes d'action. Notre religion place le bonheur suprême dans l'humilité, l'abjection, le mépris des choses humaines ; et l'autre, au contraire, le faisait consister dans la grandeur d'âme, la force du corps et dans toutes les qualités qui rendent les hommes redoutables. Si la nôtre exige quelque force d'âme, c'est plutôt celle qui fait supporter les maux que celle qui porte aux fortes actions.

Il me paraît donc que ces principes, en rendant les peuples plus débiles, les ont disposés à être plus facilement la proie des méchants. Ceux-ci ont vu qu'ils pouvaient tyranniser sans crainte des hommes qui, pour aller en paradis, sont plus disposés à recevoir leurs coups qu'à les rendre. Mais si ce monde est efféminé, si le ciel paraît désarmé, n'en accusons que la lâcheté de ceux qui ont interprété notre religion selon la paresse et non selon la *virtù*. S'ils avaient considéré que cette religion nous permet d'exalter et de défendre la patrie, ils auraient vu qu'elle nous ordonne d'aimer cette patrie, de l'honorer, et de nous rendre capables de la défendre.

Ces fausses interprétations, et notre mauvaise éducation, font qu'on voit aujourd'hui bien moins de républiques qu'on n'en voyait autrefois, et que les peuples par conséquent, ont moins d'amour pour la liberté. Je croirais cependant que ce qui y a bien plus contribué encore, ce sont les conquêtes des Romains, dont l'empire a englouti toutes les républiques et tous les États libres ; et quoique cet empire ait disparu, ces cités jadis libres n'ont pu encore se reconstituer pour revivre librement, si ce n'est en bien peu d'endroits [30]. Quoi qu'il en soit, les Romains trouvèrent dans toutes les parties du monde une ligue de républiques armées et obstinées à la défense de leur liberté ; ce qui prouve qu'ils ne les auraient jamais soumises sans une extrême *virtù*.

Et pour nous borner à n'en donner qu'un échantillon, contentons-nous de l'exemple des Samnites ; il paraît miraculeux. Ces peuples étaient, de l'aveu de Tite-Live, si puissants, ils étaient si braves, que jusqu'au consulat de Papirius Cursor, fils du premier Papirius, c'est-à-dire pendant quarante-six ans, ils résistèrent aux Romains, malgré leurs défaites sans nombre, le carnage et la destruction de leurs villes. Parcourez ce pays, couvert autrefois de peuples et de cités, vous n'y trouvez aujourd'hui qu'un désert ; et alors il était si puissant, si bien gouverné, que s'il eût été attaqué par d'autres que des Romains, il n'eût jamais été soumis. Il est facile de déterminer la cause de deux états si différents. Autrefois ce pays était libre, aujourd'hui il est esclave; et seuls dans tous les pays du monde, comme je l'ai déjà dit, les pays libres peuvent prospérer grandement. La population y est plus considérable, parce que les mariages y sont plus libres et présentent plus davantages aux citoyens. Tout individu ne met volontiers au monde que les enfants qu'il croit pouvoir nourrir, sans craindre de se voir enlever son patrimoine; et lorsqu'il sait que non seulement ils naissent libres et non esclaves, mais qu'ils peuvent, avec de la *virtù*, devenir chefs de leur république, on voit se multiplier à l'infini, et les richesses de l'agriculture, et celles de l'industrie. Chaque citoyen s'évertue à accroître et à acquérir des biens qu'il est assuré de conserver; et tous, à l'envi les uns des autres travaillant au bien général et à leur bien particulier, les élèvent l'un et l'autre au plus haut degré. C'est en tout point le contraire dans les pays où le peuple est esclave; et il est d'autant plus privé de tout bien que l'esclavage est plus rigoureux; or, de toutes les servitudes, la plus dure est celle qui vous asservit à une république, et cela pour plusieurs motifs. Le premier, c'est que, comme les républiques durent plus longtemps que les autres États, on a moins d'espoir de liberté; le second, parce que le but d'une république est d'affaiblir et d'énerver tous les autres corps pour accroître et fortifier le sien : c'est ce que ne fait point un prince, à moins qu'il ne soit un barbare, un destructeur de toute vie civile, comme le sont les princes d'Orient. Mais pour peu qu'il ait en partage quelque humanité et quelque bon sens, il aime également toutes les villes qui lui obéissent, et leur laisse et leur industrie, et à peu près leurs institutions d'avant. Si elles ne peuvent

pas s'accroître comme États libres, au moins ne
dépérissent-elles pas dans la servitude : ceci doit
s'entendre des villes conquises par un étranger.
Nous avons déjà traité de celles qui sont soumises
par un de leurs citoyens. Si on réfléchit attentivement à tout cela, on ne sera plus étonné de la
puissance des Samnites pendant qu'ils étaient
libres, ni de la faiblesse dans laquelle ils tombèrent
en devenant esclaves. Tite-Live en rend témoignage en plusieurs endroits, et surtout dans la
guerre d'Annibal, où il raconte que les Samnites,
maltraités par une légion qui était à Nole, envoyèrent
demander du secours à Annibal. Ces députés lui
dirent dans leur harangue qu'ils avaient combattu
les Romains pendant cent ans avec des chefs et
des soldats tirés de leur nation, qu'ils avaient eu
à soutenir plusieurs fois deux armées consulaires
et deux consuls, et qu'ils étaient à présent réduits
à un tel excès de faiblesse qu'ils pouvaient à peine
se défendre contre une petite légion romaine établie
à Nole.

. . . .

XIII

POUR S'ÉLEVER D'UNE CONDITION MÉDIOCRE
A LA GRANDEUR,
LA RUSE SERT PLUS QUE LA FORCE

Je pense que c'est chose qui arrive très rarement
ou même qui n'arrive jamais de s'élever d'une
condition médiocre à la grandeur sans employer la
force et la ruse, à moins qu'on y parvienne par

hérédité ou par donation. Je ne crois pas même que
la force ait jamais suffi; mais on constatera que la
ruse seule y a fait quelquefois parvenir. C'est ce
dont se convaincra quiconque lira la vie de Philippe
de Macédoine, celle d'Agathocle de Sicile, et de
plusieurs autres qui, comme ceux-ci, de la condition la plus basse ou même la plus infime, sont
parvenus au trône et à de très grands empires.
Xénophon démontre, dans la Vie de Cyrus, la
nécessité de tromper pour réussir. Voyez la première expédition qu'il fait faire à Cyrus, contre le
roi d'Arménie. C'est un tissu de tromperies; et c'est
uniquement par la ruse, et non par la force, qu'il le
fait s'emparer de son empire. Xénophon n'en
conclut autre chose, sinon qu'un prince qui veut
parvenir à de grandes choses doit apprendre l'art de
tromper. Le même Cyrus joue de mille manières
Cyaxare, roi des Mèdes, son oncle maternel, et
Xénophon a soin de remarquer que, sans cette
fraude, jamais ce prince n'eût pu s'élever à la
grandeur. Je ne crois pas qu'il y ait jamais eu
d'homme qui d'une condition obscure soit parvenu
à une grande puissance en n'employant franchement que la force ouverte; mais j'en ai vu réussir
par la ruse seule. C'est ainsi que s'y prit Giovanni
Galeazzo Visconti pour enlever l'État et la souveraineté de la Lombardie à Barnabò son oncle. Ce
que les princes sont obligés de faire à leurs
premiers pas vers le pouvoir, les républiques sont
également forcées de le pratiquer jusqu'à ce qu'elles
soient devenues assez puissantes pour n'avoir
besoin de recourir qu'à la force. Et comme pour
s'agrandir, soit hasard, soit propos délibéré, Rome
utilisa tous les moyens, elle ne négligea pas celui-là.
Pouvait-on être plus perfide qu'elle le fut à ses

débuts quand elle prétendait au titre de « compagne » avec les Latins et d'autres peuples, ses voisins, dont en réalité, elle fit des esclaves? En effet, elle se servit de leurs armes pour dompter les autres peuples un peu plus éloignés de Rome, et acquérir la réputation d'une puissance redoutable. Ces peuples une fois vaincus, ses forces augmentèrent au point qu'il n'y en eut aucun à qui elle ne pût faire la loi.

Les Latins ne s'avisèrent de leur servitude accomplie qu'après qu'ils eurent été témoins des deux défaites des Samnites et de la nécessité où fut ce peuple d'accepter la paix. Cette victoire accrut infiniment la réputation des Romains chez les princes éloignés qui commencèrent à sentir le poids du nom de Rome, sinon celui de ses armes. Mais chez leurs voisins immédiats qui voyaient et qui sentaient ce poids, entre autres les Latins, elle excita tant d'envie et de défiance que non seulement les Latins, mais les colonies romaines établies dans le Latium, et les Campaniens dont Rome avait naguère pris la défense, conspirèrent tous contre le nom romain. Les Latins commencèrent cette guerre comme nous avons vu que la plupart des guerres se commencent ; ce ne fut pas en attaquant les Romains, mais en secourant les Sidicins contre les Samnites qui attaquaient ces derniers, avec l'agrément des Romains.

Qu'il soit vrai que les Latins se soient décidés à cette guerre parce qu'ils s'aperçurent enfin de la mauvaise foi des Romains, Tite-Live ne permet pas d'en douter lorsque, dans l'assemblée de ce peuple, il met dans la bouche d'Annius Setinus, leur préteur, ces paroles : *Nam si etiam nunc sub umbra foederis aequi servitutem pati possumus, etc.* [31].

On voit que les Romains, même dans les commencements de leur empire, n'ont pas dédaigné *etiam* la ruse. Elle est toujours nécessaire à quiconque veut d'une condition médiocre s'élever au plus haut rang; elle est d'ailleurs moins à blâmer lorsqu'elle est aussi bien menée à couvert que le firent en ce cas les Romains.

. . . .

XXIX

LA FORTUNE AVEUGLE L'ESPRIT DES HOMMES QUAND ELLE NE VEUT PAS QU'ILS S'OPPOSENT A SES DESSEINS

A considérer attentivement la marche des choses humaines on voit qu'il est des événements auxquels le ciel même semble signifier aux hommes qu'ils n'ont pas à se soustraire; or, si cela s'est vu à Rome, où régnaient tant de vertu, tant de religion et tant de discipline, ce n'est pas merveille de le revoir en des cités et des nations qui en sont dépourvues. Et comme l'exemple des trois Fabius est une preuve remarquable de la toute-puissance du ciel sur les choses humaines, Tite-Live s'attache à la démontrer fort au long en termes fort efficaces : « Le ciel, dit-il, avait résolu dans sa sagesse de faire connaître aux Romains sa toute-puissance : il permit d'abord la faute des ambassadeurs qu'ils envoyèrent aux Gaulois; et il la permit pour exciter ce peuple à marcher contre les Romains; il fit en sorte qu'à Rome, pour arrêter cette guerre, rien ne fût fait qui fût digne du nom romain; il avait en effet permis

l'exil à Ardée de Camille, le seul citoyen capable de
parer à un aussi grand péril. Ensuite ce peuple qui,
pour s'opposer aux Volsques et à d'autres peuples
voisins, avait si souvent créé un dictateur, ne pensa
pas à en nommer un, lorsqu'il fut attaqué par les
Gaulois. Il fit des levées extrêmement faibles, il les
fit sans beaucoup de soin et il fut si lent, si
paresseux à prendre les armes, qu'il put à grand-
peine rencontrer les Gaulois sur les bords de l'Allia,
seulement à dix milles de Rome. Là encore, les
tribuns posèrent leur camp sans aucune des précautions les plus usitées parmi eux, sans examiner le
terrain, sans s'entourer de fossés et de palissades,
sans employer en un mot aucun des moyens dictés
par la prudence divine ou humaine. En se mettant
en bataille, ils firent leurs lignes très peu profondes,
en sorte que ni officiers, ni soldats, ne soutinrent en
rien l'honneur de la discipline romaine. Le combat
fut peu sanglant, mais c'est parce qu'ils tournèrent
le dos ; sans attendre l'ennemi, ils s'enfuirent les uns
à Véies, les autres à Rome, où, sans entrer dans
leurs maisons, ils se réfugièrent au Capitole ; en
sorte que le Sénat, au lieu de songer à défendre
Rome, n'en fit pas seulement fermer les portes.
Partie des sénateurs s'enfuit, partie se renferma
avec le peuple dans ce même Capitole. Il est vrai
que pour défendre ce lieu, on employa quelque
méthode et quelque prudence. On ne le remplit pas
de gens inutiles ; on y mit toutes les provisions de
bouche qu'on put trouver, afin de soutenir plus
longtemps le siège ; la troupe inutile des vieillards,
des femmes, des enfants, alla chercher un asile chez
les peuples voisins ; le reste demeura au milieu de
Rome et fut la proie des vainqueurs. En sorte que
quiconque eût connu la conduite de ce peuple tant

d'années auparavant, et l'eût vu agir dans ce même moment, n'eût pas cru que ce fût le même peuple romain. » Tite-Live termine le tableau de tous ces désordres par cette réflexion : *Adeo obcaecat animos fortuna, cum vim suam ingruentem refringi non vult* [32]. Rien n'est plus vrai que cette pensée. Aussi les hommes qui vivent habilement dans les grandes prospérités ou les grands malheurs méritent moins qu'on ne pense la louange ou le blâme. On les verra la plupart du temps précipités dans la ruine ou dans la grandeur par une irrésistible facilité que leur accorde le ciel, soit qu'il leur ôte, soit qu'il leur offre l'occasion d'employer leur *virtù*.

Telle est la marche de la fortune : quand elle veut conduire un grand projet à bien, elle choisit un homme d'un esprit et d'une *virtù* tels qu'ils lui permettent de reconnaître l'occasion ainsi offerte. De même lorsqu'elle prépare le bouleversement d'un empire, elle place à sa tête des hommes capables d'en hâter la chute. Existe-t-il quelqu'un d'assez fort pour l'arrêter, elle le fait massacrer ou lui ôte tous les moyens de rien opérer d'utile. On voit très bien ici que la fortune avait dessein d'agrandir Rome, et de l'élever à ce haut point de gloire où elle parvint dans la suite; qu'elle crut nécessaire de lui infliger une correction (comme nous le verrons dans le chapitre suivant), mais qu'elle ne voulut pas l'abattre. Ainsi elle se contente de faire exiler Camille, mais elle n'ordonne point sa mort; elle fait prendre Rome, mais non le Capitole; elle empêche qu'on prenne aucune précaution sage pour défendre la ville, mais elle inspire les meilleures précautions pour défendre la citadelle. Pour que Rome soit prise, elle permet que la plus grande partie des Romains battus sur l'Allia se rendent à Véies, et par là ôte tous les moyens de sauver la ville. Mais tout en réglant ainsi les événements, elle prépare tout ce qu'il faut pour qu'elle soit reprise : elle conduit une armée entière à Véies, place Camille à Ardée, afin que sous un chef d'une réputation encore sans tache, entièrement irresponsable du désastre, il pût sauver la patrie.

On pourrait citer des exemples modernes à l'appui de ces réflexions, mais je ne le crois pas nécessaire ; celui des Romains doit suffire et je m'en tiendrai là. Je répète donc, comme une vérité incontestable et dont les preuves sont partout dans l'histoire, que les hommes peuvent seconder la fortune et non s'y opposer ; ourdir les fils de sa trame et non les briser. Je ne crois pas pour cela qu'ils doivent s'abandonner eux-mêmes. Ils ignorent quel est son but ; et comme elle n'agit que par des voies obscures et détournées, il leur reste toujours l'espérance ; et dans cette espérance, ils doivent puiser la force de ne jamais s'abandonner, en quelque infortune et misère qu'ils puissent se trouver.

XXX

LES RÉPUBLIQUES ET LES PRINCES VRAIMENT PUISSANTS N'ACHÈTENT PAS DES ALLIÉS A PRIX D'ARGENT ; C'EST PAR LEUR COURAGE ET LA RÉPUTATION DE LEURS FORCES QU'ILS S'EN ATTIRENT

On mesure donc par ces exemples, et par ceux que nous avons souvent cités déjà, quelle distance il y a entre la conduite des républiques actuelles et celle des Anciens, et aussi pourquoi nous voyons chaque jour ces pertes miraculeuses et ces miraculeuses conquêtes. C'est là où défaille la *virtù* des hommes que la fortune porte ses coups les plus efficaces. Et comme elle est changeante, États et républiques changent souvent et toujours changeront, jusqu'au jour où se dressera un homme assez fervent de l'Antiquité pour régler ses caprices et l'empêcher de nous administrer à chaque nouveau soleil une preuve de sa toute-puissance.

....

LIVRE TROISIÈME

I

VEUT-ON QU'UNE RELIGION
OU UNE RÉPUBLIQUE VIVE LONGTEMPS,
IL FAUT LES RAMENER SOUVENT À LEUR PRINCIPE

Il est incontestable que toutes les choses de ce monde ont un terme à leur existence ; mais celles-là seules accomplissent toute la carrière que le ciel leur a généralement destinée dont l'organisme ne se dérègle pas, mais demeure si bien réglé qu'il ne s'altère pas, ou du moins ne s'altère que pour survivre, non pour périr. Comme il n'est question ici que de corps mixtes, tels que sont les religions et les républiques, je dis que ces altérations salutaires sont celles qui les ramènent à leurs principes. Les corps les mieux constitués et qui ont une plus longue vie sont ceux qui trouvent dans leurs lois mêmes de quoi se rénover, ou encore ceux qui, indépendamment de leurs institutions, parviennent par accident à cette rénovation. Il est également clair comme le jour que, faute de se rénover, ces corps périssent. Or, comme je l'ai dit, cette rénovation consiste pour eux à revenir à leur principe vital.

Il faut donc que le principe des religions, des républiques ou des monarchies ait en lui-même une vitalité qui lui rende sa première autorité, sa première vigueur. Et comme ce principe s'use avec le temps, il est inévitable que le corps succombe si rien n'intervient pour le ranimer. C'est ainsi que les médecins disent, en parlant du corps humain : *Quod quotidie aggregatur aliquid, quod quandoque indiget curatione* [33].

Ce retour d'une république vers son principe résulte soit d'un accident extrinsèque, soit d'une sagesse intrinsèque. Pour donner un exemple du premier : on voit combien il était nécessaire que Rome fût prise par les Gaulois si on voulait faire renaître cette république, et qu'en renaissant, elle reprît une nouvelle vigueur, une nouvelle vie, et qu'elle ranimât la religion et la justice qui commençaient à perdre de leur pureté. C'est ce qu'on devine très bien à la lecture de Tite-Live lorsqu'il remarque que toutes les cérémonies religieuses furent négligées au moment où l'on fit marcher l'armée contre les Gaulois et à l'époque où l'on créa des tribuns consulaires. De même, non seulement on ne châtia pas les trois Fabius d'avoir, *contra jus gentium* [34], combattu les Gaulois, mais on les fit tribuns. On en conclut aisément que sans doute les

sages institutions de Romulus et de ses successeurs
avaient cessé d'être l'objet du respect raisonnable et
nécessaire pour sauvegarder la liberté. Il fallut donc
cette défaite infligée par l'étranger pour rendre la
vie aux institutions de Rome, et faire comprendre
au peuple romain qu'il était non seulement nécessaire de maintenir la religion, de pratiquer la
justice, mais encore d'honorer ses concitoyens et
faire plus de cas de leur *virtù* que des facilités dont
elle les privait. Et c'est ce qui advint alors. A peine
Rome fut-elle reprise, qu'on renouvela toutes les
institutions religieuses; on punit les Fabius qui
avaient combattu contre le droit des gens; et ce
peuple sut dès lors tellement apprécier la supériorité et le caractère de Camille que le Sénat et tous
les ordres de citoyens, dépouillant toute jalousie,
s'empressèrent de lui confier le fardeau de l'État.

Ainsi donc les hommes qui vivent en société,
sous n'importe quelle forme de gouvernement,
doivent être contraints à faire réflexion sur eux-
mêmes par un événement venu soit de l'étranger,
soit d'eux-mêmes. En ce dernier cas, c'est l'effet ou
d'une loi qui oblige tous les citoyens à rendre
souvent compte de leur conduite, ou d'un homme
qui par l'excellence de son caractère et la supériorité de ses vertus supplée à la loi.

Ainsi une république revit par la vertu d'un
homme ou par celle d'une institution. Les institutions qui ramenèrent la vie à Rome furent : la loi
qui créa des tribuns du peuple, celle qui nomma
des censeurs, et toutes celles votées contre l'ambition et l'insolence. Et pour insuffler la vie à ces
institutions, il faut un homme de cœur qui sache en
imposer le respect à qui veut les violer. Les
exemples les plus mémorables d'un tel courage,

avant la prise de Rome, sont la mort des fils de Brutus, celle de Spurius Melius, et, après la prise de Rome, la mort de Manlius Capitolinus, celle du fils de Manlius Torquatus, la punition infligée par Papirius Cursor à Fabius son maître de la cavalerie, et la mise en accusation des Scipion. Chaque fois que se produisit un de ces faits mémorables et hors de l'ordre commun, ils ramenèrent les hommes au principe vital de la république ; quand ils commencèrent à devenir plus rares, ils laissèrent la corruption gagner du terrain, et ne purent se produire qu'en devenant plus dangereux et en provoquant des troubles plus graves. Il serait à désirer qu'il ne se passât pas plus de dix ans sans qu'on vît frapper un de ces grands coups ; ce laps de temps suffit pour altérer les mœurs et user les lois ; et s'il ne survient pas un événement qui renouvelle le souvenir de l'exécution et remplisse les esprits de terreur, il se trouve bientôt tant de coupables qu'on ne peut plus les exécuter tous sans danger.

Les magistrats qui ont gouverné Florence[35] depuis 1434 jusqu'en 1494, disaient à ce propos qu'il fallait tous les cinq ans se « réemparer du pouvoir » ; qu'autrement il serait très difficile de le maintenir. Or, se réemparer du pouvoir voulait dire, selon eux, renouveler cette terreur et cette crainte qu'ils avaient su inspirer à tous les esprits au moment où ils s'en étaient emparés, et où ils avaient frappé avec la dernière rigueur ceux qui, d'après leurs principes, s'étaient conduits en mauvais citoyens. Mais comme le souvenir de ces châtiments s'efface bientôt, que les hommes s'enhardissent à faire des tentatives contre l'ordre établi et à en médire, il faut y remédier en ramenant le gouvernement à ses principes.

Ce retour aux principes est quelquefois, dans une république, l'effet de la seule *virtù* d'un citoyen, sans qu'il soit besoin du stimulant d'aucune loi de répression. Son exemple a tant de force que les bons sont jaloux de l'imiter, et que les méchants rougissent de ne pas le suivre. Ceux qui exercèrent une telle action dans Rome sont : Horatius Coclès, Scévola, Fabricius, les deux Décius, Régulus Attilius, et quelques autres dont les exemples de rare vertu agissaient tout autant que des lois ou des institutions. Et si tous les dix ans on avait frappé de pareils coups ou reçu de tels exemples, nécessairement la corruption ne se serait jamais introduite à Rome : on la vit s'accroître sensiblement dès que l'une et l'autre de ces deux causes se firent plus rares. En effet après Régulus on ne donna plus de ces exemples éclatants de vertu; et quoique Rome ait encore produit les deux Caton, il y eut tant d'intervalle des Régulus à eux, et d'un Caton à l'autre, ils furent tellement isolés, que leur exemple fut perdu pour la république; le dernier des deux surtout la trouva tellement corrompue, que sa vertu ne put convertir ses concitoyens.

Mais cette rénovation n'est pas moins nécessaire pour les religions, et la nôtre même en fournit la preuve. Elle eût été entièrement perdue si elle n'eût pas été ramenée à son principe par saint François et saint Dominique. Ceux-ci, par la pauvreté dont ils firent profession, et par l'exemple du Christ qu'ils prêchèrent, la ravivèrent dans les cœurs où elle était déjà bien éteinte. Les nouveaux ordres qu'ils établirent furent si puissants qu'ils empêchèrent que la religion ne fût perdue par la licence des évêques et des chefs de l'Église : ces ordres se maintiennent dans la pauvreté; et ils ont assez d'influence sur le peuple, par le moyen de la confession, pour parvenir à le persuader qu'il est mal de médire de ceux qui gouvernent mal; qu'il est bon et utile de leur montrer obéissance, et de laisser à Dieu seul le soin de punir leurs égarements; ainsi cette engeance, sans nulle crainte d'un châtiment auquel elle ne croit point et qu'elle ne voit pas venir, continue à faire tant de mal. Ce renouvellement a donc conservé et conserve encore la religion.

Les monarchies ont aussi besoin de se renouveler et de ramener leurs lois à leurs principes, et le royaume de France nous fournit un exemple des bons effets qu'on doit en attendre. Plus que tout autre royaume connu il est soumis à l'autorité des lois. Les parlements et surtout celui de Paris en sont les gardiens. Ils ont soin de les revigorer de temps en temps par des exemples, contre quelque grand du royaume, ou même par des arrêts absolument contraires à la volonté du roi. Et ce royaume s'est conservé jusqu'à présent, parce que ce corps a été un des plus constants à réprimer l'ambition de la noblesse; s'il la laissait impunie quelques instants, les désordres se multiplieraient à l'infini, et il en résulterait ou qu'il faudrait punir les coupables au risque des plus grands troubles, ou que le royaume périrait.

On peut donc en conclure que rien n'importe plus à une religion, à une république, à une monarchie que de reprendre l'autorité qu'elles avaient à leur origine; qu'il faut faire en sorte que cet heureux effet soit plutôt le produit d'une bonne loi ou l'ouvrage d'un bon citoyen, que d'une intervention étrangère. En effet, quoique ce remède soit souvent très utile, il est quelquefois si dangereux à employer, comme on le voit par l'exemple de Rome, qu'il n'est pas désirable. Mais pour prouver combien les actions de quelques particuliers ont fait Rome plus grande et produit d'excellents effets dans cette république, je me propose d'en discourir dans ce troisième livre, par lequel je terminerai mes réflexions sur la première Décade de Tite-Live. Quoique les rois aient fait une multitude de belles actions, l'histoire en rend compte si fidèlement et si fort au long, que je les passerai sous silence; je ne parlerai d'eux que dans ce qu'ils ont fait d'avantageux à leur intérêt particulier et je commencerai par Brutus, père de la liberté.

II

COMBIEN IL Y A DE SAGESSE À JOUER POUR UN TEMPS LA FOLIE

Personne n'a jamais été jugé aussi habile, aussi sage en n'importe laquelle de ses réussites que ne l'a mérité Brutus en simulant la folie. Tite-Live, lui, n'attribue cette simulation qu'au désir de vivre tranquille et de sauver son patrimoine. Mais si l'on considère attentivement sa conduite, on peut croire que ce fut là une feinte de plus, destinée à tromper la surveillance et à lui assurer ses coudées franches pour mieux écraser la royauté à la première occasion, et affranchir la patrie. On découvre le secret de sa pensée, d'abord, dans la façon dont il interpréta l'oracle d'Apollon, quand il se laissa choir pour baiser la terre et rendre ainsi les dieux favorables à son dessein; puis lorsque sur le cadavre de Lucrèce, devant son mari, son père et ses autres parents, il fut le premier à arracher le couteau de la plaie, et qu'il fit jurer aux assistants de ne jamais souffrir à l'avenir que quelqu'un régnât dans Rome. Exemple et leçon pour tous ceux qui sont mécontents de quelque prince : ils y apprennent qu'il leur faut avant tout bien étudier et peser leurs forces ; que, s'ils sont assez puissants pour se déclarer et lui faire ouvertement la guerre, il leur faut opter pour cette voie comme étant moins périlleuse et plus honorable ; mais que faute de pouvoir mener guerre ouverte, il leur faut s'évertuer par tous les moyens à devenir ses amis ; à cet effet, ne négliger aucun des moyens nécessaires, se modeler sur ses caprices, faire leurs délices de toutes choses dont ils le voient faire les siennes. Une telle intimité vous garantit d'abord la sécurité ; elle vous fait partager avec lui, sans péril, sa bonne fortune, et elle vous fournit toutes les facilités d'accomplir votre dessein.

Certains disent, il est vrai, qu'il ne faut approcher le prince qu'à une juste distance : ni de si près que vous ne soyez entraînés dans sa chute, ni de si loin que vous ne puissiez vous dresser au bon moment sur sa dépouille. Mais cette juste distance, qui serait la bonne si on pouvait la garder, je ne la juge pas possible et il faut donc se résigner à l'un des deux procédés : se tenir au large du prince, ou coude à coude. Quiconque agit autrement et que sa condition signale au prince, est sans cesse en danger. Et qu'on ne croie pas qu'il lui suffise de dire : « Je n'ai cure ni désir d'aucun honneur ou profit, je ne veux que vivre coi et sans souci. » De telles défaites ne seront ni admises, ni écoutées ; les hommes d'une certaine qualité ne peuvent pas choisir de se tenir à l'écart, lors même que ce serait leur vrai choix et qu'ils n'auraient nulle ambition :

on ne les croira pas, et, voulant, eux, vivre
tranquilles, les autres ne les laisseront pas vivre
tranquilles Il convient donc de jouer les fous,
comme Brutus; chose qu'on fait très bien, en
louant, en parlant, en voyant et en agissant en
toutes choses à contresens de son penchant, et
conformément à celui du prince. Et puisque nous
avons dit l'habileté de cet homme à revendiquer la
liberté romaine, nous dirons maintenant sa sévérité
à la lui garder.

III

QU'IL ÉTAIT NÉCESSAIRE À BRUTUS, POUR MAINTENIR LA LIBERTÉ NOUVELLEMENT ACQUISE, D'IMMOLER SES ENFANTS

La sévérité de Brutus fut non seulement utile,
mais elle fut nécessaire pour maintenir à Rome la
liberté qu'il venait d'y établir. Certes, c'est un
exemple rare dans l'histoire des événements
humains, que de voir un père siéger *pro tribunali*,
non seulement condamner ses enfants à la mort,
mais être présent à leur supplice. Mais quiconque
se sera nourri de la lecture des événements anciens
sentira que tout changement de gouvernement,
soit d'une république en une tyrannie, ou d'une
tyrannie en une république, doit être suivi et
marqué de l'exécution mémorable de quelque
ennemi de l'État nouveau. Qui s'élève à la tyrannie
et ne fait pas périr un Brutus; qui rétablit la liberté
dans son pays et qui, comme l'autre Brutus [36],
n'immole pas ses fils ne la maintient que bien peu

de temps. Comme j'ai traité déjà cette matière fort au long, je renvoie à ce que j'en ai dit. Je citerai seulement un exemple tiré de nos annales, et un des plus mémorables dans l'histoire de Florence : c'est celui de Pierre Soderini qui crut, à force de bonté et de patience, vaincre l'obstination de ces nouveaux fils de Brutus à retourner sous une autre forme de gouvernement, et qui se trompa complètement. Quoique son expérience lui démontrât la nécessité d'une telle exécution et que la Fortune et l'ambition de ceux qui l'attaquaient lui fournissent souvent l'occasion de s'en défaire, il n'eut jamais le courage de s'y déterminer. En effet, non seulement il comptait à force de patience et de bonté venir à bout de certaines animosités et, à force de bienfaits, désarmer ses ennemis, mais, comme il l'a confié bien des fois à ses amis, il considérait que pour affronter énergiquement l'opposition et abattre ses adversaires, il lui fallait franchir les bornes de ''autorité ordinaire et rompre avec la légalité : parti qui, disait-il, si modérément qu'il fût disposé à en user, ne pouvait manquer d'alarmer le peuple au point que, lui mort, on n'eût plus jamais créé de gonfalonier à vie ; or il jugeait que cette institution devait être maintenue et affermie.

Les scrupules de Soderini étaient ceux d'un homme honnête et bon ; toutefois on ne doit jamais laisser se propager un mal quand il est capable de compromettre le bien même que l'on entend sauver. Ce que Soderini eût dû penser, c'est qu'au cas où il eût vécu et réussi, quiconque jugerait son œuvre et ses desseins d'après leur succès pourrait attester qu'il avait toujours agi pour le bien de la patrie et non par ambition. Rien ne l'empêchait en outre d'édicter telle loi qui interdît à ses successeurs d'abuser pour le mal d'une autorité dont il aurait usé pour le bien. Ce qui le trompa fut cette erreur initiale de méconnaître que ni le temps, ni les bienfaits ne domptent la méchanceté. De sorte que, faute d'avoir su ressembler à Brutus, il perdit, avec sa patrie, le pouvoir et la popularité.

Il est aussi difficile de sauver une monarchie qu'une république : c'est ce que nous allons démontrer dans le chapitre suivant.

....

VI

DES CONSPIRATIONS

Je n'ai pas cru devoir laisser ce sujet sans le traiter [17], tant les conspirations sont dangereuses et pour les sujets et pour les princes. Elles ont fait périr et détrôner plus de souverains que les guerres ouvertes. En effet, peu d'individus sont en état de faire une guerre ouverte à un prince, mais chacun est à même de conspirer. Il n'est pas d'entreprise plus dangereuse et plus téméraire pour les hommes qui s'y hasardent : les périls les environnent de toutes parts. Aussi arrive-t-il que bien peu réussissent, pour une infinité qui sont tentés. Que les princes apprennent donc à se garder des conspirations, et leurs sujets à s'y engager avec plus de circonspection, ou plutôt à savoir vivre contents sous les maîtres que le sort leur a donnés. Je vais traiter ce sujet avec quelque étendue, afin de ne rien omettre de ce qui peut servir à l'instruction des uns et des autres.

C'est une règle d'or que celle de Tacite qui dit

que « les hommes doivent révérer le passé et se
soumettre au présent ; désirer les bons princes, et
supporter les autres quels qu'ils soient ». Se conduire
autrement, c'est souvent se perdre soi-même et
perdre également son pays. Nous devons donc pour
entrer en matière examiner d'abord contre qui se
font les conspirations ; et nous trouverons que l'on
conspire ou contre un État ou contre un prince.
Nous raisonnerons de ces deux espèces de conspirations, nous étant assez expliqués déjà sur celles
qui ont pour objet de livrer une place assiégée à
l'ennemi, ou qui sont du même ordre.

Nous commencerons par traiter des conspirations
ourdies contre un prince, et d'abord nous nous
arrêterons à leurs causes. Il en est un très grand
nombre, mais la plus importante de toutes, c'est
l'unanimité des haines. Le prince qui s'est attiré
une telle impopularité a forcément à craindre les
haines particulières de ceux qu'il a offensés : ces
haines se trouvent multipliées par l'aversion générale.

Un prince doit donc éviter d'exciter cette haine
universelle. Ce qu'il faut qu'il fasse pour cela, nous
l'avons dit ailleurs, et nous n'en parlerons pas ici.
S'il parvient à s'en garantir, les injures aux particuliers seront pour lui moins dangereuses. Il est rare
d'abord que des hommes mettent autant de prix à
une injure, et y soient assez sensibles pour s'exposer à de si grands périls dans le dessein de s'en
venger. D'ailleurs quand ils auraient et l'énergie et
la force pour les tenter, ils sont retenus par
l'affection universelle qu'on a pour le prince. Or on
peut faire injure à un homme en le tuant, en le
volant, ou en le déshonorant. Le tuer est moins
dangereux que de le menacer : mort, il ne pensera

pas à se venger; ceux des siens qui lui survivent lui en abandonnent le souci. Menacé et acculé à la nécessité de frapper ou d'être frappé, il devient — nous le démontrerons ailleurs — le plus grand des dangers pour le prince.

Après cette sorte d'injure, celles qu'on fait aux biens et à l'honneur sont les plus sensibles, et celles dont les princes doivent le plus se garder. Car on ne dépouille jamais assez un homme qu'il ne lui reste un poignard pour se venger; on ne peut jamais également assez le déshonorer au point d'éteindre dans son cœur le besoin de la vengeance. Des insultes faites à l'honneur, nulle ne cuit davantage que le viol d'une épouse; celui de votre propre personne ne vient qu'après. C'est un outrage de cette nature qui arma Pausanias contre Philippe de Macédoine. C'est celui qui, sans contredit, a fait périr le plus de princes; et de notre temps Jules Belanti ne conspira contre Pandolfo, tyran de Sienne, que pour le punir de lui avoir enlevé une de ses filles après la lui avoir accordée en mariage, comme nous le dirons le moment venu. Le principal motif de la conspiration des Pazzi contre les Médicis fut l'héritage de Giovanni Buonromei, dont les Médicis les avaient fait spolier.

Il est un autre motif fort important aussi qui fait conspirer les hommes contre un prince; c'est le désir de délivrer la patrie de la servitude; c'est ce motif qui excita Brutus et Cassius contre César; c'est celui qui en a soulevé tant d'autres contre les Phalaris, les Denys et tant d'autres usurpateurs. L'unique moyen qui reste à un tyran pour se préserver de ces attaques, c'est de déposer la souveraineté. Mais comme il n'y en a aucun qui

prenne ce parti, il en est peu qui n'aient une fin
tragique; de là ces vers de Juvénal :

> *Adgenerum Cereris sine caede et vulnere pauci*
> *Descendunt reges, et sicca morte tyranni* [38].

Les périls auxquels on s'expose dans les conspirations sont d'autant plus grands que tous les
moments ont leurs dangers; ceux où on trame le
complot, ceux où on l'exécute, et ceux qui suivent
son exécution. Un homme conspire seul, ou bien
avec plusieurs. Le premier de ces cas ne peut
s'appeler conjuration, puisque ce n'est que la ferme
résolution prise par un seul homme d'ôter la vie à
un prince. Des trois espèces de dangers que l'on
court dans les tyrannicides, on évite le premier. En
effet, avant l'exécution, l'auteur du projet ne court
aucun risque; personne n'a son secret, il ne craint
donc pas que son dessein parvienne aux oreilles du
prince. Tout individu peut concevoir un pareil
projet, grand ou petit, noble ou plébéien, admis ou
non dans la familiarité du prince, parce que tout
homme trouve parfois le moyen de l'aborder et par
conséquent celui d'assouvir sa vengeance. Pausanias, dont nous avons parlé ailleurs, trouva le
moyen de poignarder Philippe de Macédoine, au
moment où celui-ci allait au temple environné de
plus de mille gardes armés, et placé entre son fils et
son gendre; mais Pausanias était d'une naissance
distinguée et connu du prince. Un Espagnol pauvre
et de la dernière classe du peuple frappa d'un
couteau, au cou, Ferdinand, roi d'Espagne. La
blessure ne fut pas mortelle; mais on voit que cet
homme n'en eut pas moins l'audace et l'occasion de
frapper ce prince. Un derviche, espèce de prêtre

chez les Turcs, leva un cimeterre sur Bajazet père du grand seigneur régnant. Il ne le blessa pas, mais il eut l'audace et de plus, l'occasion de le tenter. Il n'est pas rare de trouver des gens qui forment de pareils projets, mais il en est bien peu qui les exécutent. Ceux-ci périssent tous, ou presque tous au cours de l'exécution, et on trouve bien peu de gens qui veuillent courir à une mort certaine.

Mais laissons de côté le tyrannicide solitaire, et parlons des conspirations tramées par plusieurs. Je dis qu'elles ont toutes pour auteurs les grands de l'État, ou des familiers du prince. Tous les autres, à moins qu'ils ne soient fous, ne peuvent chercher à conspirer. Il leur manque tout ce qui est nécessaire pour espérer monter une conjuration. D'abord, des hommes qui ne peuvent rien n'ont pas de quoi s'assurer la fidélité de leurs complices. Nul ne peut consentir à suivre leur parti, faute d'espérer l'un ou l'autre de ces avantages qui déterminent les hommes à braver un si grand péril; en sorte qu'à peine se sont-ils ouverts à deux ou trois personnes, ils trouvent un dénonciateur qui les perd. Admettons qu'il ne s'en trouve point, mais ils rencontrent tant de difficultés dans l'exécution, l'accès auprès du prince est pour eux si difficile, qu'ils échouent fatalement. Si les grands d'un État qui ont un accès facile chez le prince succombent eux-mêmes aux difficultés dont nous parlerons bientôt, on sent que ces difficultés doivent se multiplier à l'infini pour les autres. Mais comme les hommes ne sont pas totalement insanes lorsqu'il y va de leur vie ou de leurs biens, ils prennent conscience de leur impuissance et ils s'en méfient; s'ils abhorrent leur tyran, ils s'occupent à le maudire, mais attendent leur vengeance de ceux qui sont plus qualifiés qu'eux.

Si toutefois il en est un qui ose tenter pareille entreprise, on doit plutôt louer son cœur que sa cervelle.

On voit donc que tous ceux qui ont conspiré sont des grands ou des familiers des princes; or des bienfaits excessifs leur en inspirent le dessein aussi souvent que les cruelles injures. C'est ainsi que Perennius conspira contre Commode, Plautianus contre Sévère, Séjan contre Tibère. Tous ces favoris avaient été comblés par leurs maîtres de tant de biens, d'honneurs et de dignités, qu'il ne leur manquait plus que le trône pour combler leur puissance et leur ambition, et ils conspirèrent pour y monter. Leurs complots eurent l'issue que méritait leur ingratitude. Cependant, nous avons vu réussir dans ces derniers temps la conspiration de Iacopo d'Appiano contre Piero Gambacorti, prince de Pise, cet Appiano qui avait été élevé par lui, qui tenait tout de lui, et qui le dépouilla de ses États. Telle fut aussi la conspiration de Coppola contre Ferdinand, roi d'Aragon. Nous l'avons vu parvenir à un tel point de grandeur qu'il ne lui manquait plus que le trône; pour l'obtenir, il perdit la vie. Et certes, si jamais conspiration faite contre un prince par des grands doit avoir une heureuse issue, c'est celle qui a pour chef un favori qu'on pourrait regarder comme un second roi, et qui a tant de moyens de satisfaire son ambition. Mais cette ambition de régner qui les aveugle, les aveugle également dans la conduite de l'entreprise qui pouvait les conduire au trône, car s'ils savaient conduire leur méchant projet avec adresse, il serait impossible qu'il échouât. Il faut donc qu'un prince qui veut se garder des conspirateurs se défie encore plus de ceux qu'il a comblés de faveurs que de ceux qu'il a offensés. Les uns sont dépourvus de tout moyen, les autres en ont à profusion; des deux côtés l'envie est la même, car la soif de régner est une passion aussi ardente et même davantage que le désir de se venger. Il faut donc que les princes ne donnent pas à leurs favoris une telle autorité qu'il n'y ait toujours quelque intervalle entre eux et lui; il faut qu'il reste toujours à ces derniers quelque chose à ambitionner; autrement ces princes seront victimes de leur imprudence, comme ceux que nous venons de citer.

Mais revenons à notre sujet. Nous disons donc qu'il faut que les conspirateurs soient des grands qui aient accès auprès du prince; cela posé, examinons quelles ont été les suites de conspirations ainsi entreprises, et pourquoi elles ont si rarement réussi. Or, comme nous l'avons dit plus haut, il y a trois moments, trois dangers dans les conspirations : avant l'exécution, pendant et après. C'est pourquoi peu d'entre elles réussissent, vu l'impossibilité de les franchir tous les trois heureusement. Et d'abord parlons des premiers dangers qui sont sans contredit les plus grands, car il faut bien de la prudence et du bonheur pour n'être pas découvert *avant;* or on est toujours découvert, soit que l'on soit dénoncé, soit deviné. La délation provient du peu de foi ou du peu de prudence de ceux à qui on se confie : le peu de foi se rencontre souvent. En effet, vous ne pouvez vous confier qu'à vos complices, qui pour vos intérêts s'exposent à la mort, ou bien à des mécontents qui veulent se venger du prince. De véritables amis, on peut en trouver un, deux; mais vous êtes obligé d'étendre votre confiance à bien plus d'individus, et il est impossible que vous en trouviez un plus grand nombre. Il faut en outre que l'affection qu'ils vous portent soit plus forte que l'image du péril et la crainte du supplice; d'ailleurs on se trompe souvent sur le degré d'attachement que l'on croit avoir inspiré à un ami; on ne peut en être assuré que par l'expérience même; or l'expérience en cette matière est bien périlleuse. Quand même vous auriez éprouvé la fidélité de vos amis dans un autre danger, il n'en faudrait pas conclure qu'ils vous seraient également fidèles en celui-ci, qui dépasse de loin tous les autres.

Quant à la fidélité de vos complices, si vous la mesurez à leur mécontentement contre le prince, vous risquez fort de vous tromper : déclarer votre dessein à un mécontent, c'est lui fournir le moyen de se contenter aussitôt, à moins que sa haine du tyran ou votre autorité n'aient assez de force pour qu'il vous reste fidèle. Aussi voit-on une infinité de conspirations étouffées dans l'œuf. Le secret gardé par un grand nombre de conjurés est un vrai miracle; on l'a vu cependant s'opérer dans la conspiration de Pison contre Néron, et, de notre temps, dans celle des Pazzi contre Laurent et Julien de Médicis. Dans celle-ci, il y avait plus de cinquante conjurés; elle fut conduite, sans être découverte, jusqu'à l'exécution.

On est découvert par défaut de prudence; quand un conjuré parle avec assez peu de précaution pour être entendu d'un tiers, d'un esclave par exemple, comme il arriva aux fils de Brutus qui, lorsqu'ils complotaient avec les envoyés de Tarquin, furent entendus par un esclave qui les dénonça; ou bien quand, par légèreté, on communique son secret à une femme ou à un garçon que l'on aime, ou à quelque écervelé. C'est ainsi que Dinnus, un des

conjurés de Philotas contre Alexandre le Grand, fit
part de son secret à Nicomaque, son giton ; celui-ci
à Ciballinus, son frère, et Ciballinus au roi.

Quant aux découvertes de conspiration par
conjectures, on en a un exemple dans la conspiration de Pison contre Néron. La veille du jour où
l'empereur devait être poignardé, Scevinus, un des
conjurés, fit son testament ; il ordonna à son
affranchi Melichius d'aiguiser un vieux poignard
tout rouillé ; il donna la liberté à tous ses esclaves,
leur fit distribuer de l'argent et ordonna qu'on
préparât des bandes pour des blessures. Fondé sur
ces conjectures, Melichius l'accusa auprès de
Néron. Scevinus fut arrêté ainsi que Natalis, autre
conjuré avec qui on l'avait vu le jour précédent
s'entretenir longtemps et secrètement. Comme
leurs dépositions ne s'accordaient pas sur le sujet de
l'entretien, ils furent forcés de confesser la vérité,
ce qui entraîna la perte de tous les conspirateurs.

Il est impossible qu'une conspiration ne soit pas
découverte par une de ces trois causes : trahison,
imprudence ou légèreté, quand le nombre des
conjurés passe trois ou quatre. Dès qu'on en a
arrêté plus d'un, toute la trame est découverte,
parce qu'il est impossible que deux conjurés aient
convenu ensemble de toutes leurs réponses. Quand
on a arrêté un homme de cœur, il peut taire les
noms de ses complices ; mais il faut que ceux-ci ne
montrent pas moins de fermeté d'une autre manière : demeurer tranquilles, ne pas se trahir par la
fuite ; car dès que l'un d'eux manque de courage,
qu'il soit arrêté, qu'il soit libre, la conspiration est
dévoilée. Rien n'est si rare que ce qui arriva dans
celle rapportée par Tite-Live et tramée contre
Hiéronyme, tyran de Syracuse. Théodore, un des

conjurés, ayant été arrêté, eut la fermeté de taire les noms de ses complices, et accusa les amis du roi; d'un autre côté, les conjurés eurent tant de confiance dans le courage de Théodore, qu'aucun ne partit de Syracuse, ou ne donna le moindre signe de crainte.

Tels sont les dangers que l'on court dans une conspiration avant même d'en venir à l'exécution. Quels moyens de les éviter? Les voici : le premier, le plus sûr et, pour mieux dire, l'unique, est de ne pas laisser aux conjurés le temps de vous accuser, et pour cela, il ne faut leur confier votre projet qu'au moment de l'exécution, et pas avant. Ceux qui en ont usé ainsi ont à coup sûr évité les dangers du premier pas, et souvent ceux des deux autres. Leur entreprise même a presque toujours réussi. Or, il est toujours au pouvoir d'un chef habile de s'assurer cet avantage; je vais le prouver par deux exemples. Nélémate ne pouvant supporter la tyrannie d'Aristotime, tyran d'Épire, rassembla dans sa maison la plupart de ses parents et de ses amis, et les exhorta à délivrer leur patrie. Quelques-uns demandèrent du temps pour se consulter ou pour se préparer. Nélémate fit fermer sa maison par ses esclaves, et s'adressant à ceux qu'il avait ainsi rassemblés : « Jurez, leur dit-il, d'aller sur-le-champ exécuter ce que je vous propose, ou je vous livre tous prisonniers à Aristotime. » Effrayés de cette menace, ils jurent tous, sortent sans perdre un moment, et exécutent heureusement le projet de Nélémate. Un mage s'était emparé par ruse du royaume de Perse. Otanès, un des grands du royaume, ayant soupçonné et découvert la tromperie, s'en ouvrit à six autres personnes de son rang, et leur déclara qu'il était tout prêt à venger la Perse

de la tyrannie du mage. Quelqu'un d'eux demandant du temps : « Nous irons, leur dit Darius, un
de ceux qui avaient été convoqués, nous irons à
l'instant même frapper le tyran, ou je vais vous
accuser tous. » Ils se lèvent aussitôt, et tous d'un
commun accord, sans attendre le repentir, vont sur-
le-champ exécuter leur projet.

Les Étoliens se conduisirent à peu près de même
pour se défaire de Nabis, tyran de Sparte. Ils lui
envoyèrent Alexamène, un de leurs citoyens, avec
deux cents hommes et trente chevaux, en apparence
pour le secourir ; Alexamène avait seul le secret. Ils
ordonnèrent à tous ceux qui étaient sous ses ordres,
de lui obéir en tout, sous peine d'exil. Alexamène,
arrivé à Sparte, ne communique le projet à sa
troupe qu'au moment de tuer le tyran, et il en vient
à bout.

C'est ainsi que tous ces chefs de conspirations
surent éviter les périls qui précèdent l'exécution ;
ainsi les éviteront ceux qui auront la prudence de
les imiter ; chacun est en état de le faire ; c'est ce
que je prouverai par l'exemple de Pison, déjà cité.
Pison était un très grand personnage, fort considéré, un des hommes admis à la familiarité du prince
qui avait une très grande confiance en lui. Néron
allait manger souvent à la maison de campagne de
Pison ; Pison pouvait donc — la chose est facile à
un grand — s'entendre avec quelques amis de cœur
et d'esprit élevés, et capables d'exécuter le dessein.
Il aurait ensuite profité du moment où Néron se
serait trouvé dans ses jardins pour leur découvrir
son dessein, et les amener par des propos opportuns
à exécuter ce sur quoi ils n'avaient pas le temps de
délibérer ; il était impossible que le complot ne
réussît pas. Il est peu de conspirations, et à les bien

examiner toutes, il n'en est point qu'on n'eût pu
conduire avec cette prudence ; mais les hommes,
pour l'ordinaire peu habiles dans ces sortes d'affaires, commettent les fautes les plus lourdes, et
cela n'est pas étonnant dans des événements aussi
extraordinaires que des conspirations. On ne doit
donc dévoiler la conjuration qu'au moment de
l'action, ou qu'en cas d'absolue nécessité, et même
alors ne la dévoiler qu'à un seul ami, éprouvé dès
longtemps, et animé de la même ardeur que vous.
Un seul ami de cette trempe se trouve plus
facilement que plusieurs, et par conséquent il y a
moins de danger à lui confier son secret ; d'ailleurs,
en supposant qu'il vienne à vous trahir, il est plus
aisé de se défendre que lorsqu'il y a plusieurs
conjurés. J'ai entendu dire à des hommes sages
qu'on peut tout dire impunément à un seul
homme ; tant que l'accusateur ne possède rien qui
soit écrit de votre main, votre « non » vaut tous ses
« oui » ; mais gardez-vous d'écrire comme du plus
grand écueil, car il n'existe pas de preuve plus
convaincante contre vous qu'un écrit de votre main.

Plautianus, voulant faire poignarder l'empereur
Sévère et Antonin son fils, chargea de l'exécution le
tribun Saturninus. Celui-ci au lieu d'obéir, résolut
de le dénoncer ; mais persuadé qu'en l'accusant il
serait moins cru que Plautianus, il exigea de lui un
écrit qui pût attester les ordres qu'il avait reçus.
Plautianus aveuglé par son ambition le lui donna ; le
tribun s'en servit pour l'accuser et le confondre.
Sans cet écrit et d'autres indices, Plautianus se fût
sauvé, tant il niait avec audace.

Vous avez donc quelque chance de confondre un
accusateur, quand il n'a pas contre vous un écrit ou
témoignage probant : c'est de cela surtout qu'il faut

vous garder. Parmi les membres de la conspiration
de Pison, était une femme nommée Épicharis,
ancienne maîtresse de Néron. Celle-ci jugeant que,
pour le succès de l'entreprise, il était à propos de
mettre dans la confidence le commandant de
quelques trirèmes que Néron avait auprès de lui
pour sa garde, lui fit part de la conspiration sans
nommer les conjurés ; ce commandant la trahit et
l'accusa devant le prince ; mais Épicharis nia avec
tant d'audace que Néron confus n'osa pas la
condamner.

Il y a deux risques à se confier à un individu : le
premier, qu'il ne vous dénonce volontairement ; le
second, qu'étant arrêté sur quelque soupçon ou
quelque indice, il ne le fasse contraint par la
torture. Mais là encore, vous pouvez parer à ces
deux dangers : au premier, en alléguant que cet
homme vous hait, au second en disant qu'il ment
pour ne plus être torturé. La prudence consiste à ne
s'ouvrir à personne et à suivre les exemples que
nous avons déjà cités ; ou bien, quand vous ne
pouvez faire autrement, ne vous livrez qu'à un seul ;
c'est encore dangereux, mais bien moins qu'avec
plusieurs.

Il est un autre cas qui se rapproche fort de celui-
là : c'est celui où vous êtes acculé à faire au prince
ce qu'il veut vous faire à vous-même par une
nécessité si urgente qu'elle ne vous laisse pas
d'autre issue.

Cette nécessité assure ordinairement le succès ;
les deux traits suivants en fourniront la preuve.
L'empereur Commode avait pour intimes confi-
dents Letus et Électus, préfets du prétoire ; et une
certaine Martia était une de ses concubines de
prédilection. Las de s'entendre reprocher par eux

les turpitudes dont il souillait sa personne et l'empire, il résolut de s'en défaire. En conséquence, il écrit sur une liste les noms de Martia, de Letus, d'Électus et de quelques autres à mettre à mort la nuit suivante : il met cette liste sous le chevet de son lit, et se rend au bain. Un enfant qu'il aimait beaucoup, en jouant dans sa chambre et sur le lit, trouve cette liste ; comme il sortait l'ayant à la main, il rencontre Martia qui la lui prend, la lit, et fait courir après Letus et Électus ; tous les trois voyant le danger qui les menace décident de le prévenir, et, sans perdre de temps, la nuit suivante, ils abattent Commode.

Caracalla était en Mésopotamie à la tête d'une armée ; il avait pour préfet Macrin, citoyen paisible et peu guerrier ; et comme les méchants princes ne cessent de redouter qu'on leur fasse ce qu'ils méritent, Caracalla écrivit à Rome à son ami Maternianus de consulter les astrologues pour savoir s'il y avait quelqu'un qui aspirât à l'empire, et de lui en donner avis. Maternianus lui répond et désigne Macrin ; mais la lettre avant d'arriver à l'empereur, parvient à Macrin qui reconnaît la nécessité d'abattre l'empereur avant qu'une autre lettre n'arrive et qu'il ne soit abattu lui-même. Or il avait parmi ses centurions les plus sûrs Martialis, dont Antonin avait fait mettre à mort un frère peu de jours avant : il le charge de tuer l'empereur et Martialis s'en acquitte heureusement. On voit par là que la nécessité qui vous accule à l'action obtient le même effet que le moyen dont se servit Nélémate en Épire. On y voit aussi la preuve de ce que j'ai avancé au commencement de ce discours : les menaces font plus de tort aux princes et donnent plus souvent lieu à des conspirations que leurs crimes eux-mêmes ; c'est surtout ce dont ils doivent se garder. Il faut caresser les hommes, ou s'en débarrasser. Gardez-vous de les acculer jamais à l'alternative d'être abattus eux-mêmes, ou de vous abattre.

Quant aux dangers qui accompagnent l'exécution, ils proviennent soit d'un contre-ordre, soit de ce que le cœur vient à manquer à l'exécuteur, ou de ce qu'il commet une maladresse, ou enfin du fait qu'il laisse l'entreprise imparfaite en faisant grâce à quelques-uns de ceux qu'il devait abattre. Or j'affirme qu'il n'est rien qui déconcerte ou entrave autant une action engagée par les hommes que d'avoir brusquement et sans délai à changer tous leurs plans et à les détourner de leur direction première. Et si jamais contre-ordre engendre désordre, c'est bien à la guerre et dans les actions du genre de celles dont nous traitons. Rien n'est plus essentiel alors que chacun des participants ait fermement arrêté dans son esprit le rôle qu'il doit remplir : si durant plusieurs jours les acteurs ont appliqué leur imagination à une certaine façon d'être et d'agir et qu'il leur faille en changer tout soudain, il est inévitable que tous soient déconcertés et que tout s'écroule. En sorte qu'il vaut mieux en pareil cas suivre le plan fixé, même s'il vous présente un inconvénient, que de s'exposer pour l'éviter à en rencontrer mille. Or c'est fatalement ce qui se passe lorsqu'on est pressé par le temps ; mais quand on a le temps de réfléchir, on se dirige comme on veut.

On connaît la conspiration des Pazzi contre Laurent et Julien de Médicis [39]. On devait dîner chez le cardinal San Giorgio, et c'était au cours du dîner qu'on devait les tuer. Les rôles étaient distribués : qui s'était chargé de les frapper ; qui, de s'emparer du palais, et qui, de courir la ville et d'appeler le peuple à la liberté. Or au cours de l'office solennel auquel, ce matin-là, assistaient le cardinal, les Pazzi et les Médicis, on apprit que Julien ne serait pas au dîner. Il fallut réunir les conjurés et décider d'exécuter dans l'église même ce qu'ils avaient projeté de faire dans la maison du cardinal. Ceci bouleversa tous les plans. Giovam-battista di Montesecco refusa de se prêter à un homicide dans une église ; il fallut donc distribuer tous les rôles, et faute de temps pour entrer dans leurs nouveaux personnages, les acteurs commirent des bévues et furent écrasés.

Il arrive encore qu'au moment de frapper, le cœur vient à manquer à l'exécuteur, soit lâcheté, soit respect (de sa victime) : telle est en effet la majesté prestigieuse qui émane de la personne des princes qu'elle peut intimider le meurtrier. Marius avait été pris par les habitants de Minturnes qui envoyèrent un esclave pour le tuer. Celui-ci, tout saisi à l'aspect imposant d'un tel homme et aux souvenirs qu'évoquait un si grand nom, se sentit défaillir et n'eut pas la force de frapper. Or, si un homme enchaîné, prisonnier et accablé du poids de la mauvaise fortune peut conserver un pareil pouvoir, à quel point doit-on redouter qu'un prince puisse l'exercer, quand il est libre, maître, revêtu de toute la pompe de tous les ornements royaux, entouré d'un nombreux et magnifique cortège. Mais si cet appareil seul est capable de vous épouvanter, un accueil humain peut aussi vous désarmer.

Quelques-uns des sujets de Sitalcès, roi de Thrace, conspirèrent contre lui ; ils fixèrent un jour

et se rendirent au lieu convenu où était le prince ;
là, nul ne fit aucun mouvement pour le frapper ; si
bien qu'ils partirent sans avoir rien tenté, sans
savoir ce qui les en avait empêchés, et s'accusant
mutuellement de ce défaut d'action. Ils commirent
la même faute plusieurs fois de suite, si bien enfin
que la conspiration fut découverte, et qu'ils portèrent la peine du mal qu'ils avaient pu et n'avaient
pas voulu commettre.

Deux frères d'Alphonse, duc de Ferrare, conspirèrent contre lui ; ils se servirent pour l'exécution
de leur complot de Giannès, aumônier et chanteur
de ce prince. Celui-ci, à leur demande, amena
plusieurs fois le duc au milieu d'eux, de manière
qu'ils eurent chaque fois la faculté de le poignarder ; aucun d'eux n'en eut le courage. La conspiration fut découverte et ils furent châtiés de leur
scélératesse et de leur bêtise. Leur impuissance ne
put naître que du prestige de ce prince qui les
intimida, ou de quelque geste humain qui les
désarma. Ce qui fait aussi échouer l'exécution de
tels complots, c'est que soudain la cervelle ou le
cœur se dérobent : l'une et l'autre se troublent, et,
perdant la tête, vous êtes entraîné à parler et à agir
tout au rebours de ce qu'il faut. Rien ne prouve
mieux combien il est exact qu'on se trouble et se
confonde ainsi que le récit fait par Tite-Live de la
tentative d'Alexamène, envoyé à Sparte par les
Étoliens pour tuer Nabis : le moment venu, après
avoir découvert à ses soldats le secret de leur venue,
il fallut que « lui-même, il rassemblât ses esprits ».
Ce sont les propres termes de l'historien : *Collegit
et ipse animum, confusum tantae cogitatione rei* [40]. Il
est impossible qu'un homme, quelque fermeté qu'il
ait, quelque accoutumé qu'il soit à voir mourir les

hommes et à verser le sang, ne soit troublé dans ces moments. Aussi ne doit-on choisir pour porter de pareils coups que des hommes éprouvés en pareilles rencontres, et ne pas se confier à d'autres, quelque courage qu'ils aient d'ailleurs eu dans les occasions importantes. Il n'est que l'homme qui a déjà éprouvé son courage qui puisse assurer qu'il n'en manquera pas. Le trouble peut faire tomber l'arme des mains, ou vous porter à lâcher des mots qui produisent le même effet.

Lucilla, sœur de Commode, ordonna à Quintianus de tuer ce prince. Celui-ci attendit ce prince à l'entrée de l'amphithéâtre, et s'approchant de lui, un poignard nu à la main : « Voilà, s'écria-t-il, ce que le Sénat t'envoie. » Sur ces mots, il est arrêté avant d'avoir pu abaisser le bras pour frapper.

Antoine de Volterre, envoyé comme nous l'avons dit, pour poignarder Laurent de Médicis, s'écria en l'approchant : « Ah, traître ! » Ce seul mot sauva Laurent et perdit les conjurés.

Les conspirations peuvent rater quand elles visent un seul chef ; elles ratent bien plus aisément quand elles en visent deux ; il est même extrêmement rare qu'alors elles réussissent. En effet, porter deux coups de cette nature et cela dans le même instant, en des lieux différents, est presque un miracle ; car exécuter ces entreprises en deux temps différents, c'est risquer que la première fasse échouer la seconde. S'il est donc chanceux, périlleux et peu sage de conspirer contre un prince, contre deux, c'est pure folie. Sans le respect que j'ai pour l'historien Hérodien, je ne pourrais le croire lorsqu'il conte que Plautianus chargea le centurion Saturnius de poignarder, lui seul, Sévère et Caracalla qui habitaient deux palais différents ; cela me paraît si invraisemblable que seule une pareille autorité pourrait me le faire admettre.

De jeunes Athéniens conspirèrent contre Dioclès et Hippias, tyrans d'Athènes ; ils tuèrent Dioclès, manquèrent Hippias qui le vengea. Chion et Léonide d'Héraclée, disciples de Platon, conspirèrent contre les tyrans Cléarque et Satire. Cléarque fut tué, mais Satire le vengea. Les Pazzi, dont nous avons déjà parlé plusieurs fois, ne réussirent à abattre que Julien.

On doit donc se garder de conspirer contre plusieurs personnes. Ces sortes de complots ne rapportent rien de bon ni aux conjurés, ni à leur patrie, ni à leurs concitoyens ; ceux des tyrans qui survivent sont encore plus cruels et rendent leur joug plus insupportable. Florence, Athènes, Héraclée, nous en ont fourni la preuve. Il est vrai que la conspiration de Pélopidas, pour délivrer Thèbes sa patrie, réussit malgré tous ses obstacles ; et ce n'est pas à deux tyrans seulement qu'il avait affaire, mais à dix : bien plus, loin d'avoir auprès d'eux un accès facile, il était rebelle et banni : cependant il pénétra dans Thèbes, il parvint à les massacrer tous les dix, et à rendre la liberté à son pays. Mais il ne réussit ainsi que par l'entremise d'un certain Carron, conseiller intime des tyrans, qui lui facilita l'accès auprès d'eux, et par conséquent le succès de son entreprise. Que son exemple cependant ne séduise personne ; son entreprise rencontrait des difficultés insurmontables et son succès tient du prodige ; aussi les historiens l'ont-ils célébrée comme un événement extraordinaire et sans exemple.

Une crainte injustifiée, un incident qui survient à l'improviste au moment de l'action font échouer les plans les mieux concertés. Le matin du jour où

Brutus et les autres conjurés devaient assassiner César, il arriva que celui-ci eut une longue conversation avec l'un d'eux, Popilius Léna. Les autres qui s'en aperçurent se crurent trahis par lui. Ils furent sur le point de poignarder César sur-le-champ et sans attendre qu'il fût arrivé au Sénat. Ils l'eussent fait, s'ils n'avaient pas vu finir la conversation sans que César fît aucun mouvement insolite, ce qui les rassura.

Fondées ou non, de telles craintes sont à considérer avec attention, les conjurés y étant forcément sujets. Qui se sent coupable, croit facilement qu'on parle de lui. On peut entendre un mot dit dans une tout autre intention, qui cependant vous trouble parce que vous le croyez dit pour vous; vous pouvez en fuyant faire découvrir la conjuration ou la faire échouer en pressant mal à propos le moment de l'exécution. Tout cela doit arriver d'autant plus aisément que les conjurés sont en plus grand nombre.

Quant aux incidents imprévus, on ne peut en donner une idée qu'en citant des exemples, afin de mettre en garde contre leurs effets. Giulio Belanti, dont nous avons parlé précédemment et conté le ressentiment contre Pandolfo Petrucci qui, après lui avoir donné sa fille en mariage, la lui avait reprise, résolut de le tuer, et il choisit ainsi son moment. Pandolfo allait presque tous les jours visiter un de ses parents malades, et passait devant la maison de Giulio. Celui-ci en ayant fait l'observation, aposta chez lui les conjurés pour tuer Pandolfo lors de son passage; ils se cachent bien armés derrière la porte, tandis que l'un d'eux à la fenêtre devait faire signe au moment où il passerait et se trouverait devant la porte. Pandolfo vient en effet, le signal est donné;

mais il avait rencontré un de ses amis avec lequel il s'était arrêté; quelques-uns de ceux qui étaient avec lui avaient toujours continué leur marche et ayant aperçu quelques mouvements et entendu le bruit des armes, ils découvrirent l'embuscade, de sorte que Pandolfo fut sauvé. Giulio et les autres conjurés furent obligés de s'enfuir de Sienne. Cette rencontre fut un de ces événements qu'on ne peut prévoir et qui fit manquer l'entreprise de Giulio. Ces sortes d'accidents sont rares, mais il est impossible d'y parer. On doit prévoir autant que possible ceux qui peuvent naître et s'en garantir.

Il ne reste plus à parler que des dangers qui suivent l'exécution. Il n'y en a qu'un, le voici : c'est qu'il reste quelqu'un qui venge le prince mort. Il peut laisser en effet des frères, des enfants, des parents qui peuvent hériter de la principauté, qui sont épargnés ou par votre négligence ou par quelques-uns des motifs que nous avons rapportés plus haut, et qui se chargent de le venger. C'est ce qui arriva à Giovannandrea di Lampognano, qui, avec d'autres conjurés, tua le duc de Milan; il resta un fils et deux frères du mort, qui eurent le temps de le venger. Les conjurés n'ont dans ce cas aucun reproche à se faire, parce qu'il n'y a pas là de remèdes; mais ils ne méritent pas d'excuse, quand par bêtise ou par négligence ils laissent échapper quelqu'un.

Des conjurés de Forli tuèrent le comte Girolamo (Riario) leur seigneur; jugeant qu'ils ne seraient pas tranquilles s'ils ne s'emparaient pas de la citadelle, et son commandant se refusant à la leur livrer, ils obtinrent de Madoma Caterina — car c'est ainsi qu'on appelait la comtesse — la promesse qu'elle la leur ferait livrer pourvu qu'ils lui permissent d'y pénétrer : elle leur laissait ses enfants comme garants. Les conjurés, moyennant ces gages, acceptèrent, mais elle, sitôt dans la citadelle, monta sur les remparts, les accusa de lui avoir tué son mari, et les menaça des pires vengeances. Et pour attester qu'elle n'avait cure de ses enfants, elle leur montra ses parties sexuelles, disant qu'elle avait de quoi en faire d'autres. Ainsi nos nigauds payèrent plus tard leur sottise par un exil perpétuel.

Mais de tous les dangers qui suivent l'exécution, il n'en est pas de plus certain ni de plus redoutable que l'affection portée par le peuple au prince mort. Pour les conjurés, il n'est pas à cela de remède, parce qu'ils ne peuvent jamais se débarrasser de tout un peuple. Nous citerons en exemple César qui, pour s'être fait aimer du peuple, fut vengé par le peuple qui chassa les conjurés de Rome ; il fut cause qu'ils périrent tous de mort violente en divers temps et en divers lieux.

Les conspirations contre la patrie sont moins dangereuses pour ceux qui les font que celles contre des princes : peu de dangers à les organiser ; les mêmes dangers à les exécuter ; après l'exécution, aucun.

Très peu de dangers à les organiser : en effet un citoyen peut aspirer à la souveraine puissance sans manifester à personne son intention, et sans faire part de ses projets ; si rien ne l'arrête, il peut parvenir heureusement à son but, ou si quelque loi contrariait ses vues, attendre un moment plus favorable et s'ouvrir une nouvelle voie. Ceci ne peut avoir lieu que dans une république déjà corrompue ; dans une république saine, où rien ne donne prise au mal, de pareils projets ne peuvent venir à l'esprit de personne. Ses citoyens peuvent donc, sans courir de grands dangers, par une infinité de voies et de moyens, aspirer au pouvoir suprême pour deux raisons : d'une part les républiques sont moins promptes au soupçon que les princes et par conséquent moins sur leurs gardes; de l'autre elles ont plus de considération pour leurs grands hommes, ce qui rend ceux-ci plus audacieux et plus ardents à conspirer. Tout le monde a lu la conjuration de Catilina écrite par Salluste. On sait qu'après sa découverte, Catilina, non seulement resta dans Rome, mais vint au Sénat et y insulta le Sénat et le consul, tant on conservait d'égards et de ménagements envers tous les citoyens. Même après son départ de Rome pour se rendre à l'armée qu'il avait sur pied, jamais Lentulus et les autres conjurés n'eussent été arrêtés si l'on n'eût découvert des lettres de leur main qui les déclaraient coupables. Hannon, un des plus puissants citoyens de Carthage, aspirait à la tyrannie; il avait choisi le temps des noces d'une de ses filles pour emprisonner le Sénat et s'emparer du pouvoir suprême; le complot fut découvert. Le Sénat se borna à voter quelques restrictions aux dépenses dans les noces et banquets : tel était le respect qu'ils portaient à sa valeur. Il est vrai que pour l'exécution d'une conspiration contre une république, il y a plus de périls à surmonter, plus d'obstacles à vaincre. Rarement les forces d'un conspirateur suffisent-elles contre tout un peuple; et peu d'hommes sont à la tête d'une armée comme César, Agathoclès, Cléomène et tant d'autres qui ont, ouvertement et d'un seul coup, asservi leur patrie. Pour ceux-ci l'exécution est aussi sûre que facile; mais ceux qui n'ont pas de pareilles forces doivent employer la ruse et l'adresse ou se faire appuyer par des forces étrangères.

Quant à l'emploi de la ruse, en voici des exemples : Pisistrate, après la victoire qu'il avait remportée sur ceux de Mégare, adoré du peuple d'Athènes, sort un matin de chez lui blessé ; il accuse la noblesse de l'avoir attaqué par jalousie, et demande pour sa sûreté la permission de se faire suivre de gens armés. De ce premier degré de l'autorité, il sut s'élever si haut qu'en peu de temps il devint tyran d'Athènes. Pandolfo Petrucci rentra dans Sienne avec d'autres *fuorusciti ;* on le fit commandant de la garde de la place, emploi regardé comme subalterne et que les autres refusèrent. Cependant il sut si bien accroître sa considération, au moyen de ces hommes armés qui étaient sous ses ordres que peu après il était le seul maître. Beaucoup d'autres ont employé des moyens semblables et sont parvenus sans danger et en très peu de temps au pouvoir.

Tous ceux qui, soit avec leurs propres forces, soit avec le secours de troupes étrangères, ont conspiré contre leur patrie, ont eu des succès différents, suivant les événements. Catilina, que nous avons déjà cité, succomba ; Hannon, dont nous avons déjà fait mention, n'ayant pas réussi à se servir du poison, arma ses partisans au nombre de plusieurs mille, et il périt avec eux. Quelques-uns des premiers citoyens de Thèbes, voulant opprimer leur patrie, appelèrent à leur secours une armée de Sparte, et s'emparèrent de la souveraine autorité. Examinez toutes les conspirations formées contre des républiques, vous n'en trouverez aucune, ou du moins fort peu, qui aient échoué dans l'organisation même du complot; mais c'est dans l'exécution que bon nombre d'elles échouent.

Une fois exécutées, elles n'entraînent point d'autres périls que ceux qui sont attachés à la nature du pouvoir. Celui qui est parvenu à la tyrannie ne court que les dangers attachés au caractère de tyran, dont on ne peut se garder que par les moyens indiqués plus haut.

Voilà tout ce qui s'est présenté à mon esprit lorsque j'ai voulu traiter le sujet important des conspirations. Si j'ai parlé de celles où l'on emploie le fer, et non de celles où l'on se sert du poison, c'est que la marche des unes et des autres est absolument la même. Il est vrai que les dernières sont d'autant plus dangereuses que le succès en est plus certain. Tout le monde n'a pas le moyen d'employer cette arme; il faut donc s'entendre avec ceux qui l'ont, et de là naît un très grand danger; ensuite, pour toutes sortes de raisons, un poison peut ne pas donner la mort : il en fut ainsi pour Commode. Ceux qui conspirèrent contre lui, voyant qu'il ne voulait pas prendre le breuvage qu'ils lui avaient présenté, et voulant cependant le faire périr, furent obligés de l'étrangler. Partant, le plus grand des malheurs qui puisse arriver à un prince, c'est que l'on conspire contre lui; car une conspiration le fait périr, ou le déshonore : si la conjuration réussit, il périt; si elle est découverte, il met à mort les conjurés, mais on croit toujours qu'elle est une invention du prince pour assouvir sa cruauté, son avarice, sa soif du sang et des biens de ceux qu'il a fait mettre à mort. Je ne manquerai donc pas de donner un avis important aux princes et aux républiques contre qui on aurait conspiré. La conjuration est-elle découverte, avant de chercher à sévir, il faut en examiner mûrement la nature et l'importance, peser avec soin les ressources des conjurés et celles qu'on a soi-même. Si vous trouvez les conjurés nombreux et puissants, gardez-vous de les démasquer avant d'avoir la force suffisante pour les écraser, faute de quoi vous démasqueriez votre impuissance, et ceux-ci, talonnés par la nécessité, agiraient dès lors sans égard. Nous en avons un exemple chez les Romains. Ils avaient laissé à Capoue deux légions pour en défendre les habitants contre les Samnites; les officiers, comme nous l'avons dit ailleurs, conspirèrent pour s'emparer de la ville. Cette nouvelle portée à Rome, on commanda au nouveau consul Rutilius d'y pourvoir. Rutilius, pour endormir les conjurés, publia d'abord que le Sénat prolongeait les quartiers de ces légions dans Capoue : les soldats le crurent, et jugeant qu'ils avaient bien le temps, au lieu de précipiter les choses, les laissèrent traîner jusqu'au moment où ils virent que le consul les séparait les uns des autres. Cette démarche éveilla leurs soupçons, et fut cause qu'ils levèrent le masque et exécutèrent leurs projets.

On ne peut pas présenter un exemple qui serve davantage aux conspirateurs et à ceux contre qui on conspire. En effet, on voit d'une part combien les hommes se pressent peu lorsqu'ils croient avoir du temps devant eux, et combien ils se décident promptement quand ils se trouvent forcés par la nécessité. De même un prince ou une république qui, pour leur avantage, veulent différer la découverte d'une conspiration, ne peuvent employer de meilleur moyen que de présenter avec art aux conjurés une occasion prochaine d'agir, afin qu'ils se déterminent à l'attendre, ou que, persuadés qu'ils auront du temps à eux, ils laissent au prince ou à la république celui de les accabler.

Qui s'est conduit autrement a accéléré sa perte : c'est ce que firent le duc d'Athènes et Guglielmo de Pazzi. Le duc devenu maître de Florence, instruit qu'il y avait une conspiration contre lui, fit arrêter sans autre examen un des conjurés. Cet éclat fit prendre à l'instant les armes aux autres, et le fit dépouiller de ses États.

Guglielmo était commissaire dans le Val di Chiana en 1501. Il apprend qu'on tramait à Arezzo une conspiration en faveur des Vitelli, pour enlever cette ville aux Florentins. Il s'y rend à l'instant, et sans faire attention aux forces des conjurés, sans mesurer les siennes, et sans préparatifs, sur les conseils de son fils, évêque de cette ville, il fait saisir un des conjurés. A l'arrestation de celui-ci, les autres prennent aussitôt les armes, secouent le joug des Florentins, et Guglielmo, de commissaire qu'il était, devient leur prisonnier.

Mais quand la conspiration a peu de forces, on peut et on doit l'étouffer le plus promptement possible. Il ne faut pas imiter dans ce cas les deux exemples que nous allons citer, quoique directement opposés entre eux. Le premier nous est fourni par le duc d'Athènes qui, pour prouver combien il était assuré de l'attachement des Florentins, fit mourir un individu qui venait lui découvrir la conspiration tramée contre lui. L'autre est fourni par Dion de Syracuse qui, voulant éprouver quelqu'un dont il suspectait la fidélité, ordonna à Callipe, en qui il avait toute confiance, de faire semblant de vouloir conspirer contre lui. L'un et l'autre de ces princes se trouvèrent mal de leur conduite. Le premier découragea les accusateurs et encouragea l'opposition ; le second fraya à sa propre mort une voie facile, bien plus il commanda lui-même la conjuration contre lui : il ne le vit que trop bien. Callipe, auquel il avait laissé les mains libres, lui arracha le pouvoir et la vie.

. . . .

XII

COMMENT UN HABILE CAPITAINE DOIT METTRE SES SOLDATS DANS LA NÉCESSITÉ DE SE BATTRE, ET MÉNAGER A CEUX DE L'ENNEMI TOUS LES MOYENS DE S'EN DISPENSER

Nous avons déjà montré combien les hommes tirent d'avantages de la nécessité, et combien d'actions glorieuses lui doivent leur origine. Comme l'ont écrit quelques philosophes qui ont traité de la morale, les mains et la langue des hommes, ces deux nobles artisans de sa grandeur, ne l'auraient jamais portée à la perfection où nous la voyons, sans l'aiguillon de la nécessité. Les anciens chefs d'armée, connaissant l'empire de cette nécessité et combien elle rendait leurs soldats déterminés à combattre, ne négligeaient aucun des moyens de les y acculer ; d'autre part ils mettaient tout leur art à en affranchir l'ennemi : ainsi, plus d'une fois, ils lui facilitèrent une retraite qu'ils pouvaient lui couper, tandis qu'ils coupaient à leurs soldats celle qu'ils pouvaient leur ménager. Celui qui désire qu'une ville fasse une défense vigou-reuse, qu'une armée se batte avec intrépidité, doit donc s'attacher surtout à insuffler au cœur de ses soldats le sentiment impérieux d'une telle nécessité : c'est d'après elle qu'un habile capitaine jugera du succès d'un siège qu'il veut entreprendre. Si la nécessité force les assiégés à se défendre, il doit regarder son entreprise comme très difficile ; mais s'ils n'ont que de faibles motifs de résistance, il la jugera facile. De là vient qu'il en coûte plus de peines pour soumettre un pays révolté qu'il n'en a coûté pour le conquérir. N'ayant rien fait avant la conquête qui pût lui attirer un châtiment, il se rend sans inquiétude ; mais après sa rébellion, le sentiment de son crime et la crainte d'en être puni rendent sa résistance plus opiniâtre.

....

XX

UN TRAIT D'HUMANITÉ
FUT PLUS EFFICACE SUR LES FALISQUES
QUE TOUTE LA FORCE DES ROMAINS

Pendant que Camille assiégeait avec son armée la ville des Falisques, un certain magister chargé d'instruire les enfants des principaux citoyens de Falère, désireux de gagner la faveur de Camille et du peuple romain, sortit de la ville avec ses élèves, sous prétexte de leur faire prendre de l'exercice ; il les conduisit dans le camp des Romains et les présenta à Camille en lui disant « qu'il remettrait entre ses mains des otages avec lesquels il forcerait facilement la ville à se rendre ». Non seulement Camille n'accepta point son offre, mais il fit encore dépouiller ce traître de ses vêtements, lui fit lier les mains derrière le dos, fit distribuer des verges à chacun de ces enfants, et le leur fit reconduire à Falère, flagellé copieusement. Quand les Falisques surent ce qui venait de se passer, ils furent si touchés de l'humanité et de la loyauté de Camille que sans se défendre davantage, ils lui ouvrirent les portes de la cité.

Cet exemple prouve combien peut être plus efficace, qu'un geste de violence féroce, un geste humain et charitable. Il prouve aussi que des provinces, des villes que les armes, les machines de guerre et le déploiement de toutes les forces humaines n'ont pu vous livrer, un simple geste d'humanité ou de pitié, de chasteté ou de générosité vous les ouvre. L'histoire en offre beaucoup d'autres exemples. Les armes des Romains ne pouvaient chasser Pyrrhus de l'Italie ; Fabricius en lui dévoilant la perfidie d'un de ses familiers qui avait offert aux Romains de l'empoisonner, l'en fit sortir par ce trait de grandeur d'âme. La prise de Carthagène ne fit point à Scipion l'Africain tant d'honneur en Espagne que l'exemple de chasteté qu'il y donna quand il restitua à son mari, intacte, une jeune et belle femme qui était sa prisonnière : geste qui lui gagna tous les cœurs en Espagne. On voit aussi dans l'histoire que les peuples désirent vivement retrouver ces vertus dans les grands hommes ; qu'elles sont l'objet de tous les éloges des écrivains, de ceux qui composent la vie des princes, et de ceux qui leur tracent des plans de conduite. Xénophon, entre autres, s'applique avec le plus grand soin à nous faire sentir combien l'affabilité, l'humanité de Cyrus, son constant éloignement pour la hauteur, la cruauté, la débauche et pour tous les vices propres à déshonorer l'homme, lui acquirent de réputation, de vraie gloire et de

triomphes. Cependant comme Annibal avec une
conduite tout opposée se fit un nom célèbre et
remporta de grandes victoires, il me semble à
propos d'examiner dans le chapitre suivant quelle
en fut la cause.

XXI

POURQUOI ANNIBAL, AVEC UNE CONDUITE OPPOSÉE
A CELLE DE SCIPION, EUT EN ITALIE LES MÊMES
SUCCÈS QUE CE CHEF ROMAIN EN ESPAGNE

Je pense que l'on pourra s'étonner de voir
quelques capitaines obtenir, en suivant une
conduite tout opposée, les mêmes résultats que
ceux qui se sont conformés aux règles dont nous
venons de faire l'éloge. Il semble donc que la
victoire ne dépend pas de telle ou telle conduite, et
que les vertus louées dans le discours précédent ne
rendent ni plus heureux, ni plus puissant, puisque
la gloire et la réputation sont quelquefois le prix des
vices contraires ; et pour ne pas quitter mes deux
grands hommes et mieux illustrer mon propos, je
dis que nous voyons Scipion, dès son entrée en
Espagne, y gagner toute la nation et s'y faire
vénérer et adorer des peuples pour son humanité et
son grand cœur ; qu'en revanche, nous voyons
Annibal, quand il envahit l'Italie, s'y comporter
avec violence, cruauté et avarice ; y déployer tous les
genres de perfidies, et y obtenir néanmoins les
mêmes succès que Scipion en Espagne : les villes,
les peuples entiers se révoltent pour embrasser son
parti.

En recherchant les causes de cette différence, on

en trouve plusieurs, fondées dans la nature même
des événements de ce genre : la première est la
fureur des hommes pour la nouveauté, fureur qui
agit autant sur les heureux que sur les malheureux ;
nous l'avons déjà dit, et c'est pure vérité, que les
hommes se désolent de la misère et se dégoûtent
du bien-être. Une telle fureur ouvre les portes
d'une contrée à quiconque y prend l'initiative d'une
innovation. S'il vient du dehors, on court au-devant
de lui ; s'il est du pays, on l'environne, on grossit,
on favorise son parti ; quels que soient sa marche
et son parti, il fait des progrès rapides. En second
lieu, deux grands mobiles font agir les hommes,
l'amour et la crainte ; en sorte que celui qui se fait
aimer prend autant d'empire sur eux que celui qui
se fait craindre. Disons bien que la crainte rend
souvent leur soumission plus prompte et plus
assurée.

Partant, il importe assez peu qu'un chef choisisse
l'un ou l'autre de ces procédés, pourvu qu'il soit
homme d'assez grande *virtù* pour se faire un grand
nom parmi les hommes. Quand cette *virtù* est celle
d'Annibal ou de Scipion, elle rachète toutes les
fautes auxquelles expose un trop grand désir de se
voir aimé ou craint. Ces deux désirs peuvent
produire beaucoup de maux et mener un prince à
sa perte. Celui qui porte trop loin le désir de se
faire aimer ne recueille bien vite que le dédain, si
peu qu'il passe la juste mesure ; et celui qui la passe
pour trop se faire craindre, ne recueille que la
haine. Il n'est point donné à notre nature de
pouvoir tenir exactement un juste milieu. Tout
excès d'un côté ou de l'autre doit donc être racheté
par une *virtù* comme celle d'Annibal et Scipion ; on
voit que néanmoins l'un et l'autre eurent tantôt à

pâtir, tantôt à se louer de leur manière d'agir. Nous avons dit les succès qu'elle leur valut : en voici les revers.

Scipion eut le malheur de voir en Espagne ses soldats et une partie de ses alliés se révolter contre lui : cela vint uniquement de ce qu'il ne leur inspirait aucune crainte, car il y a dans les hommes une humeur inquiète qui est telle que si l'on ouvre la plus petite porte à leur ambition, ils oublient à l'instant toute leur affection pour un prince que sa bonté leur avait fait chérir. Tel fut l'exemple que donnèrent les troupes et les alliés de Scipion qu'il fut forcé, pour arrêter le mal, de recourir à ces mesures de rigueur pour lesquelles il avait montré tant d'éloignement. Quant à Annibal, il ne paraît pas que sa cruauté et son peu de foi lui aient attiré des revers particuliers; mais on doit présumer que la ville de Naples, ainsi que plusieurs autres, ne demeurèrent fidèles aux Romains que par la peur que leur inspira cette réputation. Il est au moins bien certain que cela fit concevoir au peuple romain plus de haine pour lui que pour aucun autre de ses ennemis. Rome, qui avait révélé à Pyrrhus, lors même qu'il était encore en Italie avec son armée, l'offre faite par son médecin de l'empoisonner, poursuivit Annibal, errant et désarmé, avec tant d'acharnement qu'elle le contraignit à se donner la mort. Il est vrai que si l'impiété, la perfidie et la cruauté d'Annibal eurent pour lui des suites si funestes, il leur dut aussi un avantage très grand et admiré par tous les historiens : celui de n'avoir vu s'élever dans une armée composée d'hommes de tant de nations différentes, ni dissensions entre eux, ni séditions contre leur chef. Cet ordre n'était dû qu'à la crainte générale qu'il inspirait; elle était si grande dans l'âme de ses soldats que, jointe à sa haute réputation, elle étouffait parmi eux jusqu'à l'idée d'une querelle ou d'un soulèvement.

Je pense donc qu'il doit être à peu près indifférent qu'un capitaine emploie l'un ou l'autre de ces deux moyens, pourvu qu'il ait des qualités capables de tempérer l'effet des excès qu'il pourrait s'y permettre. Ce qui a été dit montre que tous les deux ont leurs défauts et leurs dangers, si l'on n'est pas soutenu par une exceptionnelle *virtù*.

Et puisque Scipion et Annibal, l'un par ses belles actions, l'autre par ses détestables, obtinrent les mêmes résultats, je crois devoir parler de deux citoyens romains qui acquirent également de la gloire avec une conduite différente, mais toujours digne d'éloges.

XXII

COMMENT MANLIUS TORQUATUS, PAR SA RUDESSE,
ET VALÉRIUS CORVINUS, PAR SA BONTÉ,
CONQUIRENT TOUS DEUX LA MÊME GLOIRE

Rome eut en même temps deux guerriers célèbres, Manlius Torquatus et Valérius Corvinus, égaux en *virtù*, égaux par leurs triomphes et leur gloire, pareils envers l'ennemi, mais profondément opposés dans leur façon de traiter leurs soldats. Manlius, toujours sévère, exigeait sans cesse des travaux pénibles de ses soldats. Valérius, plein de douceur et d'affabilité, commandait aux siens avec la bonté d'un père. Pour rendre les soldats obéissants, le premier fit périr son propre fils, l'autre ne fit jamais de mal à personne. Avec des manières si différentes, ils obtinrent les mêmes succès contre l'ennemi, en faveur de la république et pour leur intérêt particulier. Jamais un seul de leurs soldats ne refusa de se battre, ne se révolta contre eux ou ne témoigna même l'ombre d'un dissentiment d'avec la moindre de leurs volontés : et pourtant Manlius commandait si durement qu'on baptisa *Manliana imperia* tous les ordres d'une sévérité excessive. Il faut examiner pourquoi Manlius fut si rigoureux et Valérius si doux; comment des chemins si opposés les menèrent au même but et quel est celui des deux qu'on doit imiter.

Si l'on observe bien le caractère de Manlius depuis l'instant où Tite-Live commence à parler de lui, on reconnaîtra que c'était un homme rempli de courage, de piété filiale et patriotique et de respect envers ses supérieurs. On le vit bien à la façon dont il défendit son père contre un tribun et à ces paroles qu'il adressa au consul avant de se mesurer avec le Gaulois : *Iniussu tuo adversus hostem nunquam pugnabo, non si certam victoriam videam* [41]. Un homme de ce caractère, parvenu au commandement, désire trouver des hommes qui lui ressemblent. Ses ordres, et la manière dont il en exige la stricte exécution, portent l'empreinte de la force de son âme. C'est une règle certaine que celui qui donne des ordres sévères doit les faire exécuter avec rigueur; autrement on le trompera. Observons à ce sujet que pour être obéi il faut savoir commander; ceux-là le savent qui ne donnent un ordre qu'après avoir mesuré leurs qualités à celles de leurs inférieurs, et quand la mesure en est satisfaisante, commandent, si elle ne l'est pas, s'abstiennent.

Pour conserver le pouvoir dans une république par la rigueur, il faut, disait un sage, que l'oppresseur soit plus fort que l'opprimé; son autorité ne dure que le temps de sa supériorité, et s'évanouit aussitôt que le rapport des forces est renversé.

Pour en revenir à mon sujet, je dis qu'il faut être fort soi-même pour commander des actions fortes, et que ce n'est point par la douceur que cet homme fort peut faire exécuter de pareils ordres. Celui qui n'a point cette trempe d'âme ne doit rien ordonner d'extraordinaire, et ce n'est que dans le train-train ordinaire qu'il peut céder à son goût de la bonté; car les punitions ordinaires ne sont pas imputées à ceux qui commandent, mais aux lois et à la nécessité de maintenir la discipline. On doit donc croire que Manlius fut forcé à tant de rigueur par l'excessive sévérité des ordres que lui inspirait son caractère. Cette sévérité est utile à une république parce qu'elle la ramène aux principes de son institution et à son antique vertu. Un État républicain ne craindrait jamais de périr s'il était assez heureux, comme nous l'avons déjà dit, pour trouver souvent un homme qui, par son exemple, rendît à ses lois leur première *virtù*, et qui non seulement l'empêchât de courir à sa décadence, mais encore le ramenât en sens contraire. Manlius contribua à retenir la discipline militaire dans Rome, par la rigueur avec laquelle il remplissait ses fonctions de chef. Il obéissait d'abord à l'impulsion irrésistible de son naturel et ensuite au désir d'assurer l'observation exacte de ce que son naturel lui avait fait ordonner. Valérius de son côté put céder à sa bonté parce qu'il n'eut à exiger de ses soldats que l'observation des règles habituelles dans les armées romaines. L'observation de cette discipline sagement réglée suffisait pour lui faire honneur : elle n'était pas pénible à respecter et ne lui donna guère

lieu de punir, car nul ne s'y exposait, ou, s'il y avait
par hasard quelque puni, on imputait, comme je l'ai
dit, la punition au règlement et non au chef.
Valérius pouvait donc céder à son penchant pour la
douceur de la manière la plus propre à lui réussir
vis-à-vis de ses soldats et à les rendre contents.
Voilà comme ces deux capitaines, également obéis,
parvinrent au même but par des routes différentes.
A vouloir les imiter, on s'expose à ne recueillir que
haine ou dédain des subordonnés, et à tomber dans
ces excès que seule la *virtù* exceptionnelle d'un
Scipion ou d'un Annibal peuvent racheter.

Il nous reste à examiner quelle est la plus louable
de ces deux manières d'agir. Les éloges que les
écrivains donnent à l'une et à l'autre me font penser
que ce ne peut être l'objet d'une discussion.
Néanmoins les précepteurs des princes penchent
pour Valérius plutôt que pour Manlius. En rapportant plusieurs exemples de la bonté de Cyrus,
Xénophon, que j'ai déjà cité, ne s'éloigne point de
ce que Tite-Live dit de Valérius. Nommé consul
pour marcher contre les Samnites, ce célèbre
Romain, à la veille de livrer bataille, parla à ses
soldats avec cette cordialité qui était la sienne.
Après avoir rapporté son discours, Tite-Live ajou-
te : *Non alias militi familiarior dux fuit, inter infimos
milites omnia haud gravate munia obeundo. In ludo
praeterea militari, cum velocitatis viriumque inter se
aequales certamina ineunt, comiter facile vincere ac
vinci vultu eodem; nec quemquam aspernari parem,
qui se offerret; factis benignus pro re; dictis haud
minus libertatis alienae, quam suae dignitatis memor;
et (quo nihil popularius est) quibus artibus patierat
magistratus, iisdem gerebat*[42].

Cet historien ne donne pas moins d'éloges à

Manlius pour l'acte de sévérité par lequel il fit périr son fils, ce qui rendit l'armée si docile aux ordres du consul que Rome lui dut sa victoire sur les Latins. Il s'étend sur ses louanges avec tant de complaisance qu'après avoir retracé le plan de cette bataille, les périls auxquels les Romains furent exposés, les obstacles qu'ils eurent à vaincre, il conclut que Rome fut redevable de ce triomphe au seul mérite de Manlius. En comparant les forces des deux armées, il dit : que la victoire était assurée à celle qui avait Manlius pour chef.

Ainsi, en consultant l'opinion des écrivains sur le sujet que nous traitons, il serait difficile de fixer notre jugement. Cependant, pour m'arrêter à une détermination, je dis que la conduite de Manlius me paraît plus digne d'éloges, et moins dangereuse dans un citoyen qui vit sous les lois d'une république ; elle tourne entièrement à l'avantage de l'État et ne peut jamais favoriser l'ambition particulière ; car en agissant ainsi on ne se fait point de partisans : la sévérité envers chacun, le seul souci du bien public, ce ne sont point là les moyens de s'attirer de ces amis particuliers que nous avons appelés plus haut des partisans. Ainsi une république doit regarder une pareille conduite comme très louable, puisqu'elle ne peut avoir que l'utilité commune pour but, et qu'elle ne peut être soupçonnée de frayer une route à l'usurpation de la souveraineté.

On doit porter un jugement opposé sur la manière d'agir de Valérius. Quoiqu'elle ait le même effet quant au service public, elle doit inspirer des méfiances, et faire craindre que l'affection particulière qu'elle attire au chef de la part de ses soldats n'ait des suites funestes pour la liberté, s'il restait

longtemps à la tête de ses troupes. Si l'affabilité de
Valérius n'eut aucun de ces dangereux résultats,
c'est que les Romains n'étaient pas encore corrompus, et qu'il ne fut chargé du commandement ni à
perpétuité, ni même pendant un long espace de
temps.

Mais s'il était question de former un prince,
comme dans Xénophon, nous prendrions Valérius
pour modèle et non Manlius; parce qu'un prince
doit avoir en vue l'obéissance et l'amour de ses
soldats ainsi que de ses sujets. Son exactitude à
observer les lois, la haute opinion qu'il inspire de sa
virtù lui valent leur obéissance; ce qui lui vaut leur
amour, c'est l'aménité, la douceur, la sollicitude
paternelle, bref toutes les autres qualités qu'on
chérissait en Valérius, et que Xénophon loue dans
Cyrus. L'affection du peuple pour un prince, le
dévouement de l'armée à ses intérêts, sont parfaitement d'accord avec les principes du pouvoir dont il
est revêtu. Mais dans une république, l'affection
exclusive de l'armée pour son chef est une chose
évidemment incompatible avec les autres institutions qui obligent ce citoyen à vivre dans la
soumission aux lois et aux magistrats.

On lit dans les anciennes histoires de Venise que
les galères de cette ville y étant rentrées, il s'éleva
une rixe entre leurs équipages et le peuple. La
querelle s'échauffa, et l'on en vint aux armes. La
force publique, le crédit des principaux citoyens, la
crainte des magistrats, rien ne pouvait arrêter ce
désordre, lorsque l'on vit tout à coup les gens de
mer abandonner le combat et se retirer, à la simple
apparition d'un gentilhomme qui avait gagné leur
affection en les commandant l'année précédente.
Leur prompte soumission rendit cet homme si

suspect au Sénat que l'on s'assura de lui peu de temps après, soit par la prison, soit par la mort.

Je conclus donc que les dispositions de Valérius, utiles chez un prince, sont pernicieuses chez un citoyen : pour l'État, parce qu'elles frayent un chemin à la tyrannie ; pour lui-même, parce qu'en rendant ses intentions suspectes à ses concitoyens, elles obligent à prendre des précautions qui tournent à son détriment. Pour la raison contraire, la sévérité de Manlius, nuisible aux intérêts d'un prince, est favorable à ceux d'un citoyen, et surtout à ceux de sa patrie. Il est rare qu'il en reçoive quelque préjudice, à moins que la haine qu'elle excite contre lui ne soit envenimée par les soupçons que le grand éclat de ses autres vertus peut inspirer.

. . . .

XLI

IL FAUT DÉFENDRE LA PATRIE, GLORIEUSEMENT OU NON. TOUS LES MOYENS SONT BONS, POURVU QU'ELLE SOIT DÉFENDUE

Les consuls et l'armée romaine étaient, comme nous l'avons dit dans le chapitre précédent, bloqués par les Samnites. Ces ennemis leur proposèrent les conditions les plus ignominieuses, comme de les faire passer sous le joug, et de les renvoyer à Rome désarmés. De pareilles propositions jetèrent les consuls dans la stupeur et l'armée dans le désespoir ; mais L. Lentulus, l'un des lieutenants, dit que pour sauver la patrie, il n'en fallait repousser aucune; il ajouta que le salut de Rome reposant sur cette armée, il croyait que l'on devait la sauver à tout prix; que la défense de la patrie est toujours bonne, quelques moyens que l'on y emploie, ignominieux ou honorables, n'importe; que Rome en conservant cette armée, aurait toujours le temps de racheter cette ignominie; mais que si elle périssait, fût-ce même avec gloire, c'en était fait de Rome et de sa liberté. Son avis fut adopté.

Ce trait est digne des remarques et des réflexions de tout citoyen qui se trouve obligé de donner des conseils à sa patrie. S'il s'agit de délibérer sur son salut, il ne doit être arrêté par aucune considération de justice ou d'injustice, d'humanité ou de cruauté, d'ignominie ou de gloire. Le point essentiel qui doit l'emporter sur tous les autres, c'est d'assurer son salut et sa liberté. Les Français suivent cette règle en parole et en action, quand ils défendent la majesté de leur roi et la grandeur de son royaume; il n'est rien qu'ils souffrent aussi impatiemment que d'entendre dire que telle chose est honteuse pour leur roi : quelque parti qu'il prenne, « le roi, disent-ils, ne peut pâtir vergogne »; dans la bonne comme dans la mauvaise fortune, vainqueur comme vaincu, ils sont unanimes à dire que « c'est chose de roi ».

. . . .

L'Art de la guerre

(EXTRAITS)

LIVRE SECOND

....

XIII

DISCOURS DE L'AUTEUR TOUCHANT LA VERTU MILITAIRE, POURQUOI ELLE EST AINSI ÉTEINTE AU TEMPS DE MAINTENANT

COSIMO. — Je désire bien que vous m'expliquiez, si toutefois vous y avez réfléchi, d'où provient chez nous un tel relâchement, tant d'indiscipline et une telle insouciance vis-à-vis de cette institution?

FABRIZIO. — Je satisferai volontiers à votre question. Vous savez que parmi les militaires renommés on en a compté un grand nombre en Europe, peu en Afrique et encore moins en Asie. La cause de cette différence est que ces deux parties du monde n'ont jamais renfermé qu'une ou deux grandes monarchies et très peu d'États républicains, tandis qu'il existait en Europe quelques rois et un grand nombre de républiques. Les hommes ne deviennent supérieurs et ne déploient leurs talents que lorsqu'ils sont employés et encouragés par leur souverain, que ce soit un

monarque ou une république. Où il y a beaucoup de
souverains, les grands hommes naissent en foule ; ils
deviennent rares quand le nombre des souverains
est petit. A l'égard de l'Asie, quand on a nommé
Ninus, Cyrus, Artaxerxès et Mithridate, il reste très
peu de grands capitaines à citer. Si vous mettez de
côté l'Antiquité égyptienne, vous ne trouvez guère
en Afrique que Massinissa, Jugurtha et les chefs
carthaginois ; mais leur nombre est bien petit si on
le compare à tout ce qu'a produit l'Europe. Elle a
enfanté une foule de grands hommes dont le
nombre serait bien plus considérable encore si l'on
pouvait y joindre tous ceux qu'a enseveli l'injure
des temps. Car le mérite est d'autant plus commun
qu'il se trouve plus d'États forcés par la nécessité,
ou quelque autre puissant intérêt, de lui donner de
justes encouragements.

L'Asie n'offrit que peu de grands hommes, parce
que, réunie presque tout entière sous un seul
empire, son immensité la maintenait le plus souvent
en paix, et arrêtait tous les efforts d'un génie
entreprenant. Il en a été de même de l'Afrique, à
l'exception de Carthage où parurent quelques noms
illustres. Car il est à remarquer qu'il naît beaucoup
plus de grands hommes dans une république que
dans une monarchie : là on honore la *virtù,* ici on la
redoute ; partant, là on nourrit les grands hommes,
ici on les éteint.

L'Europe au contraire, remplie de républiques et
de monarchies toujours en défiance les unes des
autres, était forcée de maintenir dans toute leur
vigueur ses institutions militaires et d'honorer ses
grands capitaines. La Grèce en effet, outre le
royaume de Macédoine, comptait plusieurs républiques qui toutes produisirent de très grands

hommes. L'Italie était habitée par les Romains, les Samnites, les Étrusques et les Gaulois cisalpins; la Gaule, la Germanie et l'Espagne étaient partagées en un grand nombre de républiques et de monarchies. Et si nous ne connaissons, en comparaison des Romains, qu'un très petit nombre de leurs héros, il faut en accuser la partialité des historiens qui, le plus souvent esclaves de la fortune, ne célèbrent que les vainqueurs. Mais on ne peut douter qu'il n'ait paru une foule de grands capitaines chez les Étrusques et les Samnites, qui combattirent cent cinquante ans contre les Romains avant d'avoir été domptés. On peut en dire autant des Gaules et de l'Espagne. Mais cette gloire que les historiens n'accordent pas à ces héros, ils l'accordent à leurs peuples dont ils célèbrent jusqu'aux nues la constance opiniâtre qu'ils ont mise à défendre leur liberté.

S'il est vrai que le nombre des grands hommes dépend du nombre des États, il faut en conclure que, lorsque ceux-ci s'anéantissent, le nombre des grands hommes diminue avec les occasions d'exercer leur capacité. Lorsque l'Empire romain se fut accru et qu'il eut détruit tous les États d'Europe et d'Afrique et la plus grande partie de ceux de l'Asie, il ne resta plus de place au mérite qu'à Rome, et les grands hommes devinrent aussi rares en Europe qu'en Asie. Comme il n'y avait plus de *virtù* que dans cette capitale du monde, le premier germe de la corruption entraîna la corruption du monde entier; et les Scythes ravagèrent sans peine un empire qui avait éteint la *virtù* des autres États, sans avoir pu conserver la sienne.

Le partage que fit de l'Empire romain ce déluge de barbares ne put ramener en Europe cette

antique vertu militaire : d'abord on ne revient pas
aisément à des institutions tombées en désuétude ; il
faut en accuser ensuite les nouvelles mœurs intro-
duites par la religion chrétienne. Il n'y a plus de
nos jours la même nécessité de résister à l'ennemi.
Alors le vaincu était massacré, ou achevait une vie
misérable dans un éternel esclavage. Les villes
prises étaient rasées, ou on en chassait les habitants
après leur avoir enlevé tous leurs biens ; on les
dispersait dans le monde entier ; enfin il n'y avait
point de misères que ne supportassent les vaincus.
Chaque État, effrayé de tant de malheurs, tenait
constamment ses armées en activité, et accordait de
grands honneurs à tout soldat valeureux. Aujour-
d'hui toutes ces craintes n'existent plus en grande
partie : la vie des vaincus est presque toujours respectée ; ils ne sont pas longtemps prisonniers, et ils
recouvrent très aisément leur liberté. Une ville a
beau se révolter vingt fois, elle n'est jamais détruite : les habitants conservent toutes leurs propriétés ; et tout ce qu'ils ont à craindre, c'est de payer
un tribut. Aussi ne veut-on plus se soumettre aux
institutions militaires et endurer la fatigue des
exercices pour échapper à des dangers qu'on ne
craint plus. D'ailleurs les différentes parties de
l'Europe comptent un petit nombre de souverains,
si on les compare à ceux qu'elles avaient alors : la
France entière obéit à un roi, toute l'Espagne à un
autre, et l'Italie n'est pas trop morcelée. Les petits
États embrassent le parti du vainqueur ; et les États
puissants, pour les raisons que je viens de développer, n'ont jamais à craindre une ruine complète.

COSIMO. — On a vu cependant, depuis vingt-
cinq ans, des villes saccagées et des États détruits.
Cet exemple devrait être une leçon pour les autres,

et leur faire sentir la nécessité de revenir aux anciennes institutions.

FABRIZIO. — Cela est vrai, mais remarquez les villes qui ont été saccagées : ce n'a jamais été une capitale, mais une ville de second ordre : ce fut Tortone et non Milan, Capoue et non pas Naples, Brescia et non Venise, Ravenne et non Rome. Ces exemples ne changent point le système des gouvernants ; ils n'ont d'autre effet que de les affermir dans l'opinion que les tributs dédommagent de la guerre. Ils ne veulent pas s'assujettir aux embarras des exercices militaires ; ils regardent tout cela comme inutile, ou comme une chose où ils n'entendent rien. Quant à ceux qui ont perdu leur puissance et que de tels exemples devraient épouvanter, ils n'ont plus les moyens de réparer leur erreur. Ainsi les uns renoncent à ces institutions par impuissance ou défaut de volonté ; ils préfèrent s'en remettre paresseusement à la fortune plutôt qu'à la *virtù*, bien conscients que leur *virtù* n'est pas de taille à tenir tête à la fortune, et aimant mieux être ses esclaves qu'en faire la leur.

Je puis, comme une preuve de la vérité de mon opinion, vous citer l'Allemagne. C'est le grand nombre d'États qu'elle renferme qui y entretient la vertu militaire ; et tout ce qu'il y a de bon aujourd'hui dans nos armées leur est pris. Jaloux de leur puissance, ces États-là redoutent la servitude, qu'on ne redoute pas ailleurs, et ils se gardent souverains et pleins d'honneur. Voilà les causes, selon moi, de la lâcheté générale d'à présent. Je ne sais si vous les trouvez raisonnables, et s'il ne vous reste pas encore quelque doute à cet égard.

. . . .

LIVRE SEPTIÈME

. . . .

XVII

COMMENT L'AUTEUR RETOURNE
A SON PREMIER PROPOS
ET FAIT UN PETIT DISCOURS
POUR FAIRE LA CONCLUSION DE SON ŒUVRE

Mais il est temps de mettre un terme à notre entretien et de revenir à notre point de départ : j'éviterai ainsi en partie le châtiment qu'on inflige chez vous à qui ne rentre point. Vous me disiez, Cosimo, et vous devez vous le rappeler sans doute, que vous ne conceviez pas comment moi, si grand admirateur des anciens, et blâmant si vivement ceux qui ne les prennent pas pour modèles dans les choses importantes de la vie, je n'avais pas cherché à les imiter dans tout ce qui concerne l'art de la guerre qui a toujours été ma principale occupation. Je vous ai répondu que tout homme qui médite quelque dessein doit s'y préparer d'avance pour être en état de l'exécuter s'il en trouve l'occasion. Je viens de vous entretenir au long de l'art militaire ; c'est à vous à décider maintenant si je suis capable ou non de ramener une armée aux institutions des anciens ; vous pouvez juger, ce me semble, combien j'ai employé de temps à cet unique objet de mes méditations, et combien je serais heureux de pouvoir les mettre à exécution. Il vous est facile de juger si l'on m'en a jamais donné les moyens ou l'occasion. Mais afin de ne vous laisser aucun doute, et pour ma plus grande justification, je vais vous exposer quelles sont ces occasions ; j'acquitte-rai ainsi toute ma promesse en vous montrant les moyens et les obstacles d'une telle imitation.

De toutes les institutions humaines, la plus aisée à ramener aux règles des anciens, ce sont les institutions militaires ; mais cette rénovation n'est aisée que pour un prince dont les États peuvent mettre sur pied quinze à vingt mille jeunes gens ; car rien n'est plus difficile pour ceux qui sont privés d'un tel avantage. Et pour mieux me faire entendre, je dois d'abord rappeler que les capitaines arrivent à la célébrité par deux moyens différents : les uns ont opéré de grandes choses avec des troupes déjà bien réglées et bien disciplinées : tels sont la plupart des chefs romains, et tous les chefs qui n'ont eu d'autre soin à prendre que de les maintenir telles, et de s'évertuer à les conduire avec sagesse ; les autres ont eu non seulement à vaincre l'ennemi, mais avant de hasarder le combat, ils ont dû créer leur armée, l'exercer et la discipliner ; et ils méritent, sans contredit, plus de gloire que ceux qui ont fait de grandes actions avec des armées déjà toutes formées. Parmi les capitaines qui ont vaincu de tels obstacles, on peut citer Pélopidas, Épami-nondas, Tullus Hostilius, Philippe roi de Macé-doine, père d'Alexandre, Cyrus, roi des Perses, et enfin Sempronius Gracchus. Tous avant de com-battre furent obligés de créer leur armée ; mais ils ne réussirent dans cette grande entreprise que parce qu'ils avaient, outre des qualités supérieures, des sujets non moins qualifiés pour exécuter leurs desseins. Quels que fussent leurs talents et leur

habileté, ils n'eussent pu jamais obtenir le moindre
succès dans un pays étranger, peuplé d'hommes
corrompus, et étrangers à tout honneur et à toute
obéissance.

Il ne suffit donc pas aujourd'hui en Italie de
savoir commander une armée toute formée, il faut
être en état de la créer avant d'entreprendre de la
conduire. Mais ce succès n'est possible qu'aux
souverains qui ont un État étendu et des sujets
nombreux, et non pas à moi qui n'ai jamais
commandé d'armée et qui ne puis jamais avoir sous
mes ordres que des soldats soumis à une puissance
étrangère et indépendants de ma volonté. Et je vous
laisse à penser si c'est parmi de pareils hommes
qu'on peut introduire une discipline telle que je
vous l'ai proposée. Où est-il le soldat qui consentirait aujourd'hui à porter d'autres armes que ses
armes ordinaires, et outre ses armes, des vivres
pour deux ou trois jours, et des instruments de
pionnier? Où sont ceux qui manieraient la pioche,
et resteraient tous les jours deux ou trois heures
sous les armes, occupés de tous les exercices qui
doivent les mettre en état de soutenir l'attaque de
l'ennemi? Qui pourrait les désaccoutumer de leurs
débauches, de leurs jeux, de leurs blasphèmes et de
leur insolence? Qui pourrait les assujettir à une
telle discipline, et faire naître en eux un tel
sentiment de respect et d'obéissance qu'un arbre
chargé de fruits demeurerait intact au milieu du
camp, ainsi qu'on l'a vu plusieurs fois dans les
armées anciennes? Comment parviendrais-je à
m'en faire respecter, aimer ou craindre, lorsque
après la guerre, ils ne doivent plus avoir avec moi le
moindre rapport? De quoi leur ferai-je honte,
lorsqu'ils sont nés et élevés sans aucune idée

d'honneur? Pourquoi me respecteraient-ils, puisqu'ils ne me connaissent pas? Par quel Dieu ou par
quel saint les ferai-je jurer? Est-ce par ceux qu'ils
adorent ou par ceux qu'ils blasphèment? J'ignore
s'il y en a quelques-uns qu'ils adorent, mais je sais
bien qu'ils les blasphèment tous. Comment voulez-
vous que je compte sur des promesses dont ils ont
pris à témoin des êtres qu'ils méprisent? Et lorsque
enfin ils méprisent Dieu même, respecteront-ils les
hommes? Quelles institutions salutaires pouvez-
vous donc espérer dans un pareil état de choses?
Vous me direz peut-être que les Suisses et les
Espagnols font cependant de bonnes troupes.
J'avouerai qu'ils valent beaucoup mieux, sans
aucune comparaison, que les Italiens; mais si vous
avez bien suivi cette discussion et réfléchi sur le
système militaire de ces deux peuples, vous verrez
qu'ils ont beaucoup à faire pour arriver à la
perfection des anciens. Les Suisses sont devenus
naturellement de bons soldats, par la raison que je
vous en ai donnée au commencement de cet
entretien. Quant aux Espagnols, ils ont été formés
par la nécessité : faisant la guerre dans un pays
étranger, et forcés de vaincre ou mourir, sachant
n'avoir aucune retraite possible, ils ont dû déployer
toute leur *virtù*. Mais la supériorité de ces deux
peuples est bien loin de la perfection, puisqu'ils ne
sont vraiment recommandables que pour s'être
accoutumés à attendre l'ennemi à la pointe de la
pique ou de l'épée. Et il n'y a personne qui ait le
moyen de leur apprendre ce qui leur manque, et
encore moins celui qui ignore leur langue. Mais
revenons à nos Italiens qui, gouvernés par des
princes ignares, n'ont su adopter aucune bonne
institution militaire, et n'ayant point été, comme les

Espagnols, pressés par la nécessité, n'ont pu se former eux-mêmes, et sont ainsi restés la risée des nations.

Au reste, ce ne sont pas les peuples d'Italie qu'il faut ici accuser, mais seulement leurs souverains, qui d'ailleurs en ont été sévèrement châtiés, et ont porté la juste peine de leur ignorance en perdant ignominieusement leurs États, sans avoir donné la plus faible marque de *virtù*. Voulez-vous vous assurer de la vérité de tout ce que j'avance? Repassez dans votre esprit toutes les guerres qui ont eu lieu en Italie, depuis l'invasion de Charles VIII jusqu'à nos jours. La guerre ordinairement rend les peuples plus braves et plus recommandables; mais chez nous, plus elle a été active et sanglante, plus elle a fait mépriser nos troupes et nos capitaines. Quelle est la cause de ces désastres? C'est que nos institutions militaires étaient et sont encore détestables, et que personne n'a su adopter celles récemment établies chez d'autres peuples. Jamais on ne rendra quelque lustre aux armes italiennes que par les moyens que j'ai proposés, et par la volonté des principaux souverains d'Italie; car pour établir une pareille discipline, il faut avoir des hommes simples, rudes et soumis aux lois, non pas des débauchés, des vagabonds et des étrangers. Jamais un bon sculpteur n'essaiera de faire une belle statue d'un bloc mal dégrossi, il lui faut un marbre intact.

Nos princes d'Italie, avant d'avoir essuyé les coups des guerriers d'Outre-monts, s'imaginaient qu'il leur suffisait de savoir, dans leur cabinet, bien aiguiser une réponse, écrire une belle lettre, étaler dans leurs discours de la subtilité et de l'à-propos, ourdir une perfidie; couverts d'or et de pierreries, ils. voulaient surpasser tous les mortels par le luxe de leur table et de leur lit; environnés de débauches, au sein d'une honteuse oisiveté, gouvernant leurs sujets avec orgueil et avarice, ils n'accordaient qu'à la faveur les grades de l'armée, dédaignaient tout homme qui aurait osé leur donner un conseil salutaire, et prétendaient que leurs moindres paroles fussent regardées comme des oracles. Ils ne sentaient pas, les malheureux, qu'ils ne faisaient que se préparer à devenir la proie du premier assaillant! De là vinrent, en 1494, les terreurs subites, les fuites précipitées, et les miraculeuses défaites.

C'est ainsi que les trois plus puissants États d'Italie ont été plusieurs fois saccagés et livrés au pillage. Mais ce qu'il y a de plus déplorable, c'est que nos princes actuels vivent dans les mêmes désordres et persistent dans les mêmes erreurs. Ils ne songent pas que, chez les anciens, tout prince jaloux de maintenir son autorité pratiquait avec soin toutes les règles que je viens de prescrire, et se montrait constamment appliqué à endurcir son corps contre les fatigues et fortifier son âme contre les dangers. Alexandre, César, et tous les grands hommes de ces temps-là, combattaient toujours aux premiers rangs, marchaient à pied, chargés de leurs armes, et n'abandonnaient leur empire qu'avec la vie, voulant également vivre et mourir avec honneur. On pouvait peut-être reprendre en quelques-uns d'entre eux une trop grande ardeur de dominer, mais jamais on ne leur reprocha nulle mollesse, ni rien de ce qui énerve et dégrade l'humanité. Si nos princes pouvaient s'instruire et se pénétrer de pareils exemples, ils prendraient sans aucun doute une autre manière de vivre, et changeraient certainement ainsi la fortune de leurs États.

Vous vous êtes plaint de votre milice au commencement de cet entretien; si elle a été organisée d'après les règles que j'ai prescrites, et que vous n'ayez point eu lieu d'en être satisfait, vous avez raison de vous en plaindre; mais si on a suivi à cet égard un système tout différent de ce que j'ai proposé, c'est votre milice même qui a droit de se plaindre de vous, qui n'avez fait qu'une ébauche manquée au lieu d'une figure parfaite. Les Vénitiens et le duc de Ferrare ont commencé cette réforme, et ne l'ont pas poursuivie, mais il ne faut en accuser qu'eux seuls et non pas leur armée. Au reste, je soutiens que celui de nos souverains qui, le premier, adoptera le système que je propose fera incontestablement la loi à l'Italie. Il en sera de sa puissance comme de celle des Macédoniens sous Philippe. Ce prince avait appris d'Épaminondas à former et discipliner une armée; tandis que le reste de la Grèce languissait dans l'oisiveté, occupée uniquement à entendre réciter des comédies, il devint si puissant, grâce à ses institutions militaires, qu'il fut en état d'asservir la Grèce tout entière, et de laisser à son fils les moyens de conquérir le monde. Quiconque dédaigne de semblables institutions se désintéresse de son autorité, s'il est monarque; de sa patrie, s'il est citoyen.

Quant à moi, je me plains du destin qui aurait dû, ou me refuser la connaissance de ces importantes maximes, ou me donner les moyens de les mettre en pratique : car à présent que me voilà arrivé à la vieillesse, puis-je espérer avoir jamais l'occasion d'exécuter cette grande entreprise? J'ai donc voulu vous communiquer toutes mes méditations, à vous qui êtes jeunes et d'un rang élevé, et qui, si elles vous paraissent de quelque utilité, pourrez un jour, en des temps plus heureux, profiter de la faveur de vos souverains pour leur conseiller cette indispensable réforme et en aider l'exécution. Que les difficultés ne vous inspirent ni crainte ni découragement; notre patrie semble destinée à faire revivre l'antiquité, comme l'ont prouvé nos poètes, nos sculpteurs et nos peintres. Je ne puis concevoir pour moi de semblables espérances, étant déjà sur le déclin des ans; mais si la fortune m'avait accordé un État assez puissant pour entreprendre ce grand dessein, je crois qu'en bien peu de temps j'aurais montré au monde tout le prix des institutions des anciens; et certes, j'aurais élevé mes États à un haut degré de splendeur, ou, si j'avais succombé, ce n'eût pas été du moins sans honneur [43].

. . . .

Histoires florentines

(EXTRAITS)

LIVRE SECOND

....

Nous sommes en l'an 1342. Pise vient de s'emparer de Lucques ; à Florence, c'est le désordre et l'indignation contre les Vingt qui gouvernent la ville. Ces derniers demandent du secours au roi Robert de Naples qui leur envoie Gauthier (de Brienne), duc d'Athènes. On le nomme capitaine des hommes armés mais son ambition est de s'emparer de la totalité du pouvoir. Il fait exécuter les responsables de la défaite de Florence.

XXXIV

LE DUC D'ATHÈNES CHERCHE A OBTENIR LA SOUVERAINETÉ DE FLORENCE

De telles exécutions effarouchèrent fort la bourgeoisie moyenne et ne donnèrent satisfaction qu'aux grands seuls et à la plèbe ; à cette dernière parce qu'elle est naturellement portée à se réjouir du mal ; aux autres parce qu'ils se voyaient vengés de tant d'injures reçues du parti des *popolani*. Le duc passait-il par les rues, c'était à haute voix qu'ils exaltaient son franc courage, et chacun d'eux l'encourageait à démasquer les fraudes de leurs concitoyens et à les châtier. La charge des Vingt avait pris fin, le prestige du duc allait grandissant, et la crainte avec lui. A tel point que chacun, pour protester de sa dévotion, faisait peindre sur sa maison les armes ducales. Jugeant alors qu'il ne risquait plus rien à tout tenter, il signifia aux Seigneurs qu'il jugeait nécessaire, dans l'intérêt de la cité, qu'on lui en accordât librement la franche seigneurie ; qu'il désirait donc qu'à l'assentiment de la ville entière, ils joignissent eux aussi leur assentiment. Bien que les Seigneurs eussent dès longtemps prévu la ruine de la patrie, ils furent tous profondément bouleversés par cette requête, mais tout en mesurant l'étendue de leur péril, pour ne manquer en rien à cette patrie, ils la repoussèrent néanmoins courageusement. Le duc pour faire plus belle montre de sa religion et de sa grande humanité, avait élu pour son logis le couvent des frères mineurs de Santa Croce. Pour donner suite à son méchant dessein, il fit crier par les places publiques un édit convoquant par-devant lui, place Santa Croce, toute la population pour le lendemain matin. Cette convocation effraya davantage encore les Seigneurs que n'avaient fait les paroles du duc, et ils tinrent conseil avec tous ceux de leurs concitoyens qu'ils jugeaient amis de la liberté. Mais, reconnaissant les forces du duc, ils ne conçurent d'autre remède pour s'y opposer que de le supplier, soit de renoncer à son dessein, soit de rendre moins acerbe pour Florence le poids du joug. Ils s'en furent donc le trouver, et l'un des délégués lui parla dans ces termes :

« Nous venons auprès de vous, Seigneur, à la
suite de votre requête d'abord, puis de la convocation que vous avez adressée au peuple ; il ne nous
paraît que trop clair que vous entendez obtenir en
dehors des voies légitimes ce que légitimement
nous vous avons refusé. Il n'est pas dans nos
intentions d'opposer quelque force que ce soit à vos
desseins, mais seulement de vous remontrer combien lourde est la charge que vous assumez ainsi, et
combien périlleux le parti que vous prenez ; nous
désirons que vous puissiez toujours vous rappeler
nos conseils à nous, à côté de ceux — bien
différents — que vous adressent certaines gens,
bien moins dans votre intérêt que pour assouvir
leur rage.

« Vous cherchez à asservir une cité qui a toujours vécu libre, car l'autorité que nous octroyâmes
jadis aux rois de Naples était celle d'un ami à
son ami, non celle d'un serf à son maître. Avez-
vous considéré combien pèse, combien peut, dans
une cité pareille, ce nom de liberté, qu'aucune
force ne dompte, qu'aucun temps n'efface, qu'aucun mérite ne balance ? Pensez, Seigneur, quelles
forces il faut pour maintenir serve une telle cité.
Celles de l'étranger que vous pouvez y mettre n'y
suffisent point ; celles de l'intérieur, vous ne pouvez
vous y fier : les gens qui sont actuellement vos
amis, qui vous poussent à votre dessein, n'auront
pas plus tôt abattu leurs ennemis avec votre appui
qu'ils chercheront à vous abattre vous-même, et à
se faire les princes, eux. La plèbe sur laquelle vous
vous reposez, le moindre incident la retourne. C'est
donc la cité tout entière qu'en peu de temps vous
pouvez compter d'avoir pour ennemie, ce qui sera
sa perte comme la vôtre. Mal auquel vous ne

pourrez trouver remède, puisque seuls ont leur
seigneurie assurée les Seigneurs qui comptent un
petit nombre d'ennemis, qu'ils suppriment tous par
la mort ou par l'exil, aisément. Haïs de tous, nul
d'entre eux n'est jamais en sûreté : d'où poindra le
péril, tu l'ignores ; tout le monde te fait peur, tu ne
peux t'en prendre à personne ; le fais-tu cependant,
tu t'enfonces dans les dangers, car tu attises la
haine de ceux que tu épargnes, tu mûris leur vengeance. Le temps qui passe, nul n'ignore qu'il
n'a jamais suffi à effacer le regret de la liberté ;
mainte fois l'on apprend qu'elle vient de ressusciter
en telle ou telle cité, par l'œuvre de citoyens qui n'y
avaient jamais goûté, ou qui ne l'aimaient que par
la souvenance héritée de leurs pères, et qui l'ayant
ainsi recouvrée, la défendent obstinément envers et
contre tout ; et quand ce n'est pas leurs pères qui la
leur remémorent ce sont les palais publics, ce sont
les sièges des magistratures, ce sont les emblèmes
des libres institutions, toutes choses que les bons
citoyens doivent observer avec le soin le plus
constant. Quelles prouesses de votre part voulez-
vous qui l'emportent dans la balance sur la douceur
de vivre libres, ou qui viennent à bout d'arracher
du cœur des hommes le dégoût de leur condition
d'à présent ? Pas une, quand bien même vous
ajouteriez à notre domaine la Toscane tout entière,
et vous rapporteriez chaque jour en ses murs une
triomphale victoire sur ses ennemis : toute cette
gloire-là ne serait pas la sienne mais la vôtre, et nos
concitoyens n'acquerraient pas ainsi des sujets,
mais des compagnons de servitude, par lesquels
leur servitude à eux ne ferait que s'appesantir. Et
quand bien même vos mœurs seraient saintes,
bienveillantes vos manières, et justes vos arrêts,

tout cela ne suffirait pas à vous faire aimer, et vous
vous tromperiez à croire que cela y suffise : un
homme qui a toujours eu la liberté de ses membres,
toute chaîne lui pèse, tout lien le serre. En vérité
c'est chose impossible que de trouver réunis bon
prince et gouvernement de violence, puisqu'il est
fatal que le bon tourne au méchant, ou que bien
vite tous deux croulent ensemble, par la faute l'un
de l'autre. Vous n'avez donc que deux partis : ou
régir par la pire des violences une entreprise à
laquelle on a vu bien des fois que ne suffisaient
point citadelles, garnisons ni alliés de l'extérieur ;
ou bien vous estimer content de l'autorité que nous
vous avons donnée ; et vous ne voudrez point, pour
un peu d'ambition qui vous aveugle, vous aventurer
en un lieu où vous ne pouvez ni vous maintenir ni
parvenir plus haut, et dont il est fatal que vous
tombiez, pour votre plus grand dommage et pour le
nôtre. »

LIVRE TROISIÈME

I

LES DISCORDES INTESTINES
DANS LA ROME ANCIENNE ET DANS FLORENCE

Toutes les querelles qui naissent entre la noblesse
et le peuple naissent du désir que la première
a de commander et que la seconde a de ne pas

lui obéir : tous les autres maux des républiques découlent de celui-là. C'est lui qui tint Rome désunie ; lui, s'il est licite de comparer les petites choses aux grandes, qui tint Florence divisée ; mais ces divisions engendrèrent dans l'un et dans l'autre État des effets différents. Les dissensions entre les nobles et le peuple se terminèrent à Rome par des disputes, à Florence par des combats. On y mettait fin dans Rome par une loi ; dans Florence par l'exil et par la mort de nombreux citoyens. Celles de Rome firent croître la *virtù* militaire, celles de Florence l'éteignirent entièrement. Par elles, de l'égalité, les Romains arrivèrent à la plus grande inégalité ; les Florentins, de l'inégalité à la plus admirable égalité. Une telle diversité de résultats ne peut venir que de la diversité des fins que se sont proposées ces deux peuples. Le peuple de Rome voulait jouir des pouvoirs suprêmes aussi bien que les nobles ; le peuple à Florence combattait pour gouverner seul, sans que les nobles pussent avoir aucune part à l'autorité publique. Comme les désirs du peuple romain étaient plus raisonnables, la noblesse supportait avec moins de peine les torts qu'on lui faisait, et cédait plus facilement sans recourir aux armes. Après quelques contestations, on s'accordait par une loi qui satisfaisait le peuple et conservait aux nobles leurs dignités. Par contre, les désirs du peuple de Florence étant injurieux et injustes, la noblesse se préparait avec plus de vigueur à se défendre ; on en venait à l'effusion du sang et au bannissement des citoyens, et les lois qu'on édictait alors n'étaient pas faites dans l'intérêt de tous, mais des seuls vainqueurs. Il résultait encore de là que les victoires du peuple sur la noblesse rendaient Rome plus *virtuosa,* parce que

les plébéiens en partageant avec les nobles l'administration civile, militaire et judiciaire se formaient
à la même *virtù*, et que, grandissant en *virtù*, Rome
grandissait en puissance. Mais à Florence, lorsque
le peuple l'emportait, les nobles, exclus des magistratures, étaient obligés pour y rentrer, non seulement de devenir pareils aux *popolani*, mais aussi de
paraître tels, conduite, cœur et façons. De là ces
changements d'armoiries et de titres auxquels les
nobles avaient recours pour avoir l'air *popolani*.
Ainsi vertu guerrière et générosité de cœur vinrent-
elles à s'éteindre chez ceux qui les avaient, sans
s'allumer chez ceux qui ne les avaient jamais eues,
de sorte que Florence ne cessa de s'abaisser et de
s'avilir. Tandis qu'à Rome la *virtù*, ayant tourné à
la superbe, en fut réduite à ne pouvoir subsister
que sous un prince, Florence est arrivée à ce point
de bassesse qu'un sage faiseur de lois lui ferait sans
peine accepter n'importe quelle forme de gouvernement. On peut se convaincre de la vérité d'une
partie de ces réflexions par la lecture du livre
précédent. Après y avoir exposé l'origine de Florence, le commencement de sa liberté, l'extinction
du parti des nobles et de celui du peuple, amenée
par la destruction de la tyrannie du duc d'Athènes
et la ruine de la noblesse, nous allons maintenant
rapporter les dissensions qui régnèrent entre le
peuple et la plèbe[44], et les événements qu'elles
firent naître.

. . . .

XIII

L'ÉMEUTE DES « CIOMPI [45] »

Cette espèce d'hommes, subordonnée tant aux fabriques de laine qu'aux autres métiers, était animée par le ressentiment et par la peur de voir rechercher et punir ses déprédations antérieures et les incendies dont elle s'était rendue coupable ; elle tint plusieurs conciliabules nocturnes, passa en revue les événements passés et les dangers qu'elle courait. L'un des plus audacieux et des plus expérimentés harangua les autres en ces termes, pour leur inspirer du courage.

« Si nous avions à trancher maintenant s'il faut ou non prendre les armes, brûler et piller les maisons, dépouiller les églises, je serais de ceux qui jugeraient bon d'y regarder à deux fois, et peut-être bien que j'approuverais ceux qui préfèrent une misère tranquille à des profits périlleux. Mais du moment qu'on a déjà pris les armes et commis pas mal de méfaits, je crois que la seule chose à considérer, c'est si on ne doit pas les garder, et comment nous pouvons échapper aux conséquences des méfaits commis. Or, c'est la nécessité, j'en suis convaincu, qui nous le conseille. Vous le voyez : la ville entière retentit de plaintes haineuses contre nous, les citoyens se groupent, la Seigneurie se met toujours du côté des magistrats. Vous pouvez croire qu'on tresse de la corde pour nous, qu'on fait de nouveaux préparatifs contre nos têtes. Donc, pour nous, deux objets à nos décisions, deux buts : l'un,

échapper au châtiment de nos méfaits de ces jours
derniers ; l'autre, nous assurer pour les jours à venir
une existence plus libre et plus contente. Il nous
faut donc, à mon avis, si nous voulons qu'on nous
pardonne les vieux péchés, en commettre de tout
neufs, en redoublant de forfaits, en multipliant
incendies et déprédations. Il faut nous assurer le
plus grand nombre possible de compères, car là où
l'on est nombreux à mal faire, personne n'est puni ;
car ce sont les peccadilles que l'on châtie ; les
grands forfaits, on les récompense ; car là où tout le
monde est frappé, personne ne pense à se venger ;
car le tort qui est fait à tous, on le prend en
patience, plus que celui qui vous est fait à vous. Par
conséquent, multiplier les méfaits nous vaudra plus
facilement l'impunité, et, de plus, les moyens
d'obtenir ce qu'il nous faut pour être libres. Et, je
le crois, nous marchons à un succès certain, car ceux
qui nous le disputent sont divisés et riches : leurs
divisions nous donneront la victoire, et leurs
richesses, devenues les nôtres, nous la conserveront.
Et n'allez pas vous laisser frapper parce qu'ils vous
jettent au visage « l'antique noblesse de leur sang »,
puisque tous les hommes sont sortis du même lieu,
sont pareillement antiques, ont été bâtis de façon
pareille. Mettez-nous tout nus : vous nous verrez
tous pareils. Mettez-nous leurs hardes, et à eux les
nôtres : pas de doute, c'est nous qui aurons l'air
d'être des nobles, et eux des misérables. Seules
pauvreté et richesse nous distinguent.

« Ce qui me fâche fort, c'est d'apprendre qu'il y
en a quelques-uns parmi vous qui, par conscience,
se repentent des péchés commis, et ont le ferme
propos de n'en plus commettre de nouveaux ;
auquel cas, si cela est vrai, vous n'êtes pas les

hommes que je croyais que vous étiez. En quoi ces
termes de conscience, d'infamie, peuvent-ils vous
épouvanter ? Ceux qui vainquent, de quelque façon
qu'ils vainquent, remportent-ils jamais vergogne ?
Et quant à la conscience, nous n'avons pas à nous
en soucier, car chez des gens comme nous, tout
pleins de peur, peur de la faim, peur de la prison, il
ne peut pas, et ne doit pas y avoir de place pour la
peur de l'enfer. Mais veuillez donc regarder comment procèdent les autres hommes : et tous ceux
qui arrivent à la richesse, à la puissance, vous les
verrez y arriver par la fourbe et par la force ; puis
une fois qu'ils les ont usurpées ainsi par dol et par
violence, ils les décorent du nom de juste gain. Les
autres, ceux qui par leur ineptie ou leur sottise
extrême, n'agissent pas comme eux, ils croupissent
à jamais dans la servitude et la misère : car les
serviteurs loyaux restent à jamais des serviteurs,
et les honnêtes gens des misérables ; et seuls
échappent à la servitude les hommes sans peur et
sans foi ni loi ; seuls échappent à la misère les
rapaces et les fraudeurs. Dieu, la nature ont placé
ces biens à la portée de ces gens-là, plus accessibles
à la rapine et aux fourbes manœuvres qu'à une
honnête industrie. Voilà pourquoi les hommes
s'entre-mangent, et pourquoi c'est toujours le plus
faible qui est mangé. Il faut donc employer la force
quand l'occasion s'en présente, et la Fortune ne
peut nous en présenter une meilleure ; la cité
divisée, la Seigneurie hésitante, les magistrats
effrayés, et cela au point qu'il est aisé de les écraser
avant qu'ils se soient ressaisis et rassemblés ; après
quoi nous nous trouverons maîtres de la cité, soit
totalement, soit en assez grande partie pour pouvoir, je ne dis pas être amnistiés de nos excès

passés, mais menacer nos concitoyens de leur en
faire voir bien d'autres. Je confesse qu'un tel parti
est audacieux, périlleux, mais dès que la nécessité
presse, l'audace devient sagesse, et jamais dans les
circonstances graves, les hommes de cœur ne se
sont souciés du péril. Toujours les entreprises
commencées par le danger finissent par la récompense, et ce n'est que par le péril qu'on échappe au
péril : je crois tout de même que, quand on voit se
dresser les appareils de la captivité, de la torture, de
la mort, il est plus périlleux de rester coi que
d'essayer d'en venir à bout : dans le premier cas,
l'issue fatale est assurée, dans le second elle est
douteuse. Vous ai-je assez souvent entendu incriminer l'avarice de vos maîtres et l'injustice de vos
magistrats. L'heure est venue, non seulement de
vous affranchir de ces gens-là, mais de les dominer,
et que ce soit leur tour de récriminer et de vous
craindre. Cette occasion que vous tend la Fortune,
elle s'envole! c'est en vain qu'une fois envolée, on
cherche à la ressaisir. Vous voyez que vos adversaires se préparent; devançons leurs desseins. Celui
des deux qui aura le premier repris les armes sera
vainqueur, son ennemi abattu, et lui sur le pavois;
ce sera l'honneur pour beaucoup d'entre nous, et
pour tous la sécurité. »

Ces arguments portèrent à leur paroxysme l'ardeur au mal dont les mutins brûlaient déjà d'eux-
mêmes. Ils décidèrent donc de courir aux armes dès
qu'ils auraient gagné suffisamment d'acolytes; ils
s'engagèrent par serment à ne pas abandonner ceux
d'entre eux qui tomberaient aux mains des magistrats.

....

LIVRE CINQUIÈME

I

VICISSITUDES DES EMPIRES. LEURS CAUSES

L'effet le plus ordinaire des révolutions que subissent les empires est de les faire passer de l'ordre au désordre, pour les ramener ensuite à l'ordre. Il n'a point été donné aux choses humaines de s'arrêter à un point fixe lorsqu'elles sont parvenues à leur plus haute perfection; ne pouvant plus s'élever, elles descendent; et pour la même raison, quand elles ont touché au plus bas du désordre, faute de pouvoir tomber plus bas, elles remontent, et vont successivement ainsi du bien au mal et du mal au bien. La *virtù* engendre le repos, le repos l'oisiveté, l'oisiveté le désordre, et le désordre la ruine des États; puis bientôt du sein de leur ruine renaît l'ordre, de l'ordre la *virtù*, et de la *virtù* la gloire et la prospérité. Aussi les hommes éclairés ont-ils observé que les lettres viennent à la suite des armes, et que les généraux naissent avant les philosophes. Lorsque des armées braves et disciplinées ont amené la victoire, et la victoire le repos, la vigueur des esprits, jusqu'alors sous les armes, ne peut s'amollir dans une plus honorable oisiveté qu'au sein des lettres. Il n'est pas de leurre plus dangereux ni plus sûr pour introduire l'oisiveté dans les États les mieux constitués. C'est ce que Caton avait parfaitement senti, lorsque les philo-

sophes Diogène et Carnéade furent envoyés
d'Athènes comme ambassadeurs auprès du Sénat.
Voyant que la jeunesse romaine commençait à
suivre ces philosophes avec admiration, et qu'une
foule de maux pouvait en résulter pour sa patrie, il
fit arrêter qu'à l'avenir aucun philosophe ne serait
admis à Rome.

Voilà par quels degrés les empires arrivent à leur
ruine, et c'est de là qu'assagis par les épreuves ils
retournent à l'ordre, ainsi qu'il a été dit, à moins
que quelque force extraordinaire ne les anéantisse
tout à fait. Voilà les raisons qui firent l'Italie tour à
tour florissante puis misérable, d'abord sous les
antiques Toscans, puis sous les Romains. Et en
dépit que rien depuis, des ruines de leur empire, ait
jamais surgi qui compensât une perte pareille, et
permît à quelque prince d'illustrer sa *virtù*, toutefois certaines des républiques surgies de ces ruines
montrèrent tant de *virtù* que si nulle d'entre elles
ne put réussir à dominer les autres, elles parvinrent
néanmoins par leur concorde et leurs sages institutions à délivrer et défendre l'Italie du joug des
barbares. Parmi ces différents États, celui de Florence, moindre par son étendue, ne l'était nullement
par sa puissance et sa considération; placé au
centre de l'Italie, riche et toujours prompt à
attaquer, il soutenait avec succès la guerre qu'on
lui avait déclarée, ou donnait la victoire à ceux
qu'il appuyait.

Si la *virtù* de ces diverses puissances ne put leur
assurer le calme d'une longue paix, elles eurent peu
de dangers à essuyer des rigueurs de la guerre. En
effet, les fréquents conflits entre ces diverses sou-
verainetés ne pouvaient être regardés comme un
état de paix; mais pouvait-on appeler un état de

guerre celui où l'on ne tuait point, où les villes n'étaient point saccagées, ni les régimes abattus ? Toutes ces guerres se faisaient si mollement qu'on les commençait sans crainte, qu'on les continuait sans péril, qu'on les terminait sans dommage. Cette *virtù* qui s'éteint ordinairement dans les autres empires par l'effet d'une longue paix, se perdit en Italie par nos lâches simulacres de guerre, et l'on pourra s'en convaincre en lisant ce que je vais raconter des événements arrivés depuis 1434 jusqu'à 1494 ; l'on verra que c'est par là que l'Italie a été de nouveau ouverte aux barbares, et rétablie sous leur joug.

Mais si les actions de nos princes, tant au-dedans qu'au-dehors d'une Italie sans énergie et sans grandeur, ne nous inspirent pas cette admiration qu'excitent en nous celles des anciens, elles ne peuvent manquer cependant d'avoir un grand intérêt, lorsqu'on verra comment tant de peuples des plus généreux ont pu être contenus par des armées si faibles et si piètrement conduites. En racontant les événements de ce siècle corrompu, je ne pourrai célébrer le courage des soldats, la *virtù* des capitaines ni le patriotisme des citoyens, mais l'on verra toutes les fourberies, ruses et artifices qu'ont mis en œuvre les princes, les capitaines et les chefs des républiques, pour maintenir une considération qu'ils n'avaient point méritée. Ce récit ne sera peut-être pas moins utile que l'histoire des anciens. Si ceux-ci enflamment les hommes libres du désir de les imiter, les autres leur apprendront à haïr tant de lâcheté et à l'extirper de leur cœur.

....

LIVRE SIXIÈME

I

DE LA VANITÉ DES GUERRES D'ALORS

Le but de tous ceux qui entreprennent une guerre a toujours été et, raisonnablement, doit être de s'enrichir soi-même et d'appauvrir son ennemi; on ne doit chercher dans une victoire ou une conquête qu'à accroître sa puissance et affaiblir celle de l'adversaire; d'où il résulte que toutes les fois que l'on se trouve ou appauvri par sa victoire ou affaibli par ses conquêtes, on a dépassé son but ou on ne l'a pas atteint.

Une république ou un prince sont enrichis par la guerre et la victoire lorsque après avoir anéanti leurs ennemis, ils restent possesseurs du butin et des contributions; au contraire, ils sont appauvris par la victoire lorsque l'ennemi n'est pas détruit et que le butin et les contributions ne lui sont pas réservés, mais deviennent la proie de ses soldats. Ce prince est alors malheureux par les défaites et plus malheureux encore par les victoires. Dans le premier cas, il souffre des ravages de l'étranger; dans le second, de ceux de ses soldats qui sont plus intolérables parce qu'ils sont déraisonnables, et qu'ils le forcent à surcharger sans cesse ses sujets de nouveaux impôts, et injustifiés. Or si ce prince a quelque humanité, il est impossible qu'il se réjouisse bien pleinement d'une victoire qui contriste tous les citoyens.

Chez les anciens, lorsqu'une république bien constituée avait vaincu ses ennemis, le trésor public se remplissait d'or et d'argent ; des dons étaient distribués au peuple ; les impôts étaient remis aux citoyens, et des jeux, des fêtes solennelles étaient établis pour célébrer les vainqueurs. Mais dans les temps dont j'écris l'histoire, on commençait par épuiser le trésor public, puis on vous dépouillait vous-même, en échange de quoi l'on ne vous assurait nullement contre de nouvelles agressions. Ces funestes effets avaient pour cause la détestable manière dont ces guerres étaient conduites. Comme on se contentait de dépouiller les ennemis vaincus sans les tuer ni les retenir prisonniers, ceux-ci revenaient attaquer le vainqueur aussitôt que leur employeur avait eu le temps de leur fournir de nouveau des chevaux et des armes ; d'un autre côté le butin et les contributions étant abandonnés aux soldats, les princes vainqueurs ne pouvaient y recourir pour faire face aux nouvelles dépenses, mais devaient se remettre à saigner leur peuple qui, pour seul fruit de la victoire, voyait ses chefs plus empressés à le pressurer sans mesure. Bref, on en était tombé à ce point que tous, autant les vainqueurs que les vaincus, avaient besoin d'argent frais s'ils voulaient des soldats, les uns pour les équiper, les autres pour les récompenser ; sans équipement, ceux-là ne pouvaient combattre ; sans récompenses, ceux-ci ne le voulaient pas ; d'où il résultait que le vainqueur profitait peu de sa victoire, et le vaincu souffrait peu de sa défaite, car il avait toujours le temps de se rétablir, tandis que l'autre n'était jamais en état de poursuivre ses succès.

. . . .

LIVRE HUITIÈME

I

LE POUVOIR DES MÉDICIS A FLORENCE

Le commencement de ce huitième livre se trouve placé entre deux conjurations, l'une à Milan, l'autre à Florence. La première vient d'être rapportée. Nous allons donner le récit de la seconde. Mais nous devrions auparavant, selon notre coutume, offrir quelques réflexions sur la nature des conjurations, et sur leur importance. Nous le ferions volontiers si cette manière pouvait être traitée brièvement et que nous n'en eussions pas déjà parlé ailleurs. Nous laisserons donc ce sujet pour nous occuper d'un autre, et montrer comment la maison des Médicis, victorieuse de toutes les inimitiés déclarées au grand jour, devait encore, pour centrer toute l'autorité dans la cité, surmonter celles qui, dans l'ombre, tramaient sa perte. Tant qu'elle avait à combattre des familles aussi puissantes qu'elle, ceux qui étaient jaloux de son crédit pouvaient ouvertement contrarier ses desseins. Ils n'avaient point à craindre à cette époque de voir leur opposition écrasée dans l'œuf. En effet, depuis que les magistrats étaient redevenus libres, les partis ne couraient aucun danger. Mais après leur victoire de 66, le pouvoir se concentra si bien entre les mains des Médicis que les mécontents en furent réduits, soit à prendre leur mal en patience, soit à recourir au secret des conjurations. Mais le succès de ce genre d'entreprises est rare et elles entraînent plus souvent la perte des conjurés et un accroissement de puissance pour celui qu'elles visent ; sauf dans les cas, bien rares, où le tyran est abattu comme il le fut à Milan, le prince ainsi attaqué, affermi par le succès, de bon qu'il pouvait être, devient méchant. La peur qu'il a conçue engendre la répression ; la répression, l'injustice ; l'injustice, la haine des opprimés et souvent la perte de l'oppresseur. En somme, les conjurations perdent sur-le-champ leurs auteurs ; elles perdent aussi, mais bien à la longue, ceux qui en sont l'objet.

II

ANTÉCÉDENTS DE LA CONJURATION DES PAZZI

Deux ligues se partageaient alors l'Italie, comme nous l'avons déjà dit : celle du roi de Naples et du pape d'un côté, de l'autre celle des Vénitiens, du duc de Milan et des Florentins. Elles n'étaient point encore en guerre, mais chaque jour faisait naître entre elles quelque nouvelle raison de la voir s'allumer ; le pape surtout cherchait dans toutes ses entreprises à nuire aux Florentins. Après la mort de Philippe de Médicis, archevêque de Pise, ce pontife lui donna pour successeur, contre le gré de la Seigneurie de Florence, Francesco Salviati qu'il savait être l'ennemi des Médicis. La Seigneurie ne voulut point le mettre en possession de cet archevêché ; la discussion que cette affaire entraîna ne fit qu'accroître les griefs entre la république et le pape.

Par ailleurs, à Rome, Sixte accordait les faveurs les plus marquées aux Pazzi, et ne manquait pas une occasion de desservir les Médicis. La famille des Pazzi l'emportait alors à Florence sur toutes les autres par sa fortune et sa noblesse. Elle avait pour chef Iacopo Pazzi, que ses richesses et sa naissance avaient fait décorer par le peuple du titre de chevalier. Celui-ci n'avait qu'une fille naturelle; il possédait à la vérité plusieurs neveux, nés de ses frères, messires Piero et Antonio. Les plus distingués de ces neveux étaient Guglielmo, Francesco, Renato, Giovanni, et ensuite Andrea, Niccolò et Galeotto. Cosme de Médicis, voyant l'opulence et la noblesse de cette famille, avait marié Blanche sa petite-fille, avec Guglielmo, espérant par cette alliance unir étroitement les deux maisons, et prévenir les divisions et les inimitiés qui naissent de la méfiance. Il en alla bien autrement, tant il est vrai que nos calculs sont peu sûrs et fallacieux. Les conseillers de Laurent lui représentèrent qu'il était dangereux et contraire à son autorité de laisser s'accumuler trop de richesse et d'influence chez les autres. C'est pourquoi ni Iacopo ni ses neveux n'obtinrent les honneurs dont les autres citoyens les jugeaient dignes. De là, chez les Pazzi, la première rancœur; chez les Médicis, la première méfiance; toutes deux s'accrurent, l'une nourrissant l'autre et par elle nourrie; les magistrats de la cité ne cessant de desservir les Pazzi, chaque fois qu'il y avait compétition entre les citoyens. Francesco Pazzi se trouvant à Rome, le conseil des Huit, oubliant envers lui les égards qu'il est d'usage d'observer pour les citoyens notables, l'obligea, pour le plus léger motif, à regagner Florence. Les Pazzi exhalaient de toutes parts leurs plaintes en termes

violents et injurieux, qui ne leur valaient qu'un
surcroît de ressentiment et d'injustices de la part
des autres. Giovanni Pazzi avait épousé la fille de
Giovanni Borromeo, homme puissamment riche, et
dont la fortune devait après sa mort revenir à sa
fille, puisqu'il n'avait pas d'autres enfants. Cependant Carlo, son neveu, s'empara d'une partie de ces
biens. L'affaire était en litige, mais on fit une loi
qui dépouilla la femme de Giovanni Pazzi de la
succession de son père, pour la donner à Carlo. Les
Pazzi virent bien en cette injustice la nette intervention des Médicis. Et Julien plus d'une fois en fit
reproche à Laurent, son frère, lui remontrant qu'à
vouloir trop gagner on risque de tout perdre.

III

PRÉPARATIFS DE LA CONJURATION

Laurent de Médicis, tout chaud de sa jeunesse et
de sa toute-puissance, voulait que tout passât par ses
mains et que chacun relevât de lui. Les Pazzi, si
distingués par leur noblesse et leur fortune, ne
pouvaient souffrir tant d'injustice et commencèrent
à rechercher les moyens de s'en venger. Celui qui
s'en ouvrit le premier fut Francesco ; il était plus
chatouilleux et plus entreprenant que les autres. Il
se détermina donc ou à acquérir ce qui lui
manquait, ou à sacrifier ce qu'il possédait. Comme
la vie publique à Florence lui était odieuse, il vivait
presque toujours à Rome, où selon la coutume des
Florentins qui font le commerce, il brassait des
sommes énormes. Intimement lié avec le comte
Girolamo, tous deux échangeaient leurs doléances

contre les Médicis ; un beau jour, las de se plaindre, ils en vinrent à conclure qu'il fallait, pour que l'un vécût tranquille dans ses États, et l'autre dans sa ville, changer le gouvernement de Florence ; ils reconnurent la chose impossible sans le meurtre de Laurent et de Julien de Médicis.

Ils jugèrent que le pape et le roi de Naples s'y prêteraient sans peine, pourvu qu'on leur en montrât l'exécution facile. L'idée une fois acceptée, ils en firent part à Francesco Salviati, archevêque de Pise, qui promit volontiers d'y concourir, parce qu'il était ambitieux, et tout fraîchement blessé par les Médicis. Après avoir examiné entre eux les moyens qu'ils devaient prendre, ils résolurent, pour rendre leur succès plus aisé, de mettre dans leurs intérêts Iacopo Pazzi, sans lequel tout leur semblait impossible. Il fut donc trouvé opportun que Francesco Pazzi fît le voyage de Florence, et que l'archevêque, ainsi que le comte, restassent à Rome auprès du pape pour l'instruire de l'affaire quand il en serait temps. Francesco trouva Iacopo plus circonspect et plus rétif qu'il ne l'aurait voulu. Il fit connaître à ses amis de Rome les dispositions dans lesquelles il l'avait vu, et ceux-ci pensèrent qu'il fallait un homme de plus de poids que Francesco pour le décider. Alors l'archevêque et le comte révélèrent leur complot à Giovan Batista da Montesecco, homme de guerre fort estimé, au service du pape, auquel il avait des obligations ainsi qu'au comte, et qui ne put s'empêcher de leur représenter que cette entreprise offrait beaucoup de difficultés et de périls. Périls, difficultés, l'archevêque s'évertua à les dissiper, faisant valoir, d'un côté, l'aide assurée de Rome et de Naples, de l'autre, la haine des Florentins pour les Médicis, l'appui de tous les parents des Salviati et des Pazzi, la facilité de tuer d'abord Laurent et Julien qui allaient par la ville seuls et sans méfiance, et de changer ensuite de gouvernement. A quoi Montesecco n'acquiesçait pas entièrement, pour avoir entendu bon nombre d'autres Florentins tenir un autre langage.

IV

PRÉPARATIFS
(suite)

Pendant que ces objets et ces discussions occupaient les conjurés, Charles, seigneur de Faënza, tomba malade; on craignit pour ses jours. L'archevêque et le comte jugèrent l'occasion favorable pour envoyer Giovan Batista à Florence, et de là dans la Romagne, sous le prétexte d'y recouvrer quelques-unes des possessions du comte, qui étaient entre les mains du seigneur de Faënza. Le comte engagea Giovan Batista à voir d'abord Laurent, sous le prétexte d'un bon conseil à solliciter de lui au sujet de leurs intérêts dans la Romagne, puis à se ménager un entretien avec Francesco Pazzi, afin qu'ils pussent ensemble disposer Iacopo Pazzi à seconder leurs vœux. Pour faire concourir l'autorité du pape à la détermination de Iacopo, ils voulurent que Giovan Batista le vît avant de quitter Rome. Ce pontife promit de contribuer autant qu'il le pourrait au succès de la conjuration. Arrivé à Florence, Giovan Batista alla voir Laurent qui l'accueillit le plus humainement du monde, et lui donna sur sa demande des conseils pleins de bienveillance et de sagesse. Giovanni fut

dans l'admiration, et trouva Laurent bien différent
du portrait qu'on lui en avait fait. Il lui parut
rempli d'humanité, de sagesse et d'amitié envers le
comte. Néanmoins il voulut avoir une conférence
avec Francesco Pazzi, mais celui-ci était allé à
Lucques. Alors il se rendit chez Iacopo qu'il trouva
d'abord très éloigné de leurs vues. Cependant,
avant leur séparation, il parut un peu ébranlé par
l'autorité du pape, et dit à Giovan Batista de faire
son voyage de la Romagne, de revenir ensuite, et
qu'alors ils s'entretiendraient plus particulièrement
de ce projet avec Francesco Pazzi qui serait de
retour à Florence. Giovan Batista suivit ce conseil;
de retour à Florence, il reprit avec Laurent
l'entretien soi-disant entrepris dans l'intérêt du
comte, après quoi, il s'en fut retrouver Francesco et
Iacopo dont il obtint enfin l'adhésion à leur
complot.

Dès lors, il ne fut plus question que de l'exécuter. Iacopo, persuadé qu'on n'en viendrait point à
bout tant que les deux frères seraient à Florence,
pensa qu'il fallait attendre que Laurent allât à
Rome où il devait, disait-on, faire un voyage.
Francesco voulait bien que l'on différât l'exécution
jusque-là; mais il affirmait que, dans le cas où
Laurent n'irait point à Rome, il était possible de
tuer les deux frères au milieu de la célébration
d'une noce, ou au jeu, ou dans l'église. Quant aux
secours étrangers, il lui semblait que le pape
pouvait mettre des troupes sur pied, sous prétexte
d'attaquer le château de Montone dont il pouvait
légitimement dépouiller le comte Charles pour le
punir des désordres qu'il avait causés dans le
Siennois et le Pérousin, comme nous l'avons dit
précédemment. Néanmoins, on ne conclut rien,

sinon que Francesco Pazzi et Giovan Batista iraient
à Rome pour y arrêter tout avec le comte et le
souverain pontife.

L'affaire fut de nouveau discutée à Rome; on
convint que l'entreprise contre Montone terminée,
Giovanfrancesco da Tolentino, capitaine à la solde
du pape, se rendrait dans la Romagne, et Lorenzo
da Castello dans son pays, que l'un et l'autre
tiendrait ses troupes et celles du pays prêtes à obéir
aux ordres de l'archevêque Salviati et de Francesco
Pazzi; que ces deux derniers iraient avec Giovanbatista da Montesecco à Florence; que là ils prendraient toutes les mesures nécessaires pour le
succès auquel le roi Ferdinand promettait, par son
envoyé de contribuer autant qu'il le pourrait.
L'archevêque et Francesco Pazzi étant venus à
Florence, gagnèrent à eux Iacopo, fils de messire
Poggio, jeune homme fort lettré mais ambitieux et
fervent de choses nouvelles; ils gagnèrent aussi les
deux Jacopo Salviati, l'un frère et l'autre parent de
l'archevêque; enfin, Bernardo Bandini, et Napoleone Francesi, jeunes gens pleins de courage et qui
avaient de grandes obligations à la famille des
Pazzi. Outre les étrangers que nous venons de citer,
ils en eurent encore deux autres pour complices,
Antonio de Volterra, et un prêtre nommé Stefano
qui enseignait chez Iacopo Pazzi la langue latine à
sa fille. Renato de' Pazzi, homme sage et pondéré,
connaissant les malheurs qu'entraînent de semblables entreprises, ne voulut point prendre part à
celle-ci et la condamna même sévèrement.

V

L'ORDRE EST DONNÉ D'AGIR

Le pape avait placé à l'université de Pise Rafaello de Riario, neveu du comte Girolamo, pour y étudier les doctrines ecclésiastiques, et pendant qu'il y était encore, il l'avait élevé à la dignité de cardinal. Les conjurés trouvèrent à propos de faire venir ce cardinal à Florence, espérant que son arrivée les aiderait à couvrir leurs desseins en cachant au milieu de son cortège les complices dont ils avaient besoin, et à mettre leur complot à exécution. Ce prélat vint donc, et fut reçu par Iacopo Pazzi à Montughi, maison de campagne que ce dernier possédait dans le voisinage de Florence. Les conjurés désiraient par ce moyen réunir en un même lieu Laurent et Julien afin de les y assassiner. Ils firent donc en sorte de ménager une rencontre entre eux et le cardinal, lors d'un banquet donné dans leur villa de Fiesole. Mais Julien n'y étant point venu, ou par hasard ou volontairement, les Pazzi, déçus dans leur dessein, jugèrent qu'une invitation à Florence aurait plus de chance de réunir les deux frères. Tout étant disposé en conséquence, ils les firent inviter au festin qu'ils devaient donner le dimanche 26 avril 1478. Convaincus qu'ils pourraient les tuer dans ce repas, les conjurés passèrent la nuit du samedi à délibérer sur ce qu'ils auraient à faire le lendemain matin, et à préparer tous leurs moyens d'exécution. Mais lorsque le jour fut venu, on fit dire à Francesco Pazzi que Julien de Médicis ne se rendrait pas à l'invitation. Les chefs de la conspiration se rassem-

blèrent alors de nouveau, et conclurent qu'il ne
fallait plus différer l'exécution d'un complot connu
de tant de monde, et qui ne pourrait manquer de se
découvrir. Ils convinrent donc de frapper dans
l'église cathédrale de Santa Reparata, où les Médicis se rendraient sûrement tous les deux, selon leur
coutume, d'autant plus que le cardinal devait s'y
trouver. Ils auraient voulu que Giovanbatista se
chargeât de tuer Laurent; Franceschino de Pazzi et
Bernardo Bandini, Julien. Giovanbatista s'y refusa,
soit que la cordialité des entretiens qu'il avait eus
avec Laurent eût attendri son courage, soit qu'il fût
retenu par quelque autre motif. Il dit qu'il n'aurait
jamais le cœur de commettre dans l'église un pareil
forfait, ni d'ajouter le sacrilège à la trahison. C'est
là ce qui fit manquer l'entreprise, parce que les
conjurés, pressés par le temps, furent contraints de
remplacer Giovanbatista par Antonio da Volterra et
Stefano, prêtre, les deux hommes les moins désignés pour un tel geste, tant par leurs habitudes que
par leur caractère. En effet, s'il y a jamais eu une
action qui exigeât un cœur magnanime, inébran-
lable, endurci par de nombreuses épreuves devant
la vie et la mort, c'est bien cette action-là, devant
laquelle on a vu maintes fois le cœur manquer à des
hommes dressés à manier des armes et à tremper
les mains dans le sang. Ces détails réglés, ils
fixèrent le moment du meurtre à l'instant de la
communion du principal officiant de la grand'-
messe; en même temps l'archevêque Salviati et
Jacopo, fils de messire Poggio, avec leurs gens,
devaient s'emparer du Palais de la Seigneurie, et se
la rendre favorable de gré ou de force, après la mort
des deux jeunes Médicis.

VI

L'EXÉCUTION

Le complot ainsi arrêté, ils allèrent à l'église où le cardinal s'était déjà rendu avec Laurent de Médicis. Le peuple remplissait déjà la nef, et l'office divin était commencé, mais Julien de Médicis n'était toujours pas là. Alors Francesco Pazzi et Bernardo Bandini qui étaient chargés de le tuer, s'en furent le quérir chez lui, et, à force de prières et d'ingéniosité, l'amenèrent à l'église. Et c'est chose vraiment mémorable que Francesco et Bernardo, malgré toute leur haine, toute la conscience qu'ils avaient d'un si grand forfait, aient gardé toute la force d'âme, toute la ténacité d'esprit qu'il fallait pour dissimuler ; tout en le conduisant à l'autel, tant le long de la rue que dans la cathédrale, ils le divertirent de toutes sortes de plaisanteries et facéties de jouvenceaux, au cours desquelles, sous couleur de caresses amicales, Francesco ne négligea pas de le palper de la main et même de l'étreindre du bras, pour s'enquérir s'il portait cuirasse ou quelque autre protection. Julien, pas plus que Laurent, n'ignorait l'âpre ressentiment des Pazzi à leur égard, ni l'ardent désir qu'ils avaient de leur arracher le pouvoir, mais ils ne craignaient pas pour leur vie, persuadés que si l'on tentait quelque chose contre eux, ce serait de façon civile et non aussi brutale ; aussi tous deux se prêtaient-ils, sans grand souci de leurs jours, à ces simulacres d'amitié.

Les meurtriers se trouvèrent donc à leur poste, les uns à côté de Laurent, puisque la foule remplissant l'église leur permettait de le faire aisément

sans éveiller de soupçon, et les autres auprès de
Julien, lorsque vint l'heure du destin; et Bernardo Bandini, d'une courte lame préparée à cet
effet, frappa au cœur Julien, qui fit quelques pas et
chut à terre, où Francesco de' Pazzi s'acharnant, le
cribla de coups, portés avec une telle violence que
de l'un d'eux il se blessa grièvement la jambe. De
leur côté, messire Antonio et le prêtre Stefano
assaillaient Laurent, mais, en dépit de plusieurs
coups portés, ne le blessaient que légèrement à la
gorge. En effet, soit gaucherie de leur part, soit
courage de la part de Laurent, qui dès l'attaque, se
défendit à main armée, soit secours des assistants,
les meurtriers ne purent faire davantage. Ils furent
pris d'épouvante, s'enfuirent, se cachèrent; mais
vite découverts, ils furent ignominieusement tués et
traînés par toute la cité. Laurent de son côté,
entouré de ses amis, s'était réfugié dans la sacristie
de la cathédrale. Bernardo Bandini, voyant que
Julien était mort, tua aussi Francesco Nori, fervent
ami des Médicis, soit qu'il fût l'objet d'une vieille
haine, soit parce qu'il faisait rempart à Laurent.
Non content de ces deux victimes, il se mit à la
poursuite de Laurent pour achever par son courage
et sa célérité la besogne que l'indécision et la
veulerie des deux autres avaient laissée pendante.
Mais constatant qu'il s'était réfugié dans la sacristie, il n'en put mais. Quant au cardinal, il avait
cherché vers l'autel un abri parmi des remous si
violents et un vacarme si terrible qu'on eût dit que
la cathédrale s'écroulait; les prêtres le sauvèrent de
la foule jusqu'à temps que la Seigneurie, le tumulte
apaisé, le fît ramener dans son palais, où il demeura
jusqu'à sa libération, fort tourmenté de son sort.

VII

L'ARCHEVÊQUE SALVIATI PRIS ET PENDU

Il y avait alors à Florence un certain nombre de Pérugins, la plupart *fuorusciti*, que les Pazzi avaient enrôlés en leur promettant de leur rendre Pérouse. L'archevêque les conduisit avec lui, ainsi que les deux Salviati et Jacopo, fils de messire Poggio, vers le palais des Seigneurs qu'il devait occuper. Parvenu au bas des marches, il en laissa là une partie, avec l'ordre, dès les premières rumeurs, de barrer la porte; accompagné du plus grand nombre des Pérugins, il monta au palais, et l'heure étant avancée et nos Très Hauts Seigneurs en train de dîner, attendit quelque peu avant d'être introduit auprès du gonfalonier de justice, Cesare Petrucci. Aussi dut-il laisser au dehors la plupart des siens, pour n'entrer qu'avec une poignée d'entre eux. Encore ceux du dehors s'enfermèrent-ils eux-mêmes dans la chancellerie dont la porte était articulée de telle sorte qu'une fois close, on ne pouvait plus la rouvrir sans la clef, ni du dedans, ni du dehors. L'archevêque cependant, introduit de la sorte chez le gonfalonier, sous couleur de lui rapporter certaines affaires de la part du pape, commença par bredouiller et trahir une hésitation, un trouble tels dans ses traits comme dans ses propos que le gonfalonier, tout soudain, plein de méfiance, s'élance avec de grands cris hors de la salle et se trouve face à face avec Jacopo, fils de messire Poggio, l'empoigne par les cheveux et le remet à ses sergents. Les Seigneurs s'étant joints à lui à grand tapage, armés de tout ce que le hasard

leur met sous la main, tous les conjurés qui étaient
montés avec l'archevêque, les uns restés sous clé,
les autres désemparés, tous furent tués sans autre
forme de procès, ou, tout vivants, jetés du haut des
fenêtres du palais ; l'archevêque, les deux Salviati et
Jacopo, fils de messire Poggio y furent pendus.
Cependant la troupe demeurée en bas ayant chassé
le corps de garde et occupant la porte et tout le rez-
de-chaussée, empêchait les citoyens, armés ou non,
qui accouraient au vacarme, d'apporter à la Seigneurie le secours de leurs armes ou de leurs
conseils.

VIII

SORT DES AUTRES CONJURÉS

Francesco et Bernardo, voyant Laurent hors de
danger, et celui d'entre eux sur qui se fondait tout
leur espoir grièvement blessé, avaient pris peur.
Aussi Bandini, mettant à se sauver la même
décision qu'il avait mise à attaquer Julien, jugea la
cause perdue et prit la fuite, sain et sauf. Francesco,
rentré blessé chez lui, tenta de se tenir à cheval,
puisque l'ordre était de faire cerner la ville par la
troupe et d'appeler le peuple aux armes et à la
liberté. Mais il ne put y rester, si profonde était sa
blessure et si grande la quantité de sang qu'il avait
perdue. Aussi s'étant déshabillé, il se jeta nu sur
son lit et supplia messire Iacopo d'accomplir la
tâche dont il ne pouvait s'acquitter. Messire
Iacopo, tout vieux qu'il était, et peu habitué à de
pareilles émeutes, pour tenter tout de même cette
dernière chance, monta en selle avec environ cent

hommes rassemblés à cet effet, et s'en fut place du
Palais, appelant à son secours le peuple et la liberté.
Mais le peuple avait été rendu sourd par les
largesses et par la fortune des Médicis, et la liberté
était inconnue dans Florence; pas une voix ne lui
répondit. Seuls les Seigneurs qui, du haut du
palais, dominaient la place, le saluèrent à coups de
pavés, et de leurs menaces l'effrayèrent du mieux
qu'ils purent. Tandis que messire Iacopo demeurait hésitant, son beau-frère Giovanni Serristori
l'aborda, lui reprocha les scandales causés par sa
famille, puis l'exhorta à rentrer chez lui, en lui
assurant que les autres citoyens avaient autant
que lui à cœur le peuple de Florence et sa liberté.
Messire Iacopo, perdant tout espoir, voyant la Seigneurie hostile, Laurent vivant, Francesco blessé,
et lui-même abandonné de tous, décida de sauver
du moins sa vie s'il le pouvait par la fuite; et
il sortit donc de Florence avec la troupe qui
l'accompagnait pour gagner la Romagne.

IX

LE DANGER COURU ACCROIT LA PUISSANCE
DE LAURENT DE MÉDICIS

Pendant ce temps-là, la cité tout entière était
sous les armes, et Laurent de Médicis, escorté de
nombreux amis armés, avait regagné sa demeure.
Le palais du peuple avait été repris, et tous ses
occupants capturés et mis à mort. Déjà par toute la
cité on acclamait le nom des Médicis et partout on
voyait les membres des morts, tantôt fichés à la

pointe des armes, tantôt traînés sur le pavé; et
chacun à l'envi pourchassait les Pazzi de propos
furibonds ou de démonstrations féroces. Le peuple
s'était déjà emparé de leur maison. Francesco Pazzi,
à qui sa blessure avait fait quitter tous ses
vêtements pour se jeter sur son lit, fut enlevé dans
cet état, conduit au palais, et pendu à côté de
l'archevêque et des autres qui avaient ainsi péri. Il
ne fut pas possible, quelque violence qu'on lui fît
subir chemin faisant, de lui arracher un mot : il
regardait fixement ses insulteurs, sans une plainte,
et soupirait en silence. On laissa Guglielmo de
Pazzi se sauver dans la demeure de Laurent, parce
qu'il était son beau-frère, qu'il était innocent, et
parce que Bianca, sa femme, s'interposa. Il n'y eut
pas un citoyen, armé ou non, qui ne se rendît chez
Laurent dans cette occurrence; chacun à l'envi
offrait ses biens ou ses services, telle était la
popularité et la faveur que la Maison s'était
acquises par sa sagesse et sa libéralité.

Renato de' Pazzi, qui, dès le début de la sédition,
s'était retiré à sa maison de campagne, informé de
son échec, voulut fuir déguisé; mais il fut reconnu
en chemin, arrêté et conduit à Florence. Iacopo fut
pris aussi au passage de l'Apennin. Les habitants de
ces montagnes, ayant appris ce qui s'était passé, et
le voyant fuir, se jetèrent sur lui, le saisirent et le
ramenèrent à Florence. Malgré ses prières répétées,
il ne put obtenir d'eux d'être tué auparavant.
Quatre jours après, Iacopo et Renato furent
condamnés à mort, et de tant d'exécutions qui
avaient jonché les rues de débris humains, seule
celle de Renato causa quelque commisération : il
passait pour un homme sage et bon, auquel on ne
reprochait point la hauteur des autres. Et pour que

l'aventure comportât quelque chose d'inouï, messire Iacopo, qu'on avait d'abord inhumé dans la
sépulture de ses ancêtres, en fut ensuite retiré
comme frappé d'excommunication; on l'enterra le
long des murs de la ville. Retiré encore de cet
endroit, son cadavre nu fut traîné dans les rues,
avec la corde qui avait servi à le pendre. Pour finir,
celui qui n'avait pu trouver de sépulture dans la
terre, fut jeté, par ceux mêmes qui venaient de lui
faire subir ces derniers outrages, dans le fleuve de
l'Arno dont les eaux étaient très hautes en ce
moment. Exemple vraiment saisissant de ce qu'est
la fortune : un homme parvenu si haut dans la
richesse et la faveur, précipité si bas et dans une telle
ignominie! Parmi quelques vices dont on l'accuse,
il faut mettre la fureur du jeu et des blasphèmes,
pire que chez n'importe quel sacripant; il rachetait
ces défauts par beaucoup d'aumônes, car il faisait
d'abondantes largesses aux pauvres et aux établisse-
ments hospitaliers. On peut encore dire à son
avantage que le samedi, veille du jour où deux
meurtres pareils devaient s'accomplir, afin que nul
n'eût à pâtir par sa faute en cas d'échec, il paya
toutes ses dettes et remit avec une exactitude prodi-
gieuse à leurs propriétaires celles des marchandises
qu'il avait à la douane et dans sa maison, et qui
n'étaient point à lui. Giovanbatista de Montesecco,
après avoir subi un long interrogatoire, eut la tête
tranchée. Napoleone Francesi échappa au supplice
par la fuite. Guglielmo Pazzi fut exilé. Ceux de ses
cousins qui étaient encore en vie furent enfermés
dans les cachots de la citadelle de Volterra. Les
troubles apaisés et justice faite des conjurés, on
célébra les funérailles de Julien de Médicis. Il fut
pleuré par tous les citoyens, parce que l'on avait vu

en lui autant de libéralité et de sentiment d'humanité qu'on peut en désirer dans tout autre homme,
né au milieu d'une semblable fortune. Il naquit de
lui, peu de jours après sa mort, un fils naturel qui
fut nommé Jules, dont tout le monde à l'heure
présente est à même de juger s'il a été comblé des
dons de la fortune et de la *virtù*, et dont, si Dieu
nous conserve vie, nous parlerons amplement
lorsque le moment en sera venu. Quant aux troupes
sous les ordres de Lorenzo de Castello, dans le Val
di Tevere, et celles que commandait Giovanni
Francesco de Tolentino dans la Romagne, qui
s'étaient réunies et mises en marche pour venir à
Florence appuyer les Pazzi, lorsqu'elles apprirent
que l'entreprise avait échoué, elles s'en retour-
nèrent.

. . . .

XXIX

SEREZANA CÉDÉE A LA BANQUE SAN GIORGIO [46]

Lorsque la Lombardie fut pacifiée, les Florentins
ne purent rester en repos : il leur paraissait
déshonorant de se voir dépouillés de la place de
Serezana par un simple gentilhomme. Le traité de
paix portait que l'on pourrait non seulement
redemander ce que l'on avait perdu, mais encore
faire la guerre à quiconque s'opposerait à ce qu'on
le recouvrât. Ils levèrent donc sur-le-champ des
troupes, et se procurèrent de l'argent pour attaquer
Agostino Fregoso, défenseur de cette place, dont il
s'était emparé quelque temps auparavant. Celui-ci,
ne se croyant point en état de la défendre contre
eux, en fit donation à San Giorgio.

Comme j'aurai plus d'une fois l'occasion de parler de San Giorgio et des Génois, il me semble à propos de faire connaître les institutions, les lois et les usages de cette ville, l'une des principales de l'Italie. Quand les Génois eurent fait la paix avec les Vénitiens, après la guerre dispendieuse qui avait duré entre eux pendant plusieurs des années précédentes, leur république, ne se trouvant point en état de rembourser sur-le-champ les grosses sommes d'argent qui lui avaient été prêtées, céda à ceux de ses citoyens qui les avaient avancées le revenu de la douane, et régla que chacun en toucherait une part proportionnée au montant de sa créance, jusqu'à son entier remboursement. Afin que les citoyens porteurs de ces créances eussent un lieu pour s'assembler, elle leur donna le palais situé près de la douane. Ceux-ci organisèrent entre eux un mode de gouvernement pour régir leurs affaires. Ils établirent un conseil de cent membres chargés de délibérer sur l'intérêt général, et un autre conseil composé de huit membres, pour exécuter ses délibérations. Ce dernier conseil était en quelque sorte chef du corps entier. Ils divisèrent leurs créances en parts ou *coupons,* qu'ils appelèrent *lieux* ou *luoghi.* Ils donnèrent à leur compagnie le nom de San Giorgio. Telle fut la distribution et la forme de leur gouvernement. La Commune éprouva de nouveaux besoins et demanda de nouveaux secours à San Giorgio; les richesses et la bonne administration de cette banque lui permirent de les fournir. Après lui avoir cédé le revenu de la douane, la Commune lui donna de ses terres pour servir de gage aux sommes d'argent qu'elle en recevait. Les besoins de la république et les services de ce corps ont été portés à un tel point que San Giorgio a sous

son administration la majeure partie des terres et
des villes soumises à la domination des Génois. Il
les gouverne, les défend et y envoie tous les ans des
recteurs élus dans son sein, sans que l'État s'en
mêle en aucune manière. Il est résulté de là que la
commune, dont le gouvernement a été regardé
comme tyrannique, a perdu l'affection publique ;
elle lui a été ravie par l'administration sage et
impartiale de San Giorgio, qui reste toujours la
même au milieu des changements faciles et multi-
pliés de cette république, soumise tantôt à un de ses
citoyens, tantôt à un prince étranger. Quand les
Fregoso et les Adorno se disputèrent la souveraineté de Gênes, la majorité des citoyens se tint à
l'écart, parce qu'il s'agissait du gouvernement de
l'État qu'elle abandonnait au vainqueur. Lorsqu'un
usurpateur quelconque s'en est rendu maître, San
Giorgio se contente de lui faire jurer l'observation
de ses propres lois, qui sont restées jusqu'à ce jour
sans altération, parce que ce corps ayant des armes,
de l'argent et une autorité régulière, on ne pourrait
y porter atteinte sans s'exposer à une rébellion
certaine et dangereuse. Le gouvernement de San
Giorgio offre un exemple vraiment rare et que les
philosophes n'ont jamais rencontré dans tant de
républiques célèbres qu'ils ont ou vues, ou imaginées. Il présente dans la même enceinte, et parmi
les citoyens d'une même ville, la liberté et la
tyrannie, les bonnes mœurs et la corruption, la
justice et la licence. Cet établissement conserve seul
dans Gênes des vertus antiques et dignes de
vénération. Si jamais il devient maître de l'État
entier, ce qui ne peut manquer d'arriver avec le
temps, cette république acquerra plus de célébrité
que celle de Venise.

XXXVI

MORT DE LAURENT DE MÉDICIS.
SON PORTRAIT

Après avoir terminé heureusement la guerre de Serezana, les Florentins vécurent au sein de la prospérité jusqu'à la mort de Laurent de Médicis, survenue en 1492. En effet Laurent travailla tout à la fois à l'agrandissement de sa maison et de sa patrie lorsqu'il eut pacifié l'Italie par son habileté et sa puissance. Il maria Piero, son fils aîné, avec Alfonsina, fille du *cavaliere* Orsino. Par son crédit, il fit élever Giovanni, son second fils, à la dignité de cardinal, quoiqu'il n'eût encore que treize ans, exemple jusqu'alors inouï. Ce fut là un des degrés par lesquels il comptait — et il y réussit en effet, peu de temps après — élever les Médicis *jusqu'au ciel*. Julien, son troisième fils, était trop jeune encore, et Laurent ne vécut pas assez longtemps pour lui procurer un établissement considérable. De ses filles, l'une épousa Jacopo Salviati; l'autre Francesco Cibo, et la troisième Piero Ridolfi. La mort lui enleva la quatrième qu'il avait mariée à un autre Jean de Médicis pour maintenir l'union dans sa famille. Il fit de très mauvaises affaires en tant que banquier. La gabegie de ses administrateurs, qui géraient ses biens comme ceux d'un monarque et non comme ceux d'un particulier, lui fit perdre beaucoup d'argent en bien des endroits : aussi le trésor public fut-il obligé de lui avancer de grosses sommes d'argent pour le soutenir. Ne voulant plus s'exposer à de semblables aléas, il renonça au commerce et se rabattit sur la terre qui offre des

richesses plus assurées et plus durables. Il se
procura, dans les territoires de Prato, de Pise et du
Val de Pesa des possessions dont les revenus et les
bâtiments étaient plutôt d'un souverain que d'un
simple citoyen.

Il songea ensuite à rendre sa cité plus grande et
plus belle. Comme elle renfermait beaucoup d'es-
paces dépourvus d'habitations, il fit tracer sur ces
terrains de nouvelles rues pour y construire des
bâtiments, ce qui la rendit plus belle et plus grande.
Afin que sa patrie vécût tranquille et en sûreté,
qu'elle pût éloigner d'elle la guerre, il fortifia le
bourg de Firenzuola, situé au milieu des Alpes, du
côté de Bologne ; vers Sienne, il amorça la fortifica-
tion de Poggio Imperiale, de façon à le rendre
inexpugnable ; il ferma le chemin à l'ennemi du
côté de Gênes, par la conquête de Pietra Santa et
de Serezana ; il entretenait aussi par ses subsides et
des pensions : dans Pérouse, l'amitié des Baglioni ;
dans Città di Castello, celle des Vitelli, et le
gouvernement de Faënza était entre ses mains.
C'étaient autant de solides bastions avancés de
Florence. Et grâce à lui, la ville, chaque fois qu'elle
n'était pas en guerre, était perpétuellement en fête,
assistant à des tournois, à des cortèges où l'on
représentait les événements et les hauts faits de
l'Antiquité. Son but était de maintenir l'abondance
dans sa patrie, l'union parmi le peuple, et de voir la
noblesse honorée. Il chérissait et s'attachait tous
ceux qui excellaient dans les arts ; il protégeait les
gens de lettres ; rien ne le prouve davantage que sa
conduite envers Agnolo de Montepulciano, Cristo-
fano Landini et messire Démétrios. Le comte
Giovanni della Mirandola, homme presque divin,
attiré par la munificence de Laurent de Médicis,

préféra le séjour de Florence, où il se fixa, à toutes les autres parties de l'Europe qu'il avait parcourues. Laurent faisait surtout ses délices de la musique, de l'architecture et de la poésie. Il existe de lui, dans ce dernier genre, plusieurs morceaux qu'il a, non seulement composés, mais encore enrichis de commentaires. Afin que la jeunesse de Florence pût se livrer à l'étude des belles-lettres, il ouvrit à Pise un « Studio » où il appela les hommes les plus instruits qui fussent alors en Italie. Il construisit un monastère près de Florence, pour Mariano de Ghinazzano, religieux de l'ordre de Saint-Augustin, parce qu'il était un excellent prédicateur.

Il fut comblé des bienfaits de Dieu et de la fortune, car toutes ses entreprises réussirent, et celles de ses ennemis échouèrent. Après les Pazzi, Battista Frescobaldi tenta à son tour de l'assassiner aux Carmes, et Baldinotto da Pistoia voulut en faire autant dans sa maison de campagne; mais tous reçurent, ainsi que leurs complices, le juste châtiment de leurs méchants projets. Sa conduite, son habileté et sa fortune furent un sujet d'admiration pour les princes, non seulement de l'Italie, mais encore des pays les plus éloignés : Mathias, roi de Hongrie, lui donna maints témoignages de son affection; le sultan d'Égypte le fit complimenter et lui offrit des présents par ses ambassadeurs; le Grand-Turc lui remit entre les mains Bernardo Bandini, meurtrier de son frère. Tout cela lui attira la plus haute considération dans l'Italie; et elle grandissait encore tous les jours avec les preuves de ses dons. Il avait la parole éloquente et spirituelle, la décision sage, l'exécution prompte et courageuse. On ne peut guère parler de vices qui fissent ombre à tant de qualités : tout au plus peut-on regretter

qu'il fût si merveilleusement asservi aux plaisirs de
Vénus, et s'amusât à la société de gens facétieux et
médisants ou à des passe-temps puérils, plus qu'il
ne convenait peut-être à un si grand homme : on le
vit maintes fois partager les ébats de ses garçons et
de ses fillettes. En somme, à bien considérer cette
vie mi-grave et mi-voluptueuse, on eût cru qu'il y
avait en lui deux êtres divers, joints d'une inconce-
vable jointure.

Ses dernières années furent accablées par les
épreuves du mal qui le tourmentait : des douleurs
d'estomac si fortes qu'elles le conduisirent à la
mort, en avril 1492, à l'âge de quarante-quatre ans.
Nul mort illustre n'a jamais laissé en Florence ni
dans l'Italie un tel renom de sagesse et tant de
regrets à sa patrie. Comme sa perte devait entraîner
beaucoup de calamités, le ciel voulut en donner des
présages trop certains. On vit entre autres la foudre
tomber sur l'endroit le plus élevé du faîte de l'église
Santa Reparata, avec tant de violence qu'une
grande partie s'en écroula; ce qui remplit tout le
monde d'étonnement et de frayeur. Les Florentins
pleurèrent la mort de Laurent; il n'y eut aucun
prince d'Italie qui ne partageât leurs regrets, et qui
ne chargeât ses ambassadeurs d'exprimer ses
condoléances à leur république. Peu de temps
après, les événements montrèrent combien ces
regrets étaient fondés. L'Italie, privée de son
conseil, ne put trouver ailleurs le moyen d'assouvir
ni de refréner l'ambition de Ludovic Sforza,
gouverneur du duc de Milan. On vit donc, aussitôt
après la mort de Laurent, germer et croître tous ces
troubles qui, faute de celui qui eût pu les étouffer,
perdirent et achèvent encore de perdre l'Italie.

*Rapport sur les choses
de la France*[47]

(1510)

I

Couronne et rois de France sont aujourd'hui plus gaillards, plus riches et plus puissants qu'ils ne le furent jamais pour les raisons ci-dessous.

D'abord, la couronne étant héréditaire par droit du sang, s'est enrichie, car chaque fois qu'un roi meurt sans enfant mâle ou sans aucun parent qui puisse lui succéder dans son patrimoine, ses biens et propriétés sont réunis à la couronne. Bien des rois s'étant trouvés dans ce cas, la couronne s'est ainsi enrichie d'un grand nombre de domaines, tels que le duché d'Anjou ; c'est même ce qui va arriver sous le roi actuel qui, faute d'enfant mâle, va laisser à la couronne les duchés d'Orléans et de Milan : de la sorte les meilleures terres de France n'appartiennent plus en particulier à des barons, mais au domaine royal.

Il y a une autre raison, très forte, de la grandeur du Roi : le Royaume se trouvait autrefois partagé entre de puissants barons qui n'hésitaient pas à s'engager dans des guerres contre leur suzerain, comme firent les ducs de Guyenne et de Bourbon ;

ils sont tous aujourd'hui parfaitement soumis à son autorité qui s'en est trouvée renforcée.

Il y a une autre raison : aucun des voisins de la France n'hésitait auparavant à attaquer le Royaume. Et ceci parce qu'ils trouvaient toujours un duc de Bretagne, un duc de Guyenne ou bien de Bourgogne ou bien de Flandre pour lui faire la courte échelle, lui en ouvrir la porte ou lui offrir asile; c'est ainsi que cela se passait lorsque les Anglais guerroyaient avec la France et lui donnaient grand mal grâce à l'entremise du duc de Bretagne; et de même, le duc de Bourgogne par l'entremise d'un duc de Bourbon. A cette heure, la Bretagne, la Guyenne, le Bourbonnais et la plus grande partie de la Bourgogne étant parfaitement soumis à la France, non seulement les souverains ennemis sont privés de ce moyen de troubler le Royaume, mais ils trouvent devant eux ces barons pour ennemis; et le Roi de son côté, grâce à leurs provinces, se trouve plus puissant et ses ennemis plus faibles.

Il y a encore une autre raison : les barons les plus riches et les plus puissants sont de sang royal et de même lignée, en sorte que les héritiers les plus proches venant à manquer, la couronne peut leur échoir. Dès lors chacun d'eux soutient le trône, dans l'espoir que lui-même ou l'un de ses enfants pourra y monter un jour, et dans la crainte qu'un geste de rébellion ou d'inimitié ne leur fasse du tort. Le Roi régnant a failli en faire l'épreuve quand il fut fait prisonnier au cours de la guerre de Bretagne où il avait pris parti pour le duc contre les Français : à la mort du roi Charles, on disputa fort si sa rébellion et défection à la couronne ne lui avaient pas fait perdre ses droits. Mais les richesses

qu'il avait accumulées lui permirent de faire lar-
gesse ; en outre, il se trouva que, à défaut de lui, le
successeur le plus proche, le duc d'Angoulême,
n'était qu'un enfant encore : c'est à ces raisons, et
aussi à la faveur dont il jouissait, qu'il dut d'être
tout de même roi.

La dernière raison est celle-ci : les fiefs des
grands barons de France ne se partagent pas entre
leurs héritiers, ainsi qu'en Allemagne et en plusieurs parties de l'Italie, mais ils échoient toujours
aux aînés qui sont les seuls héritiers ; les autres
frères prennent patience, et secondés par leur aîné
se consacrent entièrement aux armes, et s'évertuent
par ce métier à se mettre en mesure de se tailler
eux-mêmes un État et ils vivent dans cette espérance. Il s'ensuit de là que les hommes d'armes
français sont aujourd'hui les meilleurs qui soient,
car ils sont tous nobles et fils de grands seigneurs,
en mesure de parvenir à la même grandeur.

L'infanterie qu'on lève en France ne peut être
excellente, car il y a longtemps qu'elle n'a pas fait la
guerre : elle n'en a donc aucune expérience. De
plus, le reste de la population, roture et gens de
métier, est tellement asservie à la noblesse et bridée
en toute chose qu'elle en est avilie. Aussi le Roi ne
se sert-il pas de ces fantassins en temps de guerre, à
part les Gascons, qui sont un peu meilleurs que les
autres : ceci vient de ce qu'ils sont proches des
Espagnols et tiennent un peu d'eux. Ils se sont
pourtant montrés, à ce qu'on a constaté depuis
quelques années, meilleurs maîtres larrons que
maîtres guerriers. Fort bons soldats pour défendre
ou assaillir les places, ils sont moins bons en bataille
rangée, à l'opposé des Allemands et des Suisses, qui
sont sans pareils sur le champ de bataille, mais de

peu de valeur dans la défense ou l'attaque des villes
fortes : je crois que cela vient de ce qu'ils ne
peuvent pas y garder les formations auxquelles ils
sont habitués sur le champ de manœuvre. Aussi le
Roi se sert-il toujours de Suisses ou de lansquenets,
ses chevaliers se méfiant des Gascons pour aborder
l'ennemi. Si son infanterie avait la même valeur que
sa cavalerie, le Roi pourrait tenir tête à n'importe
lequel des autres souverains.

II

Les Français sont par nature plus impétueux
au combat que résistants ou manœuvriers, et s'ils
rencontrent un adversaire qui puisse supporter la
furie de leur premier choc, ils perdent leur mordant
et se découragent si bien qu'ils sont alors aussi
lâches que femmes. Ils endurent aussi fort mal les
fatigues et le manque de confort, et à la longue ils
se relâchent de la discipline, de sorte qu'il est aisé,
si on les surprend dans ce désordre, de triompher
d'eux. On en a vu maints exemples durant la
guerre dans le royaume de Naples, et récemment
sur le Garigliano, où ils étaient pourtant deux fois
plus nombreux que les Espagnols et où l'on pensait
qu'ils les avaleraient d'une bouchée; mais l'hiver
survenant et les pluies faisant rage, ils se déban-
dèrent peu à peu et, l'un après l'autre, s'en furent
chercher dans les bourgades avoisinantes un logis
plus confortable, laissant leur camp dégarni et
désorganisé, si bien que contre toute attente les
Espagnols furent vainqueurs. Il en eût été de même
pour les Vénitiens, qui n'auraient pas perdu la
bataille d'Agnadel s'ils s'étaient contentés de harce-

ler les Français durant dix jours; mais l'emportement de Bartolomeo d'Alviano rencontra un
emportement plus grand encore. De même à
Ravenne, où les Espagnols, s'ils n'avaient pas offert
le combat aux Français, les auraient désorganisés
par suite de la fâcheuse distribution du ravitaillement ou même de son manque total, Venise
pouvant les couper de Ferrare et les Espagnols du
côté de Bologne. Mais l'étourderie du premier,
l'imprudence des autres, valurent aux Français la
victoire, chèrement payée il est vrai. Et le carnage
eût été encore plus grand, si les forces principales
des deux adversaires avaient été de la même espèce.
Mais l'armée française était forte de sa cavalerie, et
l'espagnole de son infanterie. Bref, que celui qui
voudra triompher des Français se garde de leur
premier choc : s'il sait les amuser, pour les raisons
que j'ai dites, il en triomphera. C'est pourquoi
Jules César a dit que les Français, au prime abord,
étaient plus que des hommes, mais pour finir,
moins que des femmes.

III

La France, grâce à son étendue et à l'avantage de
ses grandes rivières, est grasse et opulente, les
denrées et la main-d'œuvre y sont à bon marché,
sinon pour rien, à cause du peu d'argent qui circule
parmi le peuple : c'est à peine si les sujets peuvent
amasser de quoi payer leurs redevances à leur
seigneur, si minces qu'elles soient.

Cela provient de ce qu'ils ne savent pas où
écouler leurs produits, tout le monde en ayant à
revendre : on ne trouverait pas un coin où quelqu'un pût vendre un seul muid de blé, chacun en

ayant lui-même à vendre. Et les gentilshommes eux-mêmes, en dehors de ce qu'ils déboursent pour se vêtir, ne dépensent rien, ayant à leur gré chez eux, bétail en quantité, volaille à foison, lacs et autres lieux regorgeant de gibier de toute sorte, et il en est ainsi pour tous et partout. De sorte que l'argent afflue tout entier chez les seigneurs qui sont richissimes, tandis que les gens du peuple croient l'être quand ils ont un florin.

Les prélats de France perçoivent deux cinquièmes des rentes et revenus de ce Royaume qui contient force évêchés à la fois temporels et spirituels ; comme ils sont largement fournis de nourriture, tout ce qui parvient entre leurs mains de dîmes et autre argent n'en ressort jamais, conformément à l'avarice connue des religieux ; tout ce qui en parvient dans les chapitres et autres collèges ecclésiastiques est dépensé en objets d'argent, joyaux et autres richesses pour l'ornement des églises ; de sorte qu'entre les richesses propres des églises et les richesses particulières des prélats en monnaies et métaux précieux, le tout forme un trésor incalculable.

Dans les conseils et délibérations de la couronne et du Royaume, ce sont toujours les prélats qui interviennent en plus grand nombre : les autres seigneurs s'en désintéressent car ils savent que c'est eux qui exécuteront les décisions. De la sorte, tout le monde est content, les uns d'ordonner, les autres d'exécuter ; à ces débats cependant interviennent quelques hommes de guerre âgés, car quand il s'agit de débattre des questions de guerre, ils peuvent ainsi informer les prélats qui n'en ont pas l'expérience.

En France, en vertu d'une certaine pragmatique obtenue il y a longtemps de la papauté, les bénéfices sont conférés par les collèges français ; les chanoines, à la mort de leur archevêque ou de leur évêque, se réunissent pour attribuer le bénéfice vacant à celui d'entre eux qu'ils croient le mériter. Ceci engendre de fréquentes dissensions, car il y a toujours des candidats qui le briguent à force d'argent, et d'autres par leurs vertus et leurs bonnes œuvres. Les moines élisent pareillement leurs abbés. Les autres petits bénéfices sont conférés par les évêques dans leur juridiction. Chaque fois que le Roi veut déroger à cette pragmatique pour mettre une de ses créatures dans un évêché, il faut qu'il emploie la manière forte pour triompher de la résistance ; mais les ecclésiastiques ainsi forcés ont coutume, dès que le roi est mort, de déposséder le prélat de sa charge pour la restituer à leur élu.

IV

Les Français sont par nature friands du bien d'autrui, et à la fois fort prodigues tant du leur que de celui des autres. Un Français serait capable de voler avec le nez, pour se régaler d'un objet volé, ou de le gâcher, ou d'en régaler celui à qui il l'a volé. A l'opposé des Espagnols : vous ne verrez jamais rien de ce que ces gens-là vous ont volé.

La France craint fort les Anglais à cause des grandes incursions et ravages qu'ils ont faits jadis dans le Royaume ; le seul nom d'Anglais est un objet de terreur pour la population, qui ne se rend pas compte que la France d'aujourd'hui est dans une tout autre condition que celle d'autrefois, parce qu'elle est armée, expérimentée et unie, et qu'elle possède les provinces dont les Anglais faisaient leur tremplin, comme le duché de Bretagne ou celui de Bourgogne, alors que les Anglais tout à l'encontre n'ont plus de discipline, car il y a si longtemps qu'ils n'ont pas fait la guerre que nul d'entre eux aujourd'hui n'a jamais vu un ennemi en face; en outre, à l'exception de l'archiduc, nul étranger n'a jamais abordé leurs rivages. Elle aurait fort à craindre des Espagnols, sagaces et vigilants comme ils le sont. Mais au cas où leur roi voudrait attaquer la France, la chose lui serait très malaisée : de son point de départ jusqu'aux débouchés des Pyrénées sur le Royaume, la route est si longue et si stérile que ses troupes y parviendraient en piètre condition, entre autres raisons à cause de son ravitaillement : la région qu'il laisserait derrière lui est presque inhabitée tant elle est stérile, et les rares habitants qu'elle a ont à peine de quoi vivre eux-mêmes. Voilà pourquoi les Français ont peu de chose à craindre des Espagnols du côté des Pyrénées.

Ils ne craignent pas non plus les Flamands; cela vient de ce que les Flamands, habitant un pays trop froid, n'y récoltent pas de quoi vivre, surtout en blé et en vin, denrées qu'il leur faut tirer de la Bourgogne, de la Picardie et d'autres provinces de France. De plus, les populations flamandes vivent de manufactures, et ce sont les grandes foires de France, Lyon et Paris, qui sont leurs débouchés; ils ne peuvent en envisager ni du côté de la mer ni moins encore du côté de l'Allemagne qui en a et fabrique de la marchandise plus qu'eux. Aussi, faute des débouchés commerciaux de la France, non seulement ils seraient privés de leur ravitaillement alimentaire, mais ils perdraient encore les

marchés de leur travail. C'est pourquoi les Flamands, à moins qu'on ne les y force, ne feront
jamais la guerre aux Français.

La France a fort à craindre des Suisses, à cause
de leur proximité et de la soudaineté de leurs
attaques, auxquelles leur rapidité de mouvements
ne permet pas de parer. Ces attaques sont plutôt
des incursions et des razzias que des invasions, car
faute d'artillerie et de cavalerie, et paralysés par les
forteresses françaises bien garnies de la frontière, ils
ne peuvent s'avancer profondément. En outre, les
troupes suisses sont plus propres à la bataille rangée
qu'au siège ou à la défense des villes; de leur côté,
les Français n'aiment guère se mesurer avec eux:
ils n'ont pas d'infanterie qui puisse leur tenir tête,
et leur cavalerie ne peut guère l'emporter sans
l'infanterie. La région elle-même est de telle nature
que les lances et les gens à cheval y manœuvrent
malaisément; les Suisses aussi s'éloignent peu
volontiers de leurs montagnes pour descendre dans
la plaine étrangère, en laissant derrière eux comme
je l'ai dit des places fortes bien défendues: ils
redoutent avec raison qu'en cas d'échec ils ne se
voient coupés et de leur ravitaillement et de leur
retraite.

Les Français n'ont pas à craindre du côté qui
regarde l'Italie, grâce aux monts Apennins et aux
puissantes forteresses qui sont au pied de ces
montagnes et qui arrêteraient un temps quiconque
voudrait attaquer le Royaume: l'agresseur ayant
derrière lui une région tellement stérile, il lui
faudrait soit commettre la folie de laisser derrière
lui ces forteresses, soit les prendre par la famine ou
par l'assaut. Enfin il n'existe pas en Italie de prince
assez puissant pour les attaquer, l'Italie n'ayant pas

l'unité qu'elle avait du temps des Romains. Telles sont les raisons pour lesquelles ils ne craignent rien de ce côté-là.

Le Royaume de France ne craint rien non plus du côté du midi qui est tout en côtes, avec des ports toujours pleins de nombreux bateaux appartenant au Roi ou à des particuliers, qui protègent toute cette région contre une offensive inopinée ; quant à une offensive préméditée, on a le temps d'y porter remède pour la raison qu'il faut du temps aussi à celui qui entend la préparer, la mettre bien au point, et c'est alors le secret de tout le monde. Le Roi entretient d'ailleurs sur ces côtes de bonnes garnisons pour ne pas être pris au dépourvu.

La parfaite soumission de son peuple permet au Roi de dépenser fort peu pour ses forteresses : il n'a pas à se garder de ses sujets ; quant à celles de ses frontières qui exigeraient une forte dépense, il s'en trouve dispensé parce qu'il y fait stationner ses gens d'armes ; quant à une attaque de grande envergure, il a le temps d'y remédier pour la bonne raison qu'il faut à l'agresseur le temps de la préparer et de la conduire.

V

Les populations de la France sont humbles et fort soumises, elles tiennent leur Roi en grande vénération. Elles vivent à fort peu de frais, grâce à l'abondance des denrées, et aussi parce que chacun a quelque petite propriété à lui. Elles s'habillent grossièrement, d'étoffes à bon marché, sans faire jamais usage d'aucune espèce de soie, ni les hommes ni les femmes pour ne pas se faire remarquer par les nobles.

Les évêchés du Royaume, d'après le relevé actuel, sont au nombre de cent six y compris dix-huit archevêchés.

Les paroisses sont au nombre de mille sept cents y compris sept cent quarante abbayes, non compté les prieurés.

Je n'ai pu arriver à savoir les revenus ordinaires ni extraordinaires de la couronne. J'ai questionné bien des gens et l'on m'a toujours répondu qu'ils sont ce qu'il plaît au Roi. Certains toutefois m'ont dit qu'une partie de l'ordinaire, à savoir celui qu'on appelle le *denier prêté* du Roi et qui est le produit de gabelles telles que le pain, le vin, la viande et autres denrées, est de un million sept cent mille écus ; le roi perçoit ses revenus extraordinaires au moyen de tailles comme c'est son bon plaisir, tantôt lourdes, tantôt légères. Si elles ne suffisent pas, il emprunte des écus qui sont rarement rendus, ceux-ci sont requis par lettres royales ainsi conçues : « Le Roi notre seigneur se recommande à vous et comme il a faute d'argent, il vous prie de lui prêter la somme que contient la lettre. » Et la somme est payée entre les mains du receveur de l'endroit, car il en est un dans chacun des bourgs ; il perçoit toutes les redevances, tant celles des gabelles que celles des tailles et des emprunts.

Les terres soumises à la couronne n'ont d'autre loi commune que celle que le Roi leur impose ainsi pour faire rentrer l'argent et payer les redevances susdites.

L'autorité des barons sur leurs vassaux est entière. Leur revenu consiste en pain, vin, viande, comme j'ai dit ci-dessus, et à tant par foyer et par an, mais ce tant ne dépasse pas six à huit sous par foyer tous les trimestres. Ils n'ont pas le droit de

lever des tailles ou des emprunts sans le consentement du Roi ; et celui-ci y consent rarement.

La couronne ne perçoit d'eux aucun autre avantage que le revenu du sel ; elle ne leur impose
jamais de tailles, si ce n'est dans les nécessités
extraordinaires.

En ce qui concerne les dépenses extraordinaires,
entre autres la guerre, le Roi procède ainsi   il
commande aux trésoriers de payer les soldats, et
ceux-ci les font régler par l'intermédiaire de leurs
capitaines. Les pensionnés et gentilshommes se font
donner par les généraux (du trésor) la décharge,
c'est-à-dire la quittance de leur paye, de mois en
mois, et, chaque trimestre, ils s'en vont chez le
receveur de la province qu'ils habitent, lequel les
règle aussitôt.

Les gentilshommes du Roi sont au nombre de
deux cents et leur solde est de vingt écus par mois,
payables *ut supra ;* chaque centaine a son chef qui
d'ordinaire était Ravel et Vidames *(sic)*.

Le chiffre des pensionnés n'est pas fixé, pas plus
que celui de leur pension, qui est petite ou grosse,
au bon plaisir du Roi ; ils vivent dans l'espoir de la
voir augmentée, mais ceci non plus n'est pas
déterminé.

La charge des (fermiers) généraux de France, qui
perçoivent tant par feu et par taille avec la
permission du Roi, consiste à veiller à ce que les
dépenses, tant ordinaires qu'extraordinaires, soient
réglées en temps voulu, et au vu des décharges
susdites.

Celle des trésoriers est de tenir l'argent en caisse
et de régler sur l'ordre et la décharge des généraux.

Celle du Grand Chancelier est un pouvoir
absolu : il peut gracier et condamner à son gré,

etiam in capitalibus, sine consensu regis. Il peut faire
reviser le cas des contumaces; mais il lui faut
l'assentiment du Roi pour attribuer les bénéfices;
c'est le Roi qui fait grâce par lettres royales scellées
du grand sceau royal, mais c'est lui qui détient ledit
grand sceau. Son traitement est de dix mille francs
par an, et en outre deux mille pour tenir table.
Tenir table consiste à donner à dîner et à souper à
tout le train d'avocats et gentilshommes qui suivent
le Grand Chancelier, chaque fois qu'il leur plaît de
manger avec lui, ce qui est fort en usage.

La pension que le roi de France payait au roi
d'Angleterre était de cinquante mille francs par an,
pour acquitter certaines dépenses faites par le père
du roi anglais actuel dans le duché de Bretagne; elle
est éteinte et on ne la paye plus.

Il n'y a actuellement en France qu'un seul Grand
Sénéchal; quand il y a plusieurs sénéchaux, — je
ne parle pas de grands sénéchaux, puisqu'il n'y
en a qu'un — leur charge est de surveiller les
gens d'armes ordinaires et extraordinaires, qui leur
doivent l'obéissance.

Il y a autant de gouverneurs de province qu'il
plaît au Roi d'en nommer et il les paie comme il lui
plaît; il les nomme pour un an ou à vie, selon son
bon plaisir; les autres gouverneurs, même ceux des
plus petites villes, sont aussi nommés par lui.
Remarquez que toutes les charges du royaume sont
données ou vendues par le Roi, et par nul autre.

On procède ainsi aux états : chaque année, en
août, ou en octobre, ou bien en janvier, à la volonté
du Roi, les généraux rapportent le montant des
rentrées et des sorties d'argent, et l'on détermine
les rentrées d'après les sorties; l'on augmente le

chiffre des pensions et des pensionnés, ou on le diminue, comme le Roi le commande.

Il n'y a pas de chiffre déterminé pour l'attribution des titres de noblesse ou des pensions ; la Chambre des Comptes n'a pas à approuver, la volonté du Roi suffit.

Le rôle de la Chambre des Comptes est de revoir les comptes de tous ceux qui administrent l'argent de la couronne, généraux, trésoriers, receveurs.

L'Université de Paris subsiste avec les rentrées des fondations de collèges, mais elle en vit maigrement.

Les Parlements sont au nombre de cinq : Paris, Rouen, Toulouse, Bordeaux et Dauphiné ; on ne peut en appeler d'aucun d'eux.

Les premières Universités sont quatre : Paris, Orléans, Bourges et Poitiers ; ensuite viennent Tours et Angers, mais elles valent peu.

Les garnisons sont stationnées où veut le Roi, et, tant artillerie que soldats, aussi nombreuses qu'il lui plaît. Néanmoins toutes les places ont quelques pièces d'artillerie avec leurs munitions ; et depuis deux ans on en a fait un grand nombre en bien des lieux du royaume aux frais des villes où on les a faites, en augmentant la taille d'un denier par bête ou par mesure. Ordinairement, lorsque le Roi n'a rien à craindre de personne, il y a quatre garnisons, à savoir en Guyenne, en Picardie, en Bourgogne et en Provence ; on les déplace et on les renforce tantôt ici et tantôt là, selon les méfiances.

J'ai fait diligence pour savoir ce que le Roi peut dépenser par an tant pour sa personne que pour sa maison, et j'ai su qu'il peut en dépenser autant qu'il en demande.

Les Archers destinés à la garde du Roi sont au

nombre de quatre cents, dont cent Écossais; ils
touchent chacun trois cents francs par an et une
saie aux couleurs du Roi. Les gardes du corps, ceux
qui sont toujours auprès du Roi, sont vingt-quatre,
et touchent chacun quatre cents francs par an. Leur
capitaine est Monseigneur *Dubegni Cursores* et le
capitaine *Gabriello*.

La garde à pied est faite d'Allemands; cent
d'entre eux touchent douze francs par mois; on en
a eu jusqu'à trois cents, qui touchaient chacun dix
francs, ainsi que deux uniformes par an, un d'été,
l'autre d'hiver, pourpoint et chausses à la livrée du
Roi; ceux des cent-gardes avaient pourpoint de soie
du temps de Charles.

Fourriers sont gens préposés au logement de la
cour; ils sont trente-deux, ont trois cents francs l'an
et une saie aux couleurs du Roi. Ils ont quatre
Maréchaux, qui touchent chacun six cents francs.
Ils se répartissent ainsi le logement: un quart
d'entre eux demeure, avec un Maréchal ou, s'il est
absent, avec son lieutenant, dans le lieu que vient
de quitter la cour, afin de donner leur dû aux
logeurs; un quart accompagne la personne du Roi,
tandis qu'un autre le devance au lieu où il doit
arriver ce jour-là; le dernier quart se rend sur les
lieux où on logera le lendemain. Tout cela dans un
ordre admirable, et chacun dès l'arrivée trouve son
logis, jusqu'aux courtisanes.

Le Prévôt de l'hôtel est un personnage qui suit
partout le Roi; sa charge est une vraie puissance:
partout où se rend la cour, son tribunal fait loi, et
les gens du lieu peuvent porter plainte auprès de
lui, comme auprès de son propre lieutenant. Ceux
qui sont conduits devant lui pour affaires criminelles ne peuvent en appeler au parlement. Son

traitement est généralement de six mille francs. Il a avec lui deux juges pour les affaires civiles, payés six cents francs l'an par le Roi, et un lieutenant criminel à la tête de trente archers payés comme ceux de la garde. Il connaît les affaires civiles aussi bien que les criminelles et une seule confrontation du plaignant avec l'accusé suffit à dépêcher la cause.

Les maîtres d'hôtel du Roi sont au nombre de huit, sans salaire bien déterminé, les uns ayant mille francs, les autres moins, comme il plaît au Roi. Le grand maître qui a succédé à monseigneur de Chaumont est monseigneur de la Palisse, dont le père exerça aussi cette charge : il touche deux mille francs et il a le pas sur les autres maîtres d'hôtel.

Le grand amiral de France commande toute la marine et tous les ports du Royaume. Il peut disposer à son gré des vaisseaux de la flotte. C'est actuellement Prégent (de Bridoux), au traitement de dix mille francs par an.

Le nombre des chevaliers de l'ordre du Roi n'est pas fixe, le Roi en crée autant qu'il veut. A leur réception, ils s'engagent par serment à défendre la couronne, à ne jamais porter les armes contre elle, et ne peuvent de leur vivant être dépossédés de leur titre. Certains ont quatre mille francs de pension, d'autres moins, et cet honneur n'est pas conféré au premier venu.

La charge des Chambellans consiste à faire la conversation avec le Roi, à accéder à sa chambre, et à le conseiller; ils passent pour les premiers personnages du Royaume. Ils ont une pension élevée, six, huit, dix, onze mille francs ou rien du tout parfois, le Roi donnant souvent ce titre à ceux qu'il veut honorer, et même à des étrangers. Mais ils ont le privilège de ne pas payer de gabelles, et ils sont nourris à la cour à la table des Chambellans, qui est la première après celle du Roi.

Le grand écuyer ne quitte pas la personne du Roi. Sa charge le met à la tête des douze écuyers royaux, comme le grand sénéchal, le grand maréchal et le grand maître d'hôtel sont à la tête de leurs gens ; il s'occupe des chevaux de Sa Majesté, de la mettre en selle, de l'aider à en descendre, il veille à tout le harnois et porte son épée devant lui.

Les membres du Conseil royal ont tous une pension qui va, selon que veut le Roi, de six à huit mille francs ; ce sont monseigneur de Paris, monseigneur de Beauvais, le bailli d'Amiens, monseigneur de Bucy et le grand chancelier ; en réalité, ce sont Robertet et monseigneur de Paris qui gouvernent tout.

Depuis la mort du cardinal de Rouen, on ne tient plus table ouverte pour personne. Le grand chancelier n'ayant pas été remplacé, c'est (monseigneur de) Paris qui remplit sa charge.

VI

Les droits que le Roi de France allègue sur le duché de Milan remontent à son aïeul, qui épousa une fille du duc (Visconti), qui mourut sans enfants mâles. Le duc Jean-Galéas eut deux filles et je ne sais combien de garçons. L'une de ses filles, du nom de Valentine, fut mariée au duc Ludovic *(sic)* d'Orléans, aïeul de ce Roi Louis, de la lignée de Pépin. A la mort de Jean-Galéas, son frère Philippe (Marie) lui succéda et mourut à son tour sans héritiers légitimes, mais laissant une bâtarde. Son trône fut ensuite usurpé par les Sforza, sans nuls droits, a-t-on dit : en effet, les prétendants assurent que le duché doit retourner aux descendants de Madame Valentine. Et depuis le jour où les Orléans se sont alliés aux Visconti, ils ont joint aux trois lis de leur blason une couleuvre qu'on peut y voir encore.

Dans chaque paroisse de France, il y a un homme bien payé par la commune, qu'on nomme *le franc archer ;* il est tenu d'avoir un cheval en bon état, et tout l'armement nécessaire pour répondre à une réquisition du Roi, si ce dernier doit faire la guerre au-dehors ou autrement. Ils sont tenus de se transporter dans la province attaquée ou menacée. Vu le chiffre des paroisses, ces francs archers doivent être un million sept cent mille.

Les fourriers sont tenus de fournir logis à tous ceux qui suivent la cour et les seigneurs sont ordinairement hébergés chez les plus notables de l'endroit. Pour éviter toute plainte tant du courtisan que de son hôte, la cour a fixé les obligations de chacun, et elles sont respectées : l'un doit donner un sou par jour, pour la chambre ; l'autre doit fournir lit et couchette, et changer au moins tous les huit jours ; le premier donne aussi deux sous par jour pour *les linges,* à savoir nappes, serviettes de table, vinaigre, verjus ; l'hôte n'est tenu de changer ces *lingi* que deux fois la semaine ; mais comme il y en a abondance dans ce pays, on les change autant que vous le demandez. La chambre doit en outre être nettoyée, balayée et le lit refait. Il faut donner deux deniers par jour et par cheval à l'écurie, l'hôte n'ayant rien à fournir comme fourrage, mais à débarrasser l'écurie du fumier. Il en est beaucoup qui payent moins, en vertu de leur bonne nature ou de celle de leur hôte, mais telle est la taxe ordinaire de la cour.

Les droits qu'allèguent les Anglais sur le Royaume sont de plus fraîche date : Charles, sixième du nom, donna en mariage sa fille légitime et naturelle à Henri, fils légitime et naturel du roi d'Angleterre ; dans le contrat, outre la dot convenue, et sans faire mention de Charles VII qui fut depuis roi de France, il institua héritier du trône de France après sa mort à lui Charles VI, Henri son gendre, époux de Catherine ; et, dans le cas où Henri mourrait avant son beau-père, et laisserait des enfants mâles légitimes et naturels, ceux-ci devaient lui succéder. A l'encontre de quoi les Anglais disent que ledit Charles VII était le fruit d'un concubinage incestueux.

Il y a deux archevêchés d'Angleterre, vingt-deux évêchés, cinquante-deux mille paroisses.

Lettres familières

NICOLAS MACHIAVEL
A RICCIARDO BECHI

(minute)

Pour vous informer entièrement et dans tout le
détail que vous désirez des choses d'ici concernant
le frère (Savonarole), sachez qu'après les deux
sermons déjà faits dont vous avez eu copie, il a
prêché le dimanche de carnaval, et après en avoir
dit fort long, il a invité tous les auditeurs à
communier le mardi gras en l'église de Saint-Marc;
il a ajouté qu'il allait prier Dieu pour qu'il voulût
bien, si ce n'était pas lui-même qui avait inspiré
les prédictions déjà faites, en donner une preuve
éclatante. Ceci, au dire de quelques-uns, il l'a fait
pour resserrer la cohésion de ses partisans et les
rendre plus acharnés à le défendre, au cas où la
nouvelle Seigneurie, déjà nommée mais non encore
déclarée, lui serait adverse. La liste dont vous devez
avoir eu connaissance en ayant été publiée lundi, il
la vit composée pour deux tiers de ses ennemis,
comme d'autre part un bref du pape exigeait de la

ville que Savonarole lui fût livré sous peine
d'interdit et craignant qu'elle ne lui obéît, il décida,
soit de son plein gré, soit sur l'avis de quelque
autre, de cesser sa prédication à Sainte-Réparate
pour la poursuivre à Saint-Marc. Le matin même
du jeudi où la Seigneurie entra en fonctions, il
déclara à Sainte-Réparate que pour faire cesser le
scandale et pour sauvegarder l'honneur de Dieu, il
cédait la place et invitait ses auditeurs, les hommes
à venir l'écouter à Saint-Marc, les femmes à aller à
San Lorenzo écouter *fra Domenico* [48]. Notre frère se
trouva donc chez lui. Ce ne fut pas petite merveille
que d'entendre avec quelle audace il a recommencé
sa prédication, avec quelle audace il la poursuit ; en
effet il n'est rien moins que rassuré sur le sort qui
l'attend : il est convaincu que la nouvelle Seigneurie est butée à le perdre en dépit de toute
considération ; il n'en est pas moins buté à entraîner
dans sa perte bon nombre de concitoyens. Il
commença donc par annoncer de grandes épou-
vantes, avec le genre de raisons qui portent si bien
sur qui ne sait pas discuter ; « tous ses disciples
étaient les plus parfaits des citoyens, tous ses
adversaires étaient les plus parfaits des scélérats »,
bref, tous les moyens d'affaiblir le parti ennemi et
de fortifier le sien ; tous propos que j'ai ouïs de mes
oreilles, et dont je vais vous rapporter brièvement
quelques-uns.

Le texte de son premier sermon à Saint-Marc
était ce verset de l'Exode : *Quanto magis premebant
eos, tanto multiplicabantur et crescebant* [49]. Avant
d'en venir au développement de son thème, il
montra pourquoi il avait battu en retraite et il dit :
Prudentia est recta ratio agibilium [50]. Il ajouta là-
dessus que tous les hommes ont eu et ont une fin,

mais que cette fin diffère : celle des chrétiens étant le Christ, celle des autres hommes, présents et passés, ayant été et étant une autre, suivant les sectes. Comme nous donc, qui sommes chrétiens, devons tendre à cette fin qui est le Christ, il nous faut sauvegarder son honneur avec la tactique la plus prudente et la plus conforme au moment. Le moment demande-t-il qu'on expose sa vie pour lui, exposons-la ; demande-t-il qu'on se cache, cachons-nous, comme nous lisons que firent le Christ et saint Paul. Ce n'est pas autrement, ajouta-t-il, que nous devons nous conduire et que nous nous sommes conduits : quand ce fut le moment d'aller au-devant de la fureur, nous avons été au-devant d'elle, comme au jour de l'Ascension : ainsi le voulaient l'honneur de Dieu et le moment ; à cette heure, l'honneur de Dieu veut qu'on cède à la colère, nous avons cédé.

Après ce bref exorde, il distribua les Florentins en deux camps : l'un qui combattait sous les ordres de Dieu : lui et ses partisans ; l'autre sous ceux du diable : ses adversaires. Il s'étendit longuement sur ce sujet, puis entra dans l'explication du texte de l'Exode proposé. Il dit que les persécutions ne font que grandir les bons, en esprit et en nombre. En esprit, car l'homme s'unit plus étroitement à Dieu quand il sent sa vérité sur lui et qu'il se rapproche de son agent, de même que l'eau, plus elle approche du feu, agent de sa chaleur, plus elle devient brûlante. En nombre, car il y a trois variétés d'humains : les bons, et ce sont ceux qui me suivent ; les méchants obstinés au mal, et ce sont mes adversaires ; une troisième variété, les hommes qui mènent bonne vie, s'adonnent aux plaisirs, sans plus s'obstiner au mal qu'à faire le bien, parce

qu'ils ne savent les discerner l'un de l'autre. Or dès
qu'entre ces derniers et les bons il s'élève une
dissension, *quia opposita juxta se posita magis
eluescunt,* « les contraires étant mieux en lumière
quand on les juxtapose », les neutres discernent la
méchanceté des uns et la simplicité des autres, et ils
vont aux bons, ils fuient les méchants, puisque c'est
par nature que chacun fuit le mal et volontiers qu'il
suit le bien. C'est pourquoi l'adversité diminue le
nombre des mauvais et multiplie celui des bons : *et
ideo quanto magis,* etc...

J'abrège, la concision épistolaire ne permettant
pas un long récit. Après avoir, selon sa coutume,
touché aux sujets les plus variés, pour démolir le
parti ennemi, il jeta un pont vers son prochain
sermon en disant que nos discordes pourraient faire
surgir un tyran qui abattrait nos demeures et
ravagerait nos territoires ; que cette prédiction-là ne
le mettait pas en contradiction avec les précédentes,
car Florence était bien destinée à la félicité, à la
domination de l'Italie entière, ce tyran ne devant
pas demeurer longtemps en place sans être chassé.
C'est sur ces mots qu'il mit fin à son prêche.

Le lendemain matin, il poursuivit la paraphrase
de l'Exode. Parvenu au passage relatant que Moïse
tua un Égyptien, il dit que l'Égyptien, c'étaient
tous les méchants, et Moïse le sermonnaire qui les
exterminait en dénonçant leurs vices. Il ajouta : « O
Égyptien, moi aussi je veux te porter un coup de
couteau » ; et ce furent vos livres, ô prêtres, qu'il se
mit alors à éplucher, page après page, pour vous
abîmer d'une telle manière que les chiens n'auraient pas voulu en manger. Il ajouta enfin, et c'est
là qu'il voulait en arriver, qu'il allait porter à
l'Égyptien une autre estocade, et fort rude, à savoir

que Dieu lui avait dit qu'il y avait dans Florence un homme qui prétendait s'en faire le tyran, et qui faisait toutes intrigues et menées pour y réussir ; et que chasser le frère, excommunier le frère, persécuter le frère, ne visait à rien d'autre qu'à amener le tyran ; et qu'on veillât bien à sauvegarder la loi. Il en dit tant que le lendemain tout le monde avançait publiquement le nom d'un citoyen qui est aussi près d'être tyran que vous d'être au ciel. Par la suite, comme la Seigneurie a écrit au pape pour défendre notre saint homme, le voilà qui change de manteau : au lieu de chercher comme avant l'union de ses partisans dans la haine du parti adverse et dans l'effroi du tyran, voyant que ce n'est plus nécessaire, il les exhorte à l'union générale prêchée auparavant, et sans plus dire un mot ni de la tyrannie, ni de ses scélératesses, il cherche à les exciter tous contre le Souverain Pontife, et, se retournant contre lui et les siens pour ne plus mordre qu'eux seuls, se met à en dire tout ce que l'on peut dire du plus scélérat des hommes. Et c'est ainsi, à mon avis, qu'il va réglant sa marche sur celle des événements et va donnant couleur à ses menteries.

Quant à ce qu'on en dit dans la rue, à ce qu'on en espère ou qu'on en craint, je vous laisse le soin d'en juger, en sage que vous êtes, car vous pouvez le faire mieux que moi, connaissant à fond et l'humeur de chez nous et la qualité des temps que nous vivons, et aussi, puisque vous êtes là-bas, les intentions du pape. Je vous prie seulement de bien vouloir, si cette lettre ne vous a pas semblé un trop lourd pensum, vous acquitter de celui-ci : dites-moi dans votre réponse votre sentiment sur la situation actuelle et sur l'état d'esprit de nos gens.

Valete. Dabam Florentiae die VIII Martii 1497 (1498).

Vester NICCOLO DI BERNARDO MACHIAVEGLI.

A UN CHANCELIER DE LUCQUES

(minute)

Une lettre adressée à Messer Jacobo Corbino, chanoine pisan, étant tombée entre les mains d'un mien ami et celui-ci me l'ayant remise, je l'ai ouverte, conformément à mon devoir. Et j'ai été frappé d'étonnement non pas tant de ce qu'elle renferme que du fait que vous avez pu en être l'auteur. J'étais persuadé qu'il était indigne d'un homme grave tel que vous l'êtes, et investi d'une charge officielle telle que la vôtre, d'écrire chose qui disconvînt aux devoirs de cette charge. Je vous laisse juger vous-même s'il convient à un secrétaire de votre Magnifique Seigneurie de chercher à marquer d'infamie une République aussi puissante que la nôtre. De tout le mal que vous pouvez dire de n'importe quelle puissance d'Italie, ce sont vos Seigneurs qui seront les premiers à pâtir vous êtes leur langue, ils concluront toujours que vos médisances ont leur assentiment, et c'est ainsi que vous attirez sur eux une haine imméritée. Ce n'est pas tant pour purger notre cité des calomnies dont vous la souillez que j'ai décidé de vous écrire, que pour vous donner le charitable avertissement d'être à l'avenir plus raisonnable. Je crois être tenu de vous le donner, puisque l'un et l'autre nous sommes soumis à la même fortune. Entre autres choses qui

nous peignent l'homme tel qu'il est, il n'est pas
négligeable de voir jusqu'où peut aller, d'une part
sa crédulité, de l'autre son astuce à forger les contes
dont il veut persuader autrui : de sorte qu'on peut
le taxer tantôt de légèreté quand il gobe des
sornettes, tantôt de manque total d'astuce quand il
forge mal ses balivernes. Je laisserai de côté la
méchanceté foncière que dénote votre lettre pour
me borner à vous démontrer jusqu'à quel point vous
avez poussé l'ineptie, soit que vous ayez cru ce
qu'on vous rapportait, soit que vous ayez forgé
vous-même les contes destinés à semer la honte sur
notre République. Je vous remercierai d'abord des
congratulations que vous échangez avec votre Pisan
au sujet de la gloire dont se couvre Pise et de
l'infamie qui en rejaillit sur nous : je vous pardonne
le tout en vertu de l'affection que vous nous portez.
Je vous demanderai ensuite comment ces deux
choses peuvent à la fois tenir debout, que notre cité
ait dépensé un trésor incalculable et que vos Pisans
aient pu tenir bon, comme vous le prétendez, sans
la forfaiture de Pagolo Vitelli. En effet, si vous
voulez bien vous le rappeler, l'armée florentine, si
bien payée, s'est approchée de Pise si gaillarde-
ment, si régulièrement et si vite, comme l'ont bien
prouvé et la fuite de Messire Piero Gambacorti et
votre panique à tous, que s'il ne s'était pas produit
la trahison de Vitelli, à l'heure qu'il est, nous ne
nous plaindrions pas de l'occasion perdue, pas plus
que vous n'en feriez des gorges chaudes. Enfin je
vous demanderai quel homme sain d'esprit voudra
bien avaler que c'est parce que Pagolo Vitelli nous
aurait prêté de l'argent que nous l'aurions choisi,
afin de n'avoir pas à le payer. Ne vous apercevez-
vous pas, pauvre homme, que par là vous disculpez

entièrement Florence et accusez Pagolo? Quiconque croira qu'il nous a avancé de l'argent croira forcément que c'était un triste sire, un condottiere ne pouvant comme chacun sait faire de telles avances s'il n'a pas été payé pour trahir ou s'il n'a pas négligé l'entretien de sa troupe. D'où il résulte que, soit mauvaise volonté s'il était acheté, soit faute de moyens sa troupe étant insuffisante, notre offensive a rencontré par sa faute obstacles sur obstacles. Bref, que ce soit l'une ou l'autre de ces fautes ou toutes les deux à la fois qu'il ait commises, il méritait le châtiment suprême.

Le reste de votre lettre ne mérite pas que j'y réponde; il roule d'ailleurs tout entier sur les mêmes points. Je n'ai pas davantage à me justifier de l'avoir surprise, ni à vous dire comment : ceci n'est point mon affaire, et quand ce le serait, ce n'est pas à vous que je le dirais. Je vous inviterai *solum* à ne pas trop vous réjouir des menées que vous dites s'ourdir autour de nous : vous ne savez rien des contre-menées que nous ourdissons. Et je vous répéterai, *fraterno amore,* mon avertissement que, si vous entendez tout de même à l'avenir suivre le penchant de votre méchante nature à offenser gratuitement les gens, vous le fassiez du moins de telle façon qu'on vous tienne pour un peu plus raisonnable.

30 septembre 1499.

NICOLAS MACHIAVEL A X[51]

(minute)

Très illustre Dame, puisque Votre Seigneurie désire connaître les changements qui ont eu lieu

ces jours derniers en Toscane, je vous les conterai
volontiers, autant pour satisfaire vos désirs que
pour vous montrer le triomphe de vos amis, mes
patroni; deux circonstances qui atténuent les nombreux sujets de tristesse que la suite de mon récit va
vous faire entendre.

Lorsque la Diète de Mantoue eut arrêté que les
Médicis seraient rétablis dans Florence, et que le
Vice-Roi fut parti pour retourner à Modène, on
craignit fort à Florence que l'armée espagnole
n'entrât en Toscane; néanmoins, comme on n'avait
aucune certitude sur ce point, à cause du secret que
la Diète avait dû observer; comme d'un autre côté
beaucoup de personnes ne pouvaient croire que le
pape laissât les Espagnols venir jeter le désordre
dans la province, et qu'en outre on savait par les
lettres de Rome que la confiance était loin de
régner entre l'Espagne et le Saint-Siège, on resta
dans le doute, et sans prendre la moindre mesure,
jusqu'au moment où la certitude de tout le danger
nous arriva par Bologne. L'ennemi n'était plus qu'à
une journée de nos frontières; à cette agression
soudaine et inattendue, toute la ville fut saisie
d'épouvante. On délibéra sur ce qu'il fallait faire;
comme il était trop tard pour garder le passage des
montagnes, on résolut d'envoyer deux mille
hommes d'infanterie à Firenzuola, forte position
sur la frontière entre Florence et Bologne, dans
l'espoir que les Espagnols ne voudraient pas laisser
sur leurs derrières une aussi nombreuse garnison et
se détourneraient pour l'assiéger, nous laissant ainsi
le loisir de grossir nos milices et de mieux résister à
leur attaque. On crut prudent de ne pas mettre nos
troupes en rase campagne et de se borner à faire
tête à l'ennemi dans la très forte place de Prato,

située dans la plaine, au pied des montagnes du Mugello, et éloignée de Florence de dix milles seulement ; la place était assez vaste pour contenir toute notre armée, et assez proche pour lui permettre, si les Espagnols attaquaient Florence, de se porter rapidement à son secours.

Cette résolution arrêtée, toutes nos forces se mirent en mouvement pour aller occuper les points désignés. Cependant le Vice-Roi, qui n'entendait pas s'arrêter devant les places fortes, mais se porter sans délai sur Florence pour y changer le gouvernement avec l'appui du parti qui devait lui rendre la chose facile, laissa derrière lui Firenzuola et, franchissant l'Apennin, descendit jusqu'à dix-huit milles de Florence, à Barberino de Mugello, en s'emparant sans résistance de tous les bourgs de la région qui, démunis de tout secours, furent contraints de recevoir ses ordres et de ravitailler son armée suivant leurs ressources.

Cependant on avait réuni à Florence un assez grand nombre de troupes ; et dans un conseil des condottieri, on délibéra sur la meilleure manière de faire tête. L'avis général fut de songer à défendre Florence de préférence à Prato ; car il y avait peu d'espoir que les troupes renfermées dans cette dernière place fussent capables de résister au Vice-Roi : on n'en connaissait pas précisément les forces, mais à voir l'ardeur avec laquelle elles se ruaient à travers la Toscane, on pouvait juger qu'il était impossible à nos milices de leur résister. Les condottieri regardaient donc comme beaucoup plus sûr de les rassembler dans Florence même, où le renfort de la population permettrait de garder la ville et de la défendre ; on espérait même ne pas perdre Prato en y laissant une garnison de trois mille hommes. Cet avis plut, et particulièrement au Gonfalonier [52], qui jugea bon de grouper le plus de forces possible pour mettre son gouvernement à l'abri d'une tentative de la faction opposée.

Telle était la situation lorsque le Vice-Roi envoya ses ambassadeurs. Ils exposèrent à la Seigneurie que les Espagnols ne venaient pas en ennemis de la province ni pour porter atteinte aux libertés de la cité, mais qu'ils n'avaient d'autre but que de s'assurer qu'on abandonnerait la cause des Français pour adhérer à la ligue; celle-ci ne pouvait nullement compter sur la cité et sur ses promesses, tant que Pier Soderini resterait Gonfalonier, car on le savait partisan des Français; ils concluaient en demandant sa déposition, et consentaient à ce prix que, pour le remplacer, le peuple de Florence nommât celui de ses concitoyens qu'il jugerait le plus digne. Le Gonfalonier répondit qu'il n'était arrivé à ce rang ni par la brigue ni par la force, mais par la volonté du peuple; qu'en conséquence, quand tous les rois du monde s'uniraient pour lui ordonner d'en descendre, il n'y consentirait jamais; mais que si le peuple désirait son départ, il quitterait le pouvoir aussi volontiers qu'il l'avait pris quand il lui avait été confié sans qu'il l'eût ambitionné. Pour s'informer de l'opinion du peuple entier, dès le départ de l'ambassadeur, il rassembla le conseil au complet, donna connaissance de la proposition qu'on venait de lui faire, et offrit, si tel était le bon plaisir du peuple, et si son renoncement était jugé nécessaire pour le rétablissement de la paix, de se retirer chez lui, sur-le-champ : car n'ayant jamais eu d'autre mobile que le bien de la cité, il aurait trop de chagrin qu'elle eût à pâtir par sa faute. Sa démission fut refusée à l'unanimité et tous s'offrirent à le défendre au péril même de leur vie.

Sur ces entrefaites, l'armée espagnole s'était présentée devant Prato et lui avait livré un violent assaut ; mais comme elle n'avait pu s'en emparer, le Vice-Roi entama des négociations avec l'ambassadeur florentin et l'envoya à la cité avec l'un des siens, offrant de se contenter d'une certaine somme d'argent, et consentant à remettre la cause des Médicis entre les mains de Sa Majesté Catholique, qui pourrait employer la prière et non la force pour engager les Florentins à les accueillir. Lorsque les envoyés furent arrivés avec ces offres nouvelles, que l'on connut la faiblesse des Espagnols, qu'on eut répandu le bruit qu'ils mouraient de faim, que Prato pouvait être défendu, le Gonfalonier et la masse populaire par laquelle il se laissait gouverner conçurent une telle confiance qu'en dépit du conseil de tous les gens sages de faire la paix, on tergiversa tant et si bien qu'un beau jour la nouvelle arriva que Prato était pris, que les Espagnols, après avoir ouvert une étroite brèche dans les remparts, avaient commencé à en repousser les défenseurs et les avaient tellement effrayés qu'après une brève résistance ils les avaient tous mis en fuite ; que s'étant précipités dans la ville, ils l'avaient mise à sac, en massacrant tous les habitants au milieu de toutes sortes de scènes d'horreur. J'en épargnerai les détails à Votre Seigneurie pour ne point vous fendre le cœur : je vous dirai seulement qu'il y eut plus de quatre mille hommes tués, que les autres furent pris et obligés par tous les moyens de payer rançon ; que les vierges elles-mêmes ne furent pas épargnées jusque dans les

lieux sacrés où elles étaient recluses et qui furent le
théâtre de tous les stupres et de tous les sacrilèges.

Cette nouvelle jeta l'épouvante dans la cité; le
Gonfalonier néanmoins n'en conçut point d'effroi,
se reposant sur je ne sais quelles chimères à lui. Il
se flattait en effet de conserver Florence et de
contenter les Espagnols en leur prodiguant l'argent,
à condition toutefois que les Médicis demeureraient
exclus.

Les envoyés chargés de faire ces propositions
allèrent et revinrent rapportant pour toute réponse
qu'il fallait accueillir les Médicis ou accepter la
guerre. Chacun alors craignit que la ville ne fût
mise à sac, en pensant à la lâcheté que nos miliciens
avaient montrée à Prato; la noblesse de son côté
accrut la panique en affichant sa volonté de
renverser la Seigneurie; de sorte que, le lundi soir,
30 août, à la deuxième heure de nuit, nos envoyés
reçurent l'ordre de traiter à n'importe quel prix
avec le Vice-Roi. L'épouvante monta à un tel degré
que les habitants préposés à la garde du Palais et
des autres postes de la ville les abandonnèrent et les
laissèrent absolument sans défense, mettant ainsi la
Seigneurie dans l'obligation de relâcher un grand
nombre de citoyens qu'elle avait fait enfermer au
Palais depuis quelques jours comme suspects
d'amitié pour les Médicis. Ces prisonniers, joints à
un grand nombre d'autres citoyens parmi les plus
nobles de la cité, désireux de reconquérir leur
crédit, reprirent ainsi courage; le mardi matin, ils se
rendirent en armes au Palais, en occupèrent toutes
les issues et en chassèrent le Gonfalonier, ce qui,
sur la prière de bien des citoyens, se fit à l'amiable
et sans aucune violence : ils l'accompagnèrent eux-
mêmes jusqu'à sa demeure et, la nuit suivante, sous

bonne escorte et avec le consentement des Seigneurs, il se rendit à Sienne.

A l'annonce de ces événements, les magnifiques
Médicis ne crurent pas devoir venir à Florence sans
avoir d'abord réglé les intérêts de la ville avec le
Vice-Roi, ce qui fut fait en dépit de quelques
légères difficultés ; et ils entrèrent dans Florence,
recevant de la population tout entière l'accueil le
plus honorable.

[Le Vice-Roi ne jugea pas cependant que le
nouvel ordre de gouvernement lui assurât de
garanties suffisantes, ni de la part des Médicis, ni
de celle de la ligue, et il notifia aux Seigneurs qu'il
fallait rétablir l'État dans les conditions où il était
du vivant de Laurent le Magnifique. Les nobles ne
demandaient qu'à obéir à cet ordre ; mais ils
craignaient que la masse populaire refusât son
assentiment ; et tandis qu'on discutait le parti à
prendre, le légat fit son entrée à Florence accompagné d'un grand nombre de soldats en grande
partie Italiens. Le 16, les Seigneurs ayant réuni au
Palais une certaine quantité de citoyens, parmi
lesquels le magnifique Giuliano, délibéraient sur la
réforme du gouvernement, lorsqu'un léger tumulte
qui se produisit sur la place fournit à Ramazzotto et
à ses soldats un prétexte pour s'emparer du Palais
au cri de : « Palle ! Palle ! » Aussitôt la cité entière
courut aux armes tandis que partout retentissait le
cri de guerre ; si bien que les Seigneurs furent
contraints d'appeler le peuple à cette assemblée
générale que nous appelons Parlement, et là fut
promulguée aussitôt une loi par laquelle ces magnifiques Médicis étaient rétablis dans tous les honneurs et dignités de leurs ancêtres.] C'est ainsi que
le calme le plus grand règne maintenant dans la

ville, qui espère ne pas vivre moins honorablement sous la protection de ces princes qu'elle ne vivait par le passé, du temps que leur père, Laurent le Magnifique, de glorieuse mémoire, la gouvernait.

Telles sont, Très Illustre Dame, les circonstances détaillées de notre révolution; je n'en ai omis que ce qui pouvait vous blesser comme trop pitoyable ou comme de peu d'importance; je me suis étendu sur tout le reste autant que peut le permettre une lettre. Je serais très heureux si je vous ai satisfaite; si je ne l'ai pas fait, je prie Votre Seigneurie Illustrissime de vouloir m'excuser. *Quae diu et felix valeat.*

Septembre 1512.

NICOLAS MACHIAVEL A FRANCESCO VETTORI[53]

Magnifico oratori Francisco Victorio R. P. Florentinae apud Summum Pontificem, patrono et benefactori suo. Romae.

Magnifique ambassadeur, « Faveur d'amour jamais ne vint trop tard ». Ceci soit dit parce que je croyais avoir égaré, si ce n'est perdu, votre faveur, tant de jours ayant passé sans que vous m'écriviez; et je me demandais pour quelle raison. J'écartais toutes celles qui se présentaient à mon esprit sauf une : on avait dû vous écrire que je laissais traîner vos lettres; or je savais que, hormis votre frère Paolo et Filippo di Casavecchia, nul que je sache ne les avait vues. Me voici rassuré par votre dernière du 25 du mois passé, qui me rend fort content à voir en quelle tranquillité bien réglée vous exercez

cette charge officielle; et je vous exhorte à poursuivre, car qui sacrifie ses aises au profit d'autrui y
met de sa poche sans qu'on lui en sache gré. La
Fortune ne veut pas tout faire, il convient de la
laisser agir et de ne pas la déranger, et d'attendre le
temps qui lui permette de faire quelque chose pour
nous; c'est alors qu'il vous appartiendra de beso-
gner davantage, de surveiller les événements, et à
moi de quitter ma villégiature pour dire : Présent!
Aussi ne puis-je, pour vous rendre gentillesse pour
gentillesse, vous conter autre chose en cette lettre
que comme je passe ma vie; et si vous la jugez
bonne à troquer contre la vôtre, eh bien, je ferai
l'échange de bon cœur.

Je vis donc dans ma maison de campagne.
Depuis mes dernières misères que vous savez, je
n'ai pas passé, en les additionnant bien, vingt jours
à Florence. Jusqu'ici j'ai piégé les grives de ma
main. Je me levais avant l'aube, faisais mes gluaux,
et en route, sous une telle charge de cages-attrapes
qu'on eût dit l'ami Geta quand il s'en revient du
port avec les livres d'Amphitryon; j'attrapais de
deux à six grives. J'ai passé ainsi tout novembre.
Depuis, cette façon de tuer le temps, si piètre et
singulière fût-elle, m'a bien manqué. Voici donc
comment je vis. Je me lève avec le soleil, et je vais à
un de mes bois que je fais couper; j'y reste deux
heures à revoir la besogne du jour écoulé et à tuer
le temps avec mes bûcherons : ils ont toujours
quelque querelle en cours, soit entre eux, soit avec
les voisins. Au sujet de ce bois, j'aurais mille belles
choses à vous dire de ce qui m'est arrivé avec
Frosino da Panzano et avec d'autres qui voulaient
de mon bois. En particulier Frosino qui s'en est fait
livrer un certain nombre de charges sans rien m'en

faire savoir; puis lors du règlement, il a prétendu
me retenir dix lires qu'il disait qui lui étaient dues
depuis quatre ans, gagnées au trictrac chez Antonio Guichardin. Là-dessus j'ai fait le diable et son
train, et j'allais accuser de larcin le charretier qui
avait chargé. *Tandem* Giovanni Machiavelli s'est
interposé et nous a remis d'accord. Puis, la tramon-
tane que vous savez s'étant mise à faire rage, tout le
monde en a voulu sa charge, Batista Guichardin,
Filippo Ginori, Tommaso del Bene et d'autres de
mes concitoyens. J'avais promis à tous. Or la
première que j'expédie à Florence pour Tommaso,
arrivée à la ville n'était plus qu'une demi-charge.
Ils s'étaient mis à tous pour empiler le bois, lui, sa
femme, les servantes, ses enfants; on eût dit
Gaburra quand il rosse un bœuf avec ses garçons.
Bref, ayant mesuré le profit, j'ai fait savoir aux
autres que je n'avais plus de bois. De quoi tous
m'ont fait la tête, surtout Batista qui met ce
malheur au rang de ceux du sac de Prato.

En quittant mon bois, je m'en vais à une fontaine
et de là à ma volière. J'emporte un livre sous le
bras, tantôt Dante ou Pétrarque, tantôt l'un de ces
poètes mineurs, comme Tibulle, Ovide et autres : je
me plonge dans la lecture de leurs amours et leurs
amours me rappellent les miennes; pensées dont je
me récrée un bon moment. Je gagne ensuite
l'auberge sur la grand'route : je m'entretiens avec
ceux qui passent, je demande des nouvelles de leurs
pays, je devine pas mal de choses, j'observe la
variété des goûts et la diversité des caprices des
hommes. C'est ainsi qu'approche l'heure du déjeu-
ner où, en compagnie de ma maisonnée, je me
nourris des aliments que me permettent ma pauvre
ferme et mon maigre patrimoine. Sitôt déjeuné, je

fais retour à l'auberge : il y a là d'habitude avec l'aubergiste un boucher, un meunier, deux chau-fourniers. C'est avec ces gens-là que tout l'après-midi je m'encanaille à jouer au trictrac, à la cricca, jeu dont s'ensuivent mille contestations et des querelles à l'infini à grand renfort d'injures ; et la plupart du temps, c'est pour un enjeu d'un *quattrino*, et l'on nous entend crier rien moins que de San Casciano. C'est dans une pouillerie pareille qu'il me faut plonger pour empêcher ma cervelle de moisir tout à fait ; c'est ainsi que je me détends de la méchanceté de la Fortune envers moi, presque content qu'elle m'ait jeté si bas et curieux de voir si elle ne finira pas par en rougir.

Le soir tombe, je retourne au logis. Je pénètre dans mon cabinet et, dès le seuil, je me dépouille de la défroque de tous les jours, couverte de fange et de boue, pour revêtir des habits de cour royale et pontificale ; ainsi honorablement accoutré, j'entre dans les cours antiques des hommes de l'Antiquité Là, accueilli avec affabilité par eux, je me repais de l'aliment qui par excellence est le mien, et pour lequel je suis né. Là, nulle honte à parler avec eux, à les interroger sur les mobiles de leurs actions, et eux, en vertu de leur humanité, ils me répondent. Et, durant quatre heures de temps, je ne sens pas le moindre ennui, j'oublie tous mes tourments, je cesse de redouter la pauvreté, la mort même ne m'effraie pas. Et comme Dante dit qu'il n'est pas de science si l'on ne retient pas ce que l'on a compris, j'ai noté de ces entretiens avec eux ce que j'ai cru essentiel et composé un opuscule *De principatibus*, où je creuse de mon mieux les problèmes que pose un tel sujet : ce que c'est que la souveraineté, combien d'espèces il y en a, comment on l'acquiert, comment on la garde, comment on la perd. Et si jamais quelque élucubration de moi vous a plu, celle-ci ne devrait pas vous déplaire. Elle devrait surtout faire l'affaire d'un prince nouveau : c'est pourquoi je la dédie à Sa Magnificence Julien. Filippo Casavecchia en a eu connaissance ; il pourra vous rendre compte en partie de la chose en soi et des discussions que nous en avons faites. Tenez compte toutefois que je ne cesse de l'enrichir et de la corriger.

Vous voudriez, magnifique ambassadeur, me voir abandonner ma vie d'ici pour aller jouir avec vous de la vôtre. Je le ferai certes de toute façon. Cependant quelque chose me retient ici, certaines affaires que j'aurai dépêchées dans six semaines ; autre chose me fait hésiter, c'est qu'il y a là-bas les Soderini, et que si j'y vais, force me serait d'aller les voir et de leur parler. Je me demande si, dans ce cas, de retour à Florence, je descendrais de cheval à la porte de chez moi ou bien à la porte du Bargello : de fait notre nouveau gouvernement a beau avoir de solides assises et être bien assuré, *tamen* il est de fraîche date et tout lui est suspect ; il n'y manque pas de ces gens bien informés qui, pour se donner des airs comme Pagolo Bertini, vous mettraient dans le pétrin, en vous laissant le soin de vous dépêtrer. Otez-moi donc, je vous prie, de ce souci-là, et je viendrai vous retrouver, passé le délai que je vous ai dit.

A propos de mon opuscule, j'ai débattu avec Bertini s'il convenait de le faire paraître ou non ; puis, dans l'affirmative, s'il convenait que je le porte moi-même ou que je l'envoie. Dans la négative, je crains que Julien ne le lise même pas et que notre Ardinghelli ne se fasse tous les honneurs

de mon travail. Le besoin qui me talonne me
pousse à le publier : je sens que je m'use, et cela ne
peut pas durer de la sorte sans qu'à la longue la
pauvreté ne fasse de moi un objet de mépris. En
outre je désire vivement que ces Médicis se
décident à m'employer, dussent-ils commencer par
me faire rouler un rocher. Après quoi, si je n'ai pas
fait en sorte de les gagner, je ne m'en prendrai qu'à
moi. Quant à cet ouvrage, si seulement on le lisait,
on verrait que les quinze années que j'ai vouées au
soin des affaires de l'État, je ne les ai ni dormies ni
jouées. Et chacun devrait avoir à cœur de se servir
d'un homme plein d'une expérience qui ne leur a
rien coûté. Mon loyalisme devrait être à l'abri du
soupçon ; j'ai toujours respecté la fidélité, je ne vais
pas apprendre maintenant à y manquer ; l'homme
qui a servi fidèlement et bien quarante-trois ans —
c'est ce que j'ai — ne doit pas pouvoir changer sa
nature. Ma pauvreté d'ailleurs en porte témoignage.

Je désirerais donc que vous aussi vous me
donniez votre avis sur cette manière, et je me
recommande à vous. *Sis felix.*

Die 10 Decembris 1513.

NICOLAS MACHIAVEL,
à Florence.

NICOLAS MACHIAVEL
A FRANCESCO VETTORI

*Magnifico oratori florentino Francisco Victorio
apud Summum Pontificem.
Romae.*

Magnifique ambassadeur. J'étais à la campagne
où je me trouve avec tous les miens, quand j'ai reçu

deux de vos lettres que Donato m'envoyait de la
part de Brancaccio. Je leur ai répondu ce qui
convenait, tant sur mes affaires privées que sur
votre amour et tout le reste. Mais en me rendant à
Florence, il y a deux jours, je les ai oubliées, et
comme j'aurais de la peine à les rédiger de nouveau,
je vous les enverrai à mon prochain voyage. Pour le
moment je vous écris ceci pour que vous sachiez
que les vôtres sont bien arrivées et pour vous dire
brièvement que si je ne suis pas allé à Rome, c'est
pour les raisons mêmes que vous me dites maintenant, et que j'avais déjà devinées moi-même.

Je vais donc rester ainsi dans ma pouillerie, sans
trouver une âme qui se souvienne de mes loyaux
services ou qui croie que je puisse être bon à rien.
Mais il est impossible que je puisse rester longtemps ainsi, car je m'y use, et je vois bien que si
Dieu ne m'est pas plus favorable, je serai forcé un
jour de quitter la maison pour m'engager comme
intendant ou secrétaire de quelque podestat si je ne
trouve rien d'autre, ou pour aller me fourrer dans
quelque bourgade perdue, à apprendre à lire aux
enfants, laissant ici ma famille, pour laquelle
j'entends ne compter pas plus que si j'étais mort ;
elle se passera fort bien de moi qui lui suis à charge,
habitué comme je le suis à dépenser et ne pouvant
vivre sans dépenser. Je ne vous écris pas cela dans
l'intention de vous demander quelque démarche ni
de vous peiner, mais seulement pour me soulager,
quitte à ne plus jamais toucher un sujet aussi
odieux.

De amore vestro, je me rappelle qu'Amour ne
tourmente que ces gens-là qui prétendent lui
rogner les ailes ou l'enchaîner quand il lui a plu de
venir voler à eux. Comme c'est un enfant, et plein

de caprices, il leur arrache les yeux, le foie et le
cœur. Mais ceux qui accueillent sa venue avec
allégresse, et qui le flattent et le laissent s'en aller
quand il lui plaît, et quand il revient l'acceptent
volontiers, ceux-là sont toujours certains de ses
faveurs et de ses caresses, et de triompher sous son
empire. Ainsi donc, mon cher compère, ne cherchez pas à fixer un être ailé, ni à rogner les ailes à
qui pour une plume perdue en voit renaître mille ;
et ainsi seulement vous gaudirez.

10 juin 1514.

Nicolas Machiavel.

NICOLAS MACHIAVEL
A FRANCESCO VETTORI

Magnifico oratori Francisco Victorio, etc.

Mon cher compère. Vous m'avez mis le cœur
tout en fête avec ces nouvelles de vos amours
romaines, et vous avez banni de mon cœur d'indi-
cibles tourments, en me faisant ainsi partager par la
lecture et par la pensée vos plaisirs et vos colères
d'amoureux, — l'un ne va pas sans l'autre. Et la
fortune me fournit l'occasion de vous rendre la
pareille : en effet, bien que je sois toujours à la
campagne, j'ai fait la rencontre d'une créature si
courtoise, si délicate, si noble tout à la fois, et par
elle-même et par la situation où elle se trouve, que
je ne puis tant la louer ni la chérir qu'elle ne mérite
bien davantage. Je devrais, à votre exemple, vous
conter comment naquit cet amour, avec quels filets
il me prit, où il les tendit et de quelle qualité ils

étaient. Et vous verriez que c'étaient des filets
dorés, tendus parmi les fleurs, tissés par Vénus
même, si doux et si aimables qu'un rustre sans cœur
n'aurait pas eu de peine à les rompre ; mais loin de
chercher à le tenter, je savourai la douceur de m'y
trouver pris, si longtemps que leurs fils soyeux se
sont faits invincibles et liés en nœuds indissolubles.
Et ne croyez pas qu'à me saisir, Amour ait usé de
moyens ordinaires, car il savait bien qu'ils n'auraient pas suffi ; il prit des détours extraordinaires
dont je ne sus ni voulus me garder. Sachez seulement que ni mes quasi-cinquante ans ne m'éprouvent, ni les sentiers les plus rudes ne me rebutent,
ni l'obscurité des nuits ne m'effraie. Tout me paraît
facile, et je m'accommode de tous les caprices,
même les plus étrangers ou les plus contraires à
mon naturel. J'entre probablement en grand souci,
tamen je sens jusque dans ce souci tant de douceur, je puise tant de suavité dans ce visage et j'ai
si bien banni tout souvenir de mes maux, que pour
rien au monde je ne voudrais m'affranchir, même
si je le pouvais. J'ai quitté toute pensée de tout
ce qui est important et grave, je n'ai plus de plaisir à lire les choses de l'antiquité ni à discuter de
celles d'aujourd'hui : tout cela s'est tourné en de
tendres entretiens, dont je rends grâces à Vénus et à
Cypris tout entière. Si vous trouvez donc l'occasion
de me conter quelque chose de votre dame, contez-
la-moi, mais quant aux autres sujets, vous en
discuterez avec des gens qui les estiment plus que
moi et qui s'y entendent mieux : pour mon compte,
je n'y ai jamais trouvé que mon dommage ; dans
mes amours je trouve toujours plaisir et bonheur.
Valete.

Ex Florentiâ, le 3 août 1514.

NICOLAS MACHIAVEL
A FRANCESCO VETTORI
(minute d'une lettre)

Vous me demandez quel parti devrait prendre Sa
Sainteté pour maintenir l'Église dans la réputation
où elle l'a trouvée, au cas où la France, appuyée par
l'Angleterre et Venise, voudrait à tout prix récupé-
rer le Milanais, et où cette province serait défendue
par les Suisses, l'Espagne et l'Empereur. C'est la
plus importante de vos questions, car toutes les
autres en dépendent ; il faut néanmoins éclaircir
celles-ci pour éclaircir celle-là. Je ne crois pas qu'il
se soit posé depuis vingt ans un plus grave
problème ; je n'en connais aucun, parmi les problèmes passés, de plus difficile à résoudre, de plus
incertain à juger et sur lequel il soit plus dangereux
de se prononcer. Toutefois, puisque vous m'y
forcez, je vais l'aborder et le discuterai, si ce n'est
de façon à vous satisfaire, du moins de toute ma
bonne foi.

Quand on veut calculer les chances de succès de
deux adversaires en guerre, il convient de mettre
d'abord en balance leurs forces et leur valeur
respectives. Les forces des rois de France et
d'Angleterre consistent dans les préparatifs qu'ils
font, dit-on, pour la conquête du Milanais : attaquer les Suisses par la Bourgogne avec vingt mille
hommes, attaquer Milan avec des troupes plus
nombreuses, attaquer la Navarre enfin avec des
troupes plus nombreuses encore pour jeter la
révolution et la confusion dans les états de l'Espagne ; équiper une forte flotte pour attaquer Gênes

et Naples, ou partout ailleurs où ils trouveraient un avantage. Les préparatifs dont je parle sont possibles pour ces deux rois, ils sont indispensables à la victoire : je les crois donc réels. Et quoique vous ayez réservé pour votre dernière question celle de savoir si l'Angleterre se détacherait de la France parce qu'elle la verrait mal volontiers s'agrandir en Italie, je veux la discuter d'abord, parce que si l'Angleterre s'en détachait, toute la question serait tranchée.

Je crois que le motif pour lequel le roi d'Angleterre est allé s'emplâtrer avec le roi de France est le désir de prendre sur l'Espagne la revanche des torts qu'elle lui a fait subir tandis qu'il faisait la guerre à la France, ressentiment justifié et je ne vois rien qui puisse venir de sitôt l'effacer ni éteindre l'amitié des deux monarques. Je ne me laisse pas ébranler par l'antique inimitié entre Français et Anglais qui touche tant de gens, car les peuples veulent ce que veulent leurs rois et non les rois ce que veulent leurs peuples.

Quant à la possibilité qu'il prenne ombrage d'un agrandissement de la France en Italie, cela ne pourrait naître que de l'envie ou de la crainte : de l'envie, si l'Angleterre ne pouvait acquérir de gloire d'un autre côté et devait rester oisive ; mais elle peut fort bien se couvrir de gloire en Espagne et toute cause de jalousie s'évanouit ; quant à la crainte, sachez qu'on peut étendre ses états sans devenir plus fort ; observez et constatez qu'en acquérant des possessions en Italie, la France agrandit il est vrai ses états, mais, vis-à-vis de l'Angleterre, elle ne devient pas plus forte, car elle peut attaquer cette île avec les moyens tout aussi puissants, qu'elle possède ou non des états en Italie.

Quant aux diversions auxquelles pourrait donner
lieu la possession du Milanais, elles sont à redouter
surtout pour la France, obligée de se maintenir
dans un pays d'une fidélité douteuse, et qui n'a pu,
même à prix d'argent, détourner les Suisses de
l'attaquer ; ces derniers en effet, réellement attaqués
par la France, deviendraient des ennemis véritables,
et non tels qu'ils se sont montrés jusqu'à présent.
Comme d'un autre côté il pourrait se faire que si la
France acquérait le Milanais, l'Angleterre renverse
le gouvernement de Castille, elle nuirait bien plus à
la France par cette conquête que la France ne lui
nuirait par celle de Milan. Je ne vois donc pas
pourquoi l'Angleterre, dès les premiers heurts de
cette guerre, aurait à séparer ses intérêts de ceux de
la France ; et je maintiens que l'union entre les
deux peuples et les préparatifs que j'ai dits sont
nécessaires et possibles.

Restent les Vénitiens dont le concours avec ces
deux rois n'a pas plus d'importance que celui des
forces du duché pour leurs adversaires : je regarde
leurs ressources comme extrêmement faibles, si
faibles qu'il suffirait pour les arrêter de la moitié des
troupes stationnées en Lombardie. Si nous considérons les défenseurs de Milan, je vois les Suisses
capables de mettre sur pied deux armées pour faire
tête tant aux Français qui attaqueraient par la
Bourgogne qu'à ceux qui marcheraient sur l'Italie ;
en effet si tous les Suisses s'unissaient alors et que
les Grisons et les Valaisans s'armaient en même
temps que le reste des cantons, ils pourraient
former une armée de plus de vingt mille hommes
chacun.

À l'égard de l'Empereur, comme je ne sais rien
de ce qu'il peut bien faire, je ne veux pas

rechercher de quoi il serait capable. Mais à totaliser Espagne, Empereur, Milan et Gênes, je doute qu'on puisse dépasser quinze mille hommes d'armes ; car l'Espagne, qui est dans le cas d'avoir à soutenir la guerre chez elle, ne pourra renouveler ses forces chez nous.

Du côté de la mer, si l'argent ne leur manque pas, Génois et Espagnols pourront à mon avis armer une flotte assez nombreuse pour faire tête quelque temps à celle de leurs adversaires.

Telle est je crois la situation exacte des forces en présence.

Si l'on veut examiner maintenant de quel côté la victoire a le plus de chances de pencher, j'observe d'abord que les deux rois alliés, étant fort riches, peuvent tenir longtemps leurs armées sur pied ; que les autres, ne l'étant pas, ne le peuvent pas. Ainsi donc, compte tenu des forces militaires, des dispositions et des moyens financiers respectifs, je crois qu'on peut se risquer à pronostiquer une victoire pour les occupants de l'Italie, dans le cas seul d'une grande bataille immédiate ; mais que si la guerre se prolonge, la victoire passera dans l'autre camp. On dit, et c'est fort vraisemblable, que les Suisses connaissent leur faible et que pour provoquer plus promptement cette bataille, ils se proposent d'aller affronter les Français sur les montagnes de la Savoie, pour les obliger à se battre s'ils veulent franchir les cols, ou à faire retraite s'ils refusent le combat, vu la difficulté du terrain et du ravitaillement. Il faudrait, pour juger s'ils peuvent réussir en ce dessein, être fort compétent et sur la nature du pays et sur les choses de la guerre. Je me bornerai à dire que l'on n'a jamais constaté dans l'antiquité qu'on ait tenté avec succès de défendre les cols des

montagnes, alors qu'on y trouve au contraire
maints exemples de cols abandonnés en vue d'attendre l'assaillant dans des lieux découverts où la
défense est plus aisée, le désordre moins à craindre,
et la fortune des combats moins aléatoire. Peut-être
devrais-je faire voir d'où cela provient, mais comme
il n'est pas indispensable d'entrer ici en un pareil
développement, je m'abstiendrai de l'aborder. Tout
bien considéré, je vois que le seul espoir du côté
des occupants de l'Italie est d'en venir promptement à une bataille, au risque toujours possible de
la perdre ; du côté des Français, je vois qu'ils
peuvent remporter également une victoire, mais
qu'elle ne saurait leur échapper s'ils traînent la
guerre en longueur. Dans une telle continuation des
hostilités, je vois deux périls évidents pour leurs
adversaires : le premier serait que la flotte française
entre de gré ou de force du côté de Gênes ou de la
Toscane ; à peine y serait-elle arrivée que toute la
Lombardie se lèverait pour eux, et que les autres
peuples de l'Italie, les uns par peur, les autres par
mécontentement, courraient se mettre à leur service, de sorte que les Français, se trouvant favo-
rablement accueillis, pourraient lanterner et haras-
ser les Suisses à leur convenance.

L'autre danger est que les cantons qui touchent à
la Bourgogne, sur lesquels retomberait tout le poids
de l'attaque dirigée par là, n'obligent les autres
cantons à traiter avec la France, s'ils voient la
guerre s'éterniser. Ce qui me le fait craindre, c'est
l'exemple du duc Charles le Téméraire, qui, à force
de les harceler et de ravager leur pays de ce côté, les
avait si bien harassés qu'ils lui envoyèrent carte
blanche ; et s'il n'était pas allé de lui-même
leur offrir la bataille, il les aurait entièrement

balayés ainsi. Certains craignent — ou espèrent —
que les Suisses, dans leur mauvaise foi, ne viennent
à changer de camp pour s'entendre avec le Roi et
lui abandonner en guise de proie leurs autres alliés ;
ceci je ne le crois nullement, car ils ne combattent
que pour satisfaire leur ambition, et si, pour cette
fois, ils ne sont pas pressés par l'une des nécessités
susdites, je pense qu'ils feront la guerre de bonne
foi.

Si donc Sa Sainteté est forcée de prendre un
parti, et qu'elle prenne celui de l'Espagne, je vois la
victoire incertaine pour les motifs déjà dits ; son
adhésion à l'Espagne ne lui donne pas toutes
garanties ; si elle enlève à la France quelques
avantages et un peu de prestige, elle ne donne pas à
ses alliés des forces suffisantes pour lui faire tête.
En effet, le Roi ayant en mer une forte flotte, les
Vénitiens pouvant de leur côté en armer une, Sa
Sainteté aurait à garder contre eux une telle
étendue de côtes que ses troupes et celles de ses
alliés suffiraient à peine à les garder.

Il se peut que le pape évite un danger immédiat
si l'on a besoin de s'assurer de lui, et qu'il y trouve
même l'avantage actuel de pouvoir servir sa famille ;
mais si Sa Sainteté prend le parti de la France et
qu'elle s'arrange assez prudemment pour pouvoir
attendre les Français sans s'engager dans les dangers, je regarde la victoire comme infaillible pour
elle : pouvant, grâce à sa flotte, réunir un grand
nombre de ses troupes à celles qui sont déjà sur
pied en Toscane, il y aurait aussitôt en Lombardie
un tel soulèvement que Suisses et Espagnols,
attaqués sur deux fronts, se trouveraient hors d'état
de résister à la fois à deux armées différentes et à la
levée en masse des habitants du pays ; je ne vois

donc pas ce qui pourrait arracher la victoire des
mains du Roi de France.

Vous désirez savoir en outre laquelle des deux
pèserait le plus à Sa Sainteté de l'amitié de la
France ou de celle des Suisses, si l'un ou l'autre des
deux peuples l'emportait grâce à lui. Je réponds
que je suis persuadé que si les Suisses étaient
vainqueurs, eux, leurs alliés et leurs amis, observe-
raient pour le moment leurs promesses et lui
donneraient les états convenus. Mais, d'un autre
côté, il aurait à subir tout l'orgueil du vainqueur, et
comme selon moi il n'y aurait point d'autres
vainqueurs que les Suisses, il lui faudrait endurer
leurs injures, lesquelles seraient immédiates et de
deux sortes : ils lui enlèveraient et ses trésors et ses
amis. Cet argent dont les Suisses prétendent qu'ils
ne veulent point quand ils font la guerre, croyez
bien qu'ils l'exigeront de toute manière dès qu'elle
sera finie. Ils commenceront par demander une
contribution, et elle sera lourde ; et comme elle
paraîtra justifiée, qu'on craindra d'irriter un vainqueur tout bouillant de ses succès, on ne la leur
refusera pas. Je crois, je suis même certain, que le
duc de Ferrare, Lucques et autres états de même
importance, courront se mettre sous leur protection. Il n'y en aura pas plus tôt un de soumis que
actum erit de libertate Italiae [54] *:* tous les jours en
effet, sous tous les prétextes divers, ils imposeront,
ils voleront, ils changeront la face de tous les états,
se bornant seulement à remettre au lendemain ce
qu'ils ne croiront pas pouvoir exécuter le jour
même. Ne vous flattez pas qu'ils n'ont pas un tel
dessein ; il faut nécessairement qu'ils l'aient ; et si le
hasard voulait qu'ils ne l'eussent point formé, la
force même des choses les y amènerait : la conquête

engendre la conquête, et la victoire donne soif de la victoire.

Il ne faut pas s'étonner de ce qu'ils ne se sont pas emparés ouvertement du pouvoir à Milan et de ce qu'ils ne sont pas allés encore aussi loin qu'ils le pouvaient : leur système de gouvernement étant tout à fait différent de celui des états voisins, leur comportement à l'extérieur doit offrir lui aussi les mêmes différences et l'on en trouve des exemples dans toute l'histoire de l'antiquité. Jusqu'à présent ils n'ont cherché que des compagnons de razzia, à l'avenir ils chercheront vassaux et tributaires qu'ils n'auront cure de gouverner ni de réformer jusque dans le détail; ils se contenteront de les avoir pour eux en cas de guerre et d'encaisser tous les ans leur tribut. Et ils maintiendront ce système grâce au prestige de leurs armes et aux sanctions contre les défaillants. C'est ainsi, et c'est bientôt, si cette fois ils l'emportent, que vous les verrez dicter leur loi au pape et à tous les princes italiens. Et dès que vous les entendez parler de protection, *sciatis quia prope est aestas* [55]. Vous me direz peut-être qu'il y a remède au mal, si nous faisons le bloc contre eux. Je vous réponds que ceci serait une seconde erreur, une seconde illusion, car l'union de plusieurs contre un seul est difficile à réaliser, ou, si elle est réalisée, difficile à maintenir. Voyez l'exemple de la France, contre laquelle tous étaient coalisés; aussitôt l'Espagne fait la trêve avec elle, les Vénitiens se font ses amis, les Suisses sont mous à l'attaquer, l'Empereur, on ne l'a même pas vu, l'Angleterre enfin s'allie avec elle. Il suffit que la puissance contre laquelle on s'est coalisé ait assez de force pour ne pas crouler au premier choc, comme croula Venise, et elle trouvera son salut dans les dissensions des

autres, comme l'a trouvé la France, comme l'aurait
trouvé Venise si elle avait tenu deux mois. Mais sa
faiblesse ne lui permit pas d'attendre la débâcle de
la Ligue. Tel ne serait pas le cas des Suisses, qui
trouveront toujours chez l'Empereur, chez l'Espagne, chez la France ou chez les princes italiens le
moyen de parer à une coalition générale, ou celui de
la défaire si elle s'est faite. Je sais que bien des gens
se rient de cette opinion; je suis si loin de m'en rire
que j'en suis sûr : que les Suisses tiennent tête à
l'avalanche, et que nous soyons encore vivants dans
six ans, je vous le rappellerai.

Vous désirez savoir ce que le pape peut bien
avoir à craindre des Suisses s'ils triomphent avec
lui pour allié; je vous réponds : contribution
d'abord, et bien vite après, sujétion pour lui comme
pour l'Italie entière, et *sine spe redemptionis* [56], car il
a affaire à une république, et elle est armée comme
ne l'a jamais été aucun peuple ni aucun potentat.

Mais si Sa Sainteté était l'alliée de la France et
que celle-ci triomphât, je crois qu'elle observerait
les conditions du traité pourvu qu'elles soient raisonnables et qu'un excès d'appétit n'ait pas porté
le pape à trop vouloir et le Roi à trop céder; je
crois que ce n'est pas l'Église, mais vous qu'il
taillerait à merci; il devrait ménager le pape par
égard à son alliance avec l'Angleterre, parce que les
Suisses n'auraient pas été exterminés complètement, et que le roi d'Espagne, tout chassé qu'il
fût de Naples, resterait vivant lui aussi, donc à
craindre. Il paraîtrait donc raisonnable qu'il désire
que l'Église fût regardée comme son alliée, il en
serait de même des Vénitiens.

En somme, de quelque côté que se déclare la
victoire, l'Église restera à la merci de l'un ou de

l'autre parti : je pense donc qu'il vaut mieux rester
à la merci de celui qui sera le plus raisonnable et
qui s'est déjà fait connaître tel en d'autres circonstances, que de celui qu'on ne connaît pas bien
encore et dont on ignore tout à fait les intentions.
Si le parti auquel Sa Sainteté se serait alliée venait
à succomber, je craindrais (moi, pape) de me voir
réduit à la fuite, à l'exil ou à toute autre fâcheuse
extrémité. Or, lorsque entre deux partis, on est
forcé d'en choisir un, il faut entre autres choses
considérer où peut conduire la mauvaise fortune,
et prendre toujours celui dont le résultat, à chances
égales, s'il doit être malheureux, soit pourtant le
moins intolérable. Il n'y a pas de doute qu'il serait
moins intolérable de succomber avec la France
pour alliée qu'avec les autres ; car si Sa Sainteté
s'allie avec la France, en cas d'échec, il lui reste
l'état qu'elle a là-bas et où un Souverain Pontife
peut encore vivre dans l'honneur ; et sa fortune,
grâce au secours d'une aussi puissante monarchie,
peut renaître de mille manières ; il est chez lui en
Avignon et bien des papes y ont déjà tenu leur
siège. S'il se lie à l'autre parti, en cas d'échec, il
lui faut s'en aller en Suisse mourir de faim, ou
en Allemagne pour s'y voir la risée de tous, ou
en Espagne pour y être ras tondu ; de sorte qu'il
n'y a nulle comparaison à faire entre les maux
qu'entraînerait l'une ou l'autre de ces défaites.

Quant au parti de rester neutre, je ne crois pas
qu'il ait jamais servi personne, quand celui qui le
prend est moins fort que les combattants, et qu'il se
trouve placé au milieu ; car vous saurez d'abord
qu'il est indispensable à un prince de se conduire à
l'égard de ses sujets, de ses alliés et de ses voisins
de manière à n'en être ni haï ni méprisé ; qu'il doit

choisir à tout prix : qu'il se moque de la haine, mais
qu'il évite le mépris.

Jules II s'est toujours moqué d'être haï, pourvu
qu'il fût craint et respecté : c'est par la crainte qu'il
bouleversa le monde et qu'il éleva l'Église au rang
où elle est. Et je vous dis que qui reste neutre
s'attire forcément la haine du vaincu et le mépris
du vainqueur ; qu'une fois qu'on a commencé à
faire bon marché d'un prince, on ne voit plus en lui
qu'un allié inutile ou un ennemi à dédaigner, et il
lui faut craindre à tout instant ou de nouveaux
outrages ou la ruine. L'interpénétration des frontières le forcera toujours à ouvrir tantôt à l'un,
tantôt à l'autre, tantôt ses ports, tantôt son territoire, à les héberger, à les nourrir ; en dépit de ces
services, chacun des deux côtés se croira trompé,
d'où des incidents, d'où à leur tour des querelles ;
n'en naîtrait-il aucune, chose impossible, durant
toute la guerre, qu'il en naîtrait de la victoire, celle-
ci attirant vers le vainqueur tous les moindres états
qui ont peur de vous, et lui fournissent l'occasion
de vous attaquer. Me direz-vous : « Nous voulons
bien perdre ceci pour sauver cela », je répondrai :
« Mieux vaut perdre tout, valeureusement, que
perdre peu au prix de la honte, et l'on ne perd
jamais partie sans trembler pour le tout. » Que l'on
jette les yeux sur les états pontificaux, sur leur
emplacement, sur leurs enclaves, et sur le théâtre
de la guerre, et l'on verra clairement que le pape est
l'un de ceux qui ne peuvent pas rester neutres, ou
que s'il reste tel, il encourt la haine tant du
vainqueur que du vaincu, qui voudront tous les
deux lui nuire, l'un pour se venger et l'autre pour
s'arrondir.

Vous me demandez encore si, dans le cas où le

pape s'entendrait avec les Suisses, l'Empereur et l'Espagne, ces deux derniers n'auraient pas intérêt à le tromper et à se rallier à la France. Je crois impossible le rapprochement entre la France et l'Espagne, à moins que l'Angleterre n'y consente ; et elle n'y consentira pas si ce n'est au détriment de la France, qui ne peut donc s'y exposer ; le roi d'Angleterre, jeune et belliqueux à outrance, ne peut diriger ses armes que contre la France ou l'Espagne ; et l'accord avec la France porte la guerre en Espagne, la paix avec l'Espagne porte la guerre en France. Aussi le Roi de France est-il loin de prêter les deux oreilles à votre proposition, pour les bonnes raisons qu'il n'entend pas perdre l'Angleterre, attirer la guerre sur lui, et qu'il a mille sujets de haïr l'Espagne. Et soyez sûr que s'il avait voulu ou pu s'entendre avec elle, ce serait déjà chose faite, car le Catholique a déjà dû lui proposer maints et maints arrangements aux dépens d'autrui. Je crois donc que, vis-à-vis de l'Espagne, le pape aurait tout à craindre ; s'il dépendait de la France, je le crois assuré de la sécurité. Quant à l'Empereur, changeant et instable comme il est, on peut s'attendre à tout de lui, que ce soit ou non son intérêt, car il n'a jamais vécu, ne s'est jamais nourri d'autre chose que de changement. Par contre, l'adhésion de Venise à cette coalition serait fort grave, non tant à cause d'un gros apport de forces que de la brèche ainsi ouverte de ce côté-là à ses ennemis déclarés ; et s'il s'y ajoutait l'adhésion du pape, les Français rencontreraient les plus grandes difficultés à franchir les monts ou à débarquer en Italie. Mais je ne crois pas que les Vénitiens prennent ce parti, car ils ont dû recevoir de la France des assurances bien plus avantageuses qu'ils n'en auraient de ses

ennemis; d'autre part, ils sont bien restés fidèles à
sa cause alors qu'elle était pour ainsi dire expirante,
ils ne vont pas l'abandonner maintenant qu'elle est
sur le point de revivre; je crains donc qu'il n'y ait là
qu'un de ces bruits comme ils ont coutume d'en
faire courir.

Je conclus, pour mettre fin à cette longue
démonstration, que le parti de la France offre plus
de chances de victoire que l'autre; que le pape, en
s'y joignant, lui assure cette victoire; que la France
est un vainqueur moins à craindre et plus facile à
supporter que les autres; que des revers avec elle
sont moins funestes qu'ils ne le seraient avec eux;
qu'il est d'ailleurs impossible au pape de garder la
neutralité : il faut donc que Sa Sainteté prenne parti,
soit pour la France, soit pour ses ennemis mais
pour ceux-ci seulement dans le cas où les Vénitiens
s'allieraient avec eux.

20 décembre 1514.

Nicolas Machiavel.

NICOLAS MACHIAVEL
A FRANCESCO VETTORI

Magnifico oratori florentino Francisco Victorio
apud Summum Pontificem.
Romae.

Magnifique ambassadeur, puisque c'est vous qui
m'avez mis en ébullition, ne vous plaignez pas si je
vous persécute de mes écritures et dites-vous :
« C'est bien fait pour moi, c'est moi qui ai
commencé. » Je crains d'avoir paru escamoter trop
lestement deux points : la neutralité du pape et les

suites de l'échec éventuel de l'allié choisi par lui;
l'un et l'autre point méritaient bien des considé-
rants. C'est pourquoi je vous récris.

Quant à la neutralité, parti qui me semble avoir
l'approbation de bien des gens, je ne peux m'y
résoudre, parce que de toutes les choses que j'ai
vues et de toutes celles que j'ai lues, je ne me
souviens pas qu'il ait jamais été bon, mais bien au
contraire il a toujours été des plus funestes, car on y
perd à tous les coups. Et quoique vous en sachiez
les raisons mieux que moi, je tiens à les rappeler.

Vous savez que le devoir essentiel de tout prince
est de se garder d'être détesté et méprisé : *fugere in
effectu contemptum et odium*[57] ; chaque fois qu'il
s'en acquitte, il est de règle que tout aille bien. Il
convient de l'observer tant avec ses amis qu'avec
ses sujets et, toutes les fois qu'un prince ne sait pas
se garder au moins du mépris, il est balayé. Il me
se.nble à moi que le fait de rester neutre entre deux
combattants équivaut à courir entre la haine et le
mépris ; car il y en aura toujours un des deux qui
estimera que tu doives être son allié, soit à la suite
de bienfaits reçus de lui, soit en vertu d'une vieille
amitié qui vous lie, et obligé à ce titre à lier ton sort
au sien ; si tu t'y refuses, il concevra du ressentiment contre toi. Quant à l'autre, il te méprisera
pour avoir découvert ta timidité, ton peu de
résolution, et c'est ainsi que tu passeras pour un
ami inutile ou pour un ennemi peu redoutable, si
bien que l'un et l'autre t'accableront sans ménage-
ment. Tite-Live exprime cette pensée en deux mots
quand il met dans la bouche de Titus Flaminius cet
avertissement aux Achéens qu'Antiochus pressait
de rester neutres : « Rien n'est plus contraire à
votre intérêt ; sans crédit, sans dignité, vous serez le

prix du vainqueur. » Il est fatal aussi qu'au cours de
la lutte entre les combattants, il se produise mille
événements qui engendrent la haine contre toi; la
plupart du temps en effet, le troisième non-
combattant est dans la situation de pouvoir servir
ou desservir de mille manières l'un ou l'autre des
adversaires. Et il se passe peu de temps, du jour où
la guerre a commencé, sans que cette position que
tu n'as pas voulu prendre au grand jour et qui t'eût
valu des mérites, tu ne sois obligé de la prendre en
secret et sans qu'elle te vaille le moindre gré; et
même si tu réussis à t'abstenir de la prendre,
chacun d'eux croira que tu l'as prise. Et si le neutre
avait eu par miracle la chance de n'avoir été, durant
la poursuite de la guerre, l'objet d'aucun grief
d'aucun des deux adversaires, ces griefs n'en
naîtraient pas moins ensuite, la guerre une fois
terminée : tous ceux qui auraient eu à pâtir du tiers
non-combattant, tous ceux qui avaient sujet de le
craindre iront se réfugier sous la protection du
vainqueur et créeront au neutre toutes sortes de
raisons d'animosité et toutes sortes d'incidents. Ne
me répliquez pas que le pape, personnage vénérable, est placé par l'autorité de l'Église bien au-
dessus de tout cela, et qu'il trouvera toujours une
ancre de salut : je vous répondrai que quelque
considération que mérite l'objection, et quelque
fondement qu'elle semble avoir, il ne faut pas s'y
fier; loin de là, une telle espérance ne peut
qu'amener de tristes résultats. Je crois en effet que
tout ce qui s'est déjà vu peut se revoir encore; je
sais qu'on a vu des pontifes s'enfuir, s'exiler, être
persécutés, *extrema pati* [58], en tant que souverains
temporels, et cela en des temps où, dans le domaine

spirituel, l'Église était vénérée comme elle est loin
de l'être aujourd'hui.

Si Sa Sainteté veut donc songer où sont situés ses
états, quels sont ceux qui sont aux prises, quels
sont ceux qui sont susceptibles de se jeter dans les
bras du vainqueur, je crois que Sa Sainteté ne
pourra guère s'endormir dans un rêve de neutralité,
et qu'elle conclura qu'il est plus avantageux pour
Elle d'embrasser un parti à n'importe quel prix. Je
me suis étendu sur ce point de la neutralité un peu
plus que la dernière fois, mais je ne vous en dirai
plus rien, j'ai épuisé ci-dessus le sujet.

Je crains qu'il ne vous semble, d'après ma
dernière lettre, que j'aie penché pour le côté France
et que les lecteurs ne puissent supposer que je
n'obéisse ainsi à une certaine inclination ; la chose
me déplairait fort, parce que je me suis toujours
évertué à garder mon jugement ferme, surtout en
telle matière, et de ne pas le laisser gâter par un
goût bien vain de la contradiction, ainsi que font
bien d'autres. Et si j'ai penché quelque peu vers le
côté France, je ne crois pas m'être trompé, et je
veux vous expliquer de nouveau, en guise d'épi-
logue, ce qui m'y a poussé.

Lorsque deux potentats sont aux prises, si l'on
veut se prononcer sur le vainqueur éventuel, il
convient non seulement de prendre en considération leurs forces respectives, mais aussi d'envisager
toutes les façons dont l'un ou l'autre peut remporter
ter la victoire. Or il ne me paraît pas que de notre
côté on ait d'autres chances qu'une grande bataille
immédiate ; du côté France, je crois qu'il y a toutes
les autres chances que je vous ai longuement
exposées. Telle est la première raison qui me fait
croire davantage au succès de la France qu'à celui

des autres. Ensuite, s'il faut me déclarer l'ami de l'un des deux et que je voie qu'en me rapprochant de l'un, je lui assure la victoire, tandis que je ne l'assure pas à l'autre en me rapprochant de lui, je conclus qu'il faudra toujours adopter le parti du résultat certain, en laissant de côté toute obligation, tout intérêt, toute crainte et toute autre chose qui ne serait pas de mon goût. Et je conclus que si le pape se rapproche de la France, il n'y aura pas de difficulté; que s'il se rapproche des autres, il y en aura beaucoup, pour les raisons que j'ai dites. En outre, l'homme sage, quand il le peut, évite toujours de risquer au jeu tout ce qu'il possède, et même lorsqu'il envisage le pire, cherche, jusque dans le pire, le moindre mal possible; connaissant la fortune incertaine, il sait, même quand elle le maltraite au dernier point, qu'entre deux maux, il faut choisir le moindre.

Sa Sainteté possède deux demeures, une en Italie, l'autre en France. Qu'elle se mette contre la France et que celle-ci gagne la partie, la voilà forcée de suivre le sort des perdants et de s'en aller mourir de faim en Suisse, ou vivre désespérée en Allemagne, ou bien encore se voir écorchée et revendue en Espagne. Qu'elle se mette avec la France et que celle-ci perde, Sa Sainteté n'en garde pas moins la France, son chez soi, un royaume à sa dévotion qui vaut une papauté, et un Roi qui, par la guerre ou autrement, peut retrouver mille fois son antique fortune. *Valete.* Et mille fois je me recommande à vous.

Le 20 décembre 1514.

NICOLAS MACHIAVEL,
à Florence.

NICOLAS MACHIAVEL
A FRANCESCO VETTORI

Magnifico viro Francisco Victorio oratori florentino
apud Summum Pontificem.
Romae.

L'Archer adolescent avait tenté
   Plus d'une fois de me percer le sein
   Avec ses traits, car c'est de nos chagrins,
   De notre dam, qu'il fait tout son plaisir.

Et bien qu'ils soient si aigus et si durs
   Que n'y résiste pas le diamant,
   Ils trouvèrent pourtant si rude obstacle
   Que toute leur valeur fit peu d'effet.

Aussi, plein de fureur, de rage,
   Pour faire la preuve de sa toute-puissance,
   L'enfant chargea son arc, son carquois, ses
flèches,

Et il m'en décocha une avec tant de violence,
   Que je me plains encore de la blessure,
   Et reconnais, repentant, son pouvoir.

   Je ne saurais répondre à votre dernière lettre sur
le rut par des paroles plus opportunes que celles de
ce sonnet : il vous fera connaître avec quelle adresse
ce fripon d'Amour a su me lier de nouveau ; et les
chaînes qu'il m'a mises sont si fortes que je
désespère de ma liberté. Je ne peux même pas
concevoir la pensée de m'en affranchir ; le sort ou la
pitié de quelqu'un m'offrît-il par hasard une issue,
je me garderais d'en profiter, tant ces chaînes me

semblent douces-amères, légères malgré leur lour-
deur, mélange tel que je ne juge pas que je vivrais
heureux s'il fallait que je m'en passe. Et comme je
sais combien vous vous plaisez à de telles pensées et
à connaître ce genre d'existence, je m'afflige que
vous ne soyez pas là pour rire, tantôt de mes pleurs,
tantôt de mes gaietés, et tout ce divertissement qui
serait le vôtre, c'est notre Donato qui le goûte, lui
qui offre en quelque sorte, ainsi que la bonne amie
dont je vous ai déjà parlé, le seul refuge et le seul
port à mon esquif que l'incessante tempête a laissé
sans voiles et sans gouvernail. Il n'y a pas deux
jours encore je me suis trouvé dans le cas de dire,
comme Phœbus à Daphné :

> *Nympba, precor, Penei, mane : non insequor hostis,*
> *Nympba, mane ; sic agna lupum, sic cerva leonem,*
> *Sic aquilam penna fugiunt trepidante columbae,*
> *Hostes quisque suos* [59].

Et tout de même que ces vers ne servirent guère
Phœbus, ma plainte toute pareille ne fut d'aucune
valeur, d'aucune efficacité sur celle qui me fuyait.

Qui verrait nos lettres, honorable compère, et
leur diversité s'émerveillerait fort : il lui semblerait
tantôt que nous sommes gens graves entièrement
voués aux grandes choses, que nos cœurs ne
peuvent concevoir nulle pensée qui ne fût d'honneur et de grandeur. Mais ensuite, tournant la
page, ces mêmes gens lui apparaîtraient légers,
inconstants, lascifs, entièrement voués aux vanités.
Et si quelqu'un juge indigne cette manière d'être,
moi je la trouve louable, car nous imitons la nature
qui est changeante; et qui imite la nature ne peut
encourir blâme. Bien que nous manifestions d'ordi-

naire cette versatilité dans des lettres différentes, il
me plaît cette fois de la montrer en une seule,
comme vous le verrez, si vous lisez l'autre page.
Crachez.

Votre frère Pagolo est venu à Florence avec le
magnifique Giuliano ; et dans un entretien que nous
avons eu sur ses espérances, il m'a dit que Sa
Seigneurie lui avait promis le gouvernement d'une
des villes dont elle va se trouver maîtresse. J'ai
appris en effet, non de lui, mais par la voix
publique, que Giuliano devenait seigneur de
Parme, Plaisance, Modène et Reggio, ce qui me
semble une principauté belle et forte, et telle qu'il
pourra la conserver en dépit de tout, s'il la
gouverne comme il faut dès les premiers jours. Et
pour y parvenir, il faut bien connaître tous les
aspects du problème. Les états nouvellement acquis
présentent toujours au prince nouveau qui veut s'y
implanter une infinité de difficultés ; il est déjà
difficile de s'implanter dans ceux qui, depuis
longtemps, ne forment qu'un seul corps, comme
par exemple le duché de Ferrare ; *a fortiori* est-ce
plus difficile dans ceux qu'on vient de créer avec
des membres divers comme c'est le cas de cette
principauté, dont une partie a été détachée du
duché de Milan et l'autre de celui de Ferrare.
Quiconque devient prince doit donc songer à réunir
tous ses états en un seul corps, et chercher tous les
moyens d'accoutumer ses sujets à ne connaître que
lui pour chef. Il peut y parvenir de deux manières :
soit en y demeurant lui-même, soit en y établissant
un lieutenant qui les gouverne tous, afin que ses
sujets, quelque distantes les unes des autres que
soient leurs cités et si opposées que soient leurs
idées, s'accoutument à faire converger leurs regards

et leurs égards vers un seul homme, et à le
reconnaître pour leur prince. Si Sa Seigneurie
préférait encore demeurer à Rome, elle ferait bien,
si elle veut donner à son nouveau pouvoir des
assises solides, de mettre à sa tête quelqu'un qui
connût à fond les intérêts des populations et les
conditions des lieux. Mais si elle met à la tête de
chaque ville un chef particulier, sans que Sa
Seigneurie elle-même soit présente, ses états resteront toujours démembrés, faute de son prestige à
lui, faute de la crainte et du respect que l'on porte
à son prince. Le duc de Valentinois, dont j'imiterais
toujours la conduite si je devenais prince, avait bien
connu cette nécessité quand il mit à la tête de la
Romagne Rimiro (de Orco) comme Président ; c'est
par cette mesure qu'il en rendit toutes les populations unies, respectueuses de son autorité, attachées
à sa puissance, confiantes en sa protection ; et toute
l'affection qu'elles portèrent à leur nouveau prince,
et elle fut considérable, fut le fruit de cette sage
mesure. Je crois que la chose sera facile à persuader
tant elle est évidente ; et si le choix tombait sur
votre Pagolo, ce serait un moyen pour lui de se faire
connaître, non seulement au Seigneur Magnifique,
mais à l'Italie entière ; et tout en travaillant au
profit et à l'honneur de Sa Seigneurie, il pourrait
travailler à se donner renom à lui-même, ainsi qu'à
vous et à votre famille. Je l'en ai entretenu ; cela a
paru lui plaire, et il songera à en faire son profit.
J'ai cru devoir vous en informer et vous mettre au
courant de ces entretiens, pour que vous puissiez au
besoin jalonner la route à un tel projet.

> Et jusque dans sa chute, le superbe glouton,
> N'oublia pas d'invoquer son Mahomet.

Donato se rappelle à vous.

Le 31 janvier 1514 (= 1515).

Nicolas Machiavel,
à Florence.

NICOLAS MACHIAVEL
A RAFFAELLO GIROLAMI

*à l'occasion de son départ pour l'Espagne auprès de
l'Empereur,
le 23 octobre (1522)*

Honorable Raffaello, être ambassadeur d'une cité
est une de ces charges qui honorent un citoyen, et
l'on ne peut dire propre à gouverner celui qui n'est
pas propre à l'assumer. Vous partez pour l'Espagne
comme ambassadeur, pour un pays différent de
l'Italie par toutes ses manières et coutumes,
inconnu de vous ; et qui plus est, ceci est votre
première mission ; de sorte que si vous vous tirez
bien de cette épreuve comme chacun le croit et
l'espère, vous vous y ferez grand honneur, et
d'autant plus grand que plus grandes auront été les
difficultés. Et comme j'ai quelque expérience de ce
genre d'affaires, je viens, non par présomption mais
par affection, vous dire ce que je peux en savoir.

Exécuter avec fidélité une mission est facile à
quiconque est bon citoyen, mais l'exécuter avec
efficacité est plein de difficultés. L'exécuteront avec
efficacité ceux-là qui sauront bien discerner le
caractère du prince et celui des gens qui le
gouvernent, et qui sauront bien se plier à toutes
choses qui pourront leur ouvrir plus facilement
l'accès de ses audiences : l'entreprise la plus diffi-

cile devient facile à celui qui a l'oreille du prince.
Un Orateur doit s'évertuer par-dessus toute chose
à acquérir du prestige, lequel s'acquiert en se
comportant en homme de bien, libéral et droit, et
non pas en homme avare, double face, qui pense
une chose et en dise une autre. Ce point-là est fort
important, car je connais des hommes qui, tout
sagaces qu'ils fussent, ont perdu la confiance du
prince par leur duplicité au point de ne plus
pouvoir par la suite négocier avec lui; s'il faut à
tout prix, comme il arrive parfois, dissimuler
quelque chose en ses propos, il convient de le faire
avec assez d'art pour que la chose n'apparaisse, ou
que celle-ci apparaissant, l'excuse soit toute prête et
prompte. Alessandro Nasi a dû à sa réputation de
droiture les plus grands honneurs à la Cour de
France; la réputation du contraire a valu grande
vergogne à tel autre que je sais. Or je juge qu'il
vous sera aisé de vous faire honneur de ce côté-là,
où il me semble que vous penchez au bien par
nature.

Font aussi grand honneur à un ambassadeur les
dépêches qu'il écrit à ses mandataires, dépêches qui
peuvent concerner trois choses : les affaires en
cours, les affaires bel et bien conclues et les affaires
à survenir, et, de celles-ci, deviner juste. De ces
trois choses, deux sont difficiles, et une d'une
extrême facilité : c'est de savoir les affaires qui ont
été conclues, sauf s'il advient que deux princes
concluent alliance contre un tiers et que l'alliance
soit tenue secrète jusqu'au jour où on la déclare,
ainsi qu'il est advenu dans cette ligue que France,
Pape, Empereur et Espagne conclurent à Cambrai
contre les Vénitiens et qui perdit ces derniers. Des
négociations de cet ordre sont extrêmement diffi-

ciles à apprendre, et il est nécessaire de se servir de
son jugement et de bien conjecturer. Par contre, il
est toujours difficile d'apprendre les affaires qui
sont en cours et d'en deviner le dénouement, car
là, seuls interviennent le jugement et le pouvoir
de conjecturer. Et comme les cours des princes
abondent toujours en chercheurs de nouvelles de
toute espèce, toujours en éveil pour happer les on-
dit qui circulent, il est fort à propos de se faire
l'ami de tous ces gens-là pour pouvoir tirer de
chacun d'eux ce qu'il sait. L'amitié de ces gens-là
se gagne à les entretenir avec banquets et jeux ; et
j'ai vu les hommes les plus graves tenir tables de
jeu dans leur maison, pour fournir à ces gens
l'occasion de le (*sic*) visiter afin de pouvoir les faire
parler : le fait que l'un d'eux ne saura pas, l'autre le
saura, mais la plupart du temps, tous savent tout.
Mais celui qui veut que les autres lui confient ce
qu'ils savent doit confier aux autres ce qu'il sait
lui-même, car le bon moyen d'avoir des nouvelles,
c'est d'en donner. Et si une cité désire voir son
ambassadeur en honneur, elle ne peut faire mieux
que de le servir abondamment en nouvelles : tous
sachant qu'ils pourront en soutirer de lui, rivalise-
ront pour lui donner celles qu'ils auront apprises ;
c'est pourquoi je vous recommande de bien dire
aux Huit, à l'Archevêque, à tous ces secrétaires, de
vous tenir bien informé de tous les événements,
même minimes, qui se produisent dans toute l'Italie ; et s'il survient le moindre incident à Bologne,
Sienne ou Pérouse, qu'ils vous en informent, et à
bien plus forte raison, du pape, de Rome, de Lombardie et du Royaume ; toutes choses qui certes
débordent de vos attributions, mais qu'il est toutefois nécessaire et utile de connaître pour les raisons

que je vous ai dites. Une telle façon de faire ne peut manquer de vous mettre pleinement au courant de tout ce qui se passera autour de vous ; et comme de tout ce que vous apprendrez là telle chose vous paraîtra vraie, telle autre vraisemblable mais fausse, il convient que vous les pesiez avec tout votre jugement afin de prendre bonne note de celles-là seules qui seront les plus conformes à la vérité, et, toutes les autres, les laisser tomber.

Ce sont donc tous ces événements, bien entendus et plus soigneusement encore passés au crible, qui vous permettront de discerner et de considérer le dénouement éventuel de quelque affaire en cours et d'en écrire votre pronostic. Et comme le fait de laisser tomber de vos lèvres une telle sentence serait odieusement prétentieux, on a coutume, dans ce genre de lettres, de recourir à l'artifice suivant : on expose les négociations en cours, les hommes qui les conduisent, les diverses humeurs auxquelles ils obéissent, et là-dessus, on écrit quelque chose dans ce genre : « Étant données toutes les considérations que nous vous avons soumises, les hommes d'expérience qui se trouvent à la Cour estiment qu'il peut s'ensuivre tels et tels effets. » Ledit artifice dextrement mené a fait de mon temps grand honneur à bien des ambassadeurs ; de même que, maladroitement mené, il en a déshonoré certains.

J'ai constaté que certains d'entre eux, pour bien engraisser leurs dépêches de bonnes informations, enregistrent au jour le jour tout ce qu'ils peuvent apprendre, pour en rédiger tous les huit ou dix jours une dépêche dans laquelle ils font entrer tout ce qui leur paraît raisonnable dudit amas.

J'ai constaté aussi que quelques hommes sages et experts en l'art des ambassades emploient ce

procédé : tous les deux mois, ils mettent sous les
yeux de leurs mandataires un résumé de la situation
et des événements dans la cité ou le royaume où ils
sont Orateurs. Chose qui, lorsqu'elle est bien faite,
honore grandement celui qui la pratique et profite
non moins grandement à celui qui la lit : ce dernier
sera mieux à même de se décider, sachant tout le
détail des événements plutôt que s'il l'ignore. Et
pour que vous compreniez mieux ce procédé, je
vais vous l'expliquer plus amplement. Dès votre
arrivée en Espagne, dès que vous avez exposé
l'objet de votre mission, vous écrivez sans plus
attendre et donnez sur-le-champ nouvelles et de
votre arrivée et de votre exposé à l'Empereur et de
sa réponse, ajournant à une autre lettre d'informer
plus particulièrement des événements du royaume
et des qualités du prince, tant qu'un peu de séjour
sur les lieux ne vous en aura pas donné connaissance circonstanciée. Après quoi, vous vous mettez
à observer avec la plus grande attention tout ce qui
concerne l'Empereur et le royaume d'Espagne, et
par la suite vous en donnez pleine information. Et
pour entrer dans plus de détails, je dis qu'il vous
appartient d'observer le caractère de l'homme, s'il
se gouverne ou s'il se laisse gouverner, s'il est avare
ou libéral, s'il est belliqueux ou placide, si la gloire
le touche ou toute autre passion, si ses peuples
l'aiment, s'il fait plus volontiers sa demeure de
l'Espagne que de la Flandre, quelles sont les gens
de son entourage qui le conseillent et quels sont les
penchants de ces gens-là, c'est-à-dire s'ils l'engagent à tenter fortune nouvelle ou à se contenter
de jouir de la présente, quel empire ils peuvent
avoir sur lui, s'il en change ou garde toujours les
mêmes, s'il n'a pas quelques amis parmi les conseil-

lers du Roi de France et s'ils sont corruptibles. Après quoi, il est également bon de considérer les seigneurs et grands vassaux qui se tiennent un peu plus au large ; quel est leur degré de puissance, s'ils sont contents de lui, et s'ils en sont mécontents, comment ils peuvent lui nuire, et si France ne pouvait pas en corrompre certains. S'informer aussi de son frère, en quels termes ils sont, s'il est populaire, s'il n'est pas mécontent, et s'il ne peut causer quelque désordre soit dans ce royaume, soit dans les autres états. S'informer ensuite du caractère de ces peuples, et savoir si la ligue qui a pris les armes contre lui les a posées entièrement, ou si l'on craint qu'elle ne les reprenne, et si France pouvait ou non y bouter feu par-dessous. Vous prendrez en outre en considération les visées possibles de l'Empereur, s'il connaît bien les affaires de l'Italie, s'il ne convoite pas l'état de Lombardie ou s'il se résigne à en laisser la jouissance aux Sforza, s'il lui chaut peu ou prou d'aller à Rome, et quand ; quelles vues il a sur l'Église, s'il se fie au pape et est satisfait de lui ; et dans le cas de sa venue en Italie, quel bien ou quel mal les Florentins peuvent espérer ou craindre de lui.

Telles sont les choses qui, bien considérées et bien relatées, vous feront le plus grand honneur ; et ne vous bornez pas à les relater une fois seulement, il est nécessaire de rafraîchir la leçon tous les deux ou trois mois, et avec une telle dextérité, en y ajoutant quelques nouveautés, que cette répétition ait tous les airs de la sagesse, de la nécessité, et non pas d'une pédante ostentation.

NICOLAS MACHIAVEL.

NICOLAS MACHIAVEL
A GUIDO MACHIAVEL

A mon cher fils Guido de Nicolas Machiavel.

Guido mon bien cher enfant. J'ai reçu une lettre de toi qui m'a fait le plus grand plaisir, parce que tu m'y dis que tu es bien guéri, et je ne pouvais pas avoir de meilleure nouvelle ; car si Dieu te prête vie, et à moi aussi, je crois que je ferai de toi un homme de bien, si de ton côté tu veux faire ton devoir : en effet, outre les amis puissants que j'avais déjà, je viens de me lier avec le cardinal Cibo d'une si grande amitié que j'en suis moi-même émerveillé, et elle te profitera ; mais il faut que tu étudies, et que, n'ayant plus l'excuse de la maladie, tu travailles sans relâche à apprendre littérature et musique : tu vois combien m'ont fait honneur les quelques talents que j'ai acquis ; ainsi, mon cher enfant, si tu veux me faire, à moi plaisir, et à toi du bien et de l'honneur, travaille bien et apprends, car si tu t'aides, tout le monde t'aidera.

Le petit mulet, puisqu'il est devenu fou, il faut le traiter tout au contraire des autres fous : eux, on les attache, et moi je veux que tu le détaches. Tu le donneras à Vangelo, et tu lui diras de le mener à Montepugliano, et ensuite de lui retirer sa bride et son licol, et de le laisser aller où ça lui plaît, trouver sa vie et se purger de sa folie. Le pays est vaste, la bête est jeunette, elle ne peut faire aucun mal ; comme ça, sans qu'elle donne de tracas à personne, on verra ce qu'elle veut faire et on sera toujours à temps, si elle guérit, de la rattraper. Faites des autres chevaux ce que Lodovico vous a donné ordre de faire; je remercie Dieu qu'il soit guéri, et qu'il ait vendu, et bien vendu à ce que je crois, puisqu'il a fait parvenir l'argent, mais je m'étonne et m'afflige qu'il n'ait pas écrit.

Salue mona Marietta, et dis-lui que jour après jour je suis sur le point de partir, et c'est ainsi encore; et jamais mon envie d'être à Florence n'a été telle qu'elle est maintenant; mais je ne peux faire autrement. Dis-lui seulement ceci : quoi qu'elle entende dire, qu'elle soit sans inquiétude, car je serai là avant qu'il arrive le moindre ennui. Embrasse la Baccina, Piero et, s'il est là, Totto; j'aimerais savoir si ses yeux sont guéris. Vivez heureux et dépensez le moins possible. Et rappelle à Bernardo de bien se conduire : je lui ai écrit voici quinze jours deux lettres et je n'ai pas eu de réponse. Christ vous garde tous.

Le 2 avril 1527.

Nicolas Machiavel,
à Imola.

NICOLAS MACHIAVEL
A FRANCESCO VETTORI

A mon très honorable et magnifique
Francesco Vettori,
à Florence.

Mon honorable Francesco. Dès que l'on vit que la trêve conclue à Rome n'était pas respectée par les Impériaux, messire Francesco écrivit au pape qu'il fallait prendre un de ces trois partis : reprendre la guerre de telle manière que le monde comprît qu'il

n'y avait plus à parler de paix, afin que Roi de
France, Vénitiens et tous fissent leur besogne, et il
démontrait que ce parti offrait encore bien des
chances, à condition que le pape voulût s'aider ; à
défaut de ce parti-là, en prendre un diamétralement
contraire, marcher tout droit et vite à la paix, poser
la tête sur les genoux du Vice-Roi, et s'abandonner
à son sort ; enfin si l'on était las de cette guerre ou
dégoûté de cette paix-là, prendre un troisième parti
dont ce n'est pas le moment de parler.

Messire Francesco reçoit aujourd'hui la réponse
de Rome : le pape prend le second parti, celui de
s'abandonner sans réserve au Vice-Roi et à la paix,
parti qui sera notre salut s'il réussit, qui, s'il
échoue, nous fera abandonner par tous. Qu'il puisse
réussir ou non, vous pouvez en juger comme nous ;
je me bornerai à vous dire que messire Francesco a
décidé, quoi qu'il arrive, de défendre la Romagne
s'il estime qu'elle soit défendable à 16 sols contre
une lire, et, si elle ne l'est pas, de l'abandonner
pour se rabattre, avec toutes les troupes italiennes
qu'il possédera et tout l'argent qui lui sera resté,
dans notre direction et tenter tous les moyens de
sauver Florence et ses États. Et soyez sans inquiétude, il les défendra à tout prix.

Certes l'armée des Impériaux est forte et nombreuse, mais qu'elle se heurte à des gens décidés à
autre chose qu'à tout lâcher, elle ne s'emparera pas
d'un four. Le grand danger, c'est que par veulerie,
dès la première place qui se sera livrée, tout le reste
s'en aille en fumée : c'est là une des faiblesses qui
font si chanceuse la défense de la Romagne. Mais
celle-ci perdue, vous pouvez encore vous sauver, si
vous ne vous abandonnez pas vous-même ; vous
pouvez, en défendant Pise, Pistoia, Prato et Flo-

rence, obtenir d'eux des conditions, lourdes certes,
mais pas tout à fait mortelles.

La décision du pape étant encore gardée secrète
pour les co-alliés, et pour d'autres raisons, je vous
prie de ne pas communiquer ceci. *Valete.*

Le 5 avril 1527.

NICOLAS MACHIAVEL,
à Forli.

PIERO MACHIAVEL
A FRANCESCO NELLIO[60]

Spectabili viro Francisco Nellio avocato florentino,
à Pise.

Très cher Francesco. Je ne peux pas me retenir
de pleurer de devoir vous dire que le 22 de ce mois
Nicolas notre père est mort de douleurs de ventre,
causées par une médecine prise le 20. Il s'est laissé
confesser par frère Matteo, qui lui a tenu compagnie jusqu'à sa mort. Notre père nous laisse,
comme vous savez, en très grande pauvreté.

A votre retour ici, je vous dirai bien des choses
de vive voix. Je suis pressé, et ne peux vous dire
autre chose, sauf que je me recommande à vous.

(22 juin) 1527.

Votre parent PIERO MACHIAVEL.

DOSSIER

VIE DE MACHIAVEL[1]
1469-1527

La destinée de Machiavel, celle de Florence et celle de
l'Europe, pour ne pas dire celle du monde, sont si étroitement
liées que pour situer notre homme, il nous faut d'abord faire le
tour de ses horizons : Europe, Italie et Toscane, tels qu'ils
étaient, ou plutôt tels qu'ils changeaient entre 1494 et 1527, dates
entre lesquelles Machiavel a joué son bout de rôle dans le vaste
drame.

Ces deux dates enferment en effet à peu près la moitié de
l'époque qu'Hauser et Renaudet n'hésitent pas à qualifier de
« chapitre nouveau de l'histoire universelle », l'époque qui s'ouvre
avec la découverte de l'Amérique et la première descente des
Français en Italie, pour se fermer avec le traité de Cateau-
Cambrésis et sur la première de nos guerres de religion, en 1560.

Les horizons de ce monde-là sont singulièrement étroits. Sans
doute à l'ouest viennent-ils de s'ouvrir sur le Nouveau Monde,
et, au sud-est, de se dégager de la pression du Turc grâce à la
contre-offensive de l'Espagne jusqu'en plein Maroc. Mais ni les
deux Amériques n'appellent encore à elles les vraies forces
agissantes du Vieux Monde, ni l'Orient ne suspend encore sa
poussée à l'est : l'Occident est refoulé jusque dans l'Adriatique et
dans la mer Ionienne. A la marée de l'Islam, il n'oppose plus le

1. Nous reprenons cette biographie de l'édition des *Œuvres* de
Machiavel (voir bibliographie) qu'ont donnée dans la Bibliothèque de la
Pléiade Jean Giono et Edmond Barincou

barrage de la Chrétienté, à l'unanimité de laquelle ont succédé des nationalismes plus ou moins conscients, dressés les uns contre les autres et non contre le commun envahisseur. L'Angleterre de Henri VIII, l'Espagne de Ferdinand II, l'Empire de Maximilien, puis de Charles Quint, et la France de Louis XII et de François Ier, toutes ces puissances sont aux prises ; et les trois dernières se disputent l'Italie.

Car c'est l'Italie qui est le champ clos de leurs tournois, et la « prime du vainqueur ». Une Italie qui n'est qu'une expression géographique : privée de son prestige spirituel par une papauté visiblement vouée aux biens temporels, depuis Sixte IV et Alexandre VI jusqu'à Léon X et Clément VII, privée par ses divisions de toute force efficace, et proie des plus tentantes par ses richesses matérielles. Une Italie dont aucun des quatre ou cinq grands États n'est capable d'élargir en patriotisme un particularisme aveugle ; loin de là, à l'intérieur de ces particularismes, il y a des campanilismes plus bornés encore, et jusque dans les murs de bien des cités, les partisans, tout comme au temps de Dante,

> ... *les uns les autres s'entre-dévorent*
> *de ceux qu'enserre même fossé, même rempart.*
>
> (*Purg.*, VI, 60.)

Florence est la dernière des républiques italiennes, exception faite de Venise. A l'extérieur, si elle déborde encore la crête des Apennins en une sorte de « marche » romagnole, elle est loin de commander à toute la Toscane : ni Sienne, ni Piombino, ni Lucques, ni Pise ne sont à elle. A l'intérieur, la démocratie florentine a eu la vie plus dure que les autres démocraties italiennes, mais comme les autres, elle est condamnée à subir l'évolution fatale de toutes les petites oligarchies dites républicaines vers la monarchie ; au lieu d'y être menée tambour battant par l'épée d'un condottiere, comme Milan par François Sforza, Florence y a été conduite sourdement mais infailliblement, à coups de florins et d'astuce, par les Médicis, depuis Silvestro et Cosme l'Ancien jusqu'à Laurent le Magnifique. A la mort de ce dernier, en 1492, Florence n'est déjà plus républicaine que de nom. Il n'a fallu rien de moins que les sottises conjurées du fils de

Laurent, Piero, et du roi de France, Charles VIII, pour retarder la métamorphose et ramener dans le palais de la Seigneurie le pouvoir branlant des républicains, et dans les rues de la Cité, la guerre des partis : « enragés » contre « pleurnichards », *Arrabiati* contre *Piagnoni*, c'est-à-dire partisans des Médicis et joyeux lurons contre partisans de Savonarole : une moitié de la ville mène le carnaval, l'autre est à la cathédrale où Jérôme Savonarole vient de monter en chaire, à Sainte-Réparate. Parmi ses auditeurs, il y a Machiavel.

La Lettre familière I (voir p. 363) n'est pas autre chose que le reportage singulièrement suggestif de l'un des sermons les plus retentissants de l'agitateur. Machiavel n'avait pas vingt-neuf ans. Que sait-on et qu'a-t-on de lui jusqu'alors ? Presque rien. On est réduit à de rarissimes documents, et à des conjectures hasardeuses à propos des grands événements qui, au cours de ces vingt-huit ans, « ont dû » frapper l'imagination du gamin, la raison du jeune homme.

Premier document : extrait du registre des baptêmes de la sacristie de l'actuelle Sainte-Marie-des-Fleurs, alors Sainte-Réparate. « ... Le 4 dudit mois (mai 1469) Nicolas Pierre Michel (fils) de mess. Bernardo Machiavelli p(aroisse) de Sainte-Trinité est né à la 4ᵉ heure et a été baptisé le 4. »

Il est né entre le Ponte Vecchio et le palais Pitti, au nᵒ 16 de l'actuelle *via Guicciardini,* tronçon débaptisé de la via Romana qui traverse le quartier d'Oltr'Arno — rive gauche — depuis le Ponte Vecchio jusqu'à la porte dite alors porta Gattolin. Sur la façade grise de ce nᵒ 16, qui était en 1469 le nᵒ 1754, une plaque de marbre porte :

CASA OVE VISSE
NICCOLÒ MACHIAVELLI
E VI MORI' IL 22 GIUGNO 1527
DI ANNI 58 MESI 8 GIORNI 19

Tel est le second document, si l'on peut dire...

Autre document, le premier en date qu'on ait de Nicolas, rédigé en bon latin du XVIᵉ siècle, la Lettre familière I (*op. cit.,* I, p. 8). Machiavel y affiche, au nom de toute sa *gens, Maclavellorum familia,* des prétentions à une certaine noblesse. Elles sont

partiellement justifiées. Le nom même de ces gens qui s'appelle-
raient en vieux français les Maucloux ou les Mauclavaux est déjà
parlant : on y sent comme une odeur de métairies toscanes, on voit
la croix cloutée aux quatre bouts, blason de la famille, sculptée à
même la margelle du puits communal de Montespertoli, le fief
originel. Ce n'est certes pas de la noblesse d'épée, ni gibeline, et
pour cause : elle a été éteinte, au sens machiavélien du mot, dès
1293, par les ordonnances de justice, c'est-à-dire exilée ou tuée,
tout au moins civilement. C'est donc de la petite noblesse guelfe,
moitié terrienne, moitié de robe. Sur ses terres de San Casciano,
sur ses maisons dans Florence, le testament de Nicolas nous
renseigne très précisément, et sur leur valeur l'ouvrage de Charles
Benoist. Il n'y a donc pas lieu de parler d'une « extrême misère »,
comme en parle le faire-part de Piero Machiavelli, la dernière de
nos Lettres familières (voir p. 416). Mais une relative aisance
peut tourner à une certaine gêne dès qu'il faut faire figure. Or il
le faut chez les Machiavel, car nos hobereaux de Montespertoli et
de San Casciano, dès qu'ils sont descendus à la grand-ville, ont
commencé et n'ont pas cessé de fournir à la république guelfe,
tout au long de ses premiers siècles d'existence, beaucoup moins
de riches commerçants, industriels ou banquiers, que de modestes
fonctionnaires : cinquante prieurs, plus de douze gonfaloniers. On
compte même, dans la longue lignée des ancêtres de Machiavel,
un bienheureux et deux héros de la liberté : Alessandro Machiavelli, mort au cours d'un pèlerinage en Terre Sainte, et béatifié;
Guido Machiavelli, proclamé en 1378, par les prolétaires de la
laine, révoltés, l'un de leurs soixante-quatorze *cavalieri;* enfin le
Girolamo Machiavelli, mentionné au livre VII, chap. III des
Histoires florentines, qui mourut vers 1458 en prison, pour avoir
combattu l'oppression de Luca Pitti et de Cosme de Médicis
l'Ancien. Or, pour faire figure de prieur ou porter le gonfalon
de son quartier ou de sa corporation, il faut avoir non seulement
quelque bien au soleil, mais encore les quelques ducats superflus
qui permettent d'acheter les brasses de damas nécessaires pour la
robe d'apparat. Bref, dans la hiérarchie florentine, les Machiavel
se situent à mi-étage entre la grasse bourgeoisie des Arts majeurs,
et le prolétariat des Arts mineurs. Ils sont inscrits au dernier
échelon des Arts majeurs, ce qui explique bien des choses :
Dante, inscrit à la corporation des épiciers, rêvera d'Empire;

Boccace, fils d'un marchand de draps, rêvera de chevalerie; et Machiavel inscrit à la corporation des notaires, à ses heures de désespoir, rêvera d'un prince. Mais il servira la république, tant qu'elle vivra, jusqu'en 1512. Elle morte, il fera quelques courbettes aux Médicis pour continuer à servir, en action, Florence, en pensée, la république. Revenus en 1527, les républicains, méfiants, l'écarteront.

Retournons à 1469. A cette date, la république est près d'étouffer sous la tyrannie déguisée des petits-fils de Cosme l'Ancien, Laurent et Julien de Médicis. En 1478, elle est près de ressusciter lors de la conjuration des Pazzi qui échoue et est férocement réprimée. Nicolas a neuf ans. Il a pu assister, sinon participer, à la violation de la tombe de Iacopo de' Pazzi, à la promenade du cadavre au bout de sa hart, et à l'immersion finale dans la rivière. (*Histoires florentines*, VIII, IX : une brève mention.)

Il a vingt-trois ans lors de la mort de Laurent le Magnifique, au sujet de laquelle il mentionne si brièvement dans ses *Histoires* que peu de jours après, le médecin qui avait soigné le Magnifique était trouvé au fond d'un puits. Il a donc bien connu l'homme dont il fera plus tard, en ce même ouvrage, le portrait à peine officiel, mais il ne dira mot de l'atmosphère où, durant ce règne anonyme, ont respiré les hommes libres.

Il a vingt-cinq ans lorsque, à la suite de l'entrée de Charles VIII dans Florence, en 1494, la république est délivrée de l'incapable héritier de Laurent, Piero de Médicis, et menacée de la dictature de Savonarole. Sur les libérateurs, il y a une courte mention dans ses *Notes historiques* : « Les Français commencent à devenir embêtants »; il y aura, au premier acte de *La Mandragore*, une brève allusion qui ne révèle pas davantage des sentiments de Nicolas : « plaintes venaient de toutes parts contre le comportement des Français ».

On ne sait rien sur les études qu'il a faites : assez de latin, sans doute, pour écrire aisément quelques *Lettres familières*; certainement pas de grec; on ne sait presque rien de ses premiers écrits : probablement quelques-uns de ses *Chants carnavalesques*, peut-être la comédie aristophanesque, dit-on, des *Masques*, malheureusement perdue.

A vingt-neuf ans, le 18 juin 1498, Machiavel commence sa brève carrière officielle au service de la république. Il est élu à un poste envié : il succède à un Allessandro Braccesi, secrétaire à la deuxième chancellerie qui s'occupait des affaires intérieures, les affaires extérieures relevant de la première chancellerie. Il en devient promptement le chef, aux appointements de cent florins par an.

Il assume à cette deuxième chancellerie une lourde besogne, qui s'alourdit au fur et à mesure que ses concitoyens en reconnaissent l'efficacité. Ce n'est pas seulement le dépouillement de la correspondance, et le filtrage des nouvelles ; c'est aussi la rédaction des lettres officielles de son département ; on le réclame bientôt au département voisin, et il finit par expédier tout le travail du bureau des Dix. Il mène la besogne, la sienne et celle de ses subordonnés, avec le même entrain que le jeu et les bombances, et en son absence, tout va à vau-l'eau. Or il sera souvent absent.

C'est à trente ans, en 1499, qu'il remplit sa première légation d'importance « à l'étranger » : en Romagne ; elle dure 15 jours, mais il se souviendra de l'impression et de la leçon reçues de « Dame Catherine (Sforza), en sa forteresse de Forly ».

Au cours de l'année 1500, Machiavel dont la mère était déjà morte en 1496, perd son père Bernardo ; puis il marie ses deux sœurs, dont l'une meurt en laissant un garçon que Nicolas élèvera comme son fils. Son frère cadet, Totto, devenu prêtre, ayant renoncé à sa part de la succession, Nicolas hérite des biens et des soucis de la famille, et songe à se marier. Mais des devoirs majeurs viennent l'en distraire.

En effet, dès son retour de Forli, c'est la guerre de Pise et ses premiers déboires, la troublante affaire Vitelli, puis la mutinerie et la débandade des Franco-Suisses formant l'armée de Florence, qui ajoutent à la besogne un surcroît de travail, ou qui l'interrompent : Machiavel est envoyé à l'armée, au secours des commissaires de la République, débordés, et il contribue à sauver l'un d'eux, Luca degli Albizzi, des piques mercenaires. C'est alors que s'implante en lui une de ses idées cardinales : réarmer Florence avec ses propres armes, créer une Milice.

Aussi est-il tout désigné pour accompagner l'envoyé de la Seigneurie, Francesco della Casa, dans sa première légation à la cour de France, et l'aider à la délicate liquidation d'un échec retentissant où chacun des deux alliés avait ses torts C'est le deuxième de ses déplacements à l'extérieur, et c'est le premier des quatre séjours qu'il fera en France. Il dure cinq mois, et sera plus fructueux en observations qu'en autres profits.

En 1501, Machiavel retrouve Florence menacée de toutes parts par ses sujets, dans son territoire même, où peu s'en faut qu'elle ne perde Pistoia, dévorée par ses factions, Arezzo et tout le Val di Chiana soulevés par un lieutenant de César Borgia, le Val d'Arno inférieur, où Pise passe à la contre-offensive. Elle est menacée plus gravement encore de l'extérieur par César Borgia lui-même qui vient, à la tête d'une armée, s'offrir comme protecteur, ami, et capitaine de la république florentine. La menace détournée, Machiavel partage son activité entre la pacification des cités sujettes, et l'observation, tout de suite passionnée, de « l'homme qui vient »; il accompagne l'évêque Francesco Soderini dans une première légation auprès de César Borgia; il doit en revenir aussitôt rapporter verbalement son message, tant la nouvelle menace suspendue sur la Toscane est inquiétante. Le péril détourné pour la seconde fois, Machiavel est rendu à ses missions à l'intérieur, Arezzo et le Val di Chiana, et à ses devoirs mineurs.

Mais à peine notre jeune mari — il a épousé en 1501 Marietta Corsini qui lui donnera cinq enfants — a-t-il vu Florence, dans la plus grande liesse, se donner enfin pour « gonfalonier à vie », Pier Soderini, dont il deviendra l'homme de confiance, il lui faut de nouveau se rendre auprès du Valentinois, en octobre 1502, pour trois mois, et c'est pour la plus dramatique de toutes ses légations, pour assister à l'une des plus fameuses fourberies de l'Histoire : le guet-apens de Senigallia est mené par le duc en deux étapes : une longue préparation qui prend les airs de l'incertitude, puis une foudroyante exécution. Notre observateur s'instruit ainsi, mais il risque sa vie. César, en se vengeant, se targue d'avoir servi les maîtres de Machiavel, et entend en être payé d'autre chose que monnaie de singe. Or la Seigneurie ne paye pas autrement. En outre il ne fait pas bon, auprès d'un César aussi jaloux de son secret, être un observateur trop lucide.

Aussi le retour de Machiavel à Florence auprès des siens, à la fin de janvier 1503, après un mois de silence, fut-il salué comme un miracle inespéré. D'autant plus que Borgia, dont la marche se dirigeait, de Senigallia, par Pérouse, puis Sienne, vers Florence, s'était pour la troisième fois détourné de sa proie, vers Rome et

Naples. Nicolas comme la Seigneurie, jouit donc d'un répit relatif
de sept mois pour récrire les dépêches perdues ou confisquées par
la police de Borgia, reprendre la besogne d'apaisement en Val di
Chiana, et rendre à la république saignée à blanc quelque argent,
de quoi payer, encore et toujours, les forces militaires des autres.

Mais le 18 août 1503, avec la mort soudaine d'Alexandre VI,
suivie un mois après de celle de son successeur Pie III, Nicolas va
être encore enlevé à son bureau, à sa femme qui lui donne un
deuxième enfant, le 18 novembre 1503 — ce sera Bernardo —,
pour une légation à la cour de Rome. Il y accompagne le même
Francesco Soderini qu'à sa première légation auprès de César
Borgia, mais l'évêque est devenu cardinal, et César n'est plus fils
du pape. Et Machiavel témoigne en ses dépêches moins d'attention au salut de l'Église qu'à la fortune déclinante de Borgia, et à
l'issue de la guerre France-Espagne qui se joue, ou qui tarde tant
à se jouer, sur le Garigliano. Trois mois durant, il renseigne la
Seigneurie sur ces deux sujets, et sur les péripéties de l'élection
pontificale, puis, Jules II élu, sur le caractère du nouveau pape,
qu'il entrevoit du premier coup. Mais pas un seul mot de la peste,
pas un mot de la Rome antique. Peut-être en parle-t-il à ses amis
dans les *Lettres familières* perdues. Il écrit trois lettres à Marietta,
également perdues, mais signalées par elle. Il apprend qu'il est
père d'un garçon, « noir et velu comme lui... », seul renseigne-
ment indiscutable qu'on ait de son aspect physique. Moralement,
sa figure s'accuse : une des lettres de cette légation remet à sa
place un des Très Hauts Seigneurs, avec une sécheresse
respectueuse qui en dit long : et il n'a pas trente-cinq ans (Lettre
fam. LVI, *op. cit.*, I, p. 393).

Les deux premiers mois de l'an 1504 sont marqués par un
second séjour en France, à Lyon, qui confirme l'autorité discrète
de Machiavel : l'orateur officiel à la cour de Louis XII, Niccolò
Valori, ne se borne pas à signaler à la Seigneurie l'efficacité des
interventions de leur secrétaire dans les négociations, mais il le
leur désigne comme l'homme tout indiqué pour lui succéder, et
« faire la bonne besogne, sans apparat » (ni frais). Mais il n'en sera
rien, et Machiavel ne sera jamais au premier plan; il rentre à
Florence. Deux ans durant, il va être absorbé par les affaires
courantes : elles lui donnent fort à courir, et parfois fort loin du
Palais Vieux. Il y retrouve, pour commencer, l'entreprise de Pise,

qu'on n'ose plus appeler un siège. La Seigneurie s'est mis en tête, pour économiser hommes et florins, de prendre Pise par la famine en détournant l'Arno. Machiavel et Giacomini, l'un des meilleurs capitaines florentins, désapprouvent ; on passe outre, on dépense 7 000 ducats et on ne réussit qu'à noyer pour longtemps un territoire fertile. Puis c'est la menace d'un condottiere resté sans emploi après le Garigliano, Bartolommeo d'Alviano, qui alerte la République, et remet à cheval Nicolas. A peine de retour de Mantoue, où il a vu le valeureux François de Gonzague, le « lion » de Fornoue, il assure deux missions épineuses, l'une auprès du maître renard de Sienne, Pandolfo Petrucci ; l'autre, auprès du rude gryphon de Pérouse, Gianpagolo Baglioni, tous deux rescapés de Senigallia. Auprès de l'un, il achève d'apprendre l'art, pour l'homme d'État, de rentrer la griffe ; auprès de l'autre, il applique celui de s'en servir.

Il a eu le loisir, durant ces deux années, de rimer quelques vers, et de voir naître un ou peut-être deux enfants : deux filles dont la première meurt en bas âge. Il a composé sans doute quelque *canzone* ou chant de carnaval, et certainement, sa chronique rimée des dix dernières années de Florence (1494-1504) qu'il intitule *Décennale*. Elle a tant de succès qu'elle est aussitôt rééditée sous le manteau. Le curieux d'aujourd'hui y trouvera, en cherchant bien, à défaut de poésie, quelques lueurs sur le sentiment de l'auteur pour Alamanno Salviati, Soderini et Giacomini.

Le dernier tiers de l'année 1506 est marqué de deux grands faits pour Machiavel : l'un est la deuxième légation à la cour de Rome, qui le promène de Viterbe à Pérouse, et d'Urbin à Imola, tantôt à la remorque, tantôt en fourrier de Jules II, en une campagne semi-guerrière, semi-apostolique.

Le deuxième fait est le succès qu'il remporte en faisant triompher enfin son idée maîtresse, la Milice, auprès des Dix, auprès des Conseils de la Seigneurie et du peuple. Une nouvelle magistrature est instituée, à une majorité de 841 contre 317, et baptisée les Neuf de la Milice, pour la distinguer des deux autres, les Huit de Justice et les Dix de Pouvoir. Et c'est lui qui, pour une fois payé de sa peine, en est élu secrétaire le jour même, le 12 décembre 1506. Il va pouvoir faire de bonne besogne, il le croit du moins.

En effet, la désaffection grandit à Florence, comme dans toutes

les démocraties, à l'égard des hommes trop longtemps en place :
on trouve déjà le gonfalonier Soderini trop autoritaire, et
Machiavel trop influent. C'est en vain que Nicolas essaie de
désarmer l'opposant principal, Alamanno Salviati, l'homme qu'il
aurait souhaité voir gonfalonier, en lui dédiant ses *Décennales*.
Alamanno ne voit en cet hommage que flagornerie et double jeu.
Nicolas a dû être profondément ulcéré de l'avertissement de
son vigilant ami Biagio Buonaccorsi, le 6 octobre 1506 (Lettre
fam. LXXIX, *op. cit.*, II, p. 57).

En 1507, l'horizon politique s'assombrit : Florence se demande
quel jeu mène le pape Jules II auprès de l'Empereur, contre la
France et ses protégés. Machiavel quitte de nouveau le Palais
Vieux, une première fois pour un simple coup d'œil à une
ambassade pontificale en route vers l'Empereur, par Sienne ; une
seconde fois auprès de l'Empereur lui-même. Mais cette fois une
vive opposition force Soderini à remplacer son Nicolas par un
autre envoyé. Il feint d'accepter, il dépêche Francesco Vettori,
mais peu après, sous un prétexte, le fait rejoindre par son homme
de confiance. Et c'est ainsi que Machiavel traverse la Suisse,
séjourne cinq mois au Tyrol, entrevoit Innsbruck, et, plein de
Tacite, croyant avoir vu la Germanie, écrit de retour à Florence,
le *Pourtraict des choses de la Magne*.

Dès août 1508 le secrétaire des Neuf a retrouvé ses Seigneurs
décidés à en finir avec cette guerre de Pise qui, depuis bientôt dix
ans, saigne Florence en hommes, en argent, en honneur. Ils ont
désintéressé, à prix d'or, les pseudo-protecteurs de Pise, Ferdinand II, Maximilien, et Louis XII, qui d'ailleurs prépare avec
Jules II l'écrasement de Venise à Agnadel (14 mai 1509). Ils ont
les mains libres, et c'est à Machiavel qu'ils confient, non plus,
comme à Vitelli, neuf ans auparavant, l'honneur d'enlever Pise
par les armes, mais la besogne moins spectaculaire, autrement
efficace, de coordonner le blocus qui seul viendra à bout d'une
obstination indomptable. A contrecœur, mais inexorablement,
Machiavel veille à la stricte exécution du plan d'investissement
qu'il a rédigé en 1499. Depuis août 1508 jusqu'en juin 1509, dix
mois durant, il se multiplie, se fait tour à tour chef de pontonniers
et de ravageurs, paie de sa personne, refuse de s'embusquer au
quartier général comme tel et tel commissaire, et dans une
négociation engagée par les Pisans auprès du seigneur de

Piombino pour retarder leur chute, trouve le moyen de la précipiter en jetant, après la famine, la discorde dans leurs murs. Bref, le 10 juin 1509, c'est la *submissio civitatis Pisarum*, les feux de joie et carillons à Florence, le nom des trois commissaires gravé sur le marbre... mais peu de personnes, sauf le gonfalonier Soderini et quelques amis, reconnaissent alors la part de Machiavel dans la victoire. Pour tout triomphe, il s'en va savourer les truites de Filippo Casavecchia dans son trou de Barga ; puis il reprend son obscur labeur de recruteur et organisateur de la Milice, par monts et par vaux (Lettres fam. XCXVI-C, *op. cit.*, pp. 174 et 178).

Là-dessus, l'Empereur étant descendu en Italie rançonner ses vassaux et percevoir ses tributs, Machiavel lui est dépêché, seul cette fois, à Mantoue, pour lui régler le moins possible de son dû. C'est sa deuxième légation auprès de Maximilien, fin 1509. Il a quelque loisir là-bas, assez pour amorcer une seconde Décennale, et même accuser une certaine nostalgie conjugale. C'est là qu'il reçoit de Biagio, toujours sur le qui-vive pour son grand ami et patron, et un peu trembleur, une nouvelle amère, et pour tout autre que lui, alarmante : sous le couvert de la dénonciation anonyme, tolérée à Florence, feu Bernardo Machiavel est accusé de bâtardise, et Nicolas de ce fait mis en danger de perdre ses droits civiques. Biagio le conjure de se terrer : Nicolas rentre à Florence et c'est la calomnie qui rentre sous terre. Mais Machiavel, comme Dante, pourra parler de l' « ingrato popolo maligno ».

On ne sait rien de son activité durant les cinq premiers mois de 1510, on la devine : grâce à lui, la milice de la république existe, on parle d'elle, jusqu'à la cour de Louis XII, et l'on commence même à s'en méfier. On redoute en France que Florence ne soit entraînée, par son remuant voisin le pape, à un brusque renversement des alliances : Jules II vient de se réconcilier avec l'ennemi d'hier, Venise, et de soulever, en sous-main, ses compatriotes de Gênes contre l'allié d'Agnadel ; les troupes pontificales attaquent même ouvertement le duc de Ferrare, un autre allié de Louis XII, rempart nord de la République. Il faut un diplomate consommé pour faire admettre aux Français qu'au lieu de voler au secours de Ferrare, et de s'aguerrir ainsi avec des troupes éprouvées, auprès du meilleur artilleur de l'Italie, les

miliciens novices de la Seigneurie doivent se borner au rôle de
vieux territoriaux et monter la garde aux frontières ; bien plus,
qu'il faut renforcer ces simples fantassins de l'appoint des lances
françaises. Telle est la gageure qu'il s'agit de soutenir ; c'est
Machiavel qu'on en charge et c'est lui qui la fait triompher au
cours des quatre mois de sa troisième légation en France, du
2 juin au 10 octobre 1510. On peut seulement se demander si
c'est de grand cœur qu'il a plaidé la cause d'une circonspection
aussi excessive. Mais il n'était, comme il l'a écrit si fortement, que
« la langue de ses Seigneurs », il a plaidé cette cause, et il l'a
gagnée. Louis XII a envoyé deux cents lances françaises, c'est-
à-dire près de mille huit cents hommes au secours de la
République.

Machiavel de retour à Florence n'attend pas une nouvelle
expérience des « choses de France » pour en tirer la somme, c'est
le bref *Rapport* qui fait pendant à celui qu'il a rédigé des choses
d'Allemagne. Puis il achève, ou du moins s'efforce en vain
d'achever sa milice en lui donnant un bon chef. Mais son crédit,
malgré ses succès ou en raison de ses succès, ni celui de son
patron, Soderini, ne sont plus à même d'imposer une candida-
ture ; la démocratie de Florence a accepté trois ans auparavant,
non sans grimaces, pour préfet de police (*bargello*) l'ex-étrangleur
au service de Borgia, don Michele Corella, quitte à l'abattre. Elle
n'accepte pas, en 1511, leur candidat pour capitaine de l'infanterie. Et Pier Soderini n'a pas le cœur de passer outre. La milice
reste décapitée, ou quasi ; et la république n'en sera pas sauvée.

En outre, à la fin de cette même année 1511, l'avant-dernière
de la république, la Seigneurie n'a pas davantage le cœur de
refuser tout net à son lointain protecteur Louis XII de « s'empê-
trer » avec lui dans la folle équipée d'opposer un anti-pape à
Jules II, son voisin immédiat sur trois des quatre points
cardinaux. Et c'est sur son territoire, à Pise, qu'elle a laissé
inaugurer cette ombre de Concile.

Encore une fois, c'est Machiavel qui est chargé de dépêtrer ses
maîtres. C'est sa quatrième et dernière légation, dite à la cour de
France, mais il ne fait qu'apparaître à Blois : il a trouvé le moyen
de joindre chemin faisant ses quatre cardinaux, et de leur
préparer une savante retraite. Le concile malencontreux sera
dérouté sur Milan, mais un peu tard : il aura siégé suffisamment

pour causer un mal irréparable. Machiavel qui l'a atténué, en portera la peine, autant que Soderini qui n'a pas su l'écarter.

Machiavel voit se resserrer la double trame qui s'ourdit de l'extérieur et de l'intérieur : de l'extérieur, avec la Sanctissime Ligue (Papauté, Venise, Espagne, — 4 octobre 1511); de l'intérieur, avec l'instable « multitude » et les tenaces Médicistes, contre la République et son protecteur, le roi de France. Celui-ci, proprement décapité par la mort de Gaston de Foix, ne saura pas bondir sur Rome que la victoire de Ravenne (1512) avait mise à sa merci. Néanmoins Machiavel reste fidèle comme Soderini, mais plus lucide, plus énergique. Il fait son testament, le 22 novembre 1511, et c'est Marietta qu'il institue curatrice de ses enfants et gardienne du patrimoine. Astucieusement tenu à l'écart désormais, par l'opposition grandissante des Conseils, des tractations politiques où l'on redoute son efficience, il ne s'en voue que plus totalement à ses multiples besognes de factotum de la deuxième chancellerie, des plus dérisoires aux plus vitales. Il assure à ses fantassins toscans une cavalerie toscane, qui dispensera Florence de mendier des lances françaises, aussi onéreuses et décevantes que les hallebardes suisses. Mais là encore, malgré les pouvoirs, extraordinaires pour une démocratie, qui lui sont conférés, son action est sans cesse traversée et paralysée par une opposition qui lui marchande l'argent et les moyens. Crève-cœur suprême, cette Milice si chère, à la première épreuve du feu, au seul aspect des soldats espagnols au haut de l'étroite brèche faite par un canon et demi dans les remparts de Prato, le 28 août 1512, prend la fuite, jette ses armes, et quatre mille hommes se laissent massacrer sans se battre.

Néanmoins Machiavel eût peut-être enduré cette épreuve si elle n'avait pas été aggravée aussitôt d'une autre déception Pier Soderini, encore maître de Florence, à l'approche des Espagnols, avait fait arrêter les meneurs de la cinquième colonne; il pouvait, il devait faire un exemple. Il ne le fait pas. Aux sommations du vice-roi, il fait, par-devant l'assemblée, la noble réponse rapportée par Machiavel, — celle de Mirabeau en 1789 — : gonfalonier et allié de France par la volonté du peuple, il restera tel si telle est la volonté du peuple. Et l'assemblée, d'acclamation, le confirme dans sa charge et dans sa politique. Mais au-dehors, la place de la Seigneurie gronde et dans les couloirs du Palais Vieux, quelques-uns de ces meneurs que Soderini a laissés vivre, et qui ont forcé le barrage de la porte, le surprennent, lui mettent la main au collet : « Laissez-moi la vie », implore-t-il, et une escorte pour regagner son logis sans être écharpé ; mais chemin faisant le cœur lui manque, il lui faut se réfugier dans les maisons des Vettori. La Seigneurie ainsi décapitée, et adjurée par Francesco Vettori, volant au secours du vainqueur, de se déjuger pour échapper au « coup de balai », passe à son tour « du côté du manche ». Peu après elle votera la rentrée des Médicis en leur bonne ville de Florence. Et les Médicis seront acclamés, et probablement pas par leurs seuls « Enragés ». De même qu'au retour de Cosme l'Ancien en 1434, la démocratie florentine avait été graduellement mise en sommeil pour soixante ans sous Piero et Laurent le Magnifique, elle va se rendormir pour quinze ans sous une sorte de quatuorvirat plus ou moins déguisé : deux hommes d'Église, Jean, un des fils du Magnifique, qui devient pape en 1513 sous le nom de Léon X, et Jules, qui sera Clément VII en 1523, et deux laïques, Julien futur duc de Nemours, et Laurent futur duc d'Urbin : le Capitaine et le *Pensieroso*, les deux vis-à-vis des tombeaux dressés par Michel-Ange.

Et Machiavel ? Eh bien oui, Machiavel n'a pas suivi son maître dans son exil de Raguse, il ne s'est pas suicidé en prononçant un mot historique. Peu avant ou peu après la révocation qui les frappe, lui et l'ami Biagio Buonaccorsi, et soit pour l'éviter, soit pour en pallier les effets, Machiavel écrit aux nouveaux maîtres de Florence deux lettres, et il adresse à leurs partisans le manifeste *Aux Palleschi :* les machiavéliens les plus fervents sont gênés de ces offres de service : elles sont bien hâtives, elles sont d'une habileté trop consommée. Machiavel, si extraordinairement lucide parfois dans son œuvre, est et restera toujours plus ou moins aveuglé dans sa vie par sa hantise de servir. Il ne cessera de poursuivre l'action stérile, ou peu s'en faut, et de maudire cette retraite, qui seule devait être féconde.

La première année de cette retraite commence bien mal pour notre serviteur obstiné : impliqué dans une conjuration contre les Médicis, il est arrêté le 8 février 1513, jeté en prison, passé trois fois à l'estrapade, et montre une fermeté qui l'étonne lui-même. Reconnu innocent, il retrouve une liberté relative, mais il

demeurera suspect dès lors aux deux camps, à l'un parce qu'il a
été arrêté, à l'autre parce qu'il a été relâché.

Il n'en persévère pas moins à solliciter et à faire solliciter un
emploi à la Seigneurie ou à la Curie, fût-ce « rouler un rocher » :
jusqu'en janvier 1514, où il aura compris et se lassera, il harcèle
Francesco Vettori, devenu orateur auprès de Léon X. Vettori ne
sait pas ou ne veut pas solliciter, et c'est à l'incurie de son ami et à
ces loisirs tant maudits de San Casciano que l'on doit les trente-
neuf lettres de cette correspondance Machiavel-Vettori et le peu
que Nicolas nous y livre de soi-même. Le peu, mais l'essentiel sur
ce qui est sa chose à lui : *solum è mio*, écrit-il un jour où il s'est
vraiment connu. Comme Montaigne en sa librairie, il converse
avec les Anciens, mais à l'inverse de Montaigne, ce n'est pas pour
se connaître par eux, c'est encore et toujours pour agir sur les
hommes, pour conduire leur action dans la cité. A ces loisirs, on
doit aussi son œuvre.

Il a commencé à annoter les *Décades* de Tite-Live, dans le
même esprit que l'auteur des *Annales :* une foi profonde dans les
bonnes républiques, celles d'antan, doublée d'une méfiance plus
solide encore des démagogies, celles de son temps. Il se souvient
aussi de ce qu'il y avait d'opportun dans César Borgia. Il apprend
que Julien de Médicis, puis, Julien mort, Laurent, « promettent »
d'être des princes dignes de ce nom : hâtivement, en plein champ,
il dresse en latin le plan du *Prince*, il y fait entrer une bonne part
des notes prises sur les *Décades,* et tout son rêve. Mais le petit
bréviaire est présenté au rédempteur de l'Italie en même temps
que des chiens de chasse. Il ne sera ni lu ni imprimé du vivant de
Machiavel.

Nicolas revint à ses « poux » de San Casciano, à son Tite-Live.
Ce n'est pas sans avoir eu un moment de défaillance cruelle : il
s'est senti tellement « bon à rien », « à la charge des siens », qu'il a
parlé de se louer comme intendant, d'aller en quelque désert
apprendre à lire aux enfants. Ses chers Romains le rendent à lui-
même, à son vrai magistère. Le *De principatibus* n'a pas trouvé
preneur, un *De republica* le trouvera peut-être : conformément au
plan même du *Prince*, il cherche dans les trois livres de ses
Discours sur la première décade de Tite-Live comment on fonde
une république, comment on la conserve, comment on la perd.
C'est là son maître ouvrage : il n'a eu que le tort de n'être pas,

comme l'a été *Le Prince,* ramassé en un bréviaire, il ne sera édité qu'après sa mort, en 1532. Mais il ne tarde pas à circuler manuscrit, et à faire sortir son auteur de l'ombre de San Casciano. Entre 1515 et 1522, il quitte fréquemment sa modeste maison de campagne de Sant'Andrea in Percussina pour Florence. Et là, il ne fréquente pas seulement les tripots, la boutique équivoque de Donato del Corno ou la facile Riccia. Il trouve des interlocuteurs plus dignes que ceux de l'auberge de San Casciano et même que ceux du bureau de la Seigneurie, sous les beaux ombrages du parc des Rucellai : c'est là que l'on vient de toute l'Italie, — le Trissin, de Venise, et Bembo, de Rome, — pour s'entretenir d'art et de littérature avec la belle jeunesse florentine. On y parle de la question de la langue — italien ou toscan? — et Machiavel interviennent, écrit le *Discours sur la Langue,* où il entreprend l'auteur du *De vulgari eloquio* avec une verdeur toute dantesque : il le tutoie dans tous les sens du mot. On y parle théâtre, ancien et moderne, Térence, l'Arioste ou le cardinal Bibbiena : Machiavel traduit l'*Andrienne,* trousse lestement une *Clizia,* puis plus tard écrit un chef-d'œuvre, *La Mandragore;* et les deux comédies remporteront à Florence et à Rome un succès retentissant. On y parle d'art : mais là, sauf peut-être en matière de musique, art où Nicolas dira plus tard à son petit Guido qu'il « s'était fait honneur », on se demande dans quelle mesure il pouvait intervenir : il n'a pas en toute son œuvre fait plus de deux ou trois allusions, et bien fugaces, à la peinture ou à la sculpture. Il prend sa revanche quand il s'agit de poésie : il se pique même, imprudemment, à propos du *Roland furieux,* connu depuis 1516, de tenter un long poème, *L'Ane d'or.* Mais il l'abandonnera bientôt : il se sent plus à l'aise dans la prose que dans le tercet dantesque. Il est plus à même de rivaliser avec Boccace : sa *Nouvelle très plaisante de l'Archidiable qui a pris femme* vaut *La Mandragore.* Mais tout ceci n'est que divertissement. Or en ces *Orti oricellari,* on parle aussi des choses les plus graves, et on y écoute avec respect, avec ferveur même, de la bouche de Machiavel commentant les Anciens, les solennelles leçons de l'Histoire. C'est là qu'il a exposé son *Prince,* c'est là qu'il fait revivre cette république romaine qui a vécu 700 ans, qui revit alors dans le marbre du *Brutus* de Michel-Ange.

Et voici que les princes de l'Église, Léon X à Rome, le cardinal

Jules de Médicis à Florence, s'inquiètent de cette rumeur de liberté. Leur flair ne les trompe pas : après la conspiration des cardinaux, en 1517, en 1522 il y aura une autre conspiration, ourdie contre le cardinal Jules précisément par les plus fervents de ces jeunes auditeurs de Nicolas, Zanobi Buondelmonti, Luigi Alamanni, Battista della Palla, qu'il prend pour ses porte-parole dans un autre de ses maîtres livres, les dialogues sur *L'Art de la Guerre*. Cet ouvrage qu'il a mené parallèlement à ses *Discours*, les complète, et traite de la manière de donner à la république idéale de Tite-Live et de Machiavel, l'armée idéale de Scipion et de Gaston de Foix. Car Machiavel, éloigné des tranchées depuis 1512, en est resté à Ravenne sinon au lac Trasimène. Battista della Palla va présenter au Pape le manuscrit, alors intitulé *De re militari*. Filippo Strozzi, au fils duquel il est dédicacé, et qui est bien vu en cour de Rome, appuie la démarche. Le prince cette fois a peut-être lu l'adjuration finale, qui crie « Aux armes Très Saint-Père ». Le Très Saint-Père, en tout cas, donne quelque eau bénite, mais pas un florin. Et sur les ordres du cardinal Jules, Ser Bonifazio Marinai, le successeur de Machiavel à la tête de sa milice, ou de ce qui en reste, achève de la dissoudre. Mais on donne l'imprimatur à l'ouvrage : il est publié en 1521.

Le dernier de ses grands ouvrages, et le plus grand par la dimension, les *Histoires,* va sortir d'un concours singulier de circonstances, dont la première est justement qualifiée de « plongeon » par ses amis. C'est la mission dont, en août et novembre 1520, Machiavel est chargé pour aller à Lucques faire rentrer certaines créances dans les coffres de l'Art de la Laine : misérable emploi, malgré le chiffre respectable de la somme, pour un homme comme lui; mais c'est sa première mission depuis huit ans, elle est quasi officielle; il l'accepte donc et s'en acquitte tant bien que mal. Mais ce qu'il en rapporte, ce ne sont pas seulement les 16 844 ducats de l'Art de la Laine, ni la brève étude sur les institutions politiques lucquoises intitulée *Sommario delle cose pubbliche di Lucca,* c'est la courte histoire romancée de la *Vie de Castruccio Castracani da Lucca,* qu'il y conçoit et qu'il y écrit d'une traite. Car c'est de ce mince roman historique, le premier du genre si l'on veut, que naît par ricochet le premier livre d'histoire moderne. On ne sait pas de qui vint l'idée de faire écrire à Machiavel, après le roman d'un condottiere, l'histoire de

Florence, mais qu'elle vînt de ses amis de Florence ou de Strozzi à Rome, elle ne pouvait qu'agréer aux Médicis : c'était l'occasion rêvée d'occuper le suspect à une longue et attachante besogne, de le mettre, croyait-on, dans l'obligation de se déclarer pour ou contre, dans une histoire qui est en grande partie celle de la maison Médicis, et, en le rétribuant pontificalement (100 ducats l'an, apparemment l'équivalent de son traitement de secrétaire à la Chancellerie), de le rendre suspect à ses amis républicains.

De fait, au premier bruit de ce projet, son ancien patron, Pier Soderini — rentré de l'exil de Raguse à Rome à la suite de la réconciliation de son frère le cardinal avec le pape —, s'alarme, et pour détourner Nicolas de ces florins « officiels » (*fiorini di suggello*) lui offre le double de ducats privés, à titre d'intendant du seigneur Prospero Colonna. Mais à la livrée d'un grand baron de Rome, Nicolas préfère celle du pape, qui le gênera moins aux entournures. En effet, Léon X sera bien quinaud : l'historien ainsi acheté ne se déclarera ni pour ni contre. A part quelques coups d'encensoir aux Médicis (bien pardonnables quand on songe à Voltaire et Frédéric II), il se montre aussi impartial qu'à cette époque on pouvait l'être sans s'exposer à l'estrapade ou à la hache. Et bien plus, à côté des quelques vérités bonnes à dire, on y trouve plus d'une vérité tout court, dont la Maison se serait bien passée : entre autres, les cyniques apophtegmes politiques du « Père de la Patrie », Cosme l'Ancien, rapportés pieusement au livre VII des *Histoires florentines*.

Telle va être, de 1520 à 1526 environ, la principale occupation de Machiavel.

En 1521, deuxième plongeon de celui qui va signer une lettre *istorico tragico e comico* : une mission (à Carpi, en Émilie) plus dérisoire encore que la précédente ; mais elle lui vaut, à lui, de resserrer avec Guichardin, qui est gouverneur de Modène, des relations qui lui seront profitables, au sens étroit où il l'entend, et qui nous permettent de recueillir ces révélations et ces aveux dont il est si avare. Il est chargé, lui mécréant, de choisir un prédicateur pour le carême florentin ; et lui, partisan des libertés, même pour les communautés monacales, d'obtenir des frères mineurs une sorte d'assujettissement à l'État de Florence.

Au printemps de 1525, les huit premiers livres des *Histoires florentines* s'achèvent sur le portrait flatteur mais non flatté du

Magnifique. C'est le bon moment de les présenter au pape —
c'est encore un Médicis, Clément VII, — si l'on veut obtenir les
subsides nécessaires à la maisonnée et à la continuation de
l'ouvrage. Vettori s'en charge, mollement. Résultat : force eau
bénite, mais pas un ducat. Machiavel, malgré Vettori, vient à
Rome pour y faire lui-même ses affaires. Or il y arrive peu de
temps après la nouvelle du désastre de Pavie : désastre pour
Florence, insistons-y ; car, comme Machiavel, que l'exil a tenu
quinze ans à l'écart du Palais Vieux, nous avons besoin de refaire
notre tour d'horizon à cette heure solennelle. Les alliances ont
basculé, les grands premiers rôles ont changé de nom. Rome et
Florence sont réunies sur la belle tête — plus belle que solide —
de Clément VII, lequel a hérité de son cousin Léon X l'alliance
française imposée après Marignan, à l'entrevue de Bologne
(1516). France, c'est le prisonnier de Pavie, qui, conformément
aux leçons de Machiavel, sacrifiera la foi jurée à la raison d'État,
et après avoir signé, le 13 janvier 1526, le traité de Madrid et
l'abandon d'un tiers de la France, reprendra sa parole et son épée.
Allemagne et Espagne, elles aussi, sont réunies sur une seule et
même tête, celle de Charles Quint (roi de « toutes les Espagnes »
et, depuis 1519, empereur), la plus solide de toutes, et la plus
redoutable aussi. Et c'est la panique. Machiavel oublie aussitôt
ses intérêts — c'est à Salviati et à Strozzi seuls, plus tenaces, qu'il
devra la nouvelle subvention de cent ducats —, il ne parle au pape
que de fortifier Florence, d'organiser une milice en Romagne. Il
est si persuasif que le pape cède et le dépêche à Guichardin qui
est depuis 1523 administrateur de la province. Ce dernier
réfléchit, hésite, objecte : cela coûtera cher. Clément VII aussitôt
se ravise. Quant aux fortifications, il y repensera. Un an plus
tard : c'est trop tard.

Machiavel, qui a vainement attendu une réponse en Romagne
jusqu'au 26 juillet, reprend le chemin de Florence, se remet à sa
compilation, plus ingrate que jamais : le sort du captif de Madrid
est autrement actuel que celui de Savonarole à Florence en 1499.
Et celui de sa comédie si allègrement amère qu'on va représenter
au prochain carnaval de Faenza, *La Mandragore*, ne l'est pas
moins : quant à la Barbera, la cantatrice florentine qui est sa
maîtresse, elle lui donne « plus de souci que l'Empereur »,

prétend-il — après quatre pages de pronostics politiques (Lettres fam. CCIV et CCV, *op. cit.*, II, pp. 479 et 481).

En août 1525, voici, comme pour charger encore l'aspect bouffe du drame, le troisième et dernier plongeon de Nicolas, qui s'intitule la légation de Venise. Notre légat, qui vient d'écrire de si nobles instructions sur l'*art d'être ambassadeur* pour Girolami qui va débuter dans la carrière à la cour d'Espagne, est chargé par Florence de demander réparation à Venise : deux marchands florentins retour de Turquie ont été détroussés et sodomisés dans les eaux vénitiennes.

A défaut d'honneur, le plongeon rapporte à Machiavel 3 000 ducats. Pas ceux de la trésorerie de Florence ; ceux de la loterie vénitienne. Pour une fois, la Fortune aura souri à Nicolas, quelques houris aussi : ajoutons aux conquêtes de cette espèce, à la Jehanne de Touraine, à la Riccia de Florence et à la Barbera des tournées théâtrales, une certaine Mariscotta qui « saura bien le caresser ».

Après l'homme, c'est l'auteur qui triomphe à Florence en 1525, avec *La Mandragore,* puis avec la *Clizia,* enfin en 1526, à Modène et Venise, où sa *Mandragore* est préférée aux *Ménechmes.* Le renom de Machiavel passe les monts... (Lettre fam. CLXXXVII et CCIII, *op. cit.*, II, pp. 456 et 477.)

Paulo majora : c'est le mois d'avril 1526 qui apporte enfin à Machiavel, pour sa perte, l'emploi officiel après lequel il court depuis 1512. C'est quand la galère pontificale commence à faire eau de toutes parts qu'il y est embarqué. On a remis son nom dans les bourses des éligibles. Le 4 avril, le pape a accepté le projet des fortifications de Florence ; en mai la nouvelle institution des provéditeurs aux remparts est créée, et Nicolas Machiavel en est élu secrétaire, c'est-à-dire l'âme même. Mais, comme en 1512, il n'exerce qu'une charge de second plan, et il y sera paralysé par le pape lui-même. En 1527 comme en 1512, le mécontentement populaire frappera moins les responsables de la débâcle que le secrétaire qu'on aura vu diriger l'abattage de quelques maisons des faubourgs pour sauver la cité.

Mais à peine le nouveau plan des remparts arrêté avec l'architecte Pietro Navarro et imposé aux tergiversations du pape, à peine les terrassements amorcés par Nicolas avec le zèle et l'entrain habituels, le voilà expédié au siège de Crémone, en Lombardie.

En effet, à la suite de la ligue de Cognac, si mal plâtrée le 12 juin 1526, entre Venise, Rome, Florence, Milan (réduite à sa citadelle assiégée) et François 1er (fermement décidé à ne pas intervenir), les stratèges pontificaux ont décidé, pour dégager la citadelle milanaise, non pas d'attaquer les assiégeants, mais d'assiéger Crémone à 92 kilomètres de là, Gênes à 136 et Sienne à 340. C'est la stratégie de la diversion et de la temporisation, dont Machiavel est convié par la Seigneurie à aller relater les effets. Il ne s'est certainement pas borné à les relater, avec le mordant qu'on sait; il y a de sa main un ordre d'attaque de la place de Crémone qui donne à penser. S'il est exact, comme le conte cette méchante langue de Bandello (dans le prologue de la *Nouvelle* XLVI), qu'il n'ait pas réussi à faire manœuvrer les *bandiere* de Jean des Bandes Noires, du moins a-t-il discerné dans le fils de Jean de Médicis et de Catherine Sforza le seul chef qui pouvait mener la guerre à la manière de Gaston de Foix, et non pas à la façon de Fabius Cunctator : telle était la prétention du grand capitaine de l'Église, le duc d'Urbin, qui, goutteux, la conduisait, lui, du fond de sa litière. L'envoyé de la Seigneurie ne se borne pas à la critique, sobre et incisive, des opérations manquées, il suggère celles qui sont à faire, et souffle le nom de celui qui peut les faire. Ni ses critiques ni ses exhortations ne sont écoutées. A la cohue des Impériaux, on opposera une cohue des Pontificaux. On se gardera même de la lui opposer.

En effet, les Espagnols amenés de Carthagène et de Naples par le vice-roi, Charles de Lannoy, les autres Espagnols qu'a libérés la capitulation, le 22 août 1526, de Milan non secourue, et les 13 000 lansquenets amenés d'Allemagne par l'organisateur de la formation fameuse, Georges Freundsberg, ont eu tout le loisir de faire leur jonction; et les Italiens celui de tâter de ces nouveaux libérateurs. Le tout grâce à la tactique du Temporisateur, et à la politique de Clément VII, qui s'est laissé attaquer dans Rome, enfermer dans le château Saint-Ange, acculer à une trêve de quatre mois par le cardinal Pompeo Colonna et Ugo de Moncada (septembre 1526). Guichardin excédé donne sa démission de lieutenant pontifical. Mais telle est l'horreur que suscitent partout les envahisseurs qu'un sursaut éveille les premières étincelles d'un patriotisme italien et secoue jusqu'à Clément VII lui-même. Il se décide à accorder à Jean des Bandes Noires la seigneurie de Fano, et au grand artilleur d'Italie, le duc de Ferrare, le capitanat de l'Église et un illustre mariage médicéen.

Le 30 novembre, deuxième mission de Machiavel à l'armée, auprès de Guichardin qui a repris sa charge. C'est pour y apprendre la mort héroïque de son grand homme, Jean des Bandes Noires, frappé comme Gaston de Foix à l'issue d'une victoire, à la suite d'une trahison de Frédéric de Gonzague, et par un des canons de ce Ferrare, qui a préféré Charles Quint à Clément VII.

Le 3 décembre 1526, Machiavel revient à Florence « à petites journées, écrit-il, pour ne pas prendre du tourment sans nécessité »

C'est pour en repartir, le 3 février 1527, car il y a grande nécessité cette fois d'être rassurés : les Seigneurs de Florence dictent pour lui des instructions suant la peur abjecte. En revanche la correspondance de Machiavel avec Guichardin et quelques autres, dont son petit Guido, respire le courage, et inspire autant de respect pour le serviteur que de dégoût pour les maîtres.

A plusieurs reprises, la valeur des Bandes Noires, décapitées, et qui font lever le siège de Frosinone, des succès inespérés dans le royaume de Naples, la mort de Freundsberg foudroyé par l'apoplexie, en mars, au cours d'une mutinerie de ses soudards, enfin le ciel même couvrant l'Apennin de neiges compactes, tout cela stoppe l'envahisseur, ranime les envahis, commande une contre-action. En vain. A toutes les adjurations, le Cunctator, buté, se borne à suivre de loin, peureusement, un ennemi démoralisé qu'il a cent fois l'occasion de frapper à son avantage. Il finit même par abandonner son poste pour aller soigner sa goutte à Urbin. Et quand le connétable de Bourbon, resté seul chef des Impériaux, reprend l'avance, c'est par l'itinéraire de César Borgia, 25 ans auparavant, avec les mêmes tâtonnements, les mêmes ralentis qui prolongent plus d'un mois l'anxiété de l'attente : à Florence, on dit : « Le sac de Rome nous sauverait », et à Rome : « La prise de Florence serait notre salut. » Clément VII n'y résiste pas. A moins de huit mois de la trêve désastreuse de septembre 1526, il s'englue lui-même dans une

seconde trêve plus insensée encore, le 16 avril : mais le béjaune se
flatte par là de détourner le torrent contre ses alliés. Guichardin,
Machiavel, eux, se refusent à l'armistice unilatéral. On défendra
la Romagne ; à défaut de la Romagne, la Toscane et Florence, et
l'ennemi « ne prendra pas un four ». Un moment, à la croisée
des voies d'invasion, Bourbon paraît se décider pour Florence.
« C'était prévu, écrit froidement Machiavel, nous sommes parés. »
Autrement dit, la situation est excellente. Et il enjoint aux siens
de rentrer les récoltes. Il avait refait son testament de 1511
l'année d'avant. Tout est en règle : il peut « mourir justifié »
(Lettre fam. CC, *op. cit.*, II, p. 274).

On sait comment la guerre au ralenti se fit alors guerre éclair,
comment Rome fut cueillie sans coup férir, et ce que fut le sac,
cette *infernalità crudele*, comme l'a dit Benvenuto Cellini. Ce
qu'on sait moins et qu'on apprend par la dernière des lettres de
Machiavel, c'est que c'est encore lui qui s'employa, en vain
d'ailleurs, à délivrer le responsable, Clément VII, bloqué pour la
seconde fois dans le château Saint-Ange.

Après quoi, nous ne savons plus rien de lui. De vagues on-dit
sur son retour dans une Florence où la nouvelle du sac de Rome,
les 5-6 mai, apprise le 11, ramène pour deux ans un fantôme de
république, où les républicains se sont faufilés sans gloire à la
place des pâles tyrans évanouis sans vergogne. Il y a de nouveau
un gonfalonier, Capponi, et, le 10 juin, on rétablit les institutions
des Huit, des Dix de la guerre et on élit un secrétaire, qui n'est
pas Machiavel.

Il meurt douze jours après, dans sa maison d'Oltr'Arno.

NOTE SUR LE TEXTE

La traduction du *Prince* que nous présentons est celle, savoureuse et dans l'ensemble exacte, de Gohory, prieur de Marcilly, qui parut en 1571. Edmond Barincou l'avait déjà reprise dans le volume de la Pléiade en la retouchant légèrement et en modernisant sa graphie. Nous avons été plus loin que Barincou dans l'« aggiornamento » de Gohory, dont certains archaïsmes ne dépasseraient pas aujourd'hui le niveau d'un pittoresque assez artificiel.

Pour les extraits du *Discours sur la Troisième décade*, de *L'Art de la guerre*, des *Histoires florentines* et du *Rapport sur les choses de la France*, notre texte est celui de Toussaint Guiraudet, qui publia en 1798 une traduction nouvelle en neuf volumes des *Œuvres de Machiavel*, ce texte ayant été revu, rapidement par Joséphin-Aristide-Cincinnatus Buchon dans son *Machiavel* du « Panthéon littéraire » paru en 1837, et soigneusement par Edmond Barincou pour l'édition de la Pléiade de 1953.

Quant aux *Lettres familières*, nous les reprenons de l'ouvrage de Barincou publié en 1955 (voir Bibliographie) : *Toutes les lettres de Machiavel*.

NOTES

Page 35.

1. Le titre n'est pas de Machiavel lui-même qui avait appelé son livre *De principatibus* (en français *Des principautés*). C'est environ cinq ans après sa mort que les premiers éditeurs (Blado et Giunta) ont rebaptisé l'ouvrage. De fait, cette apparente inexactitude est très conforme à la signification du livre, centré sur la figure du Prince.

Page 37.

2. Il ne faut pas confondre le dédicataire du *Prince* avec Laurent le Magnifique, mort en 1492. Il s'agit ici de Laurent, duc d'Urbin, petit-fils du Magnifique, fils de Pierre et neveu du pape Léon X. Il avait la charge de capitaine général de la République et, à partir de 1515, le titre de capitaine général de l'Église. Sa fille devait avoir une fortune supérieure à la sienne : Catherine de Médicis. En un premier temps, Machiavel avait pensé à dédier le traité à Julien, duc de Nemours, fils du Magnifique, qui devait mourir en 1516.

3. *Tamen* : Machiavel emploie très souvent des particules de liaison latines (*demum, praesertim, praeterea*, etc.) qui étaient alors courantes dans le style des chancelleries

Page 39

4. *François Sforza* (1401-1466), fils du condottiere Muzio

Attendolo, et lui-même un des plus brillants condottieri de l'époque, qui, en février 1450, abattit la République ambrosienne et devint seigneur de Milan.

5. *Le roi d'Espagne :* Ferdinand d'Aragon, le Catholique, qui, avec le roi de France Louis XII, arracha le royaume de Naples à Frédéric d'Aragon. Après une guerre victorieuse contre son allié, il réunit Naples et la Sicile au royaume d'Espagne (1504).

6. Le mot *virtù* est le terme clé du vocabulaire machiavélien. *Virtù* et *fortuna* sont les deux forces antagonistes — mais aussi complices — qui concentrent le drame de l'action politique : la première est le principe actif qui rassemble l'énergie humaine, la seconde est constituée par les limites externes et intrinsèques qui s'opposent à cette action. La *virtù* étant plus que notre *vertu*, nous avons conservé le mot en italien dans le texte.

7. Selon l'interprétation traditionnelle, Machiavel fait ici allusion aux *Discours sur la première décade de Tite-Live* (le livre I surtout). Selon Gilbert (voir bibliographie), l'allusion ne concerne pas les *Discours* qui n'existaient pas encore en 1513 mais seulement les dix-huit premiers chapitres qui constituaient alors le début d'un ouvrage sur les républiques. Quant à Hans Baron (qui considère que les *Discours* ont été composés après 1515), il conjecture que l'allusion a été ajoutée en 1516 quand Machiavel reprit son traité pour le dédier à Laurent, duc d'Urbin (cf. note 2).

Page 40.

8. *Le duc de Ferrare :* désignation générique pour deux ducs de Ferrare ; Hercule d'Este (1433-1505), déconfit par les Vénitiens dans la « guerre du sel » qui se conclut par le traité de Bagnolo (7 août 1484), et Alphonse Ier d'Este (1486-1534) qui fut temporairement privé d'une partie de ses états par Jules II, parce qu'il n'avait pas accepté la paix conclue par le pape avec les Vénitiens (1510) et la nouvelle orientation antifrançaise de la politique de ce dernier (Sainte-Ligue).

Page 43.

9 Passage difficile : *Satisfannosi e sudditi del ricorso propinquo al principe.* Lisio, Russo (dans leur édition du *Prince,* Sansoni, 1946) et d'autres proposent une interprétation fondée sur l'acception ancienne du mot *ricorso* (tribunal des prudhommes). Il

faudrait alors comprendre : « les sujets sont satisfaits (de posséder) un tribunal (créé) à proximité de leur prince » Mais l'hypothèse n'est guère convaincante et nous avons préféré maintenir l'interprétation la plus naturelle (qui a l'approbation de Mario Puppo entre autres).

10. *Compedes* : latinisme très expressif. Les *compedes* à Rome étaient les entraves que l'on attachait aux pieds des esclaves.

Page 44.

11. Machiavel tenait à cette antithèse : cf. ce qu'il dit dès 1503 dans *De la manière de traiter les populations rebelles du Val di Chiana* · « Il convient de remarquer dans cette décision que, pour trancher le problème de leurs populations rebelles, les Romains ont jugé bon de choisir entre deux partis : les gagner à eux par la clémence ou les traiter de façon à les mettre hors d'état de nuire, condamnant donc toute mesure bâtarde. »

On la retrouve à plusieurs reprises dans les *Discours,* par exemple à II, 23 : « ... Il n'y a que deux partis à suivre, lorsqu'il s'agit de juger du sort de villes puissantes et qui sont accoutumées à vivre libres : il faut ou les détruire, ou les combler de bienfaits... »

Page 46.

12. Cette formule fameuse devait souvent être prononcée dans les conseils de la République florentine. On en trouve aussi la critique dans les *Souvenirs* de Guichardin : « A moins d'être correctement compris, ce serait un dangereux proverbe que celui qui prétend que le sage doit jouir des avantages du temps » (*Ricordi,* LXXIX).

Page 48.

13. Ici, Machiavel, prisonnier de sa thèse concernant la responsabilité principale de l'Église dans les diverses invasions françaises, s'écarte franchement de la vraisemblance historique. Si Louis XII, en juillet 1502, retourna en Italie, c'est surtout pour préparer la conquête du royaume de Naples, réglée dès 1500 par le traité de Grenade conclu entre lui et Ferdinand d'Aragon, contre le cousin de ce dernier, Frédéric d'Aragon (cf. note 5)

Page 49.

14. Le *puissant*, c'est le pape Alexandre VI et l'*étranger très puissant* Ferdinand d'Aragon.

15. Louis XII acheta au pape la bulle qui annulait son mariage avec Jeanne de France, la fille de Louis XI, lui permettant ainsi d'épouser Anne de Bretagne. *Rouen* est une allusion à l'archevêque de Rouen, Georges d'Amboise, principal conseiller de Louis XII, qui fut créé cardinal en 1498 moyennant l'octroi à César Borgia du duché de Valentinois et son mariage avec la fille du roi de Navarre.

Page 53

16. Allusion à la période des guerres civiles et particulièrement à la lutte entre César et Pompée, pendant laquelle l'Espagne, la Grèce et les provinces d'Orient prirent parti pour Pompée.

Page 55.

17. Sparte, sortie victorieuse de la guerre du Péloponnèse, imposa à Athènes l'oligarchie des trente tyrans (404), qui fut renversée l'année suivante par Thrasybule. A Thèbes aussi Sparte imposa en 382 une oligarchie qui fut abattue par Pélopidas et Épaminondas en 379.

18. En 196 av. J.-C., à Corinthe, Cl. Flaminius avait proclamé la liberté de la Grèce. Mais par la suite Étoliens et Achaïens se rebellèrent si souvent que les Romains furent amenés à détruire Corinthe et à faire de la Grèce une province romaine (146 av. J.-C.).

Page 57.

19. La corrélation matière-forme appartient, comme on sait, à la terminologie aristotélicienne. L'action de l'homme *virtuoso* actualise, rend effective la possibilité inscrite dans la situation historique qu'apporte la fortune.

Page 59.

20. Jérôme Savonarole, né à Ferrare en 1452, frère dominicain. Devenu prieur de Saint-Marc, il tenta, après l'expulsion des Médicis, de réformer Florence et de lui donner une

constitution mi-théocratique mi-démocratique. Excommunié par
Alexandre VI et condamné par la Seigneurie, il fut brûlé vif
devant le Palazzo Vecchio en 1498.

Page 60.

21 « Il ne lui manquait pour être roi que le royaume » (Justin,
Discorsi, III, 3).

Page 63.

22. Voir la note 15.

Page 64.

23. Le 31 décembre 1502, César Borgia fait donc prisonniers
Vitellozzo Vitelli et Oliverotto da Fermo, qu'il avait conviés pour
une réconciliation ; il les fait étrangler sur-le-champ. Peu de jours
après, il se débarrasse de Paolo Orsini et du duc de Gravina
Orsini. A ce moment-là, Machiavel était auprès de César en
qualité de légat de la République florentine. Il a laissé un récit
détaillé de l'épisode.

Page 65.

24. « Satisfatti e stupidi. » Nous n'avons pas corrigé l'ar-
chaïsme ; bien sûr « stupide », proche encore du latin signifie plus
précisément « stupéfait ». Mais la force de cette ambiguïté nous a
paru devoir être conservée. Cette description de la mort de Rémy
d'Orque est à rapprocher de celle faite par Machiavel pour les
Dix le jour même (26 décembre 1502) : « Messire Ramiro ce
matin a été trouvé en deux morceaux sur la place, où il est
encore . on ne sait pas bien la raison de sa mort, sinon que la
chose a plu ainsi au Prince, lequel montre qu'il sait faire et défaire
les hommes à sa guise selon leurs mérites » (*Legazioni*, I, 503).

Page 67.

25. Il réussit à faire élire d'abord, mais pour un intérim d'un
mois, son candidat Pie III. Il faut lire dans la *Première Légation
en cour de Rome* comment il fut berné par le cardinal de Saint-
Pierre-ès-Liens, Julien della Rovere, qui devint Jules II. César
disposait des voix de onze cardinaux espagnols mais ils n'avaient
aucun désir de devenir pape. Ni les Espagnols ni les Italiens ne

voulaient d'un pape français qui eût été le cardinal d'Amboise, sorte de premier ministre du roi de France. Julien della Rovere fit donc de mirifiques promesses à César : la restitution de la Romagne, le port d'Ostie (au nom de Gênes), la reconduction de sa charge de Gonfalonier pontifical et la quittance de ses dettes énormes au trésor de Saint-Pierre. César lui donna donc les voix de ses grands électeurs mais Jules II ne songea jamais à tenir ses promesses.

Page 68.

26. Machiavel désigne ici certains cardinaux (Giovanni Colonna et Ascanio Sforza) par leurs noms, d'autres par leurs titres : Giuliano della Rovere, cardinal au titre de Saint-Pierre-ès-Liens, et Raffaelo Riario, cardinal au titre de Saint-Georges.

Page 69.

27. Dans ce chapitre, Machiavel donne de l'action de César Borgia une vue idéalisée ou, plus précisément, il la constitue très méthodiquement en paradigme (il est très difficile d'évaluer la portée qu'il faut donner aux réserves finales). Pour s'en assurer il suffit de comparer cette épure au récit au jour le jour des *Légations* : Machiavel s'y montre assistant à ce qui apparaît comme le naufrage de César avec une jubilation haineuse. Les commentateurs ne savent trop pour quelles raisons Machiavel finit par transformer en mythe un homme qu'il haïssait.

Page 71.

28. Célèbre condottiere qui fut capitaine général des Florentins dans la guerre de Pise.

Page 82.

29. En 1482, une ligue se forma entre Alphonse, roi de Naples, Laurent le Magnifique et Ludovic Sforza, duc de Milan, auxquels en un second temps se joignit le pape Sixte IV, pour combattre les Vénitiens qui avaient assailli Hercule d'Este, marquis de Ferrare. La guerre s'acheva par le traité de Bagnolo (7 août 1484) (cf. note 8).

Page 85.

30. Phrase attribuée par Commynes au Pape Alexandre VI. La craie en question est celle qu'utilisaient les fourriers pour marquer les maisons réquisitionnées par l'armée française.

31. Allusion à Savonarole, et peut-être spécialement à un passage du sermon du 1er novembre 1494, prononcé alors que Charles VIII était aux abords de Florence : « Ce sont donc tes scélératesses, ô Italie, ô Rome, ô Florence, ton impiété, tes fornications, tes usures, ta cruauté, oui ce sont tes scélératesses qui ont appelé ces tribulations... »

Page 86.

32. Muzio Attendolo : il s'agit du fondateur de la dynastie des Sforza, qui, de brigand romagnol, devint seigneur de nombreuses cités.

Page 87.

33. Jean Aucut est un condottiere d'origine anglaise, John Hawkwood, en italien Giovanni Acuto, qui commanda l'armée florentine de 1377 à sa mort, en 1394, et dont le monument funéraire, surmonté d'une célèbre fresque de Paolo Uccello exécutée en 1436, se trouve dans la cathédrale de Florence.

34. Braccio di Montone (1368-1424), seigneur de Pérouse, organisa contre François Sforza une véritable guerre de partisans. Il participa aux dernières luttes du grand schisme d'Occident, s'empara de Rome dont il fut finalement chassé par Martin V. On dit qu'il se laissa mourir de faim, désespéré d'avoir été vaincu par Sforza.

35. Paolo Vitelli, commandant des troupes florentines pendant la guerre contre Pise, suspect de trahison, fut décapité en 1495. Machiavel semble avoir pris une part active à sa condamnation.

Page 88.

36. Francesco Bussone, comte de Carmagnola (1390-1432), passa du service du duc de Milan à celui de Venise. Vainqueur des Milanais en 1428, il fut accusé de trahison par le conseil des Dix et exécuté.

37. Barthélemy de Bergame, c'est le fameux Colleone, dont

Verrocchio a dressé à Venise la statue équestre. Ruberto de San Severino (1428-1484) commandait les troupes vénitiennes lors de la guerre contre Ferrare. Niccolò Orsini, comte de Pitigliano, fut défait à la bataille de Vailate (Vailà en lombard, Agnadel en français) en 1509.

Page 91.

38. Par Gaston de Foix, le 11 avril 1512. Mais la mort du capitaine français et l'intervention de vingt mille Suisses, enrôlés pour le pape par le cardinal de Sion, renversèrent l'issue de la bataille.

39. Allusion à l'alliance signée en 1346 par Jean Cantacuzène, prétendant à l'Empire, avec le sultan turc Orcan contre les Paléologues, qui lui disputaient le trône. Orcan envoya en Europe cent mille hommes, commandés par son fils Soliman, dont la présence fut le point de départ de l'encerclement de Byzance par les Turcs.

Page 93.

40. En italien : *figura*, c'est-à-dire récit d'une valeur symbolique exemplaire. Sur la signification de *figura* chez les auteurs médiévaux, on se reportera aux études classiques d'Auerbach.

Page 94.

41. Citation de Tacite, faite de mémoire. La phrase exacte est la suivante : *Nihil mortalium tam instabile ac fluxum est quam fama potentiae non sua vi nixae* (*Annales* XIII, 19) : « Rien au monde n'est si instable et fragile que la renommée d'un pouvoir qui n'est pas appuyé sur une force propre. »

Page 98.

42. Il est difficile de préciser qui sont ces « autres ». On admet généralement que Machiavel oppose sa manière d'aborder la chose politique à la tradition antique (Platon, Aristote, Cicéron), médiévale (saint Thomas, Egidio Colonna, Dante) et finalement humaniste (Poggio Bracciolini, Pontano) qui avait dessiné une certaine image du prince idéal. Certains historiens pensent que Machiavel fait essentiellement allusion à la littérature humaniste du Quattrocento. Cf. Félix Gilbert : « Il concetto umanistico di

principe e *Il Principe* di Machiavelli » in *Machiavelli e la cultura del suo tempo*, Bologne, 1964.

Page 103.

43. Florence, en n'intervenant pas dans la lutte qui opposait les deux principales familles de Pistoia, les Panciatichi et les Cancellieri, laissa se développer dans la ville un véritable climat d'anarchie (en 1501 et 1502).

44. « De dures circonstances et la nouveauté de mon empire m'imposent ces rigueurs et m'obligent à garder ainsi toutes mes frontières » (*Enéide*, I, 563-564, traduction Bellessort).

Page 107.

45. Les commentateurs ont trouvé beaucoup de références pour cette comparaison. L'antécédent le plus direct est sans doute ce passage de Cicéron : *Fraus quasi vulpeculae, vis leonis videtur, utrumque homine alienissimum* (*De officiis*, I, 13). L'opposition entre le loup et le renard se rencontre aussi chez Dante : *l'opere mie non furon leonine ma di volpe* (*Enfer*, XXVII, 74-75). Mais il est juste de remarquer, avec L. Russo, que « l'originalité de Machiavel ne consiste pas ici dans l'image mais dans le principe qu'il veut exprimer ».

Page 110.

46. Allusion à Ferdinand le Catholique. Cf. sur ce dernier le jugement de Guichardin : « Je crois bien qu'il savait dissimuler mieux que tous les autres hommes » (*Op. ined.*, VI).

Page 113.

47. En 1445, Battista Canneschi, avec la complicité du duc de Milan, Filippo Maria Visconti, tua Annibal Bentivoglio et fut massacré par le peuple. Giovanni Bentivoglio était alors quelque peu sorti des langes, puisqu'il avait six ans et le bâtard qui tint la régence était le fils d'un cousin d'Annibal et d'une paysanne de Poppi. Giovanni fut d'ailleurs dépossédé par Jules II en 1506 de la seigneurie de Bologne.

Page 115.

48. Par droit héréditaire.

Page 116.

49. Si Machiavel s'attache aux hommes célèbres de la république romaine, il passe vite sur les empereurs; il ne les connaît
guère, sinon, semble-t-il, par l'intermédiaire d'Hérodien, historien alexandrin, que Politien avait traduit en latin et publié en
1493.

Page 120.

50. Le *Soudan,* c'est le sultan d'Égypte, dont les mamelucks
garantissaient la puissance, comme les janissaires celle du « Grand
Turc ».

Page 124.

51. « [Laurent le Magnifique] veillait de tous ses soins à ce
que les choses d'Italie fussent tenues en si exact équilibre que
nulle ne penchât d'un côté ni de l'autre » (Guichardin, *Histoire
d'Italie* I, 1).

Page 126.

52. Niccolò Vitelli, père de Paolo (voir le chapitre VII), devenu
par la faveur des Médicis seigneur de Città di Castello, en fut
chassé par Sixte IV en 1474. Lorsqu'il y revint en 1484, son
premier soin fut en effet de détruire les deux forteresses édifiées
par le pape.

Guidobaldo, fils de Frédéric de Montefeltre, fut chassé
d'Urbin par César Borgia et n'en reprit possession que l'année
après la mort d'Alexandre VI. Les Bentivoglio, de retour à
Bologne en 1511, firent aussitôt raser la forteresse qu'y avait
édifiée Jules II.

Page 127.

53. Sur Ferdinand d'Aragon, outre les nombreuses allusions
du *Prince,* voir la lettre à Vettori du 29 avril 1513 où le roi
d'Espagne est jugé de façon moins positive qu'ici; Machiavel le
dit « plus astucieux et fortuné que sage et prudent ».

Page 128.

54. Ferdinand le Catholique conquit le royaume de Grenade

après une guerre de dix ans. La ville tomba aux mains des chrétiens le 12 janvier 1492.

55. Les Marranes (de l'espagnol *marrano* : maudit, damné) étaient les juifs convertis. Ils furent en effet chassés d'Espagne dans les années 1501-1502.

Page 129.

56. Citation inexacte de Tite-Live (XXXV, 48). Ce dernier écrit en fait : *Nam, quod optimum esse dicunt, non interponi vos bello, nihil tam vanum, imo tam alienum rebus vestris est ; quippe sine gratia, sine dignitate, praemium victoris eritis.* On peut traduire : « Quant à ce parti, qu'on dit le meilleur, de ne pas vous mêler à la guerre, rien n'est si vain, rien n'est au contraire plus opposé à vos intérêts ; alors sans crédit et sans honneur, vous serez la proie du vainqueur. »

Page 137.

57. Sur cette *lâcheté* des princes italiens, voir la fin de *L'Art de la guerre.* (Cette édition p. 292.)

Page 143.

58. Lombardie, Toscane, royaume de Naples : il est intéressant de voir ici comment Machiavel imagine dans son extension géographique cette Italie dont il souhaite l'unité. Quant à sa formule politique, il est probable qu'il la conçoit — s'il la conçoit — sur le modèle des grands états nationaux alors en pleine expansion : France et Espagne en particulier.

59. Le texte exact de Tite-Live est le suivant : *Justum est bellum, quibus necessarium et pia arma quibus nulla nisi in armis relinquitur spes* (IX, 1). On peut traduire : « La guerre est juste pour ceux à qui elle est nécessaire et les armes saintes pour ceux qui ne peuvent plus trouver d'espoir qu'en elles. »

Page 144.

60. Allusion à Francesco Sforza et à César Borgia, de loin les plus souvent cités et proposés comme exemples dans *Le Prince.*

Page 146.

61. Pétrarque · *Italia mia,* v. 93-96.

DISCOURS SUR LA PREMIÈRE DÉCADE
DE TITE-LIVE

Page 149.

1. Zanobi Buondelmonti appartenait à une vieille famille florentine. Un des plus intimes amis de Machiavel, il fréquenta assidûment les Orti Oricellari (jardins des Rucellai). Adversaire des Médicis, il prit part à la conjuration de 1522 contre le cardinal Jules. Machiavel l'introduit parmi les interlocuteurs de *L'Art de la guerre.*

2. Cosimo Rucellai : apparenté à Laurent le Magnifique. Il aimait réunir ses amis, hommes politiques, poètes, humanistes dans les magnifiques jardins de son palais, les Orti Oricellari. Comme le précédent, un des interlocuteurs de *L'Art de la guerre ;* Machiavel fait son éloge dans les premières lignes de cet ouvrage.

Page 151.

3. « Les *Discours* ne peuvent être décrits seulement comme un livre sur les républiques. Au commencement, Machiavel indique l'intention du livre en se présentant lui-même comme un autre Colomb, comme celui qui a découvert un continent moral jusqu'alors insoupçonné... » Leo Strauss (*op. cit.*).

Page 152.

4. Comme la plupart de ses contemporains (français et italiens), comme Montaigne lui-même (voir le *Voyage en Italie*), Machiavel ne semble pas avoir intégré à ses préoccupations ou à son expérience le prodigieux développement artistique dont Florence était le théâtre depuis le début du XVe siècle. C'est dans ce seul passage que l'on trouve une allusion à la vie artistique de l'époque, au goût des marbres antiques considérés à la fois comme les modèles de l'art nouveau et comme les pièces les plus précieuses des collections que constituaient les cardinaux, les princes et les ambassadeurs étrangers. La passion de l'Antique provoqua la multiplication des fouilles souvent incohérentes, archéologiquement très dommageables, le développement (surtout à Rome) du commerce des antiquités et la mutilation de certains

monuments dont on arrachait les sculptures. Rappelons la découverte au début du XVIᵉ siècle de pièces capitales comme l'*Apollon d'Antium*, le *Laocoon*, le *Torse* du Belvédère qui enthousiasmèrent les connaisseurs et eurent une influence décisive sur le développement de la sculpture italienne, celle de Michel-Ange en particulier.

Page 153.

5. L'Histoire *Ab urbe condita* de Tite-Live comptait cent quarante-deux livres; il nous en est parvenu trente-cinq. Et Machiavel n'a commenté que les dix premiers. Il connaissait assurément les vingt-cinq autres (il les cite à plusieurs reprises) mais il a été vraisemblablement découragé de continuer par la dispersion des familiers des Orti Oricellari, après la conjuration de 1522.

Page 158.

6. De fait Machiavel aborde bien d'autres sujets. Cf. note 3.

7. Dans les pages précédentes, Machiavel a développé le thème polybien du cercle que sont destinés à parcourir tous les États . il y a trois espèces de bons gouvernements (monarchie, aristocratie, démocratie) qui donnent naissance par corruption aux trois espèces mauvaises (tyrannie, oligarchie, anarchie).

Page 172.

8. De 1494 à 1498, Francesco Valori fut à la tête du parti qui avait chassé les Médicis et qui soutenait Savonarole. Valori fut tué durant l'assaut des Arrabiati (les Enragés : les partisans des Médicis) contre le couvent de Saint-Marc, le 8 avril 1498. Cf. Guichardin : *Storia d'Italia*, III, xv : « Dans ce tumulte, les parents de ceux qui l'année précédente avaient été décapités tuèrent Francesco Valori citoyen de premier rang et le chef des partisans de Savonarole. »

9. Piero Soderini, élu Gonfalonier à vie le 20 septembre 1502, fut déposé en 1512 quand les Espagnols, après avoir mis à sac Prato, imposèrent le retour des Médicis à Florence.

Page 175.

10. Selon Machiavel, l'erreur des hommes de son temps est de

lire l'histoire pour leur plaisir, de se complaire au pittoresque naissant de la variété des mœurs et des actions qu'elle rapporte. Il fait sienne l'antique définition : *historia magistra vitae*. Comme le dit L. Russo, elle n'est pas seulement *res gesta* (chose accomplie) mais surtout *res gerenda* (chose à accomplir).

Page 176.

11. Allusion possible à Michel-Ange qui fit sortir le *David* (achevé en 1504) d'un bloc de marbre abandonné par Agostino di Duccio. C'est d'ailleurs Pier Soderini qui confia à Michel-Ange le marbre rebelle et la commande dont Agostino n'était pas parvenu à s'acquitter.

Page 177.

12. *Purgatoire*, VII, 121-123.

Page 178.

13. Sur l'attitude de Machiavel a l'égard de Savonarole, voir la biographie.

Page 181.

14. Solutions bâtardes, *vie del mezzo*. En condamnant les « vie del mezzo », Machiavel s'oppose à une des habitudes favorites de la politique florentine de son temps.

15. La date exacte est 1506.

Page 183.

16. L'institution de cette magistrature extraordinaire intervint en 501 ou 498 av. J.-C.

Page 185.

17 Cosme de Médicis fut chassé de Florence en 1433 mais fut rappelé dans sa patrie l'année suivante où il rentra sous les applaudissements du peuple. Il devint rapidement le maître de la vie publique quoiqu'il n'occupât aucune charge officielle.

18. Cf. Cicéron : *Ad fam.* XVI, 11 · *Qui Caesarem sero coepit timere.*

Page 188.

19. Il s'agit ici de la première loi agraire, promulguée par Spurius Cassius en 486 av. J.-C.

Page 189.

20. Les frères Tiberius et Caïus Gracchus furent tous deux successivement tribuns de la plèbe, le premier en 133 av. J.-C., le second en 123 et 122. Ils défendirent les droits des plébéiens contre l'oligarchie sénatoriale. Tous deux proposèrent le renouvellement de la loi agraire mais leur proposition fit naître de sanglants tumultes entre leurs partisans et ceux du Sénat. Tiberius fut tué à coups de bâton et jeté dans le Tibre, et son frère, assiégé sur l'Aventin, se fit tuer par un esclave (121 av J.-C.).

21. Marius fut élu pour la première fois consul en 107 av. J.-C., puis sans interruption de 104 à 100 et pour la septième fois en 86 av. J.-C.

Page 194.

22. L'institution du Capitaine du peuple date de 1250.

Page 195.

23. Les *Quarantie :* tribunal de quarante membres, institué en 1197 pour juger les causes civiles et criminelles.

24. *Pregadi :* les membres du sénat de Venise; ainsi nommés parce qu'ils étaient priés (*pregati*) par le doge de donner leur avis en matière de politique étrangère, commerciale et économique.

Page 196.

25. La plèbe fut libérée de l'obligation de verser au Trésor public la dixième partie du butin parce que les femmes de la noblesse offrirent leur or et leurs bijoux. Cf. Tite-Live, XXV, 4-10

Page 201.

26. « A peine le peuple eut-il cessé de le craindre qu'il commença à le regretter » (VI, 9).

27. « Tel est le caractère de la multitude : ou bien elle sert bassement, ou bien elle domine avec superbe » (XXIV, 25).

Page 202.

28. Clitus, ami très cher d'Alexandre le Grand, auquel il avait sauvé la vie à la bataille du Granique (334 av. J.-C.). Il fut tué par Alexandre à la suite d'une dispute durant un banquet.

29. Marianne, femme d'Hérode le Grand, roi de Judée. Son mari la fit assassiner par jalousie.

Page 221.

30. Cette idée que l'empire romain a détruit les autres états libres qui n'ont commencé de se relever qu'après sa chute a sa source dans l'historiographie humaniste, en particulier dans la *Storia del popolo fiorentino* de L. Bruni (Cf. Hans Baron : « The querelle of the Ancients and the Moderns as a problem for Renaissance scholarship », in *Journal of the History of Ideas.* XXXI, 1, 1959).

Page 225.

31. « En effet, si même à présent nous pouvons endurer la servitude sous le masque d'une alliance d'égal à égal, etc. » (VIII, 4).

Page 228.

32. « Tant il est vrai que la fortune aveugle les esprits lorsqu'elle ne veut pas que sa force en fureur soit refrénée » (V, 37).

Page 231.

33. « Qu'il s'y accumule chaque jour quelque méchante humeur qui, de temps en temps, a besoin d'être purgée. »

34. « Contrairement au droit des nations. »

Page 233.

35. Il s'agit des Médicis et de leurs partisans, du retour de Cosme l'Ancien (1434) à la chute de Pierre (1494).

Page 238.

36. Le Brutus idéal dont Machiavel reconstruit l'image a les

mérites des deux Brutus de l'histoire : il sait tuer son père aussi bien que ses enfants, tuer ses enfants aussi bien que son père.

Page 240.

37. Nous donnons en entier le chapitre *Des conspirations* quoiqu'il soit le plus long de l'ouvrage. Comme le dit Tommasini, il s'agit d'un « modèle inégalable pour tous ceux qui ont voulu traiter le même sujet ». Il a longtemps été publié à part sous le titre de *Traité des conspirations et du régicide.*

Page 243.

38. « Chez Pluton, il est peu de rois, peu de tyrans qui descendent d'une mort sèche, sans blessure et effusion de sang » (Juvénal, *Satires,* X, v, 112-113).

Page 254.

39. Sur cette conjuration des Pazzi (1478), cf. *Histoires florentines* (VIII, chap. II-IX).

Page 256.

40. « Et lui-même rassemble ses esprits, confondus par la pensée d'une entreprise si grande » (XXIV, 7).

Page 274.

41. « Sans ton ordre, je ne combattrai jamais l'ennemi, même pas si j'étais assuré de vaincre · (VII, 10).

Page 276.

42. « Jamais chef et soldats ne furent plus camarades : il partageait avec les plus humbles toutes les corvées. Dans les jeux militaires où on lutte de vitesse et de force, bon compagnon, et toujours, vainqueur ou vaincu, faisant bon visage, il ne dédaignait aucun des adversaires qui se présentaient ; bienfaisant à propos dans ses actes, dans ses propos, il ménageait la liberté des autres, sans oublier sa dignité ; et, ce qui plaît surtout au peuple, conservant, pour exercer ses magistratures, les mêmes façons que pour les briguer » (VII, 33).

L'ART DE LA GUERRE

Page 295.

43. On rapprochera bien sûr cette péroraison de celle du *Prince*.

HISTOIRES FLORENTINES

Page 305

44. *Le peuple et la plèbe* : l'opposition est constante entre le peuple, le *populo grasso*, qui rassemble les membres des corporations les plus puissantes (Arts de la laine, de la soie, etc.) et le *populo magro* (ou *minuto*), véritable plèbe urbaine de manœuvres souvent misérables que l'on nommait les *Ciompi*. Sur la révolte des Ciompi, voir le livre XIII et la note suivante.

Page 306.

45. *Ciompi* : l'étymologie du mot reste obscure. Il s'agit en tout cas des plus misérables manœuvres de l'art de la laine (cardeurs, peigneurs, teinturiers...) qui étaient privés de droits civiques. Leur révolte de 1378 reste dans l'histoire sous le nom de Tumulte des Ciompi. Leur importance dans l'histoire de la ville est bien supérieure à celle d'un épisode ; c'est la seule fois en effet que Florence connaît une véritable révolte populaire dont les motifs économiques sont clairs.

Page 332.

46. Ce chapitre suffit à prouver que Machiavel n'était pas aussi ignorant des nouvelles formations économiques que certains de ses historiens — Renaudet en particulier — l'ont dit.

RAPPORT SUR LES CHOSES DE LA FRANCE

Page 339.

47. Ce portrait de la France a été rédigé dès le retour de la légation (septembre 1510) pour classer les notes prises en chemin.

LETTRES FAMILIÈRES

Page 364.

48. *Fra Domenico,* l'un des disciples de Savonarole, avec qui il montera sur le bûcher.

49. « Mais plus [les Égyptiens] les accablaient [les enfants d'Israël], plus ceux-ci croissaient et multipliaient. »

50. « La prudence est la droite règle de ce qu'on peut faire. »

Page 370.

51. La destinataire de cette lettre est incertaine. On pense à Clarice Strozzi, à l'une des deux sœurs du cardinal Jean, Contessina Ridolfi ou Lucrezia Salviati, ou encore à Alfonsina Orsini, la mère de Laurent, duc d'Urbin, le dédicataire du *Prince.*

Page 373.

52. *Gonfalonier :* Pier Soderini.

Page 377.

53. Vettori était orateur (c'est-à-dire ambassadeur) de Florence auprès du Saint-Siège.

Page 392.

54. « C'en sera fait de la liberté de l'Italie. »

Page 393.

55. « Sachez que c'est presque l'été. »

Page 394.

56. « Sans espoir de rédemption. »

Page 399.

57. « Éviter effectivement le mépris et la haine. »

Page 400.

58. « Endurer le pire. »

Page 404.

59. « Nymphe du Pénée, demeure, je t'en prie : ce n'est pas en

ennemi que je te poursuis, Nymphe, demeure; elle, l'agnelle, [fuit] le loup, la biche le lion, ainsi les colombes, d'une aile tremblante, fuient l'aigle, et chacun fuit ses ennemis. »

Page 416.

60. L'authenticité de cette lettre est contestée, en particulier par Tommasini.

BIBLIOGRAPHIE

La bibliographie de Machiavel est, pourrait-on dire, infinie, qu'il s'agisse des éditions de l'œuvre ou des études qui lui sont consacrées. Nous nous sommes limités au plus accessible, au plus récent et à ce qui nous a paru être le plus utile.

A. TEXTES

a. *En italien :*

Niccolò Machiavelli. *Opere,* par Antonio Panella, Rizzoli, Milan et Rome, 1938.
I. *Scritti politici e letterari. Lettere familiari* (42 lettres).
II. *Scritti politici* (en partie). Choix de lettres de douze légations. *Lettere familiari* (30 lettres).
Niccolò Machiavelli. *Opere complete.* Collection « Universale Economica », Feltrinelli, Milan, huit volumes parus de 1960 à 1965.
Niccolò Machiavelli. *Il Principe. Scritti politici.* Présentation de Luigi Fiorentino, éd. Mursia, Milan, 1969.
Niccolò Machiavelli. *Lettere familiari,* par Edoardo Alvisi, Sansoni, Florence, 1883

b. *En français :*

Machiavel *Œuvres complètes* (à l'exception des lettres, dont

quelques-unes seulement sont traduites). Introduction par Jean
Giono, édition établie et annotée par Edmond Barincou.
Bibliothèque de la Pléiade, Gallimard, 1952.

Toutes les lettres officielles et familières de Machiavel présentées et
annotées par Edmond Barincou, préface de Jean Giono, deux
volumes, Gallimard, 1955.

Machiavel. *Le Prince et autres écrits politiques.* Traduction, introduction et analyse par Yves Lévy. Le Cercle du Bibliophile,
Genève, 1972 (avec quelques illustrations).

                         B. ÉTUDES

a. *En italien :*

Bien qu'anciens, les deux ouvrages fondamentaux demeurent
ceux de Villari et de Tommasini :

Pasquale Villari. *Niccolò Machiavelli ed i suoi tempi,* trois
volumes, Hoepli, Milan, 1877-1883.

Oreste Tommasini. *La Vita e gli scritti di Niccolò Machiavelli
nella loro relazione col machiavellismo,* deux volumes, Loescher,
Turin et Rome, 1883 et 1911.
On peut lire aussi l'essai d'Antonio Gramsci (*Note sul
Machiavelli, sulla politica e sullo stato moderno,* Einaudi,
Turin, 1949), auquel on ajoutera ceux de F. Chabod (*Scritti su
Machiavelli,* Turin, 1964, 2ᵉ éd., 1968), F. Fido (*Machiavelli,
storia della critica,* Palerme, 1965), G. Procacci (*Studi sulla
fortuna del Machiavelli,* Rome, 1965), R. Ridolfi (*Vita di
N. Machiavelli,* Rome, 1954; traduction française : *Machiavel,*
Fayard, 1960) et G. Sasso (*N. Machiavelli, storia del suo
pensiero politico,* Naples, 1958).

b. *En français :*

Raymond Aron. « Machiavel et Marx » in *Études politiques,*
Bibliothèque des sciences humaines, Gallimard, 1972.

Edmond Barincou. *Machiavel par lui-même,* éd. du Seuil, 1957.

Charles Benoist. *Le Machiavélisme avant, pendant et après Machiavel*, trois volumes, Plon, 1907-1915-1935.

Bernard Guillemain. *Machiavel. Une anthropologie politique*, Droz, Genève, 1977.

Claude Lefort. *Le Travail de l'œuvre : Machiavel*, Bibliothèque de philosophie, Gallimard, 1972.

Pierre Manent. *Naissance de la politique moderne. Machiavel, Hobbes, Rousseau*, Payot, 1977.

Pierre Mesnard. *L'Essor de la philosophie politique au XVIe siècle*, Vrin, 3e éd., 1969.

Georges Mounin. *Machiavel*, collection « Politique », éd. du Seuil, 1966.

Augustin Renaudet. *Machiavel*, Gallimard, 1942, édition revue et augmentée, 1956.

c. *En anglais et en allemand :*

Felix Gilbert. *Machiavelli and Guicciardini*, Princeton, 1965.

Friedrich Meinecke. *Der Idee der Staatsräson*, Munich, 1963 (traduction française : *L'Idée de la raison d'État dans l'histoire des temps modernes*, Droz, Genève, 1973).

Leonhard von Muralt. *Machiavellis Staatsgedanke*, Bâle, 1945.

Leo Strauss. *Thoughts on Machiavelli*, The Free Press, Glencoe, Illinois, 1958.

DISCOURS SUR LA PREMIÈRE DÉCADE DE TITE-LIVE

(1513 à 1520)

Table 469

Table 471

L'ART DE LA GUERRE
(1513 à 1520)

HISTOIRES FLORENTINES
(1520-1526)

RAPPORT SUR LES CHOSES
DE LA FRANCE

(1510)

Table 473

LETTRES FAMILIÈRES

DOSSIER

Impression Bussière Camedan Imprimeries
à Saint-Amand (Cher),
le 6 novembre 2003.
Dépôt légal : novembre 2003.
1ᵉʳ dépôt légal dans la collection : février 1980.
Numéro d'imprimeur : 035409/1.
ISBN 2-07-037173-5./Imprimé en France.

128317